大学生体育理论与实践教程

主　编　沈友华　张玉鑫　李淑龙
副主编　刘正琼　何如意　钟　勇

合肥工业大学出版社

图书在版编目(CIP)数据

大学生体育理论与实践教程/沈友华,张玉鑫,李淑龙主编. --合肥:合肥工业大学出版社,2024

ISBN 978-7-5650-6643-6

Ⅰ.①大… Ⅱ.①沈… ②张… ③李… Ⅲ.①体育-高等学校-教材 Ⅳ.①G807.4

中国国家版本馆 CIP 数据核字(2024)第 037933 号

大学生体育理论与实践教程

沈友华 张玉鑫 李淑龙 主编　　　　责任编辑 袁 媛 郑 洁

出 版	合肥工业大学出版社	版 次	2024 年 10 月第 1 版
地 址	合肥市屯溪路 193 号	印 次	2024 年 10 月第 1 次印刷
邮 编	230009	开 本	787 毫米×1092 毫米 1/16
电 话	基础与职业教育出版中心:0551-62903120	印 张	24
	营销与储运管理中心:0551-62903198	字 数	569 千字
网 址	press.hfut.edu.cn	印 刷	安徽联众印刷有限公司
E-mail	hfutpress@163.com	发 行	全国新华书店

ISBN 978-7-5650-6643-6　　　　定价:45.00 元

如果有影响阅读的印装质量问题,请联系出版社营销与储运管理中心调换。

《大学生体育理论与实践教程》编委会

主　编　沈友华　张玉鑫　李淑龙

副主编　刘正琼　何如意　钟　勇

委　员　万玉文　柯善斌　李建心

陈　宇　李厚明　李梁华

涂相仁

前　言

《大学生体育理论与实践》紧紧围绕《全国普通高等学校体育课程教学指导纲要》《国家学生体质健康标准（2014 年修订）》等相关文件精神，注重教材的科学性、实用性、发展性和主体性等特点，改变了以往公共体育教材过于概念化的叙述形式，强调给学生留下思考和探究的空间。全书分为基础理论篇和运动实践篇两部分，分章节介绍了体育概念、体育理论、体育锻炼方法、心理健康、篮球运动、排球运动、足球运动、羽毛球运动等内容，并将运动竞技项目与大学生的健身锻炼和健康教学有机地结合起来，使体育锻炼和学生的学习、生活紧密相连，与全民健身和终身体育相连。通过对本教材的学习，读者能够了解大学体育目前的研究范围和发展趋势，能够掌握体育的基本发展历程、基本特点及常见的功能等，以及熟悉各种体育锻炼方法与手段。

本教材由沈友华副教授、张玉鑫和李淑龙老师担任主编，编委会成员包括高校体育专家、一线体育教师和企业代表。教材的编写分工如下：基础理论篇第一章（李梁华），第二、第三章（涂相仁），第四、第五章（陈宇）、第六章（张玉鑫）；运动实践篇第一章（沈友华），第二章（李淑龙），第三章（李厚明），第四至第六章（钟勇），第七至第九章（李淑龙），第十章（何如意），第十一、第十二章（柯善斌），第十三、第十四章（万玉文），第十五、第十六章（李建心），第十七章（刘正琮）。全书由沈友华副教授统稿，在编写过程中编委会进行了多次讨论和修改，同时得到了其他专家、同仁和朋友的关心与支持；此外，还参考了众多的专业书籍，在此一并致以衷心的感谢。由于参编人员水平所限，书中定有许多不妥之处，恳请广大读者给予批评指正。

编　者

2024 年 3 月

《大学生体育理论与实践教程》课程思政设计一览表

章节	专业传授	思政素材	实施方法与路径	思政元素
模块一	大学体育理论	体育强国	拓展资料阅读：2022 年 10 月，习近平总书记在党的二十大报告中指出："加快体育强国建设。"作为当代大学生，要让体育运动成为一生的热爱与追求，要为建设体育强国、实现民族振兴打下坚实的基础！ 设计目的：围绕体育强国的国家战略，以体育德，践行社会主义核心价值观，增强"四个自信"	社会主义核心价值观，"四个自信"
模块二	体育健康观念	全民健身 健康中国战略	拓展资料阅读："全民健康""健康中国"，没有全民健康，就没有全面小康。以习近平同志为核心的党中央在十八届五中全会上作出了"推进健康中国建设"的重大决策。从《"健康中国 2030"规划纲要》发布，到党的十九大报告对"实施健康中国战略"作出全面部署，健康中国建设的顶层设计、总体战略和实施路径不断明确。 设计目的：培养学生树立健康观念，倡导积极、健康的生活方式；体医融合，培养学生养成科学运动的良好习惯	健康观念，健康生活方式，科学运动的良好习惯
模块三	体育的 健身功能	"钟南山院士" 的故事	拓展资料阅读：通过播放钟南山院士的故事和健身视频，以及他与同龄人状态的对比，导入体育的健身功能，引发学生的思考和讨论。 设计目的：培养学生终身体育意识，提升学生的体育能力和体育品质	甘于奉献的精神，责任担当意识，终身体育意识

（续表）

章节	专业传授	思政素材	实施方法与路径	思政元素
模块四	田径	苏炳添 “励志” 的故事	拓展资料阅读：2021 年 8 月 1 日下午，中国选手苏炳添在东京奥运会男子 100 米半决赛中，以 9 秒 83 的成绩跑出个人历史最好成绩并打破亚洲纪录。决赛中又以 9 秒 98 的成绩排名第六，创造了历史，他也成为上首位闯进奥运会男子百米决赛的中国人。 设计目的：培养学生为国争光和拼搏精神，刻苦训练、厚积薄发的意志品质	自律、开拓进取，奋力拼搏精神，弘扬爱国主义精神
模块五	体操	“体操王子” ——李宁 的故事	拓展资料阅读：李宁是中国著名的男子体操运动员。他创造了世界体操史上的神话，先后摘取了十四项世界冠军，赢得了一百多枚金牌。1982 年，李宁参加在南斯拉夫萨格勒布举行的第六届世界杯体操比赛时，在总共七项男子比赛中，一人夺得单杠、自由体操、跳马、鞍马、吊环和全能六项冠军，创造了世界体操史上的神话，被誉为“体操王子”。1984 年，在第二十三届洛杉矶奥运会男子体操单项比赛中夺得自由体操、鞍马和吊环三项冠军，共获得三金两银一铜。2008 年北京奥运会开幕式上，45 岁的他手持火炬在鸟巢上方腾空奔跑，成功点燃奥运会圣火。 设计目的：培养学生“源于体育、回馈体育、发展体育”的精神	为国争光和拼搏奋进，发展体育精神
模块六	武术	传统体育文化 24 式简化 太极拳	拓展资料阅读：中华优秀传统文化传承与创新专题文章。 设计目的：培养弘扬和传播我国优秀传统文化的自觉意识和实践能力，强调习武先习德，健身又健心，增强学生文化自信和民族自豪感，激发学生爱国热情	文化自信和民族自豪

（续表）

章节	专业传授	思政素材	实施方法与路径	思政元素
模块七	足球	中国 “女足精神”	组织小组讨论：铿锵玫瑰，永不凋零！ 1986 年，中国女子足球队首次远征欧洲，在意大利举办的两次国际邀请赛上分别获冠军、季军。同年，又首次夺得亚洲杯冠军，之后蝉联女足亚洲杯七连冠；1990、1994 和 1998 年获亚运会三连冠；1996 年亚特兰大奥运会获亚军；1999 年，第三届女足世界杯获亚军。2006 年，女足再夺亚洲杯冠军 2023 年第九次问鼎女足亚洲杯。 设计目的：引导学生学习女足精神，对足球的热爱、对国家的责任感和荣誉感，这些是她们前进的动力	弘扬爱国主义精神，责任感和荣誉感
模块八	排球	中国女排精神	组织小组讨论：女排精神，辉映中国。女排精神是中国女子排球队顽强战斗、勇敢拼搏的总概括，具体表现为扎扎实实，勤学苦练，无所畏惧，顽强拼搏，同甘共苦，团结协作，刻苦钻研，勇攀高峰。这种精神给予了全国人民巨大的鼓舞。 设计目的：中国女排从 1981 年到 2019 年，共十次获得女排世界杯、世锦赛和奥运会的冠军，激发了全国人民的爱国热情，增强了全国人民的民族自信心和自豪感	“祖国至上，团结协作，顽强拼搏，永不言败”的女排精神
模块九	乒乓球	“乒乓外交”	拓展资料阅读：回顾经典历史故事“乒乓外交”事件的来龙去脉，“小球”带动“大球”的转动，提高学生的兴趣。 设计目的：强化民族自豪感、荣誉感和自信心，弘扬奥林匹克精神和中华体育精神，弘扬爱国主义为核心的民族精神和以改革创新为核心的时代精神	民族自豪感、荣誉感和自信心
模块十	跆拳道	跆拳道运动	组织小组讨论：跆拳道倡导“以礼始，以礼终”的尚武精神。 设计目的：让学生在练习过程中感受尊重、礼貌、友好	谦虚友好的职业道德

目 录

基础理论篇

运动实践篇

基础理论篇

大学体育是高校课程体系的重要组成部分，是以身体练习为主要手段，通过合理的体育教育和科学的体育锻炼，旨在增强大学生的体质、促进健康和提高体育素养的重要方法。学校体育工作是教育的中心环节之一，是实施素质教育和培养全面发展人才的重要途径。了解大学体育、体育健康观念、体育锻炼与身心健康、体育锻炼与运动保健以及体育锻炼的科学概述等方面的知识，对于学生提高对大学体育的认识至关重要。

第一章　大学体育

第一节　大学体育的内涵

学校体育作为我国现代教育和全民健身计划的重要组成部分，是国家体育事业的基础和重点，担负着重要的历史使命。大学体育工作的好坏直接关系到能否贯彻德智体美劳全面发展的教育方针，以及培养的学生是否能满足社会的需求。有效锻炼可以增强大学生的体质，培养大学生的健康意识，而在大学体育教学中，开展思想品德教育活动，亦是当今社会培养身心全面发展的社会主义现代化建设人才的重要任务之一。

广义的体育是指以身体练习为基本手段，以增强人的体质、促进人的全面发展、丰富社会文化生活和促进精神文明为目的的一种有意识、有组织的社会活动。它是社会文化的一部分，受社会政治和经济的制约，并为其服务。

狭义的体育是指发展身体，增强体质，传授锻炼身体的知识、技能，培养道德和意志品质的教育过程。它是对人体进行培育和塑造的过程，是教育的重要组成部分，也是培养全面发展的人的一个重要方面。

大学体育承担着增强大学生体质的重任，并与德育、智育、美育相配合，共同实现培养全面发展人才的任务。

高校学生是接受新技术、新思想的前沿群体，是国家培养的高级专业人才。体育不但在高校中占有很重要的地位，在我国当代教育的发展中也占有相当重要的地位，对提高我国国民素质水平意义重大。高校是我国竞技体育重要的战略基地，通过建设高水平运动队，发挥其教育优势，对进一步提高我国竞技运动技术水平作出了重大的贡献。高校体育在增强体质、增进健康，奠定学生终身体育的基础，加强校园精神文明建设和发挥体育的社会效应等方面发挥着相当重要的作用。

大学体育更加强调学生的参与性，贯彻了“以人为本的科学发展观”，主张把人回归到自然中去，把人的运动同周围环境联系起来，让学生在体育锻炼中感受和谐、领悟和谐、发扬和谐，为大学生将来进行和谐社会建设提供内在动力。

具有中国特色的大学体育精神，是中国民族精神在体育实践中的体现，所以大学体育教育必须也必然蕴含着积极的民族精神。因此，学习大学体育、体验大学体育文化，本身就是一个培养体育精神的过程。

第二节　大学体育的目的和任务

作为学校教育的重要组成部分，大学体育要贯彻“教育必须为社会主义现代化建设服务，必须与生产劳动相结合，培养德、智、体全面发展的建设者和接班人”的教育方针，根据国务院批准发布的《学校体育工作条例》的相关规定，确定了大学体育的目的和任务。

一、大学体育的目的

根据我国当代大学生身心发展的要求和大学生的生理、心理状况，以及体育的功能和我国人才培养目标，大学体育的目的是：培养和增强大学生的体育意识，提高体育运动能力，增强身体和心理健康，提高大学生的道德素质和社会适应能力，养成自我锻炼身体的良好习惯，为终身体育和毕生事业奠定良好的基础，使大学生成为社会主义事业合格的建设者和接班人。

二、大学体育的任务

（一）提高学生的身体和心理素质，增强体质，促进身体健康

大学体育的首要任务是提高学生的身体与心理素质，促进学生身体健康。这体现了国家对各类专门人才的基本要求与期望，也是大学生顺利完成学业的保证。体质的强弱、健康水平的高低和心理素质的好坏除了受遗传因素影响外，也受制于后天在环境中得到的锻炼和培养。体育锻炼是影响体质健康的最积极、最有效、最关键的因素。大学生正处于青年时期，生长发育日趋完善和稳定，生命力旺盛，生理机能和适应能力均发展到较高水平，也是身体和心理发展的关键时期。在这个时期，大学生应通过体育课程来增强体育意识和健康意识，积极参与体育锻炼，全面提高身体与心理素质，并有意识地着重加强耐力和力量素质的培养，同时要提高对社会的适应能力和对疾病的抵抗能力，从而提高身体健康水平，保持良好的身心状态并顺利地完成学业。

（二）掌握体育锻炼的基本知识，培养体育能力和运动习惯

大学体育是中小学体育的继续，大学阶段学生要注重体育知识和体育理论的学习，强化自身体育能力和习惯的养成，这是对大学生的基本要求。大学生要培养和增强自己的体育意识，发展体育能力，提高参加体育锻炼的自觉性、积极性和专业性，掌握科学锻炼身体的方法和手段，了解不同体育项目对身心作用的特点，以及在学习、生活、工作中需要的基本活动技能。这些知识和技能，不仅能促进大学生身心健康的发展和综合素质的提高，增强终身体育意识，而且在走向社会后，能帮助学生根据周围环境条件、工作性质和年龄变化等实际情况，选择适宜的方法进行科学的体育锻炼，为社会工作和幸福生活打下良好的基础。

（三）发展学生的体育才能，提高运动技术水平

大学体育在广泛开展活动的基础上，强调正确处理普及和提高的关系，充分利用大学

生的有利条件，以及体能和智能上的优势，对部分体育基础较好并有一定专项运动天赋的学生进行有计划、系统的科学训练，不断提高其运动技术水平。这样既可丰富校园文化生活，又为大学培养体育骨干，进一步推动了大学体育活动的开展，以适应国内外大学体育交往的需要。

（四）培养学生良好的思想品质和道德风尚

体育本身具有教育功能，是对学生进行思想和道德教育的重要手段，在实现教育的使命中发挥着特殊的作用。大学体育主要是通过组织学生参加体育教学课、体育竞赛活动和各种体育锻炼来实现的，寓教育于身体活动之中。通过体育对学生进行爱国主义教育，使其端正体育态度，明白关心自己身体健康是社会赋予的责任，从而能对自己身体各方面的发展提出要求，不断提高锻炼身体的积极性和自觉性；能够培养学生遵守各种竞赛规则，勇攀高峰，艰苦奋斗，敢于拼搏的精神和吃苦耐劳、团结友爱、勇于奉献的优良品质，形成文明的行为和良好的体育道德风尚；同时能够培养学生自信心、自制力和开拓创新的精神，丰富热爱美、鉴赏美、表现美的情感和能力，使学生在知、情、意、行诸方面都有更高层次的追求，从而形成文明、科学、健康、和谐的生活方式。

第三节　大学体育的地位和意义

大学体育是学校教育的重要组成部分，是培养现代化建设人才的重要途径。它随着社会和经济的发展而发展，而社会对学校的教育需要决定了大学体育在高等教育中的地位和意义。

一、大学体育是促进学生健康的主要手段

大学生正处于青年时期，从人体生理、心理的发展规律来看已进入了一个较为成熟的阶段，并处在不断完善之中。大学生经过青春发育期后，人体生长发育渐趋稳定，各器官系统的功能和适应能力均已发展到较高水平，正处于人体生命力最旺盛的时期。大学体育应抓住这个良好契机，在体育教育过程中将促进学生身心健康放在首位，让学生了解健康的基本知识，掌握体育的基本理论、技术和技能，提高自身的运动能力，并养成良好的体育锻炼习惯，以促进大学生身心健康发展与自我完善，为他们学习期间乃至今后的工作、生活积蓄精力，并为终身体育打下良好基础，这对提高全民素质和实施全面建设小康社会战略都具有深远的意义。目前，我国大学生的体质与健康状况总体上看不容乐观。大学生没有一个健康的体魄，不仅难以完成在校的学习任务，更无法在毕业后走上社会，在竞争激烈的社会环境中为社会经济建设发挥应有的作用。鉴于此，国家相关部门联合提出在大中小学校开展“阳光体育运动”，旨在促进学生全面发展，激励学生积极参与体育锻炼，切实提高学生身体健康水平。

二、大学体育丰富了学生校园文化生活

随着社会经济的发展和物质文化生活水平的提高，人们对精神文化生活的需求不断增

长，体育日益成为人类现代文明生活中的重要内容。大学校园内的体育活动，内容丰富多彩，形式多种多样，吸引了广大学生的参与和观赏，使他们能从中充分享受体育文化的快乐。在直接参与健身娱乐的体育实践过程中，通过体育活动调节生活、丰富课余文化生活、改变生活方式、培养竞争与合作意识、享受精神乐趣，这对引导大学生养成文明健康生活方式、丰富课余文化生活、抵制精神污染、防止和纠正不良行为具有十分重要的意义，有力地促进了校园文化的和谐发展，大大推动了全民健身运动的开展。

三、大学体育是文化传承的重要途径

在体育文化多元化的时代背景下，大学体育必将承担起体育文化传承的重要责任。通过开设大学体育课程、开展课外体育活动，以及举办各种体育知识讲座等，大学生可以更深刻地了解体育文化，领悟体育精神，熟悉世界体育文化的产生和发展的趋势，从而成为体育文化传承中的重要力量。另外，大学体育的发展，带动了学校以及社会的体育消费，也促进了体育相关产业的发展。

第四节　大学体育的组织形式与实施

大学体育的组织形式主要包括：体育课、早操、课外体育锻炼、课余体育训练、体育比赛等。

一、体育课

体育课是体育教学的基本形式，它是教师按照教学大纲和教学任务，有目的、有计划、有组织的教学过程。体育教学必须遵循人体全面发展的规律去教育学生，使学生掌握体育与保健的基础知识、基本技术与技能，接受思想品德教育，提高运动技术水平。

大学体育课主张充分发挥学生学习的主动性和创造性，提高学生思考问题和独立创造的积极性。体育老师要善于发现学生的学习动机，并善于引导和强化、调动学生学习的积极性，要积极转变部分学生中存在的对体育课学习不重视的错误观点，使他们认识到体育学习不仅仅是为了玩，更重要的是要把单纯的兴趣提升到更高层次的终身体育，并确立学习和锻炼的目标，以端正学习动机。

二、早操

早操（或称早锻炼、课前操）是在清晨或课前进行的。早操的内容一般以广播操为主，也可安排慢跑或提高身体素质的简单练习。早操可以使学生的身体得到全面锻炼，使学生由受抑制状态逐渐进入积极活动状态，从而可以精神振奋地开启一天的学习生活。

三、课外体育锻炼

课外体育锻炼是相对于体育课而言的，它是指学生利用课余时间参与的，以锻炼身体、陶冶身心为目的的体育活动。课外体育锻炼作为体育课的补充、学校体育的组成部分

和教育手段之一，已成为一种教育制度，且在内容和形式上都有新的发展。它包括早操、课间操和班级体育锻炼（班级及系部活动）。

课外体育锻炼的内容、方法不同，对人体产生的影响也不相同。不同的内容和方法具有各自不同的特征，有的可以提高人体的各项运动素质，增进健康；有的可以促进身体正常发育，形成良好的体型；有的可以增长肌肉力量；有的可以强身娱乐，调节心情，丰富文化生活；有的可以防疾病，消除生理功能障碍；有的可以增强心肺功能；等等。因此，在制订课外锻炼方案、选择锻炼内容或项目时，应尽量考虑到各项目的锻炼效果，从各人的年龄、性别、健康状况、兴趣爱好、练习目标等实际情况出发，有针对性地选择最有效的内容。在练习的方法上要注意不同运动素质练习之间以及运动素质练习与其他练习的有机结合，如动力性练习与静力性练习的结合、大肌肉群练习与小肌肉群练习的结合等。并要注意把个人的兴趣与实际需要结合起来，既要发展自己感兴趣的特长项目，又要努力弥补自己的弱项，克服不足，做到重点突出、兼顾其他。

四、课余体育训练

课余体育训练是学校利用课余时间，对部分身体素质较好并有体育专长的学生进行系统训练的一种专门教育过程。运动训练一般安排在早晨、下午及晚上的课余时间。它能进一步推动学校体育活动的广泛开展，促进学校运动技术水平的提高。

课余体育训练是学校贯彻“普及与提高”要求的重要内容，是我国运动训练体制的一个组成环节，是培养体育后备人才的必经之路，对于全面贯彻我国教育和体育方针，实现学校教育目标和体育目标，推动全民健身计划的实施具有积极的意义。

课余体育训练具有基础性、业余性、广泛性特点，其组织形式主要有学校运动队、业余体校、竞技学校、体育传统项目学校、体育俱乐部、体育特长班等。

五、体育竞赛

体育竞赛是指按统一的规则要求组织与实施的运动员个体或运动队之间的竞技较量，是竞技体育与社会发生关联并作用于社会的媒介。大学的体育运动竞赛有助于培养学生勇敢、顽强、进取和拼搏的精神，以及遵守纪律、服从裁判的优良品质和爱国主义、集体主义品格。

第五节　大学生体育意识的培养

一、加强对大学生体育意识的培养，是提高体育健身能力的基础

改革开放以来，虽然大学体育教育取得了可喜的成绩，然而，大学体育与健身的课程体系尚未真正形成，终身体育与健身教育思想及理论并未落到实处。很多高校学生普遍存在着对体育和健身基本知识贫乏、锻炼方法单一、兴趣不大、体育行为习惯不稳定等问题。因此，以终身体育和健身为主线，加强体育健身基本知识教育，建立内容丰富，形式

灵活、个性化的课程体系，突出以人为本、健身育人的目标，有助于提高大学生的体育健身意识。

二、培养体育健身情感与兴趣

动机是学生学习的内在动力，是发动或维持个人兴趣的心理活动。人们只有对某种事物的内容或过程产生兴趣之后，才会形成稳定的心理状态。在培养大学生体育健身意识的过程中，首先要激发学生参与体育运动的热情，变被动体育健身为主动体育健身，以充分调动大学生体育健身的主动性和积极性，才能使大学生自觉地从事体育锻炼；只有在体育活动过程中体验到体育所带来的满足感和喜悦感，感受到生理和心理上的满足，才会真正激发学生参与体育活动的自觉性。其次要培养学生进行体育锻炼的习惯。英国教育家洛克曾经说过：“一切教育都归结为养成良好的习惯，往往自己的幸福都归于自己的习惯。”事实证明，许多身体健康的人一定有良好的体育健身习惯，如每天坚持跑步、坚持打球等。

三、改善大学体育教学管理模式

（一）选择适合大学生的体育理论及健身教材

体育教材在内容上要充分考虑到学生的兴趣爱好和运动能力，将以往给人以内容单调、呆板，缺乏趣味性的“程式化体育”的体育课教材，转变为内容丰富、活泼、有趣味，大家都愿意阅读和参考的“快乐体育”教材。

（二）运用丰富多彩的教学方法

要充分考虑到大学生的身心特点、文化水平、思维方式等，多运用“启发式”“提问式”“讨论式”“互动式”等方法进行教学；要充分运用现代化的教学手段，如制作多媒体课件等进行教学，以帮助学生牢固树立体育健身意识，养成终身锻炼身体的习惯；要适当延长体育教学时段，增加体育教学时数，强化大学生体育健身功效。

（三）学校体育与终身体育互相贯通

将体育课教学与课外锻炼有机地结合起来，使体育课内外、校内外相统一。课内要突出教学内容，以传授体育健康知识、基本技术和技能为主，使学生掌握锻炼身体的方法；课外要突出生活过程，以培养学生的体育兴趣为主，提高自身体育意识和运动能力，使其养成良好的锻炼习惯，为终身体育奠定良好的基础。同时，课内教学内容还要向课外体育活动延伸，向社会体育延伸，使学生在校期间，将“体育效益”与终身受益相结合，将体育与职业需求联系起来，例如组织大学生坚持每天早上锻炼、坚持做课间操，组织各种形式的体育活动与健身赛事等，以不断提高大学生体育健身的积极性。

四、加强体育场馆和体育设施等硬件方面的建设

当人们渴望参加体育运动时，就会主动利用体育器材、体育场地等硬件来满足其体育健身需求。这时，如果缺乏相应的体育健身设施和设备等硬件，就会使他们主动体育健身的行为逐渐消退。因此，为了让学生更好地参加体育运动，学校加大对于体育场地、设施设备等硬件的投入势在必行。当然，学校应根据全民健身计划各阶段的具体要求，结合学校实际情况，制订并实施健身计划，实现学校有限资源利用的最大化。

五、加强校园体育文化建设

环境心理学的研究表明，环境可以直接影响人的行为，而环境的不同特性能对人产生不同的影响。大学校园的体育文化是社会文化在一定程度上的缩影，是一种具体化了的文化氛围，对大学生的校园生活和大学生的健康成长有着积极而深远的影响。学校体育的教育环境是大学生体育价值观、体育兴趣及体育行为、习惯形成的土壤。因此，学校要加大对体育健身的宣传力度，加强体育文化设施建设，创设和突出体育文化氛围。

第二章　体育健康观念

第一节　体育概述

一、体育的含义及其基本形态

（一）体育的含义

19 世纪 60 年代，“体育”（physical education）由西方传入我国，其意指：同维护和发展身体的各种活动有关联的一种教育过程。近几十年来，随着社会的进步和体育实践的不断发展，根据我国体育发展的特点和规律，“体育”一词又有狭义和广义两种用法。用于狭义时，一般指体育教育；用于广义时，则与通常所说的“体育运动”相同，其含义是指：以人体运动为基本手段增进健康、提高生活质量的教育过程与文化活动。从体育实现手段的角度来看，在达到体育目的的前提下，各种身体运动（包含竞技运动）、休闲娱乐活动、舞蹈等都属于体育的范畴。

现代体育一方面承担着人体全面发展、增强体质的重任，并与德育、智育、美育等密切结合，共同完成培养全面发展人才的任务；另一方面则通过以健身、健心、健美、康复、卫生为目标的身体锻炼，或以提高运动技术水平、创造优异运动成绩为目标的竞技运动来挖掘人体内的潜力，并充分发挥体育在建设物质文明和精神文明中的特殊作用。

体育既受一定的社会政治、经济的影响和制约，也为一定的社会政治、经济服务，所以体育的内涵并不是一成不变的。随着社会的不断发展，人们对体育的认识还会进一步深化。

（二）体育的基本形态

体育形态又称体育形式，是指体育实践的相对稳定形式或状态。体育形态各种各样，难以计数，按不同的标准划分，有不同的类别。例如，按体育实施范围分，有学校体育、军队体育、社区体育、农村体育等；按年龄特征分，有少儿体育、成年体育、老年体育等；按时代特点分，有传统体育、近代体育、现代体育等；按不同功能分，有健身（体育）活动、娱乐体育、医疗体育；如此等等。体育形态既反映了体育现象内在要素之间的有机联系，又表现出体育各种整体现象相对稳定的外部特征。

根据各种体育实践的基本特征和功能、人们对体育基本类型的认同，以及体育工作的实际状况等综合因素，我们把现代体育实践划分为三种基本形态，即体育的教育形态——体育教育；体育的文化形态——竞技体育；体育的文化、教育及其产业的综合形态——群众体育（社会体育）。这三种体育形态虽然都可以作为独立的研究对象，且各具特色，但它们之间却是“你中有我，我中有你”，彼此有着千丝万缕的联系。

体育教育即狭义的体育，是教育的组成部分，是通过身体活动和其他一些辅助性手段进行的有目的、有计划、有组织的教育过程。体育教育本身有一个完整的体系，它分为普通体育教育和专门体育教育两大类。前者包括学校体育教育（简称学校体育）、职业体育教育（如军事体育、警察体育、宇航体育等）；后者包括体育专业教育（如中等体育专业教育、高等体育专业教育等）、特殊体育教育（如残障人体育、康复体育等）。

竞技体育是指在全面发展身体，最大限度地挖掘和发挥人在体力、心理、智力等方面潜力的基础上，以提高运动技术水平和创造优异运动成绩为主要目的的一种体育活动。当代竞技体育越来越依靠现代科技的应用和全方位的科学管理，它已发展成为包含多种社会活动的一个巨大的“系统工程”，一种独特的体育文化形式。同时，今天人们称竞技体育，总是意味着高水平的竞技或运动精英的体育。因此，不妨认为，竞技体育是传统竞技运动在当代的发展，也可以说是广义的竞技运动。

群众体育又称大众体育。它是指人们自愿参加的，以强身、健体、娱乐、休闲、社交等为目的，小型多样的社会体育活动。群众体育的范围极广，凡城乡各个地域，社会各个阶层、各种职业和各个年龄阶段的人群的体育活动无不囊括其中。

二、体育与人类社会

（一）体育与生存需要

人类必须与自然界进行艰苦的斗争，才能创造赖以生存的物质基础。这种求生本能，最初表现在原始人的谋生和防卫需要中，即借助人体的运动获取生活资料，并保证自身不受伤害。据考古学研究，人类祖先是由树栖变为地栖，然后才逐渐习惯直立和用两足行走的。原始人迫于谋生需要，要为寻找食物而攀山涉水，为杀伤猎物而掷石投棍，为追捕野兽而奔跑越沟，为抗御自然侵袭而跋涉迁徙。出于防卫需要，为防备狩猎时被野兽伤害和过河时的生命安全，他们还必须掌握格斗和游泳等防卫手段，并具备灵巧躲闪、攀高爬树、相持耐久等自卫能力。很明显，诸如攀、爬、跑、跳、投和涉水等身体运动，都是原始人求生存所必需的基本活动技能，表明体育与生存需要从来就有着极为密切的天然联系。

原始社会后期，为了发展生产力、保证血亲生存、掠夺财产和奴隶而发生的部落间冲突，需要精化生产工具、改进狩猎技术，并使这种谋生手段世代相传；同时还必须提高谋生和防卫能力本身所需的智力和体力，于是以语言为媒介的技能传授和身体操练，即原始教育，逐渐从单纯的劳动手段中抽象出来，并演化成非直接用于生产劳动和生活的身体运动形式。这些经原始教育提炼和改进后的身体运动，也就是原始体育，其根本目的虽然在于维持生存，但由于增添了强身手段，使之有可能通过提高各种身体效能和活动技巧的训练，为早期人类学习和掌握生存的本领提供了方法，进一步说明了体育和生存需要之间的必然联系。

社会发展到现代，随着科学技术的发展和进步，使生存需要对人体体力的依赖程度已相应减少。但为了提高劳动生产率，满足日益增长的物质和文化生活需要，人们仍需不断通过包括体育在内的各种手段，继续谋求提高和发展人的智能和体能，以促进有机体各器官系统的机能水平，防治由社会分工和单调劳动限制而造成的现代文明病。因此，现代社会又从更高的层次要求体育必须而且可能满足人们生存的需要。

（二）体育与社会需要

随着物质与生存条件的改变，语言、意识、情感、理性等各种社会文化行为一旦产生，人类生存需要的功利性因素就会相对减弱。众所周知，推进体育向前发展的主要动力，最早来自原始社会后期出现的文化、艺术和教育。尽管这些新的社会因素，在当时仅反映原始人水平很低的需求结构，但就扩大的生活领域而言，为了适应社会发展的需要，却促使一些既不属于生存需要，又高于一般生活技能的活动，以更接近体育的方式发展起来，致使这种有意识模仿劳动和生活动作的身体练习，改变了原始人单纯求生的生活模式。譬如，原始人为了表达对神灵的崇敬，通过宗教祭祀而开展的舞蹈、角力和竞技运动；为了表达狩猎成功后的喜悦心情，通过游戏方式而开展的娱乐活动等，都集中体现了原始人对社会所持的态度。这表明，体育作为一种特殊的社会现象，在与社会的同步发展中，同样不只是满足简单的生理或生存需要，而应致力于提高人的生物潜能，丰富人的精神文化生活，促进人的身心全面发展，以创造人的美好生活方式为目的。为此，千百年来，人们根据这种社会需要，在对体育的实践与探索中，无不期望它能适应和改变自己的生活方式。但是，人在改造社会的同时，还需要社会为之提供理想的生活环境和条件，故社会的兴衰又直接影响着体育的发展进程。

当然，现代社会欲图体育发生根本性变化，主要还在于高科技革命引起的社会变革。因为随着现代科学技术的迅猛发展，在生产力大幅度提高的情况下，为了应付体力劳动强度降低引起的现代“文明病”，为了适应交通拥挤、空气污染及生态平衡逐渐被破坏的生存环境，为了纠正偏食、吸烟、酗酒及滥用麻醉品等不良的生活习惯和行为，人们需要从根本上改变自己的生活方式，重新认识对日常生活、身体发展及精神文明的需求观念。因此，随着物质产品丰富和生活闲暇时间增多，体育必将成为社会文明、科学进步和人们健康生活方式不可缺少的组成部分，并有可能发展为人们业余生活的第一需要。

三、体育与现代生活方式

（一）现代社会生活方式的特点

1. 现代社会生活方式的世界化

随着现代信息技术和运输工具的飞速发展，地球正变得越来越“小”。在 21 世纪中，不同国家、不同肤色的人们吃着同样的食品，穿着同样的时装，在世界各地欣赏着同一场体育比赛，获取“无国界”的相同信息，玩着一种相同场景、相同规则的游戏，在世界各地游来游去，尽享生活带给人们的愉悦，已逐渐成为一种寻常的生活方式。同时，在世界各国出售的相同产品和交换的信息，又培养着人们相同的兴趣、爱好、行为方式，现代社会生活方式正朝着世界化的方向发展。

2. 努力寻求物质生活与精神生活的平衡

21 世纪的生活方式要发生质的更新，人类必将为此做出极大努力，以寻求一种在本质上更能使物质生活与精神生活共处得更为和谐、更加平衡的生活方式。这种“平衡”的生活方式来源于人类自身对过去那种物质生活过分追求的反思。对这种新“平衡”的追求，不完全是简单观念化的结果，更主要体现了人类社会生产力发展的客观要求。

3. 追寻健康是现代社会生活观的重要目标

21 世纪人类健康将受到工业污染、流行性疾病、生活方式中的“不科学因素”等的威胁。根据科学家的统计表明，人类的生理素质正在退化，人在成长过程中时刻会因健康问题而受到阻碍，一些恶性疾病在现代人身上成为多发病。这些也引起了人类自身的高度重视和反思，越来越多的人在生活目标的多向选择中，重新审定了生活价值观中首要追寻的目标，都把健康摆在了重要位置。

4. 环保型生活理念逐步确立

环保问题是人类社会所面临的最为严峻的问题。由于科技进步速度加快，人类肆意地对大自然进行开发和破坏，导致了深刻的生态危机。近年来，许多人在生活消费上，更加讲究科学性和注重消费质量，节俭型、生态型的生活方式在社会上得到提倡。

5. 终身教育成为现代社会生活方式的重要内容

21 世纪人类跨入了信息社会，在信息社会中，人类知识总量每 7～10 年翻一番。一个人要想不落伍，就必须不断更新自己的知识结构。教育已经不再局限于学校范围之内了，已逐渐面向大众。终身学习和受教育将成为现代生活中有机组成部分，变成现代人的一种生活方式。

6. 现代人的工作和闲暇重叠交融

在现代社会，人们的工作时间将会被逐渐压缩，要增长知识，就要通过闲暇时间来获得，因而从这个意义上说，闲暇的“生活”时间客观上也就成了创造社会财富的“生产”时间。人将主要从事智力的、创造性的活动，劳动将因满足人的高级创造性需要而变得富有意义，使人产生满足感，人们从劳动中获得高级享受并使其成为主要乐趣。因此在新世纪中，不但人们的“闲暇越来越像工作”，而且“工作越来越像闲暇”。

（二）现代社会生活方式病的形成

1. 运动量不足

运动是保持身体健康的重要因素。以前，由于劳动要求身体运动，劳动的部分过程同时也就成为锻炼身体的过程，虽然它不能代替体育活动，却有体育活动的功效。现代科学技术正在不断地促使科学、技术和生产一体化，使生产劳动朝着机械化、自动化、电气化、智能化的方向发展，人的体力劳动越来越多地被技术装置所代替，繁重的体力劳动大大减少。同时，现代人的生活节奏、工作节奏过于紧张，使人无暇顾及身体锻炼，造成运动不足，导致肌肉无力、肥胖和伴随而来的各种心脏病、血管病、糖尿病等现代社会生活方式病的形成。

2. 营养过剩

现代社会为人们提供了丰富的生活资料，使人们尽情地享受各种物质待遇。人们的食物数量和膳食结构发生了重大的变化，脂肪和动物蛋白摄入过多。由于食物结构的变化，人们从食物中摄入的热量越来越多，超过了消耗的热量，而过剩的热量即转化成为脂肪。这种摄入的热量增加而活动减少的生活条件，必然产生人体“营养过剩”的现代社会生活方式病。

3. 精神压力过大

现代社会中，人们的生产活动和工作进程逐步发展到尽力追求高效率，以免被社会淘汰和否定的境地，这给人们带来了巨大的心理压力，造成记忆力减退、注意力范围缩小、悲观失望、自我评价能力下降等疾病的发生。国际劳工组织的一份调查报告认为：心理压抑现在已经成为21世纪最严重的健康问题之一。

4. 应激过多

在现代社会生活中，生活变化速度过快，易使人感到焦虑不安；不停顿的“感觉轰炸”、信息负荷过重、不断面临新的抉择等，易使人压力重重。现代社会生活给人们带来的困扰，会使人们在生理上或心理上出现障碍，最后导致疾病的发生和健康水平的下降。

现代社会生活方式病的产生与其说是科学技术的副作用，不如说是人们不恰当使用现代科技成果和人类社会自身的机制导致的不良后果。很显然，要消除现代社会生活方式对人类的伤害，必须对人类社会进行重新审视，深刻认识在现代文明高度发展的条件下，人们的生活方式、精神情感方面的缺陷，修正不适宜的心理品德和行为方式，积极主动地适应现代社会的发展。

（三）现代社会生活方式病的预防

1. 体育锻炼是现代人增强体质，促进健康最有效的方式

在现代社会中，由机械化、电气化高度发展造成的人类生物结构和机能的退化，如乏力、睡眠不佳、腰酸腿痛、内分泌紊乱等；高营养低消耗代谢造成体内物质积蓄，如肥胖症、高血压等，这些病症威胁人类生命，影响生活质量。体育能提高人的神经系统的反应能力，消除脑细胞的疲劳，提高工作和学习效率，预防和治疗神经衰弱；能增强心脏的机能，使血液中红细胞、白细胞和血红蛋白的含量增加，防止心脏疾病的发生；能增大肺活量，提高呼吸系统的转换能力；能促进血液循环、新陈代谢，使体内多余、有毒的物质迅速排出体外；能使骨组织的血液供应充分，骨的坚固性强、抗断，耐力性好，提高关节的灵活性和稳定性；能使身体发育均匀，肌肉有力，皮肤有弹性、无皱纹。总之，经常进行体育锻炼，可以满足人身体健康的需要，促进身体发育、体格健壮、体态健美，增强人体机能，提高体力（包括运动与劳动所需要的体力、耐力、灵活性、柔韧性），以及抗病能力和生命力。

2. 体育是预防现代人生理疾病的最积极方法

法国18世纪的著名医生蒂索说过：“运动就其作用来说，几乎可以代替任何药物，但是世界上的一切药物，并不能代替运动的作用。”用体育锻炼来治疗疾病的方法叫体育疗法，也叫医疗体育。常用的锻炼方法有：保健操、医疗操、散步、跑步、游泳、打球、气功、太极拳、按摩等。体育疗法能调整由中枢神经的功能失调引起的高血压、神经衰弱、精神病、胃溃疡等。坚持锻炼能使大脑皮层功能增强，病情好转。病人长期卧床，精神不振、睡眠不佳，容易合并感冒、肺炎、褥疮、关节强直、肌肉萎缩、神经麻痹等并发症。体育锻炼能振奋精神、增强食欲、改善睡眠，并使肌肉关节得到活动，血液畅通，新陈代谢旺盛，身体抵抗力增强。与医疗卫生相比，体育具有更加积极的意义，体育是追求健康

最积极的方式。

3. 体育运动是现代人心理疾病的监控者

体育运动是人们在调整、适应新的生活节奏时的重要辅助手段。一些实验和社会调查证明，运动员和经常从事体育活动的人对生活节奏的变化有较强的适应能力，经常参加运动会使人表现出较强的自制、快乐、超越、坚韧、敏锐、自信、合群和从容不迫的心理调节能力。体育运动还可以提高人体对快节奏生活的应变能力和耐受能力，也可以克服人们对快节奏生活的抵触、恐惧、厌烦和焦虑等心理障碍，可以稳定心理情绪、抑制身心紧张、控制“A”型反应，以增强人们在快节奏生活中的自信心。在体育活动中，人们所掌握的多种活动机能和快捷的活动方式，有利于人们准确、协调、敏捷地完成各种工作与生活动作。

体育运动还可以通过扩展生活空间的方式调节人们的心理。每一个人都有一种在宽敞生活空间开展肢体活动的生理要求，更有一种向往博大生活空间的心理追求。强制性地缩小人们的生活空间，就会产生一种受惩罚的痛苦感，而生活空间的合理扩大有利于人们的身体健康和心理安宁。

4. 体育是现代人充实生活，增进交流的最有效方式

现代人的生活节奏很快，平时工作和生活中的精神压力非常大，因而精神调节具有更加重要的意义。目前，城市居民中普遍出现行为功利性过强，很少有时间放松自己，邻里关系或亲戚关系也相对淡漠的现象，许多人终日奔忙，没有时间与他人交流，这对于精神健康非常不利。随着科学技术的进步，经济的发展，人们的闲暇时间得以增多。在闲暇时间里，参与户外活动，能消除孤独感、恢复自信，使因工作或生活劳动而紧张的情绪得到放松，使单调乏味的生活充实起来，可以使人进入一种超凡、宁静与爱的境界。在一些体育集体活动中，与他人的接触、交谈，有助于促进人际交流，增进理解与友谊，消除心理上的疲劳，扩大自己的交往空间。

5. 体育是现代人娱乐身心最有趣的方式

在现代社会，参与体育活动除了能够锻炼身体，还能增加生活的乐趣。在工作、学习之余，人们不拘形式地参加娱乐性、趣味性的体育活动，如游戏、体育舞蹈、健美操、游山嬉水、游艺等，可以在充满欢乐和谐气氛中进行各种身体锻炼；与人交流、谈话、接触，使参与者情绪高涨，心情愉快，既锻炼了身体、增强了体质，也调节了心理、陶冶了性情，又激发了生活情趣、获得了精神上的享受，从而达到了愉悦身心的目的。

第二节　健康概述

一、健康与亚健康

（一）健康

1. 健康的概念

什么是健康？首先我们应该明确地知道健康是一个动态概念，Dr. Hona Kiekbush 指

出要创造健康的理论和方法，也就是说健康是我们人类和每一个个体通过自己的努力创造出来的。世界卫生组织（WHO）早在1948年就在《组织法》中提出了“健康不仅仅是没有疾病或不虚弱，而是身体的、精神的健康和社会适应幸福的一种完美状态”的健康观，这是人类在战胜了危害健康的躯体和心灵疾病后，在总结近代医学成就后对健康认识的一次飞跃。随着人类社会的发展，经济和科学技术及生活水平的变化，人们对健康内涵的认识也不断地变化。最近几年来有人主张把“道德健康”也归入健康的标准内，即每个人不仅要对自己的健康负有责任，还要对全人类的健康承担义务，我们不但不能随便地伤害自己的躯体和心灵，更不应该有对他人健康和社会有害的行为。也就是说，一个人在躯体、心理、社会适应良好和道德健康4个方面都很健全，才是最完全健康的人，这也是世界卫生组织发布的健康定义的主旨所在。

2. 健康的标准

世界卫生组织又提出了衡量人体健康的10条标准：

- 充沛的精力，能从容不迫地担负日常生活和工作而不感到紧张与疲劳；
- 处事乐观，态度积极，乐于承担任务；
- 善于休息，睡眠良好；
- 应变能力强，能适应外界环境的各种变化；
- 对一般感冒和传染病有抵抗力；
- 体重适当，体形匀称，站立时头、臂、臀的比例协调；
- 眼睛明亮，反应敏捷，眼睑不发炎；
- 牙齿清洁，无缺损和龋齿，不疼痛，牙龈无出血，颜色正常；
- 头发有光泽、无头皮屑；
- 肌肉丰满，皮肤有弹性，走路轻松。

这10条标准有利于人们对健康概念的全面理解，并按其要求积极锻炼、创造健康，为提高人们的健康水平和促进社会经济发展打下坚实的基础。

（二）亚健康

1. 亚健康的定义

亚健康又称第三状态，也称灰色状态、病前状态等，是介于健康与疾病之间的一种状态，包括无临床症状或症状感觉轻微，但已有潜在的病理信息。它本身具有广泛的内涵，是人们身心、情感处于健康与疾病之间的低质量状态。

健康和疾病是说明人体状态的词语，健康和疾病（或死亡）是一个过程的两端，过去人们对健康和疾病的认识为一种静止的、两极的状态。自20世纪80年代中期以来，医学研究发现，人体从健康到疾病（特别是严重影响人们健康的慢性生活方式疾病）有一个长期的动态连续转变过程。亚健康状态就是在健康和疾病这个连续过程之间的一个特殊阶段，如果处理合适，人体可以恢复到健康状态；如果处理不当，也可能转变成各种疾病。在这里要强调的是，成年人存在亚健康状态的情况十分普遍，敏感、多疑、内向特征的人容易出现亚健康状态；一般情况下，亚健康的女性多于男性；个体自身存在危害健康的行为越多，出现亚健康的概率越高；另外，亚健康状态还与个人的耐受力、个人文化、经济状况等因素也有关，且脑力劳动者高于体力劳动者。

2. 亚健康产生的原因

正常人体长期受危害健康行为或生活方式的影响，机体的正常生理机能慢慢受到损害，当达到一定程度时，人体就进入了亚健康状态。因此，危害健康的行为或生活方式，是构成亚健康状态的主要原因，例如心理紧张、遭遇生活事件刺激、人际关系紧张、人文环境突然恶化、经济压力过大、人格缺陷等；亚健康也会因极度疲劳、低血糖、极度恐惧、过分紧张，或吸烟、酗酒、滥用药物、肥胖、缺少运动、营养失衡等引起。另外，理化因素也可以引起亚健康，如环境、大气、水、噪声等污染，长期在高温、高压（或低压）、寒冷状态下工作；或者在过量辐射、震动环境下工作，接触有毒化学物质等。亚健康状态与心理紧张有关，与战争和自然灾害后的经济和生活动荡也有关系。到目前为止，生物学因素仍然是亚健康状态产生的主要原因，如细菌、病毒、真菌、寄生虫的感染，昆虫或有毒动物咬伤等；人体内分泌功能容易失调的时期，如青春期、月经期、妊娠期、更年期也容易出现亚健康状态。

3. 亚健康的表现

亚健康的表现主要以主观感受为主，同时伴有各种功能性的障碍或者自主神经功能紊乱等，客观体征较少或者没有。症状可以单一出现，也可以合并或交替出现。

·失眠或嗜睡：这是亚健康最常见的表现，失眠多见于精神紧张；嗜睡多与营养、内分泌、行为、躯体因素和病毒感染等密切相关。

·健忘：表现为记忆力下降，主要是短时记忆下降，长时记忆基本不受影响，如放下的东西一会儿就忘掉，但小时候的事情记忆犹新。

·食欲缺乏：可见于任何因素引起的亚健康状态。

·性欲降低：多由个人遭受各种压力而引起，严重者可伴有阳痿、早泄、射精困难、达不到性高潮等。

·烦躁：易激怒、情绪不稳定、易于失控或易于极端化，或有精神快要崩溃感等。

·情绪抑郁：对事物缺乏兴趣常常感觉孤独无助，对前途悲观失望，同时缺乏人际交往的欲望。应注意情绪抑郁与抑郁症的鉴别，抑郁症病人除上述症状较重、时间较长（超过两个月）外，还有思维缓慢、反应迟钝、联想困难，在情绪低落时容易产生自责，严重者对生活、工作、学习丧失能力，甚至有自杀念头。

·焦虑不安：往往忧心忡忡、坐卧不安，疲乏无力且休息后不能缓解。

·头痛、头晕、胸闷、心悸、气短：这是十分常见的躯体症状，常作为看病就医的原因。

·泌尿系统症状：有的患者出现尿频、尿急、小便变黄。

·消化系统紊乱：大便稀，轻微腹泻或有里急后重感，有腹部不适或腹痛感。

·免疫功能降低：经常患感冒、咽喉不适、口腔溃疡等。

·其他症状：常有肢体麻木、皮肤瘙痒、肌肉酸痛或抽搐等。

在这里需要特别强调的是，由于人们的年龄、健康状况、适应能力、免疫力、经济条件、人格类型、遗传因素等方面的不同，亚健康的表现形式也错综复杂；亚健康过程具有较大的时空跨度，对它的研究尚处于起步阶段，还有待于进一步探索。目前，研究最多、对人们影响较大的是慢性疲劳综合征。

二、影响健康的因素

（一）行为和生活方式

1. 行为因素

行为是有机体在外界环境刺激下所引起的反应，包括内在的生理和心理变化。人类的行为表现错综复杂，但基本规律是一致的，即它是人类为了维持自身的生存和种族的延续，在适应复杂的、不断变化的环境时所做出的反应。由于人所具备的生物性和社会性特征，人类的行为也有本能的和社会的两大类。个体的社会性行为是指人与周围环境相适应的行为，是通过社会化过程确立的。社会性行为是影响健康的重要因素，几乎所有影响健康因素的作用都与不良的社会行为有关。例如，吸烟与肺癌、缺血性心脏病及其他心血管疾病密切相关，酗酒、吸毒、不良性行为等也严重危害人类健康。

2. 生活方式

生活方式是一种特定的行为模式，这种行为模式受个性特征和社会关系所制约，是在一定的社会经济条件和环境等多种因素的相互作用下形成的。建立在文化继承、社会关系、个性特征和遗传等综合因素基础上的稳定的生活方式，包括饮食习惯、社会生活习惯等。由于受一些不良的社会和文化因素影响，许多人养成了不良的生活方式，导致了慢性非传染性疾病、性病和艾滋病的迅速增加。

（二）环境

1. 自然环境

自然环境是指影响人类生存和发展的各种天然的和经过人工改造的自然因素的总体，包括大气、水、土地、矿藏、森林、野生生物、各种自然和人工区域（包括自然保护区、风景名胜区、城市和乡村），以及自然和人文遗迹等等。这些因素就组成了人类的生活环境，它们影响着人类的生存和发展。在自然界中，每一种动植物群体，都需要有一定的生存环境条件，如气候、土壤、地理、生物及人为条件等。这些环境条件与人类的关系是对立统一的。一方面，人类的生存和繁衍依赖于环境；另一方面，当环境作用于人类、服务于人类时，又直接或间接地受人类活动的影响。符合自然和社会发展规律的人类活动，能够改善环境；违反自然和社会发展规律的人类活动，会使环境恶化。

2. 社会环境

社会环境又称文化社会环境，包括社会制度、法律、经济、文化、人口、民族及职业等。社会制度确定了与健康相关的政策和资源保障，法律法规确定了对人健康权利的维护，经济决定着与健康密切相关的衣、食、住、行，文化决定着人的健康观及与健康相关的风俗、道德、习惯，人口拥挤会给健康带来负面的影响，民族习惯影响着人们的饮食结构和生活方式，职业决定着人们的劳动强度、劳动方式等。

（三）生物学因素

1. 遗传

遗传是先天性因素，种族的差别、父母的健康状况和生存环境等因素，都会对下一代的健康具有较大的影响。人类已知的遗传性缺陷和遗传性疾病近 3000 种（约占人类各种疾病的 1/5），据卫生部《中国出生缺陷防治报告（2012）》，目前全国出生婴儿缺陷发生率为5.6%，每年新增出生缺陷数约90万例。另外，遗传还与高血压、糖尿病、肿瘤等疾病的发生有关。

2. 病原微生物

从古代到20世纪中期，威胁人类健康的主要原因是病原微生物引起的感染性疾病。但随着社会、经济的高度发展，人们的劳动方式和生活方式发生巨大改变，行为和生活方式逐渐取代生物学因素成为影响健康的主要因素。

3. 个人的生物学特征

个人的生物学特征包括年龄、性别、形态和健康状况等，不同生物学特征的人处在同样的危险因素下时，对各人健康的影响大不相同。例如，儿童、少年和成年人、男性和女性、体质强壮和体质虚弱的人等。

（四）卫生服务因素

1. 健康服务的基本功能

健康服务的功能可分为两个方面：保健功能和社会功能。健康服务的保健功能是显而易见的，即通过预防保健、治疗、康复及健康教育等措施，降低人群的发病率和死亡率；通过生理、心理及社会全方位保健措施，维护人群健康，提高生命质量。

健康服务的社会功能常常被忽视，实际上，健康服务对社会的发展起着极其重要的作用。首先，医疗保健服务使患者康复，恢复劳动力，延长寿命，延长劳动时间，能有效地提高生产力水平；其次，消除患者对疾病焦虑和恐慌，不仅是维护健康的需要，而且有利于社会的安定；第三，健康服务部门是精神文明的窗口，良好、及时的健康服务对患者也是一种心理安慰，使人们感受到社会支持的存在，有利于社会凝聚力的增强。

2. 健康资源与健康

健康资源的投入量及其分布对人群健康影响极大。在发展中国家及不发达国家，健康资源投入不足的现象极为普遍，而健康资源分布不均匀在世界各国都存在，最突出的是城、乡之间分布不均匀。据世界卫生组织资料，发展中国家只有1/4的城市人口，却有3/4的医生在城市工作，3/4的农村人口仅拥有1/4的医生人数。

3. 健康服务的组织实施与健康

一定的资源投入是开展健康服务必备的条件，但健康资源的投入量并非是获得健康效应的决定因素，如何使用健康资源，即如何组织实施健康服务，对于获得理想的健康投资效益至关重要。目前深入开展的医疗保健制度改革，以及推行自我保健、家庭保健、社区保健和健康教育等健康保健形式，目的在于合理使用健康资源、科学地组织实施健康服务，以提高社会效益。

（五）体育运动

随着劳动方式和生活方式的改变，运动缺乏成为威胁人类健康的一个重要因素。同时，科学运动的健康价值日益凸显，人们越来越关注体育在生活中的位置。体育对人类健康的作用和意义越来越大。

体育是一种复杂的社会现象。它是以身体与智力活动为基本手段，根据人体生长发育、技能形成和技能提高等规律，达到促进人的全面发育，提高身体素质和全面教育水平、增强体质与提高运动能力、改善生活方式与提高生活质量的一种有意识、有目的、有组织的社会活动。从这个含义可以看出体育具有生物性和社会性两种属性。1978年，联合国教科文组织颁布的《体育运动国际宪章》中明确体育是一种人权，确认体育是提高生活质量的手段，同时体育能培养人类的价值观念，说明体育对人类的生存和发展具有重要的影响。从体育的这一定性中可以看出，体育对促进人的健康具有广泛的作用，特别是在改善生活方式与提高生活质量方面，体育展示了其独特的作用和魅力。

在人类发展史上，体育作为一种积极的人类行为和特殊的社会文化现象，一直伴随着社会的发展、文明的进步而发展，并对人类的进化和社会的发展起到了巨大的促进作用。健康的生活方式可以预防"文明病"的发生、发展，而体育运动作为健康生活方式的重要内容，对人类健康始终起着独特的支撑作用，是维护人类身心健康最有效、最有益的办法。以健康的生活方式去对抗周围那些不利于健康的因素，是维护身体健康的一个古老哲理的现实回归。

（六）营养

合理的营养是保证人体健康的重要因素，营养过多或不足都有损于健康。评价居民营养状况包括居民摄入热量及食物的营养结构。前者主要衡量人群摄入的食物是否能维持基本生命功能，后者则是分析摄入食物中各种营养素比例的合理性。

评价居民营养与健康的另一方面，即摄入的营养素是否合理，是否有利于防治疾病、促进健康。根据食物提供的热量计算，人均蛋白质、脂肪、糖类（碳水化合物）三大营养素摄入的适合比例为3∶4∶13。其中蛋白质以动物蛋白质及植物蛋白质各占50%为宜。这种标准既保证机体对各种营养素的需要，又有利于预防常见的慢性病，如心血管疾病等。目前，发达国家居民膳食中，动物蛋白质及脂肪含量偏高；而发展中国家及不发达国家居民膳食中，蛋白质及脂肪比例偏低。

我国居民人均日摄入热量在2600千卡以上，即居民平均食物摄入量基本足够，但膳食结构不太合理。糖类占总热量的75%以上，蛋白质占总热量的10%左右，脂肪占总热量的15%左右，蛋白质及脂肪比例偏低。以谷物为主的膳食结构，虽然有利于慢性病的预防，但营养比例不太合理，尤其是蛋白质比例低，不利于提高居民的身体素质。

此外，膳食中各种微量元素是否足够、比例是否合理，与一些地方病及营养缺乏病的发生有着密切的关系。因此，调查居民膳食微量元素含量的比例，也是评价居民营养状况的重要指标。由于地理原因及饮食不当，造成某些人群膳食中一些微量元素缺乏的现象普遍存在。

第三节　健康教育

从世界范围讲，健康教育作为一个专业领域出现，始于20世纪20年代，发展于70年代。健康教育的发展与疾病谱的变化关系密切。当人们发现那些与自己行为和生活方式相关的健康与疾病问题不能通过使用化学药品或高科技产品和技术进行治疗时，便开始寻找通过健康教育改变人们的行为和生活方式来促进健康。因此，世界卫生组织在1978年订立的《阿拉木图宣言》中强调：健康教育是初级卫生保健各项任务当中的首要任务。

一、健康教育的概念

（一）健康教育的概念

健康教育是由医学（预防医学）、心理学、传播学、社会学、教育学、行为学、社会市场学等学科理论相互融合而发展形成的、具有自己独立学科特点的一门交叉学科。从完整实施健康教育计划的角度上讲，国外健康教育专家特别强调：健康教育是“有计划、有组织、有系统的教育活动”，但没有组织的个人（如健康教育人员、卫生人员等）在没有预先计划的情况下，按照健康教育的原理和方法，对不良行为和生活方式进行干预、帮助目标对象实现认知、信念和行为改变所进行的活动，以及从事这些活动的过程也是健康教育的过程。

（二）健康教育的目的

健康教育是以教育、传播、干预为手段，以帮助个体和群体改变不良行为和生活方式，建立健康行为为目标，以促进健康为目的所进行的系列活动及其过程。向受教育群众传播有关健康信息，对目标人群进行健康观、价值观的认知教育以及保健技能的培训，针对特定行为进行干预，通过这些系列工作可以有效地帮助工作对象掌握健康知识，树立正确的健康价值观、改变不良行为，采纳健康行为，避免危险因素，预防疾病，主动创造健康，最终提高健康水平。

二、健康教育的特点

（一）多学科性和跨学科性

健康教育的理论是由多门学科发展而来的，因此健康教育除了具有自然科学特征外也具有社会科学的特点，综合来看更接近社会科学，这是健康教育的一个重要学科特点。

（二）以行为改变为主要目标

健康教育的一切内容都是围绕人的行为和生活方式而确立的，所以改变人们的不健康行为和生活方式，帮助建立有利于健康的行为和生活方式是健康教育的一项重要工作目标。

（三）以传播、教育、干预为手段

健康教育要达到促进目标人群健康的目的，首先要把改变其行为和生活方式作为工作的重点，必须通过各种方式进行健康信息传播、教育和干预来促使人们的行为发生改变。

（四）注重计划的设计和效果的评价

全面的、完整的健康教育项目应该从科学的设计开始。健康教育是健康教育工作者通过深入到人群和社区中去调查，发现人们存在的健康问题后进行诊断、分析，而建立的健康教育项目的主要内容、方向和目标。

当健康教育项目有组织的、系统的和完整的实施完成后，其实施过程和效果评价也是健康教育的另一项重要内容。

三、健康教育的作用

（一）健康教育能帮助人们建立健康的生活方式

卫生保健的目的是消除或减少不健康的行为因素来达到预防疾病、促进健康。行为学的研究表明，知识与行为之间虽有重要联系，但不全是因果关系。一个人的行为除了与其知识有关外，与其价值观和信念也有关系，与其成长和生活的环境更有直接关系。

知识是行为的基础，但由知识转变成行为尚需要具备一定的外部条件，健康教育除了传播知识外还要创造条件满足知识转变成行为需要的外部条件。比如，我们在教学中发现，医学生都知道过量饮酒会影响健康和学习，但同学聚会时他们都会或多或少的饮酒，有时还会引起纠纷，影响身体健康和学习。是他们不懂过量饮酒的危害，还是他们不知道酒是成瘾物质？答案是否定的，而是他们的习惯使然。大多数同学都会认为如果聚会不饮酒就没意思，影响气氛。不是他们不知道这方面的知识，而是他们的信念和价值观存在着不健康的因素，要改变他们的这种行为，就需要用行为干预的方法来帮助他们消除这种不良行为。我们采取的方法是除了把知识传播给学生外，还采用让每一位学生讲讲身边看到的过度饮酒的危害和例子，使同学以此改变自己，聚会时采取用饮料代替酒，或者组织爬山郊游等方式来改变不良习惯。健康教育的作用就在于把健康知识转变成健康行为，这是一门科学，除了要有相关的知识外，也需要技术和技巧，更需要爱心和耐心。

（二）健康教育可以有效地预防慢性非传染性疾病

多种慢性非传染性疾病都会直接或间接地影响健康的生活方式，例如高血压、冠状动脉粥样硬化性心脏病、肥胖、糖尿病、恶性肿瘤、高脂血症、高胆固醇血症等。当今有45%～47%的疾病与行为和生活方式有关，而死亡的因素中有60%与行为和生活方式有关。在美国，不健康生活方式占总死因的49%～60%，在我国占37.3%。从20世纪80年代初期开始，我国的经济出现了持续稳定的发展，居民的生活水平提高了，生活方式也发生了明显的变化。在这些变化中有的有利于健康，如国家卫生城市的建设、卫生条件的改善和个人卫生意识的提高；住房条件的改善，使更多的人开始讲究个人和家庭卫生；物质的丰富和收入的提高，使更多人增加了蛋白质的摄入量；环境保护意识的提高，使人类的生存环境更加有利于人们的身心健康。但是另一方面，随之带来的对健康不利的因素也在增加，如环境的污染；食物过于精细，油脂的摄入量大大超过人体的需要；汽车、电脑的出现，运动和体力活动减少；精神压力的增大，人际关系的紧张；药物滥用、烟酒消耗量的增加……正是这些不利于健康的行为和生活方式，导致了我国慢性非传染性疾病患病率的升高。

在我国，1979年高血压的患病率为7.73%，而2023年则上升到了27.5%。自20世纪80年代以来，我国多数地区超重的人数增加了2～6倍，而糖尿病的患病率从1998年的4.76%上升到2023年的12.8%。

根据国家卫生健康委员会发布的《中国卫生健康统计年鉴（2022）》，2021年我国城市居民主要疾病死亡率排在前十位的疾病是：心脏病，恶性肿瘤，脑血管病，呼吸系统疾病，损伤和中毒外部原因，内分泌、营养和代谢疾病，消化系统疾病，神经系统疾病，泌尿生殖系统疾病，传染病（含呼吸道结核）。我国农村居民主要疾病死亡率排在前十位的疾病是：心脏病，脑血管病，恶性肿瘤，呼吸系统疾病，损伤和中毒外部原因，内分泌、营养和代谢疾病，消化系统疾病，神经系统疾病，泌尿生殖系统疾病，传染病（含呼吸道结核）。由此可见，当前甚至在以后相当长的一段时间，人们对某些慢性非传染性疾病还不会有更好的治疗方法，也很难找到预防的疫苗。因此，慢性非传染性疾病对21世纪人们的健康构成了巨大的威胁。

（三）健康教育能够有效预防与行为相关的传染病

当今流行严重的某些传染病虽然是微生物引起的结果，但也与人类诸多不健康的生活方式和行为方式密切相关。例如，性传播疾病、艾滋病、痢疾、甲型肝炎、乙型肝炎等传染病就直接与不健康的生活方式相关。

（四）健康教育能有效维护大学生身心健康

随着社会和经济的发展，竞争越来越激烈，校园内大学生的心理卫生问题越来越突出。维护大学生的身心健康日益受到人们的重视。在大学里全面开展健康教育是维护大学生身心健康的最有效途径。对开展健康教育前后的调查结果进行对比显示，健康教育后大学生的心理健康状况有明显改善。

（五）健康教育能满足全社会人群对保健知识的需要

经济的发展、人民群众生活和教育水平的提高，使人们的健康需求也从有病能够治疗，发展到对医疗保健服务要求的提高、对健康知识的需求和疾病的预防上。此外，人们也越来越重视心理健康，不仅要求身体避免遭受疾病的侵袭，而且也希望能够在精神和心理方面获得帮助和指导。要满足全社会人群的这种需求，就只有通过实施健康教育才能实现。随着科学技术的发展，先进的诊断方法和治疗手段不断进步，人类战胜疾病的能力增强了，人类的平均寿命大大延长了。我国自 20 世纪 90 年代初以来，人均医疗费用年增长率在 20％以上，如果不进行全民健康教育，在未来的几十年内还将有更快的增长，国家和家庭的医药费用开销将是惊人的。因此，最好的办法就是有效地减少慢性非传染性疾病的发生。健康教育就是预防和减少慢性疾病发生的一种有效手段，是降低医疗费用、保障人民健康的有效手段。

第三章 体育锻炼与机体健康

第一节 体育对人体健康的作用

健康问题从生命诞生之日起，直至生命终结，贯穿生命的全过程。人们对健康的认识也随着社会的发展而日臻全面。一方面，社会的发展、科技的进步、经济的繁荣，给人们带来了众多的好处。另一方面，现代社会运转节奏的加快、竞争的加剧、信息量的加载、城市的拥挤等，也使人们的心理压力增加，导致出现身心障碍的可能性增多。

大学阶段是人生走向成熟的阶段。在这一阶段，大学生不仅处于生理成熟的关键时期，也处于心理成熟的关键时期。因此，在此阶段促进个体全方位的健康并形成健康的观念和健康的生活方式是每一位大学生不可忽视的重要问题。在促进个体健康的多种方式中，体育锻炼有着不可替代的作用。

一、体育运动对大学生身体形态的作用

身体形态是人的有机体的外部形状或体态，它包括身高、体重、四肢等，主要通过身高、体重、胸围等指标来反映身体形态的发展水平与健康状况。

（一）体育运动促进大学生身高的增长

人体的身高主要与骨骼的发育水平有关。大学生在经历了青春期发展的高峰期后，骨骼进入了缓慢的发育阶段，但骨化过程尚未结束，身高的变化仍存在着相当大的可塑性。有资料表明，经常参加体育锻炼的学生与其他同龄人相比，身高平均增长 4～7cm。因为骨骼的发育除遗传因素外，直接受制于人体内分泌激素的状态。运动会提高人的兴奋性，促使内分泌激素的增加。生长素使骨骼软骨细胞增生繁殖，长骨不断加长。同时，体育运动又可以增加人体的新陈代谢水平，在骨骼的生长发育过程中，使流向长骨两端的血量增多，促使细胞分裂、繁殖，使骨骼长得更快。由于血液循环的改善，可以使骨密质增厚，骨变粗，骨面肌肉附着处凸起明显，骨小梁的排列更加整齐有规律，从而使骨骼从形态结构上变得粗壮而坚固。

（二）运动能够有效地增加肌肉的体积和力量

人体肌肉的均衡丰满与人体的形态美密切相关，体育锻炼能够改变肌肉的形态和结构。大学生的肌肉发展特点是由肌纤维的纵向发展转向肌纤维的横向发展。在体育运动

中，肌肉的不断伸缩可使肌球蛋白不断增加；可使肌肉贮存水分的能力增加，从而有利于肌肉的氧化反应；可使肌纤维的供能中心线粒体数量增加，不易产生疲劳；可使肌肉结缔组织增厚，肌纤维的数量增加和横断面增大，肌肉的力量增大，肌肉因此更结实丰满。研究表明，经过长期的体育锻炼，人体肌肉的重量可由占体重的40%（女性35%）左右改变为50%左右。这不仅明显地改善了身体的形态结构，而且对提高工作学习、生活效率，以及防止过早疲劳、过早衰老起到了积极的作用。

（三）体育运动促使身体姿态的协调与改善

人的身体姿态主要通过脊柱弯曲的程度及坐、立、走、跑的体态来体现。大学生坚持进行体育运动，特别是各种协调性、柔韧性较强的运动，从生理学的角度来看，由于身体承受了一定的运动负荷，促进了血液循环及新陈代谢，使附着在骨骼、脊柱上的肌肉、韧带的柔韧性加强，消除体内多余的脂肪，使整个人的形体和姿态显得挺拔、轻灵和矫健。从心理学角度来看，在有节奏、韵律的氛围下做着各种带有美感的动作，可以陶冶情操、调节情感、丰富情趣、松弛紧张的神经，使人从内心感受到一种愉悦、自信，从而表现出健康健美、优雅大方的身体姿态。

二、运动对大学生身体机能的促进作用

身体机能是指人的整体及其组成的各器官、系统所表现的生命活动。身体机能的发展，可以使呼吸肌的力量增强，胸廓运动的幅度加大，从而改善呼吸机能；还能使心肌力量增强，血管壁弹性增大，从而改善心血管机能。

（一）体育运动改善和提高中枢神经系统的工作能力

1. 使人头脑清醒，思维敏捷

人脑是人体的最高指挥部，人体一切活动的指令都是由大脑发出的。实践证明，经常参加体育运动，可以改善大脑的供血、供氧状况，使大脑皮层的兴奋性增强、抑制加深、神经过程的均衡性和灵活性提高，对内外刺激的反应更加迅速、准确，从而提高有机体对外界环境的适应性，进而提高工作效率。

2. 消除疲劳和精神紧张，改善睡眠

经常参加运动的人，由脑垂体分泌一种内啡肽的物质。这种物质能增加对疼痛的耐受性，可以对抗紧张的情绪；它还能降低血压，抑制食欲，并带给运动者愉快的感觉。

3. 防止动脉硬化，维持大脑良好的血液供应

脑动脉的硬化是由于血液内胆固醇含量过高所致。研究证明，体育活动可使血液总胆固醇含量降低，尤其可使低密度脂蛋白胆固醇降低，提高高密度脂蛋白胆固醇含量，从而清除沉积在血管壁上的胆固醇，防止动脉硬化。

（二）体育运动对心血管系统、消化系统及内分泌系统的功能

1. 改善心血管系统功能

体育锻炼可以改善血管壁和血管的分布，使心脏的容积增大，冠脉循环血量增加，提高每搏输出量，增强身体活动能力，改善血压，减少心血管疾病。同时，经常参加体育运动可使心肌细胞内的蛋白质合成增加，心肌纤维增粗，使得心肌收缩力量增加，这样心脏在每次收缩时将更多的血液射入血管，导致心脏的每搏输出量增加。长时间的体育锻炼可

使心室容量增大。

2. 改善消化系统功能

体育锻炼可以促进消化腺分泌消化液，增强消化道的蠕动，改善胃肠道血液循环，提高肝脏机能，使食物的消化和营养物质的吸收更加顺利和充分。

3. 改善神经系统和内分泌系统功能

体育锻炼可以提高神经系统的灵活性、协调性和准确性，增强综合分析能力，缓解人体紧张情绪，提升生命活力，改善大脑和中枢神经系统的能量与氧气供应，促进思维和智力的发展，同时对人体的各种腺体结构和机能产生积极影响。

人体是复杂的统一的有机体。细胞是构成人体的基本结构和功能单位，许多形态和功能相近的细胞和细胞间质结合在一起，构成上皮组织、结缔组织、肌肉组织、神经组织。由几种组织共同构成具有一定形态结构和生理功能的器官，如肝等。在结构和功能上密切相关的一系列器官联合起来，共同执行某种生理活动，便构成了一个系统。人体可分为运动、消化、呼吸、泌尿、生殖、循环、内分泌、感觉及神经九个系统。在神经系统的支配下，各个系统分工合作，实现各种生命活动，使人体成为一个完整统一的有机体。人体运动时，运动器官（骨骼、肌肉、关节）完成各种各样的动作，而内脏器官（呼吸、循环、血液、排泄等）的活动，保证机体在运动时有充分的能量供应和代谢废物的及时排出。没有运动器官和内脏器官的这种共同作用，运动就不能持续下去。因此，体育运动不仅可以提高运动器官的功能，而且可以使内脏器官的功能得到提高，从而达到促进健康、增强体质的目的。

第二节　体育锻炼对运动系统的影响

一、运动系统的组成和功能

人体的运动是由运动系统实现的。运动系统由骨、骨连接和肌肉三部分组成，骨与骨连接构成人体的骨架，肌肉附着在骨架上。神经系统支配肌肉的收缩或牵动骨骼产生各种运动。这种运动是以骨为杠杆、关节为枢纽、肌肉为动力的。

（一）骨（骨骼）

人的骨骼共有 206 块，包括中轴骨和四肢骨两大部分。颅骨、椎骨、肋骨和胸骨为中轴骨，上肢骨和下肢骨为四肢骨。骨主要由骨质、骨髓、骨膜构成。

1. 骨质

骨质即骨组织，分为骨密质和骨松质。

2. 骨髓

骨髓充填于骨髓腔和松质腔隙内，分为黄骨髓和红骨髓，其中红骨髓具有造血功能。成人的髂骨、胸骨、椎骨内终生保留红骨髓。

3. 骨膜

骨膜由致密结缔组织构成，位于骨的最外层，含有丰富的血管、神经和成骨细胞，在骨的生长、发生、修复和改建中起到了重要的作用。

（二）骨连结

根据骨连结的结构形式，可分为直接连结和间接连结。直接连结包括膜性连结、软骨性连结、骨性连结；间接连结即关节。关节的结构各不相同，但基本构造都一样。基本构造包括关节面、关节囊、关节腔等。辅助结构包括韧带和关节内软骨等。关节的运动包括围绕冠状轴运动的屈伸运动、围绕矢状轴运动的内收和外展运动、围绕垂直轴运动的旋内和旋外运动，以及近侧端不动、远侧端做圆周运动的环转运动等。

（三）肌肉

人体中的肌肉分为骨骼肌、平滑肌和心肌三类。其中，骨骼肌的数量最大，平均占人体体重的40%～45%，躯体运动就是由它实现的。内脏器官的运动，则是由平滑肌（如胃肠道运动）和心肌（心脏的泵血活动）实现的。肌肉的基本组织包括肌组织（由肌纤维组成）、结缔组织、神经组织。此外，肌肉还分布着丰富的血管网。组成肌肉的基本单位是肌纤维，它是肌肉中的收缩成分，其功能是通过收缩而产生张力和长度的变化。肌肉中有丰富的毛细血管网及神经纤维，保证肌肉的养分供应及神经调节。肌肉中的结缔组织是肌肉的弹性成分，与肌肉中的收缩成分并联或串联。当收缩成分缩短时，弹性成分被拉长，并将前者释放的能量部分吸收储存起来，然后再以弹性反作用力的形式发挥出来，以促使肌肉产生更强的力量和更快的运动速度。

1. 肌肉的兴奋与收缩

每块骨骼肌都有神经支配，一个运动神经元连同它的全部肌纤维，从功能上看是一个肌肉活动的基本功能单位，称为一个运动单位。人体运动时，神经中枢通过变化参加工作的运动单位的数量，来调节肌肉收缩的力量。参与肌肉收缩的运动单位越多，肌肉收缩产生的力量也越大。运动神经纤维在骨骼肌中形成数百个分支，每一分支支配一条肌纤维。运动神经纤维的轴突末梢嵌入到肌膜上的终板膜的凹陷中，形成神经肌肉接头。当神经冲动从神经纤维传到轴突末梢时，轴突末梢神经膜的通透性发生改变，引起囊泡破裂，乙酰胆碱被释放到接头间隙，与膜上的乙酰胆碱受体结合，进而触发可传导的动作单位。动作单位沿肌膜传播至整个肌纤维，使肌纤维产生一次收缩。

2. 影响肌肉力量的因素

（1）肌肉生理横断面。肌肉的生理横断面是指横切一块肌肉所有肌纤维所获得的横断面的总和。一块肌肉的力量是这块肌肉内全部肌纤维收缩的总和。因此，肌肉的生理横断面积是影响肌肉力量的主要因素。

（2）肌群的协调能力。人体在进行最大用力时，神经系统不可能募集100%的肌纤维同时参与活动。运动时，参与活动的肌纤维数量越多，肌肉收缩时产生的力量就越大。一个不经常参加体育锻炼的人，最大用力时大约只能动员60%的肌纤维参与活动，而训练有素的运动员，则可动员90%以上的肌纤维参与活动，募集到那些不易激活的肌纤维。

（3）肌肉收缩前的初长度。实验证明，在肌肉收缩前给予一定的负荷（前负荷），使肌肉被拉长。随着前负荷的不断增加，肌肉收缩前的长度（初长度）被拉得越来越长，肌肉的收缩效果也越来越明显。在一定范围内，肌肉收缩前的初长度越长，肌肉收缩的力量就越大。我们经常会在运动项目中运用这个原理，如踢足球时前腿的后摆就是为了取得最佳的初长度。

3. 骨骼肌的收缩形式

身体的运动是内力和外力相互作用的结果，人体的各种运动的完成和姿势的保持是通过肌肉兴奋时，其长度和张力发生变化而实现的。根据肌肉在完成各种动作时，整块肌肉长度的变化，可将肌肉的收缩分为多种形式。这里仅简单介绍缩短收缩、等长收缩和拉长收缩三种形式。

(1) 缩短收缩。缩短收缩是指肌肉收缩时产生的张力大于所要克服的阻力，肌肉缩短并牵拉其附着的骨杠杆做向心运动，也称为向心收缩。由于收缩时产生了位移，也被称为动力性工作。向心收缩是肌肉长度发生缩短的收缩形式，在力量练习中属于最普通的一种，例如利用哑铃、沙袋、杠铃、拉力器等锻炼肌肉均属于此类。动力性工作和静力性工作常常共同起作用，协调动作的产生，完成人体各种各样的动作和活动。

(2) 等长收缩。等长收缩是指当肌肉收缩产生的张力等于外力时，肌肉虽然积极收缩，产生很大的张力，但肌肉的总长度不变。肌肉处于等长收缩时，从整块肌肉外观来看，肌肉长度不变，但实际上肌肉的收缩成分（肌纤维）正处在收缩中，而弹性成分被拉长，从而整块肌肉长度保持不变。等长收缩时，由于没有位移的产生，因此也称为静力性工作。在实现人体运动中，等长收缩起着支持、固定和保持某一姿势的作用，如站立、悬垂、支撑等。

(3) 拉长收缩。拉长收缩是指当肌肉收缩产生的张力小于外力时，肌肉虽然积极收缩但仍然被拉长。在肌肉做拉长收缩时，环节是背着肌肉的拉力方向运动的，但运动速度缓慢，肌肉变长、变细、变硬，这种收缩形式又称为离心收缩。

4. 肌肉收缩时的能量代谢

ATP 是一切生理活动的直接能量来源。人体肌肉中 ATP 的含量很少，只能供机体短时间内的消耗。因此，在机体运动过程中，必须不断地对肌肉中的 ATP 进行补充，才能满足运动的需要。人体有三个基本的能量系统，在体内 ATP 消耗的同时，不断生成 ATP，以维持人体基本的生理需要和活动所需。

(1) 磷酸原系统。磷酸原系统是由 ATP 和 CP 构成的能量系统，其供能时的能量来源于 ATP 和 CP 分子中的高能磷酸键断裂所释放的能量。肌肉中 CP 的储量为 ATP 的 3～5 倍，但其含量也是有限的。

(2) 有氧氧化系统。有氧氧化系统是指糖、脂肪和蛋白质在供氧充分的情况下，在细胞内彻底氧化成二氧化碳和水，同时生成大量 ATP 的能量系统。有氧氧化系统生成丰富的 ATP，且不生成乳酸这类导致疲劳的副产品，它是长时间耐力运动中占支配地位的能量系统。例如，田径运动中的长跑、马拉松运动等主要靠有氧氧化系统供能。

(3) 糖酵解系统。糖酵解系统是指糖原或葡萄糖在细胞质内无氧分解生成乳酸，并合成 ATP 的能量系统，它是机体在缺氧条件下的主要能量来源。当运动的持续时间超过 10s 且强度很大时，磷酸原系统已不能满足运动所需的能量，此时能量供给主要依赖糖酵解系统。如田径运动中的 400m、800m、1500m 等项目主要靠无氧糖酵解系统供能。

二、体育锻炼对运动系统的影响

(一) 对骨的影响

青少年骨骼中有机物含量多，骨骼弹性大而硬度小，可塑性强。随着年龄的逐渐增长，骨骼中无机盐含量逐渐增多，骨骼韧性减小而坚固性增强。因此，青少年时期的骨骼正处于生长发育的关键阶段，是实施体育教学和运动训练的重要时期。适宜的运动会使机体内血液循环加快，新陈代谢加强，从而增加骨的强度和坚固性，骨密质增厚，管状骨增粗，促进骨的生长发育。此外，适宜的运动还能对成骨细胞产生恰当的机械性应力，使骨小梁的排列更加整齐而有规律，这种良好的骨形态结构变化，使骨的抗压、抗弯、抗折断和抗扭转等机械性能得到提高。

(二) 对关节的影响

青少年的关节结构与成人相比，有不同的特点：关节面软骨较厚，关节囊较薄，关节周围的肌肉细小，收缩力量较差，关节周围的韧带薄而松弛。这些特点使得青少年的关节灵活性与柔韧性较好，关节运动幅度较大，但牢固性较差。体育锻炼可以增强关节周围的肌肉力量，使关节软骨和关节囊增厚，肌腱、韧带增粗，胶原纤维量增加，从而增强了关节的稳固性；同时，经常进行伸展性练习，可使关节囊、韧带的伸展性得到提高，关节的运动幅度增大，灵活性提高。

关节的稳固性和灵活性是相互矛盾的。因此，在体育锻炼中要正确处理两者的关系。在发展肌肉力量的同时，要加强伸展性动作的练习。只有这样，才能使关节既稳固又灵活。

(三) 对骨骼肌的影响

青少年的骨骼肌与成人相比，蛋白质、脂肪及无机盐类含量较少，而水分含量较多，肌肉收缩能力较差。经常参加体育锻炼可使青少年的肌肉体积显著增大，肌肉中的线粒体数量增多，体积增大，肌纤维中的肌质网增多，肌肉中肌糖原、肌球蛋白、肌动蛋白、肌红蛋白和水的含量增加，以适应肌肉收缩的需要。肌肉中的脂肪减少，使肌肉收缩时的黏滞阻力变小，肌肉的收缩效率得到提高。

体育锻炼可以增加肌肉中毛细血管的数量及其分支吻合，使血液供应更加充分，从而改善肌肉收缩时的血液供给。此外，运动还可以使肌肉的结缔组织增厚，提高肌肉的抗张强度。另外，系统的运动训练也使肌肉中运动终板的数量明显增多，有利于提高肌肉的活动能力。

第三节　体育锻炼对呼吸系统的影响

一、呼吸系统的组成和功能

呼吸系统包括呼吸道和肺两部分。呼吸道是输送气体的管道，分为上呼吸道和下呼吸道两部分。上呼吸道由鼻、咽、喉组成；下呼吸道由气管及其分支的各级支气管组成。肺位于胸腔内，左右各一。肺是实质性器官，由主支气管进入肺后经过多级分支形成支气管树及支气管树的末端（构成肺泡）。肺泡数量很多，成人有3亿～4亿个，总面积为70～100m^2。肺泡壁由单层上皮细胞构成。肺泡上皮含两型细胞：一型为扁平细胞，很薄，便于气体弥散；另一型为分泌细胞，对肺泡损伤有修复作用。气体交换主要在肺泡中进行，胸腔的节律性扩大和缩小称为呼吸运动，它是通过呼吸肌的舒缩活动而实现的。人体在生命活动中不断地消耗能量，细胞在代谢时，不断地消耗氧并产生二氧化碳。氧的吸入和二氧化碳的排出，必须依靠呼吸系统来完成。

人体与外界环境之间通过呼吸系统进行气体交换以获取氧的过程称为呼吸，包括肺通气和肺换气。

（一）肺通气

肺通气是指肺与外界环境之间气体交换的过程。肺通气时的动力因素与阻力因素会影响肺通气的量。肺通气的阻力分为弹性阻力和非弹性阻力两种，弹性阻力来自肺和胸廓，如果肺和胸廓在外力作用下容易扩张，就表示其顺应性大，弹性阻力小。呼吸系统的气道阻力和组织的黏滞性阻力构成了非弹性阻力。而呼吸肌的收缩与舒张可以引起胸廓节律性的扩大与缩小，引起肺内压与大气压之间出现压力差，推动气体进出肺，因此是肺通气的重要动力。

1. 肺容积

肺容积有四种类型：潮气量、补吸气量、补呼气量和余气量。潮气量是指在每一个呼吸周期中，吸入或呼出的气量；补吸气量是指在平静吸气后再继续尽力吸气，所能吸入的气量；补呼气量是指在平静呼气后再继续尽力呼气，所能呼出的气量；余气量是指在尽自己最大能力呼气后，仍存留在肺内的气量。

2. 肺容量

肺容量是指两种或两种以上肺容积中的联合气量，包括深吸气量、功能余气量、肺活量、时间肺活量和肺总容量。深吸气量是潮气量与补吸气量之和。与胸廓的形态和呼吸肌的发达程度有关，它是衡量最大通气潜力的重要指标。功能余气量是指平静呼气后仍存留在肺内未呼出的气量。其生理意义在于：缓冲呼吸时肺泡气中的氧分压和二氧化碳分压，防止气体压力变化过于剧烈，以保证气体在肺泡中能稳定和连续地进行交换。肺活量是指机体在最大吸气后，再尽力呼气，所能呼出的气量，它的大小反映呼吸系统一次通气的最大能力，在一定程度上可以作为衡量肺通气功能的指标。呼吸肌的收缩力量、肺和胸廓的弹性等因素对肺活量的影响较大。时间肺活量是指在尽自己最大能力吸气之后，再以最快的速度呼气。在呼气过程中分别测量第1s、2s、3s后的呼气量，然后分别计算其所占肺活量的百分数。时间肺活量能更准确地反映肺通气功能的大小，肺的弹性及气道阻力对时间肺活量的影响较大。肺总容量是肺活量与余气量之和，是肺所能容纳的最大气量。

（二）肺换气

肺泡与肺泡毛细血管血液之间的气体交换称为肺换气。新鲜空气经呼吸道进入肺泡后，与肺泡毛细血管内的血液进行氧气和二氧化碳的交换。肺换气时，肺泡中的氧气会扩散到肺泡毛细血管内的血液中，同时，肺泡毛细血管内的血液中的二氧化碳扩散到肺泡内；在体内，血液与组织（如骨骼肌）之间发生气体交换，毛细血管血液中的氧气扩散进入组织和细胞，以供组织利用，组织中的代谢产物二氧化碳扩散进入血液，通过呼吸活动排出体外，这一过程称为组织换气。

二、体育锻炼对呼吸系统的影响

运动时，随着运动强度的增加，组织代谢所需的氧气量及二氧化碳的产生量都大大增加，这需要加强呼吸过程，吸入更多的氧气，排出更多的二氧化碳。运动时呼吸功能的变化主要表现在肺通气功能和肺换气功能的改变上。

（一）运动时肺通气功能的变化

青少年肺容积较小，肺通气量比成人低。运动时机体代谢增强，呼吸加深加快，这时，需要增加肺通气量来满足机体的需要。肺通气量的增加主要是通过增加潮气量和呼吸频率来实现。在运动强度较低时，肺通气量的增加主要依靠增加潮气量来实现，呼吸频率的增加并不明显；但当运动强度超过一定强度后，肺通气量的增加则主要是依靠增加呼吸频率来实现的。长期坚持锻炼的人，呼吸系统的骨性结构和呼吸肌都能得到良好的发展。安静时呼吸深度加深，呼吸频率降低，肺通气量也相应增大；运动时呼吸深度的加深可使肺泡通气量和气体交换率提高，减少了呼吸肌的耗氧量，这对进行长时间的运动十分有利。另外，随着锻炼水平的提高，膈肌的力量逐渐增强，肺活量也随之增大。长期锻炼还可减缓肺活量随年龄增长而下降的速度。经常参加体育锻炼，可增强呼吸肌的力量，使胸廓扩大，有利于肺组织的生长发育和肺的扩张，使肺活量增加。经常参加体育锻炼的人，肺活量值高于一般人。

（二）运动时肺换气功能的变化

由于体育锻炼加强了呼吸力量，可使呼吸深度增加，有效地增加肺的通气效率。适当地增加呼吸频率，可增加运动时的肺通气量。研究表明，一般人在运动时肺通气量能增加到 60L/min 左右，有体育锻炼习惯的人运动时肺通气量可增加到 100L/min 以上。

第四节　体育锻炼对心血管系统的影响

一、心血管系统的组成和功能

心血管系统由心脏和各类血管组成。血管包括动脉、静脉和毛细血管。在神经系统调节下，心脏会有规律地收缩，推动血液不断地在血管内循环。

人体内的血管可分为动脉、静脉和毛细血管。不同类型的血管因其功能不同，其管壁结构也不同。大动脉的管壁厚而有弹性，含有丰富的弹性纤维，称为弹性血管，它可以保持血压的基本稳定。小动脉管壁富含平滑肌，平滑肌的收缩可以通过改变血管的口径来改变血流阻力，又称为阻力血管。静脉血管的口径大、易扩张，因此体内多数血液存在于静脉系统中，被称为容量血管。毛细血管口径小、管壁薄、数量大，是血液与组织液的交换场所，又被称为交换血管。

（一）血液循环

血液循环可分为相互连续的两部分，即体循环和肺循环。

1. 体循环

动脉血由左心室搏出，流经主动脉及各级分支到达全身的毛细血管（毛细血管是连于动脉与静脉之间的微细血管）。由于动脉血中的氧分压大于组织中的氧分压，因此，氧气由血液向组织扩散；因为动脉血中的二氧化碳分压低于组织中的二氧化碳分压，因此，二氧化碳由组织向血液扩散，使动脉性血变为静脉性血。静脉性血由毛细血管汇入各级静脉。静脉连接于毛细血管，由小静脉逐渐汇合成大静脉，把血液运回到右心房。血液就是这样从心脏射出，经动脉、毛细血管和静脉返回心脏，循环不止。

2. 肺循环

静脉性血由右心室搏出，流经肺动脉及各级分支，最后到达肺泡壁上的毛细血管网。静脉性血在毛细血管网中进行气体交换，肺泡气中的氧扩散到毛细血管中，毛细血管中的二氧化碳扩散到肺泡中。气体交换后，毛细血管中的静脉性血变成动脉性血，经肺静脉返回左心房。

（二）心率

心脏每收缩和舒张一次，称为一个心动周期。在心动周期的舒张期，血液由静脉回流入心脏，在心动周期的收缩期，心肌的主动收缩将血液由心脏射入动脉。心脏每分钟跳动的次数用心率来表示。健康成年人每分钟心跳在60～100次，平均约75次。成年人如果在安静时心率低于60次/min，即为心动过缓，高于100次/min，即为心动过速。心率有较大的个体差异，不同年龄、不同性别、不同生理状态下，心率有所不同。

（三）每搏排血量

每搏排血量是指心脏在每次收缩时，由左心室射入主动脉的血量，心脏每搏动一次大约向血管射血70mL。因此，正常人安静时的每搏排血量为70mL。心脏每分钟由左心室射入主动脉的血液量为每分排血量，我们常用心排血量来代表每分排血量，每搏排血量与心率的乘积就是心排血量，成人安静时心排血量为3～5L。

（四）血压

血液在血管内流动时对血管壁的压力就是血压。各类血管均有不同的血压。一般情况下，我们所说的血压多指动脉血压。动脉血压以肱动脉压为标准，分为收缩压和舒张压。成年人正常血压为：收缩压小于17.3kPa，舒张压小于11.3kPa。血压可随年龄、性别和体内生理状况的变化而有所变动。

二、体育锻炼对心血管系统的影响

体育锻炼时，肌肉活动会消耗大量的氧，同时产生更多的代谢产物和二氧化碳。为了满足肌肉运动时代谢的需要，就必须加快血液循环，使心脏的工作量增加。久而久之，会使心肌纤维增粗，心壁增厚，心腔扩大，心脏增大，从而使心脏具有更大的收缩力，使心脏的每搏输出量增加。

成年人安静时脉搏频率平均为75次/min，长期坚持体育锻炼可使安静时脉搏频率降低到50～60次/min。由于心脏本身的血液供应很特殊，心脏只有在舒张期时，血液才能经过冠状动脉流入心脏，而舒张期的时间是随心率的加快而明显缩短的，因此，脉搏频率的减少能使心脏在收缩后有较长的休息时间，以提高心脏下一次收缩时的工作效率，提高心脏的储备功能，使心脏在人体进行剧烈的运动时，能够承受大运动量的负荷。经常锻炼的人在脉搏频率达到 200 次/min 以上时不会有明显不适，而一般人在脉搏频率达到 180 次/min时就会出现面色苍白、恶心等症状。

由于心排血量是每搏排血量与心率的乘积，所以运动时心排血量的增加，主要是通过每搏排血量和心率的增加来实现。但心率的增加又会缩短心室每次舒张的时间，从而导致回心血流减少，搏出量也随之减少。只有在心率最适宜时，心排血量才能达到最大，心率过快或过慢都会减少心排血量。因此，在进行身体锻炼时，应将心率的增加控制在最佳心率范围之内，使心脏功能得到良好的锻炼。

运动也会影响循环血量的多少。在安静状态下，人体中的大部分血液在心血管中流动，称为循环血量。还有一部分血液滞留在肝、肺、腹腔静脉以及下腔静脉等处，流动缓慢，称为储存血量。运动时，由于人体对能量的需求增加，储存血被动员，使循环血量增加。循环血量的增加，使机体在剧烈运动时生成的代谢产物能够很快地排出体外，并能提高肌肉中营养物质的供给速度。

坚持体育锻炼不仅能影响血管壁的结构，使动脉血管壁的中膜增厚，平滑肌细胞和弹性纤维增加，还能够增加骨骼肌中的毛细血管数量及吻合支。长期的体育锻炼可使冠状动脉口径增粗，重量增加，从而提高器官的供血能力。

第五节 体育锻炼对神经系统的影响

一、神经系统的组成和功能

人体是一个复杂的有机体，各器官、系统之间的功能相互联系、相互协调、相互制约；同时，人体生活在不断变化的环境中，环境的变化随时影响着体内各器官系统的各种功能。这就需要对体内各器官系统的功能不断做出迅速而完善的调节，使机体适应内外环境的变化。实现这一调节功能的就是神经系统。

神经系统分为中枢神经系统和周围神经系统两部分。中枢神经系统包括脑和脊髓。周围神经系统是脑和脊髓以外的神经成分，其一端与脑和脊髓相连，另一端通过各种末梢结构与身体其他器官、系统相联系。神经元是神经系统结构与功能的基本单位，具有感受刺激、传导神经冲动的功能，神经元之间通过突触进行神经联系。神经系统活动的基本方式是反射，反射是指神经系统对内、外环境的刺激做出适宜反应的调节过程。反射活动的结构基础为反射弧，反射弧由感受器、传入神经、神经中枢、传出神经与效应器 5 个结构部分组成。反射包括非条件反射和条件反射两类：①非条件反射是指人体与生俱来的简单反射，对人体及种族的生存具有重要意义；②条件反射是个体在后天学习中获得的，是复杂的高级反射活动，通过各级神经中枢进行多级整合才能够建立，它的建立使机体对环境条件的变化具有更强、更精确的适应性。

二、体育锻炼对神经系统的影响

人体的一切活动都是在神经系统的调节下进行的。体育锻炼可以改善和提高中枢神经系统的工作能力，增强神经系统的均衡性和灵活性；并能提高大脑的综合分析能力，增强机体的适应变化能力和工作能力。体育锻炼通过提高神经传导速度，提高条件反射的速度和灵活性，缩短神经系统的反应时间（一般人的反应时间大于0.4s，而经常锻炼的人的反应时间为0.32s以下），从而提高动作的敏捷性；体育锻炼可使神经系统的兴奋和抑制更加平衡，增强神经系统的协调能力，使机体可以承受更大的刺激和精神压力，提高机体的抗挫折能力；体育锻炼还可以改善神经系统的能量和氧气供应，消除因用脑过度而引起的疲劳；经常从事体育锻炼，还可以使神经系统的灵活性和兴奋性都得到改善，在外界环境变化时，对外界刺激的反应更准确、迅速，对体内各器官的活动调节更协调。

在许多体育运动项目中，人体通过触觉、视觉、听觉、本体感觉与位置觉的结合，感受肌肉张力的改变和环节运动的空间位置等变化，并将这些变化转化为神经冲动，传入神经中枢，通过效应器完成体育运动动作。例如，排球运动员通过手对球的感觉来完成运球、扣球与拦网等动作。因此，体育锻炼还可以提高触觉、视听觉、本体感觉等器官的功能，增加视野的宽广度，提高眼周围肌肉的协调性；增强人体对空间、方位、高度和速度等的感应能力；提高皮肤对气候、温度、运动等方面的敏感度。

第六节　体育锻炼对消化系统的影响

一、消化系统的组成和功能

消化系统包括消化管和消化腺两部分。消化管为中空性器官，包括口腔、咽、食管、胃、小肠和大肠等器官。消化腺包括突出到管壁外的大消化腺和位于消化管壁上的小消化腺，大消化腺包括肝、胰和唾液腺。消化系统的主要功能是消化和吸收从外界摄取的营养物质，以满足机体新陈代谢和其他活动的需要。

消化是指一些大分子有机物（如糖、蛋白质、脂肪）在胃肠道内的消化液作用下，分解成小分子物质的过程。消化从口腔开始，胃和小肠是食物消化的主要场所。人的大肠没有重要的消化活动，食物残渣进入大肠后，通过大肠的机械运动被排出体外。

矿物质、维生素和水通过消化道黏膜上皮细胞进入血液和淋巴液，一些大分子的有机物（如糖、蛋白质、脂肪）在胃肠道内的消化液作用下，分解成小分子的物质，也通过消化道黏膜上皮细胞进入血液和淋巴液，这些过程就是吸收。食物在口腔和消化道内不被吸收；胃只能吸收酒精和水分；小肠是吸收的主要部位，蛋白质、脂肪和糖大部分消化产物在十二指肠和空肠中被吸收；盐类物质和剩余的水分主要在大肠中被吸收。

二、体育锻炼对消化系统的影响

经常参加体育锻炼，可以改善胃肠的血液循环，增加消化腺分泌的消化液，加强消化管道的蠕动，从而使食物在消化系统的消化和吸收更加充分和彻底。这会显著提高营养物质（如蛋白质、钙、磷及维生素 D 等）的吸收率，有助于增强体质。

在剧烈运动时，为了保证肌肉工作的需要，机体内的血液会重新分布，大量循环血液流入肌肉，此时胃肠道的血流量明显减少，导致消化腺的分泌量也随之减少。另外，在运动时，副交感神经的兴奋性降低，活动减弱，抑制了胃肠活动，使胃肠道的消化与吸收能力下降。因此，在剧烈运动后不宜马上进餐，否则会对消化系统产生不良的影响。而人体在饱餐后，胃肠被食物充满，需要大量血液进行消化吸收，肌肉中的血流量减少，这时也不宜马上进行运动。

第四章　体育锻炼与心理健康

第一节　心理健康概述

一、何谓心理健康

（一）心理健康的含义

心理健康是一个十分复杂的综合概念，它涉及医学现象、心理现象和社会现象。不同学科的学者对心理健康有着不同的观点和看法。

《简明不列颠百科全书》对心理健康的定义是：心理健康是指个体在本身及环境条件许可范围内所能达到的最佳功能状态，但不是十全十美的绝对状态。世界心理卫生联合会明确提出了心理健康的标准：身体、智力、情绪十分协调；适应环境；人际关系中彼此能谦让；有幸福感；在工作和职业中能充分发挥自己的能力；过高效率的生活。著名的美国心理学家马斯洛和麦特曼认为，心理健康的标准有10个方面的表现：

（1）有充分的安全感；

（2）充分了解自己，并能对自己的能力做出恰当的估计；

（3）生活目标和理想的确定切合实际；

（4）与现实环境保持接触；

（5）能保持个性的完整、和谐；

（6）具有从经验中学习的能力；

（7）能保持良好的人际关系；

（8）适度的情绪表达和控制；

（9）在不违背集体利益的前提下，有限度地发展个性；

（10）在不违背道德规范的情况下，适当满足个人的基本需要。

（二）心理健康的基本标准

1. 智力正常

智力是每个人进行生活、学习、工作的最基本的心理条件，也是一个人与周围环境取得动态平衡最重要的心理保证。智力是人们的注意力、观察力、思维力、想象力和实践活动能力的总和。智力正常的人常能取得较好成绩，并从中得到满足和快乐；而智力低下者却很难达到成功，并因此而自卑，陷入痛苦之中。心理健康的大学生应能保持较浓厚的学习兴趣和求知欲望，能克服学习中的困难，保持一定的学习效率，并能从学习中体验到满足和快乐。

2. 适当的情绪控制能力

人不是生活在世外桃源，而是生活在社会大环境之中。因此会遇到各种各样的困难和挫折，产生各种各样的情绪。情绪影响人的健康、工作效率和人际关系。一个人有消极情绪是正常的，也是难免的，关键在于如何对待它。心理不健康的人，常会陷入消极情绪不能自拔，心理健康者则善于协调与控制情绪，从而达到心境良好、情绪安定、敢于正视消极情绪，并对它加以控制。对于心理健康的大学生来说，能协调与控制情绪，能经常保持愉快、开朗、乐观的良好心境，对生活和未来充满希望。他们虽然也有悲、忧、哀、愁等消极情绪，但能主动调节，能适度表达和控制情绪，喜不狂、忧不绝、胜不骄、败不馁。

3. 正确的自我意识

自我意识是指人对自己以及自己与周围世界关系的认识和体验。正确的自我意识是人格的核心，是心理健康的重要条件。心理健康者既能看到自己的长处，也能看到自己的短处。在学习、工作上扬长避短，不断取得进步，在生活中与他人保持和谐相处。心理不健康者往往过分为自己辩护，不愿意充分解剖自己，有时会过分地自我拒绝，甚至认为自己活着都是毫无意义的。心理健康的大学生能够客观地认识和评价自我、他人、社会，具有良好的自我观念。他们既不会自恃清高、妄自尊大，也不会自轻自贱，妄自菲薄。他们善于从客观环境中吸取有价值的信息，完善自己，对前途充满信心。

4. 坚强的意志品质

意志是人的意识形态的集中表现，是人个性的重要支柱。一个心理健康的人任何时候都对生活持积极的态度，不仅在顺境中对生活充满希望，而且在逆境中对生活也不失去希望。面对各种困难，常常能选择积极的适应机制，或者通过改变环境、心理咨询等合理方式使自己摆脱困境。心理健康的大学生生活目标明确、合理，自觉性高，意志坚韧，心理承受能力强，既有实现目标的坚定性，又有排除干扰的能力。

5. 良好的人际关系

人际关系状况最能体现和反映人的心理健康状况，和谐的人际关系是心理健康必不可少的条件，又是获得心理健康的重要途径。心理健康的人，乐于与他人交往，建立互助、互爱、互敬的积极的人际关系；能用尊重、信任、友爱、宽容、理解的态度与他人相处；能分享、给予、接受爱和友谊，与集体保持协调的关系。大学生在交往中往往善于取人之长、补己之短，且积极态度大于消极态度。如果一个大学生总是将自己困在一个小圈子里，离群索居；在与他人交往中，心中只有自己，而不为他人和集体考虑；或者不能以真诚、友爱、宽容的态度对待他人，而是对他人猜疑、嫉妒，就会给自己增添烦恼和痛苦，更谈不上心情愉快和健康。

6. 正常适应社会

心理健康的人对现实环境会采取积极的适应和改造态度。他们与社会有广泛接触，勇于改造社会，从而达到实现自我和奉献社会的目标。心理健康的大学生能和社会保持协调的关系，对社会现状有较清晰的认识，目标、思想、信念、行为与社会发展的步伐相一致。一旦发现自己的愿望、需要和社会的现实、需要发生冲突时，能及时调节自己的愿望、需要，以适应社会的发展。

7. 具有健全的人格

人格是指人的整体精神面貌。人格完整是指人格构成要素的气质、能力、性格、理想和信念等各方面平衡发展。人的心理健康在很大程度上取决于人格的健康，人格是个人相对稳定的心理特征的总和。心理健康的最终目的是人格的完整性，即培养健康的人格。心理健康的人在与他人交往时，能保持完整的人格，不会为了得到对方赞许而丧失自己的人格。

8. 心理行为符合大学生的年龄特征

人在生理发育的不同年龄段，都有相应的心理行为表现。每个人的言行、举止、情绪、意志、认知都应与他的年龄特征基本相符。心理健康者应具有与同龄多数人相符合的心理行为特征，心理不健康者的心理行为常常会偏离自己的年龄特征。大学阶段是人生思维最敏捷、精力最充沛、情感认知最活跃的阶段。因此，在这个阶段，心理健康的大学生在行为上常表现为朝气蓬勃、精力充沛、反应敏捷、勤学好问、乐观进取、喜欢探索、自我完善，而过于老成、过于幼稚或过于依赖都是心理不健康的表现。

第二节　影响心理健康的常见因素

在明白了心理健康的标准后，还应该了解影响心理健康的常见因素。在人的一生中，影响心理健康的因素非常复杂，人们通常把它分为先天性因素和后天性因素两大类。先天性因素主要是指先天的遗传和变异，后天性因素包括环境因素、行为与生活方式，社会保健等诸多方面。事实上，心理健康是一个非常复杂的问题，它是许多错综复杂的因素相互作用的结果，它与人类生命活动的方方面面都存在着密切的联系。1976 年美国卫生学家提出了影响健康的“因素论”，其中环境因素、生物学因素、保健服务因素和生活方式因素是影响健康的主要方面。具体内容如下：

一、环境因素

环境因素包括自然环境和社会环境。自然环境主要指人们在衣、食、住、行等生活中接触的自然因素，如空气、阳光、水、季节、气候、地理特征等。良好的自然环境可促进健康，反之可导致疾病。病毒、细菌等生物因素，空气中的二氧化碳、一氧化碳等化学因素，以及过冷、过热、电离辐射等物理因素，都是不良的自然环境因素。社会环境主要包括文化、教育、政治、经济等诸多因素，其中社会经济因素起决定性作用。因此，不仅要重视自然环境对健康的影响，更要重视社会环境因素对健康的影响。

二、生物学因素

生物学因素包括生理因素和心理因素。生理因素主要为各系统器官的遗传特征及生理功能。心理因素包括人的一般心理活动和个性心理，特别是情感、性格、意志、世界观、兴趣，以及适应社会和改善环境的能力等。生理因素和心理因素之间的相互作用也对健康有着重要的影响。

三、保健服务因素

一是医疗保健服务，如提供较好的医疗保健设施，能及时诊治危害健康的疾病；二是卫生保健服务，能及时得到卫生保健指导和帮助，以及预防疾病的发生、发展和促进健康；三是自我保健服务，每个人都能得到自我保健教育，培养自我保健意识和能力，懂得如何保持和增进健康，如何对待“异常”，并能及时进行自我诊治和寻求医疗保健帮助。医疗和卫生保健服务是健康的重要基础，而自我保健是医疗卫生保健服务措施真正落实到每个具体的人的重要前提，是实现健康的重要保证。

四、生活方式因素

生活方式因素主要指行为方式、生活习惯、生活制度等。良好的生活方式能有效地保护和促进健康，而不良的生活方式会严重地损害健康，甚至危及生命。坚持健康的生活方式，改变不良的生活方式，对健康具有重要的意义。

第三节　大学生的心理健康

一、常见的心理问题

从个体心理发展的角度看，大学生正处在以青年中期向成人转变的时期。许多心理学家认为，从青少年向成人的转变是一个相当艰难、充满危机的时期。大学生，特别是大学新生由于独立性不完全，对家长有巨大的依赖；对社会认识有限，过于理想化，难以适应社会环境；对自我认识摇摆不定而难以定位等，从而使心理特点上显露出一系列的矛盾与冲突。

（一）大学生心理上的矛盾与冲突

1．新鲜感与恋旧感的矛盾

进入大学的学生对周围的一切有说不出的新鲜感，如：美丽的校园、现代化的“硬件”、高质量的“软件”、新交的朋友等。但随着时间的流逝，新鲜感慢慢消失，紧张的学习、激烈的竞争、单调的生活会使一些学生产生强烈的恋旧情绪，思乡心切，情绪低落，怀念过去的生活和朋友，想念亲人，甚至沉溺于回忆之中。

2．自豪感与自卑感的矛盾

大学生往往以高考成功者的姿态出现，在大家的赞扬声中与羡慕的目光之下进入高等学府，优越感和自豪感油然而生。然而，在精英云集的大学环境中，以往的优势不复存在，学习生活中遇到小小的挫折就容易产生自卑心理。

3．轻松感与被动感的矛盾

在高考的压力下苦熬出来的学生进入大学后，卸下了沉重的学习包袱，有一种说不出的轻松感。这样，思想上也就容易产生放松情绪。思想上的放松就容易带来学习上的被动，加上大学的学习从要求、内容到方法都不同于以往的教育，常使一些学生陷入被动状态。

4. 独立感与依赖感的矛盾

告别了中学时代，摆脱了父母的监督和老师的约束，进入了较为自由和开放的大学环境后，大学新生的独立意识不断增强，凡事都想依靠自己的力量，在许多地方都想显示个人的主张。然而，由于社会经验缺乏，经济上又依赖家长，长期形成的依赖感难以摆脱，面对复杂的环境，他们常常胸中无数，不知所措。

5. 强烈的交往需要与孤独感的矛盾

在陌生的环境中寻找良师益友，被人理解和接纳是大多数新生最强烈的需要。然而，由于交往机会较少，缺乏主动性和经验，加之青春期的心理闭锁等特征，很难如愿以偿。同学之间不易吐露真情、交换思想，自然就会产生一种孤独的感觉。

6. 理想自我与现实自我的矛盾

理想自我是将来要实现的自我，是现实自我的努力方向；现实自我是生活中实实在在的自我，两者是不同的。当两种形象混淆起来时，就会产生矛盾。一般来讲，大学生的理想自我与现实自我之间不是十分一致。因为大学生的理想自我比较高，这一方面是由于社会对他们的期望很高；另一方面与他们自己优越的地位有关，往往容易使自我认识理想化或主观化。当周围的人对自己的评价不像自己想象的那么高，就容易产生矛盾，使大学生对自我认识摇摆不定，把握不住。特别是当实现理想自我的过程中遇到困难、挫折、阻碍时，大学生往往会产生苦闷、抑郁等消极的自我体验。

综上所述，处于转变阶段的大学生出现以上心理矛盾是过渡时期常有的正常现象。大学生应正视现实、勇于探索、调整情绪、重振精神，以顺利进入新的发展阶段。然而，若这些矛盾冲突过于激烈和持久，易导致压抑感，甚至出现心理障碍，妨碍大学生的健康发展。

（二）大学生常见心理问题

大学生在心理方面出现的问题有比较集中的领域和比较一致的反映。从发生心理问题的领域看，主要集中在以下几个方面：

1. 与学习有关的心理问题

表现在考试焦虑、学习缺乏动力、对专业不满意、学习负担过重等方面。一些关于学习的调查发现，随着专业学习和竞争压力越来越大，由此引发的心理障碍也越来越多。如：过度的紧张导致注意力难以集中，情绪烦躁、思维钝化，以致头痛、失眠，使学习效率降低，成绩下降，继而更加紧张惶惑，心理不适越发严重，于是形成恶性循环。有些大学生能力并不差，学习并不吃力，分数也不低，但“就是紧张得透不过气来”；也有些大学生对考试过分担忧，以至于紧张到一上考场，“眼睛看着考卷，脑子里一片空白”，甚至出现回忆困难、出冷汗等症状。

2. 与人际关系有关的心理问题

表现为沟通不良、交往恐惧、人际关系失调、人际冲突、孤独无助、缺乏社交基本态度及技能等。例如，在交往方面，因自负而不屑交往，因恐惧而不能交往，从而陷入孤寂封闭的境地。也有的学生虽然主动去交往，但在对他人的认识上常有偏见、误解和苛求，对他人情感上缺乏同情、理解和尊重，所以人际关系不协调，难以为他人接受。

3. 与恋爱和性有关的心理问题

表现为与异性交往困难、因单相思而苦恼、陷入多角关系不能自拔、对性冲动的不良心理反应、性自慰行为产生的焦虑自责等。例如，有的女学生刚入学就接二连三地收到高年级男生的约会邀请，因不知该如何应付而陷入深深的苦恼之中；有的学生因看到周围的人纷纷交友结伴而自惭形秽；有的学生因失恋而长期精神萎靡不振。

4. 与求职择业有关的心理问题

表现为缺乏选择的主动性、不了解自己的个性能力、对面试缺乏自信、过于追求功利、缺乏走上社会的心理准备等。随着高校毕业分配制度的改革，原有的计划经济体制下的毕业分配已被市场经济体制下的自主择业所取代。许多应届毕业生对这种新的变化感到不适应，因此出现了种种困惑和苦恼。如有的大学生面对人才市场五花八门的招聘单位而不知所措，难以抉择；有的大学生不知怎样才是适当的自我推荐；有的大学生对社会种种现实不能正确分析，产生了逃避社会或过于担忧的心理。

（三）常见的心理疾病

1. 神经症

神经症是一种较轻的脑功能失调的心理疾病，包括神经衰弱、焦虑症、抑郁症、强迫症、疑病症等。神经衰弱是由于大脑长期过度紧张导致大脑的兴奋与抑制功能失调而造成，其症状表现为严重的失眠、精神恍惚、头昏、头痛、耳鸣、做噩梦、全身无力、注意力不集中等。焦虑症通常表现为情绪不稳定、喜怒无常。抑郁症表现为情绪低沉、悲观失望、多愁善感，对工作、学习、生活等不感兴趣，对未来感到悲观、无望，严重者容易产生厌世情绪。强迫症则表现为强迫情绪、强迫意念、强迫动作等，患者的动作行为让人感到莫名其妙，其自身也毫无意义，而又无法摆脱。疑病症是指过分担忧自己的身体健康，常凭自己的想象和对医学知识的粗浅了解，身体稍有不适就怀疑自己患有某种疾病。

2. 精神分裂症

精神分裂症是以思维、感知、情感、行为和意志等方面产生障碍，精神活动脱离现实，与周围环境不协调为主要特征的最常见的精神疾病。患这种病的学生中，有相当一部分学生性格内向，曾经比较优秀，一旦受到挫折就想不开，因某人或某事不随心意，心理不平衡，情绪不稳定，最终导致疾病的发生。

3. 心身疾病

心身疾病也称心理生理疾病，是指心理社会因素在疾病发生、发展的过程中起重要作用的躯体器质性疾病和功能性障碍。由于受到自己生活、学习和工作环境中的各类事件的不良刺激，导致心理不平衡，影响身体的生理变化，产生了心身疾病，表现出身体各个系统的症状。

4. 人格障碍

人格障碍是人格常态的改变，人格结构被破坏，人格内在发展不协调所导致的人格偏畸现象。人格障碍表现为敏感多疑，思想偏激，自我评价过高，认为自己的思想行为总强于他人，性格孤僻，嫉妒心重，对他人的反应敏感，过于自我克制，过于追求完美，过分在意自身的形象评价，人际交往被动。

二、如何保持心理健康

（一）意志控制

大脑是人体的中枢神经系统，负责人的一切意识活动。人的情绪是瞬息万变的，当愤愤不已的心情即将爆发时，人可以用意志控制自己，提醒自己应当保持理性，如“别发火，发火对身体不好”等。

（二）自我暗示

人的行为是有目的的，而目的是需要动力来维持的。动力来源于哪里呢？动力既可以来源于外部力量（诸如老师、父母的期盼），也可以来源于自己。为了保持长久的动力，可以积极地暗示自己。多关注自己的长处和优点，鼓励自己与逆境和挫折作斗争，相信自己一定会摆脱困境，获得成功。

（三）语言调节

语言是影响情绪的强有力工具。在悲伤时，如阅读滑稽的语句等都可以消除悲伤。用“忍让”“冷静”等自我提醒、自我命令、自我暗示也可以调节自己的情绪。

（四）环境训练

环境对情绪有重要的调节和制约作用。心情不悦时，到开阔的地方走一走，可以放松心情；与亲戚朋友到娱乐场所做一些有益身心的活动，有助于消愁解闷。在这一过程中，个体要想得到较好的效果，必须全身心地投入，主动地去寻找符合自己需要的环境，否则即使置身于良辰美景中也不会让人身心感到愉悦。

（五）自我安慰

当一个人追求某项目标而未达到时，为了减少内心的失望，可以找一个理由来安慰自己，正如“狐狸吃不到葡萄就说葡萄酸”的故事一样。这并非自欺欺人，而是作为缓解不良情绪的方法，是大有裨益的。

（六）转移

当一个人情绪失控时，有意识地转移话题或做其他事情来分散注意力，比如打球、散步、听音乐等，有助于排解不愉快的情绪。

（七）宣泄

有时遇到不开心的事情或饱受委屈时，不要默默埋在心里，应向朋友或亲人诉说，甚至是大哭一场，这都有助于保持身心健康。值得注意的是，宣泄的时间、地点、场所和方法一定要适宜，以免伤害他人。

（八）幽默

幽默的本质是善良，一个人如果没有对生活、对他人发自内心的真诚与热爱，就没有真正的幽默。从心理学角度讲，幽默是一种心理防御机制或者心理免疫机制，可以将突然而来的尴尬或挫折从容化解。作家海明威的墓志铭是：“恕我不起来了。”这句幽默的话语让每一个来访的人感动，海明威把死亡仅仅看作是不起来了，这是何等的从容，让每一个游客感到钦佩。幽默是一个人人格魅力的重要表现，是人们调节气氛、减轻压力的重要方法。凡事动之以幽默，大都会使人产生愉悦的心情，减少不良情绪对人们心理健康的影响。

（九）学会舍得

减少痛苦的方式就是有选择的追求，放弃一些追求。追求那些最能体现自己人生价值的活动会使自己获得最大的快乐。如果一个人贪得无厌，得陇望蜀，看不到成功带来的快乐与价值，只是看到没有成功的事情，那么他只能痛苦。俗话说“知足者常乐”，说的就是这个道理。人的生命有限，但追求无限，在有限的时间里，只能做有限的事，却可以追求无限的快乐，关键是如何看待“鱼”和“熊掌”的问题。

（十）学会忽略

对于一些不愉快甚至是创伤性的事件，不要老是抱怨为什么自己会遇到，别人没有遇到，也不要整天思考自己痛苦的细节。既不要整日思考，也不要有意识地去遗忘，因为压抑的情绪并不会自动消失，反而会越来越强烈。所以最好的办法就是不理会，顺其自然，每天按部就班做自己该做的事，时间久了，自然就忽略了，带给自身的烦恼也就淡化了。如果时时提醒自己去遗忘它，那恰恰说明没有遗忘，它时时都在自己的心里。

（十一）亲近自然

人的成长离不开自然界，自然界的山山水水、飞禽走兽都能给人带来愉悦的感受。经常走进大自然将有助于人们排解工作和生活的压力，调节心情，保持心理健康。

除了上述方法，还可以培养高尚的道德情操，磨炼坚强的意志，建立良好的人际关系，以及培养广泛的兴趣爱好等。

三、理想的心理健康状态

（一）热爱生活，善于享受生命

每个人的一生都不会一帆风顺。在顺境中热爱生活并不难，在逆境中仍能热爱生活却极为不易，这需要达到较高的认识水平和修养境界。真正热爱生活的人，深知自己所处的环境存在许多缺陷和不尽如人意之处，但他们不会因此怨天尤人，而是更乐于通过自己的努力去改变那些他们能够改变的地方，同时，也更容易适应那些他们无能为力的方面。真正热爱生活的人，不仅热爱轰轰烈烈的生活，也热爱平凡而普通的生活。他们会为某种崇高的理想或信念自愿奉献和牺牲自己的生命，但绝不会因为个人的失败和挫折而虚度光阴或放弃生命。

（二）胸怀宽阔，不为小事而烦恼

拥有宽广的胸怀，看问题时站得高、看得远，能够从宏观和本质上认识事物，掌握生活。对人对事很宽容，不苛求于事，也不苛求于人（包括他人和自己），尽己所能做好每件事，从不为小事而烦恼。

（三）欲望适度，不为名利所累

适度的欲望不会让任何一种欲望无限膨胀。不排斥物质生活，但更注重精神生活。不排斥应得的名利，但从不把名利看得太重。当基本的物质生活需求得到满足之后，更关心的是如何使生命更有价值，如何使人生更有意义。因此，乐于关心社会的利益、民族的前途和人类的命运，并通过充分利用自己的才能为社会做出贡献。

（四）充满自信，善于发挥主观能动性

既清楚自己的长处，也清楚自己的短处，深知自己既不是无所不能，也不是一无是处。在自知之明的基础上，充满自信，相信自己有巨大的潜能，同时也知道如何发掘和利用自己的潜能为社会服务，创造尽可能大的人生价值。

（五）情绪波幅不大，心境良好

不会因个人的得失、荣辱以及环境的不如意而引起大幅度的情绪波动，情绪波动持续的时间较短。注重当下，情绪反应大多与过去或未来的事情无关。心境的基调是轻松愉快，即使面对较严重的问题或较大的困难也常常如此。

（六）善与人相处

清楚地认识到周围的每一个人都有缺点，但更看重他们的优点。怀有广泛的爱心，善于包容和原谅他人的过失，对社会有强烈的责任感和参与意识。在集体中，能够始终保持独立性和自主性，不会为了讨好他人而违心行事，也不会为了赢得他人的认同和接纳而不顾原则地盲目附和。不拒绝他人的帮助，但绝不依赖他人，能够与各种人建立有效的沟通，同时也善于享受独处的宁静。凭借自然、真诚、热情和理性，赢得人们的普遍尊敬和好感。

（七）拥有健康的认知模式

判断和评价事情时，不应绝对化或极端化，也不应以偏概全。应适应事物的发展规律，而不是抗拒它；要坦然面对各种变化，主动积极地创造和利用条件，以便把握变化的方向。

上述几条在心理健康良好状态的人身上通常是同时具备的，它们构成一个统一的整体，各点之间具有紧密的内在联系。其中，拥有健康的认知模式尤为重要。当一个人具备健康的认知模式时，他自然会热爱生活，善于享受生命；同时，他会胸怀宽广，不为小事烦恼；欲望适度，不为名利所累；并且充满自信，善于与人相处，保持情绪稳定。

总之，心理健康者最突出的特点就是“接受”：接受自我、接受他人、接受自然、接受生活现实。

第四节　体育锻炼的心理健康效益

当某人身体状况不佳时，除了服药、打针外，还会考虑通过体育锻炼来增强体质、恢复健康。然而，当人们在工作或生活中遇到挫折，导致情绪低落或出现明显的心理障碍时，却很少想到通过体育锻炼来改善情绪、消除心理障碍。实际上，体育锻炼不仅有利于身体健康，对心理健康也具有积极的作用。

一、体育锻炼促进心理健康

（一）体育锻炼有助于智力的发展

智力是人们圆满完成学习和工作任务的基本条件。大量事实表明，正常的智力是正确感知和认识世界的前提，也是心理健康的基础。经常参加体育锻炼可以提高智力水平，不仅能增强锻炼者的注意力、记忆力、反应能力、思维能力和想象力，还可以使其情绪稳定、性格开朗。这些非智力因素对智力的发展也具有促进作用。总的来说，体育锻炼对智力发展的作用主要表现在以下三个方面。

1. 体育锻炼可促进大脑的开发与利用，增强神经系统的功能

现代医学的研究表明，人的右脑在信息容量、记忆容量和形象思维能力方面都大大超过左脑。经常参加体育锻炼可以使右脑得到充分的锻炼，从而提高人的记忆力和形象思维能力。同时，由于体育锻炼能够有效地促进血液循环和提高呼吸系统的功能，因此能使大脑获取更多的养分，从而有助于大脑的记忆、思维和想象力的提升，提高脑力劳动的效率。

体育锻炼使人的神经系统的兴奋和抑制过程更加集中，使其对身体内外刺激的反应更加迅速和准确，这为智力的发展奠定了物质基础。此外，体育锻炼还可以促进神经系统功能的增强。例如，一般人从感受到信号（如见到光或听到声音）到立即做出反应的时间约需要 0.3～0.5 秒；而经常从事体育锻炼的人只需要 0.12～0.15 秒。

2. 体育锻炼能减缓应激反应，提高脑力劳动的工作效率

应激原意是“对刺激的反应”，主要指个体在面临超出其应变能力、危及其健康的压力环境时进行评估后的反应。当个体感知到的环境要求与其自认为的能力之间不平衡时，就会出现应激反应。紧张也是一种应激反应。体育锻炼能够降低应激反应，主要是因为经常参加体育锻炼可以降低肾上腺素受体的数量或敏感性，进而降低心率和血压，从而减轻特定应激源对生理的影响。国外研究表明：一般的身体锻炼比沉思和音乐欣赏更能促进个体在强烈的应激情境中更快降低皮肤电反应的速度。经常从事身体锻炼的人与习惯久坐的人相比，更少产生生理上的应激反应，即便有应激反应，也能更快地恢复。由此可见，体育锻炼对降低应激反应具有显著的效果。

3. 体育锻炼可在一定程度上消除疲劳

疲劳是一种综合症状，与人的生理和心理因素密切相关。当一个人消极地从事某种活动，或者任务的要求超出个人的能力时，生理和心理都容易很快地产生疲劳。人的随意活动主要是通过大脑皮层来调节的，大学生在学习科学文化知识的过程中，大脑皮层的相关区域常处于高度兴奋状态，并随着学习时间的延长而产生保护性抑制，导致学习效率降低。在体育锻炼时，由于体力活动与脑力活动合理交替，运动神经中枢被激活，使与文化学习有关的中枢得到休息，这有助于消除脑力劳动所产生的疲劳，从而提高文化知识学习的效率。另外，大学生体质的增强和健康水平的提高使其精力更加充沛，具备持久承担较繁重文化学习任务的能力，并能充分挖掘和开发学习潜力。

（二）体育锻炼对于调节情绪有积极作用

情绪状态是衡量体育锻炼对心理健康影响的主要指标。在高度竞争的社会中，人们经常会产生压抑、紧张等情绪反应，而体育锻炼可以帮助转移个体的不愉快情绪和行为，使人们摆脱烦恼。大学生常常因为繁多的考试、彼此之间的竞争以及对未来就业的担忧而感到焦虑，而经常参加体育锻炼可以降低这种焦虑反应。身体锻炼有助于调节情绪，其中一个最重要的原因是参与者能够体验到运动带来的愉悦感，即锻炼后产生的满足、愉悦和舒畅。心理学家认为，体育锻炼是使中枢神经系统得到适度激活并达到愉快水平的重要途径。适度负荷的体育锻炼能促使人体释放一种多肽物质——内啡肽，它能使人们在锻炼后直接感受到舒适愉快的心情。

因此，参加体育锻炼，尤其是参加那些自己喜爱或擅长的体育活动，可以使人从中获得乐趣、振奋精神、陶冶情操，并产生良好的情绪。

（三）体育锻炼有助于坚强意志品质的形成

意志品质既是在克服困难的过程中表现出来的，又是在克服困难的过程中培养起来的。体育锻炼的特点在于需要不断克服客观困难（如气候条件变化、动作难度等）和主观困难（如胆怯、畏惧和紧张等），是培养坚强意志品质的有效手段。例如，通过场上形势瞬息万变且需要默契配合的球类项目（如足球、篮球、排球、手球等）可以锻炼果断的意志品质；通过需要克服生理极限、具备持久性的项目（如长距离跑、游泳等）可以锻炼坚韧的意志品质；通过需要腾空、跨越障碍或具有一定危险性的项目（如跳高、跨栏、体操、武术等）可以磨炼勇敢的意志品质。锻炼者越能努力克服主观和客观方面的困难，就越能培养良好的意志品质。

因此，体育锻炼有助于磨炼大学生的意志，对培养大学生吃苦耐劳、坚忍不拔、果断、勇敢、自控、自信等良好的心理品质具有显著的促进作用。

（四）体育锻炼有助于人际关系的改善

在现代的生产方式中，高技术的应用和单调工业化的生产使得现代人在相对封闭状态下独立操作的可能性大大增加，从而导致人与人之间缺乏情感交流，人际关系疏远。体育活动则打破了这种隔阂与孤独，让不同职业、年龄、性别的人相聚在运动场上，进行平等、友好、和谐的练习与比赛，使人们之间产生亲近感。他们不必用语言，有时只需通过一个手势、几个动作就可以直接或间接地传递信息，交流心声，自觉或不自觉地互相产生一种情感，并能获得更高的安全感和自信心。

由此可见，人们可以通过体育锻炼结识更多朋友，大家和睦相处、友爱互助。这种良好的人际关系能够使人心情舒畅、精神振奋，从而更好地适应社会。

（五）体育锻炼有助于树立良好的自我概念

自我概念是个体对自己身体、思想和情感等方面的整体主观评价，由诸多自我认识组成，包括我是什么样的人、我的主张、我喜欢什么、不喜欢什么等。坚持体育锻炼可以使人体格强健、精力充沛，因此，体育锻炼对改善人的身体形象和身体自尊有重要影响。身体形象是指头脑中形成的身体图像。身体自尊主要包括一个人对自己运动能力的评价、对自己外貌（吸引力）的评价、对自己身体抵抗力和健康状况的评价。身体形象障碍在正常人群中普遍存在。研究表明：54%的大学生对自己的体重不满；与男性相比，女性倾向于高估自己的身高和低估自己的体重；身体肥胖的个体更容易出现身体形象和身体自尊的障碍。身体形象和身体自尊与整体自我概念相关，其主要表现为无论男性还是女性，对身体形象的不满都会导致自尊心下降，并产生不安全感和抑郁情绪。研究表明，肌肉力量与身体自尊、情绪稳定性、外向性格和自信心成正比，并且加强力量训练会显著增强个体的自我概念。

（六）体育锻炼有助于消除心理障碍，治疗心理疾病

在现代社会中，由于竞争激烈和生活压力加大，许多人可能会产生悲观、失望的情绪，进而导致忧郁、孤独等各种心理障碍。研究表明，体育锻炼有助于人们摆脱压抑、悲观等消极情绪，降低焦虑、消除忧郁，使人们保持心理平衡，达到心理健康的目的。

人们参加某项运动并坚持锻炼，不仅能改善他们的生理机能和身体素质，还能掌握和发展一些体育技能。当取得这些成绩后，个体会通过自我反馈的方式将信息传递给大脑，从而产生自我成就的体验，感受到愉快、振奋和幸福感。例如，锻炼者在体育锻炼中如果能够完成自己制定的锻炼计划并达到具体目标，将会获得心理上的满足感，产生积极的成就感，从而增强自信心，具有很好地消除心理障碍的效果。

焦虑和抑郁是普通人和精神病患者常遇到的两种情绪困扰，大量研究表明，体育锻炼能有效减轻焦虑和抑郁症状。就目前而言，尽管这些心理疾病的病因以及体育锻炼为何有助于治疗心理疾病的基本机制尚不完全清楚，但体育锻炼作为一种心理治疗手段在国外已逐渐流行。在大学生中，许多人因学习和其他方面的挫折而引发焦虑和抑郁，通过体育锻炼可以减缓或消除这些心理问题。

总之，身体锻炼不仅能有效促进学生智力的发展和良好心理品质的形成，还能够调节情绪、改善人际关系、消除心理障碍和治疗心理疾病，从而增进健康。大学生应根据自身特点选择最佳的体育锻炼模式，以获取最大的心理效益。

第五章　体育锻炼与运动保健

第一节　体育锻炼中的运动安全

一、体育锻炼的安全要求

（一）运动前要做好准备活动

体育锻炼必须遵循人体生理变化的规律，符合运动卫生的要求，才能有效地增强体质，防止运动损伤和疾病的发生。准备活动是在体育锻炼、训练或比赛前进行的各种身体练习。通过准备活动，可以有效预防运动损伤并提高机体的工作能力。人在运动前，机体处于相对安静的状态，身体器官的活动能力处于较低水平。运动时，各器官系统进入高度紧张的工作状态，这一从“静”到“动”的过程需要一个适应性的过渡。只有通过准备活动，才能充分做好身体和心理上的准备。

1. 做好准备活动的作用

（1）可以提高中枢神经系统的兴奋性，有助于调节中枢神经系统与肌肉活动有关的各器官系统之间的联系，使机体发挥最佳工作效率。因此，准备活动可以缩短机体进入工作状态的时间，迅速达到最佳运动水平。

（2）可以预先克服人体各器官系统功能活动的生理惰性，使其尽快适应肌肉活动的需要。

（3）可以提高全身能量物质代谢水平。准备活动能使体温和肌肉温度升高，从而提高体内酶的活性，有助于增加肌肉中的血流量，使肌肉获得更多的氧气。同时，准备活动还可以减少肌肉的黏滞性，扩大肌肉活动的幅度，提高肌肉、韧带的力量、弹性和柔韧性，增强关节的灵活性，从而减少运动中肌肉、关节和韧带发生拉伤、扭伤等伤害事故的风险。

（4）可以提高心理上的适应性。准备活动能够吸引和引导运动者集中注意力，减少外界环境的干扰和自身情绪的影响，从而发挥主观能动性，提高运动效率。

2. 准备活动的要求

准备活动的内容分为一般性和专门性两种，其内容、顺序和时间因人、因地、因运动项目的不同而有所差异。通常先进行一般性的准备活动，若参加竞赛，可根据运动项目的特点进行专门性的准备活动。一般准备活动在夏天约为 15 分钟，冬天约为 25 分钟。准备活动应保持一定的密度和强度，心率在 130～160 次/分钟时方能达到预期效果，但也不应过度消耗体力。一般活动的标准是身体发热、微微出汗，呼吸加深、加快，心跳加强，主要关节感到灵活，身体感到轻松有力，兴奋性提高。

（二）运动结束时要做整理活动

整理活动是人体从运动状态过渡到相对安静状态的调整过程，是促进体力恢复的一种有效手段。

1. 整理活动的作用

（1）有助于人体机能尽快恢复常态，由运动引起的一系列生理和心理变化需要一个逐步放松和恢复的过程，整理活动可以促进这一过程的转化。

（2）有助于偿还氧债。整理活动是一个轻松、活泼、柔和的放松过程，有助于促进肌肉的血液流动，排出二氧化碳，消除乳酸等代谢产物，从而达到偿还氧债、调节机能、减轻肌肉酸痛、消除疲劳的效果。

2. 整理活动的要求

整理活动应着重于全身性放松，尽量采用轻松、活泼、柔和的练习，活动量逐渐减少，节奏逐步减慢，以促使呼吸频率和心率下降。例如，在长跑到达终点后，可以再慢跑一段，或边走边进行深呼吸运动或放松徒手操。特别是在紧张剧烈的运动之后，一定要进行全身放松活动，以免身体受到损伤。整理活动后，还要注意保持身体温暖，以防受凉，引发感冒。整理活动应与结束时的运动相衔接，其内容包括调整呼吸运动、自然放松走步、慢跑、徒手放松练习、简单的舞蹈动作、自我按摩和互相按摩等。

（三）饭后不宜剧烈运动

人在饭后不宜立即进行剧烈运动，这是因为进食后需要加强胃肠蠕动和消化腺体的分泌活动，以促进对食物的消化和吸收。饭后，血液流入消化系统，血量增加。如果饭后立即运动，消化系统的血液会被重新分配到运动系统，从而导致胃肠工作能力下降，不利于食物的消化吸收。长此以往，会引起胃肠功能紊乱。

消化系统受迷走神经控制。当人体进行运动时，交感神经兴奋，而迷走神经受到抑制，因此消化系统处于暂时休息状态，小血管关闭，血流量减少，胃肠蠕动变慢。如果进一步缺血，可能导致消化道管壁平滑肌痉挛，引起肠胃疼痛。由于剧烈运动，人体需要大量的氧气，肺通气量增加，此时膈肌的活动幅度加大。腹腔内的食物在胃中积存，如果再进行剧烈运动，会导致呼吸困难，同时也影响心脏的正常工作。

人体运动时需要从肝脏调动大量血液参与循环，此时肝脏的血液减少。而饭后，肠胃消化吸收的物质大多需要肝脏进行分解和再加工，进食后肝脏的血量必定增加，以满足代谢的需要。这时进行剧烈运动，会从肝脏中调动血液，影响肝脏的正常功能。

饭后立即进行剧烈运动可能会引起呕吐和腹痛。进食后，食物需要一段时间才能从胃到达肠道，剧烈运动会使胃受到震动和颠簸，容易导致胃痉挛性收缩，从而引发食物逆流。同时，肠系膜在剧烈运动中受到牵拉，可能刺激内脏感受器，引起腹痛。因此，饭后不宜进行剧烈运动。剧烈运动应在饭后 1～2 小时后进行。如果在运动中出现呕吐或腹痛，应降低运动强度或暂时停止运动。

饭后散步或进行一些较轻松的活动，可以促进消化系统的血液循环，增加消化腺液的分泌和消化器官的运动，使呼吸加深，膈肌和腹肌的活动量加大，对消化系统起到一定的按摩作用，从而提高消化与吸收的功能。

（四）运动时饮水要适量

水是人体的重要组成部分，它参与体内物质代谢、体温调节等生理过程。体内水分保持正常，才能保证身体健康。运动时饮水要适量，过多或过少都会对器官的正常功能产生影响，从而导致运动成绩下降。饮水过多会增加消化器官的负担，大量水分进入血液也会加重心脏的工作负荷。饮水过少则会导致机体缺水，影响正常的生理机能，可能出现口唇发绀、全身无力、精神萎靡、容易疲乏等现象。

一般人每天的需水量约为 2 500 毫升（包括食物中的水分）。运动时，由于排汗增多，需水量也随之增加。尤其是剧烈运动后，人体会分泌大量汗液，导致口干舌燥，产生强烈的喝水欲望。大量饮水后，部分水分被吸收并转化为汗液，将盐分等物质排出体外。由于汗量增加，实际上降低了血液中盐的浓度，导致体内严重缺水缺盐，血液渗透压降低，从而破坏体内水和盐的代谢平衡，影响机体的正常生理功能。盐和水的大量流失，使人口渴想喝水，喝水后又大量排汗，这样形成恶性循环。严重时，肌肉可能会不由自主地强直收缩，引发痉挛。长此以往，还可能影响食欲和消化，导致肠胃疾病。同时，短时间内大量摄入水分，无法完全被血液吸收，过多的水积存在肠胃内，会导致胃部沉重、胀闷，使人感到不适。更甚者，还可能妨碍膈肌运动，影响呼吸的节奏和深度。因此，在运动中和运动后不宜立即大量饮水。即使感到口渴，也并不完全意味着体内缺乏大量水分，需要立即补充。事实上，口渴是由于剧烈运动时张口喘气，导致口腔、咽喉等呼吸道器官以及食道上部黏膜的水分散失，变得干燥所致，此时只需用水漱口，湿润一下咽喉即可。即使需要饮水，也应多次少量饮用温开水，逐渐补充丢失的水分。建议每次饮用 150～200 毫升，每次间隔 15 分钟以上。在排汗多的情况下，可配制一些淡盐水（浓度在 0.25%～0.5%）饮用，以补充损失的盐分。待机体平静后，可以多饮用一些水，以加速体液的恢复。

运动后不能立即食用冷食，因为运动过程中不仅体温升高，机体内大量的血液正为肌肉供能，肠胃等内脏器官获得的血液量相对较少，消化系统处于抑制状态。突然摄入过冷食物，会强烈刺激肠胃，引起功能紊乱，导致腹泻、腹痛、呕吐等症状。

二、体育锻炼中的场地要求

（一）运动场地的要求

为确保体育锻炼者在锻炼时的自身安全和卫生，以及他人的安全与卫生，运动场地和器材的卫生安全是极其重要的。作为运动者，绝不能忽视这些，否则可能会造成伤害或感染疾病。在室内进行体操练习时，要仔细检查和调整器械的连接部分，确保助跑跑道表面和弹跳板光滑且无铁钉露出，海绵垫要有弹性且平整，杠面要平稳清洁。室内环境要采光明亮，无尘、无空气污染且通风良好。在游泳时，应选择水质好的游泳池或水质良好、无水草、无漩涡的天然河流、湖泊等，以防止感染皮肤、眼睛、鼻腔和口腔等疾病或发生危险。在室外进行田径运动时，应该选择无凹凸、沟坎和碎石杂物的跑道，以及无砖头、石块、木棍、竹片、铁钉等杂物的沙坑，沙坑应该掘松耙平。进行球类运动时，应选择平坦、结实、无碎石且场地不过硬、不过滑的球场。在练习健美运动时，要选择平坦、环境清洁、空气流通、没有干扰的场地进行，一方面可以避免事故的发生，另一方面可以集中注意力，使心情舒畅，有利于锻炼。

（二）运动器械的要求

进行运动时使用的各种器械要符合卫生要求和技术要求。例如，使用的钉鞋要合脚，不能过大或过小，钉子要牢固地固定在鞋底，不能使用断钉、缺钉或钉子歪斜的钉鞋。标枪的杆部不能有裂口，栏架的压砣要根据栏的高度摆放在适当的位置。此外，单杠和双杠的杠面除了要保持平整外，还应经常用砂纸磨除杠面上的碳酸镁粉积物。各种海绵垫要经常打扫除尘，并保持平整。再如，使用的篮球、排球、足球等，应保持一定的圆度，表面光洁，不能使用皮块裂开的球。总之，为了保证运动者的健康和安全，防止事故发生，在练习前必须仔细检查器械的牢固和平整，如有污垢应清除，不安全因素应消除。

（三）衣着要适合运动的需要

体育锻炼者在选择服装时，应注重衣料的透气性、疏松多孔，便于散热，并能有效吸收和蒸发汗液。服装要柔软轻便，否则容易因重复摩擦而损伤肌肤。运动服的大小应合适。夏季应穿着轻薄的服装，并可戴白色凉帽；冬季则应穿保暖服装，并根据需要佩戴手套和帽子。鞋袜的大小要合脚，且富有弹性和透气性，穿着舒适。运动时切勿穿凉鞋、皮鞋或赤脚。硬、滑或过于松散的鞋袜会导致运动损伤，而不合脚的鞋袜容易引起脚部问题，如鸡眼、汗足、脚趾变形等。

三、女性的运动卫生安全

（一）女性生理特点及一般体育卫生要求

1. 体形

女性体形通常呈纺锤形，即肩部较窄，骨盆较宽，下肢较短，躯干相对较长，身体重心较低，这有利于完成需要下肢支撑和平衡的动作，如体操中的平衡木等。然而，这种体形在速度运动、跳高和跳远等项目中并不占优势。

2. 肌力

女性骨骼肌重量占体重的比例比男性小约 5%，且肌肉力量较弱，尤其是女性的肩带部和上肢肌力较差，再加上肩部较窄，因此女性进行悬垂、支撑、摆荡等动作较为困难。因此，应加强肩带肌力的练习，并在练习时加强保护。

3. 脂肪

女性体内脂肪约占体重的 28%（男性约占 18%）。皮下脂肪较多，有利于游泳等运动。但女性的下腹部对寒冷刺激较为敏感，因此在月经期及冬季锻炼时要注意下腹部的保暖。

4. 骨盆

女性的骨盆相比男性更大且更轻，除了承重之外，还容纳子宫及其附件。子宫的正常位置依靠韧带以及腹腔、盆腔的适当压力来维持。因此，一方面，女性在进行体育运动时，不宜过多地进行从高处跳下的练习。在进行此类练习时，也要注意落地时的缓冲，以免过度震动影响子宫的正常位置；另一方面，应多进行增强腹壁肌和骨盆底肌的练习，如仰卧起坐、仰卧举腿、直立前后踢腿、大腿绕环、提肛练习等，以维持一定的腹压和盆腔压力，从而保持子宫的正常位置。

5. 关节韧带

女性各关节韧带的弹性和伸展性较好，尤其是脊柱椎间盘较厚，因此女性身体的柔韧性和各关节的灵活性优于男性。在体育活动中，适宜进行“桥”和“劈叉”等动作。然而，女性的柔韧性会随着年龄的增长而降低。在体育锻炼中，应注意保持和发展柔韧性和灵活性。

6. 心血管系统和呼吸系统

女性的心脏体积、容积、每搏输出量及心肌收缩力均较男性小且弱，运动时主要依靠加快心率来增加心脏的每分钟输出量。此外，女性的血容量、红细胞和血红蛋白含量都低于男性，因此，女性血液运输氧气的能力不如男性。女性的胸廓和肺容积较男性小，肺活量和最大摄氧量也低于男性，女性的呼吸肌力较弱，以胸式呼吸为主且胸廓活动度较小，因此女性在安静或运动时的呼吸频率较快。鉴于女性心血管系统和呼吸系统的功能较男性差，因此运动量应相对小一些。

综上所述，女性应根据自身特点，自觉参与体育锻炼，以促进身体的生长发育，提高各器官和系统的功能水平，保持匀称健美的体形。尤其是增强腹肌、腰背肌和骨盆底肌的肌肉力量，这对女性的妊娠和分娩都有很大的益处。

（二）月经期的体育卫生要求

1. 月经

月经是由于卵巢的内分泌作用引起子宫内膜出现周期性增生、血管形成和黄体成熟。如果在排卵期没有受孕，增生的内膜就会脱落，导致出血现象。一般每隔 28～30 天发生一次，因此称为月经。月经来潮时，一般有以下几种表现：

（1）一般型，又称普通型。来月经时，自我感觉正常，身体反应良好，无不适感。

（2）抑制型。月经期间体力下降，全身乏力，动作迟缓、容易疲劳、嗜睡，工作能力一般下降，不愿参加体育活动等。

（3）兴奋型。月经期易激动，头晕、睡眠差，下腹有痉挛性疼痛。

（4）病理型。月经期间感到腰酸背痛，全身不适，伴有恶心、口干、头昏、头痛、睡眠不良等症状，不愿参加运动。

2. 月经期的体育卫生要求

月经期间的体育锻炼应区别对待。一般女性在正常月经期间可以参加体育锻炼，但应注意以下几点：

（1）保持外生殖器部位的清洁。

（2）避免剧烈的运动，如高强度和震动较大的跑跳动作（如跨跳、跳远、疾跑、跳高等）。

（3）避免增加腹内压，如憋气和静力性动作（如后倒作桥、慢起倒立、投掷出手用力、收腹举腿等）。

（4）月经期不宜游泳，以免引起细菌感染。

（5）月经期可以从事一般性健身活动，如做操、散步、游泳、乒乓球、羽毛球等运动量较小、时间不太长的运动，但通常不建议参加比赛。

（6）月经紊乱、经期下腹疼痛以及病理性反应者，月经期间应暂停体育活动并进行妇科治疗。

（7）加强医务监督，注意填写月经卡片。

第二节　常见的运动性生理反应

世界卫生组织指出，适量而规律的体育锻炼有以下好处：延年益寿；强健筋骨、肌肉和关节；有效控制体重；减少患心脑血管疾病、高血压、结直肠癌、2 型糖尿病的风险；预防和减少骨质疏松症的发生；促进心理健康，降低抑郁症、强迫症和孤独感的发生率；帮助青少年预防和控制不良习惯，远离烟草、酒精、药物滥用以及不健康的饮食习惯。

在体育锻炼过程中，人体的生理平衡会受到暂时性破坏，出现某些生理反应，这种反应被称为“运动生理反应”。运动中常见的生理反应的紧急处理办法有：

一、运动后肌肉疼痛和紧绷与延迟性肌肉酸痛

开始运动的人或是长时间没有运动的人，一旦开始运动，常会感到肌肉酸痛。在运动后数小时内产生的急性肌肉酸痛被认为与运动肌群缺乏血流量（氧含量）以及肌肉疲劳有关。

在运动后 24 小时出现的肌肉疼痛、酸痛或僵硬现象称为延迟性肌肉酸痛（DOMS）。这种肌肉酸痛最常见于开始新的锻炼计划、改变日常活动，或大幅增加运动的持续时间和强度。其特点是在运动后 24～72 小时酸痛达到高峰，5～7 天后疼痛基本消失。延迟性肌肉酸痛是肌肉对平时不常用力的一种正常反应，是一个适应的过程。这将导致肌肉的恢复和肌纤维的增粗，从而产生更强的耐力和力量。

延迟性疼痛与急性、突发且剧烈的疼痛不同，例如运动过程中因肌肉拉伤或扭伤导致的疼痛，以及常伴随的肿胀或擦伤。延迟性肌肉酸痛通常与体液滞留增加（刺激末梢神经引发疼痛）以及肌肉、关节及周围结缔组织的过度伸展或撕裂等因素有关。

（一）原因和症状

延迟性肌肉酸痛是由于细小肌肉纤维撕裂而导致的。撕裂的数量（以及疼痛程度）取决于运动的强度、时间以及运动类型。进行不熟悉的运动项目可能导致延迟性肌肉酸痛，尤其是在肌肉在增加长度时剧烈收缩的情况下，这种原因很常见。

引起肌肉强烈收缩的运动包括下楼跑、下坡跑、降低重心、下蹲以及俯卧撑。这些运动除了可能导致小肌肉撕裂外，撕裂部位与肌肉肿胀共同构成了肌肉酸痛。

（二）处理

如何减少延迟性肌肉酸痛？治疗延迟性肌肉酸痛的最佳方法是将预防放在首位。

1. 运动恢复

有关研究表明，低强度的有氧运动可以增加血液流量，减少肌肉酸痛。在剧烈运动或比赛后，可以采用低强度的有氧运动来帮助肌肉放松。

在体育比赛或高强度运动后，完全休息是恢复体力的最佳方法。然而，研究也发现了通过运动恢复的一些优势。运动恢复是指在训练后从事低强度运动。有两种形式的恢复：一是在剧烈运动后立即进行的放松，二是在比赛和高强度运动后的第二天进行的低强度运动。

2. 休息和恢复

在没有任何特殊处理的情况下，疼痛通常会在3～7天内消失。运动后保证足够的休息是必要的，以便身体肌肉组织尽快恢复、重建和加强。恢复时间对于任何训练计划都至关重要，因为这是身体适应训练并产生实际效果的时间。

3. 按摩

按摩能够帮助减轻肌肉疼痛和肿胀，而且不会影响肌肉功能。治疗型按摩可以治疗软组织疼痛和损伤。按摩有助于改善肌肉的灵活性，提高关节活动范围，减少肌肉僵硬，并改善按摩区域的血液流动，增加肌肉温度。此外，按摩还有助于减少焦虑和改善情绪。

4. 使用RICE方法

所谓RICE方法，即采用休息、冰敷、压迫和抬高伤肢的方法。如果在运动中遭受扭伤、肌肉拉伤或撕裂等损伤，可采用RICE法以缓解疼痛、限制肿胀并保护受伤的软组织。

其他治疗方法包括：进行温和的拉伸运动、采用药物治疗、练习瑜伽等，但最重要的方法还是以预防为主。

（三）预防

1. 减慢运动过程

最重要的预防方法是逐渐增加运动的时间和强度。过快地增加运动强度和时间是运动损伤的一个常见原因。健康专家建议，新手和专业运动员应遵循10%的指导原则，以避免运动损伤和肌肉酸痛。该指导原则指出，每周增加的活动量不应超过10%，这包括锻炼的距离、强度、重量和时间，旨在设定每周训练强度增加量的上限。例如，如果一个人每周跑步20千米，他想增加跑步的距离，那么在下一周应遵循10%的原则，增加2千米的距离。如果一个人举重50千克，想增加举重的重量，则在下一周应遵循10%的原则，增加5千克的重量。对于刚开始运动的人，如果觉得增加10%的负荷量太大，可以每周增加5%；而对于其他人，10%可能太少。如果不确定自己的能力，只需相应地增加运动即可。

2. 热身活动

适当的热身活动可以增加流向肌肉的血液量，从而减少肌肉僵硬，降低受伤的风险，并提高运动表现。此外，热身还能在生理和心理上为运动做好准备。典型的热身运动包括：

逐渐增加专项运动的强度。例如，对于跑步的人而言，可以先慢跑一段时间，然后进行几次冲刺动作，以充分激活所有的肌纤维。

以缓慢平稳的方式添加非专项的动作，如健美操或柔韧性练习。以球类运动为专项的运动员经常使用与球无关的练习作为他们的热身活动。

拉伸肌肉的最佳时间是在增加血液流动之后，这样可以避免受伤。寒冷天气下，拉伸肌肉会增加受伤的风险，因此，最好在拉伸之前进行有氧运动。运动后进行一些拉伸练习可以使肌肉放松，增加血液流动，并提高肌肉温度。

3. 放松活动

运动后应以温和的伸展运动来放松。伸展运动是提高体能和健康的基本方式之一。它可以促进血液循环，扩大运动范围，改善体态，减少关节僵硬和肌肉紧张，提高运动表现，并增强放松的能力。

在进行伸展练习时，应注意以下几点：①均匀地拉伸身体两侧的肌肉，不要只拉伸一侧而忽略另一侧；②避免过度伸展，不要出现疼痛或不适感，以感到轻微的紧张感为佳；③缓慢地、均匀地拉伸肌肉，保持姿势约 15 秒，同时也要慢慢地释放；④拉伸时不要反弹或猛拉，否则会导致超出肌肉能力范围而发生损伤，拉伸动作应流畅和缓慢；⑤练习时应放松，深呼吸是放松的关键，在拉伸时不要屏住呼吸。

二、运动中腹痛

运动中腹痛泛指在运动过程中或运动结束时产生的腹部疼痛。

（一）病因

一般引起腹痛的原因，大体可分为两类：一类是由于腹内脏器病变所致，另一类是由于腹腔以外脏器或全身性病变所致。由腹内脏器病变引起的，又可分为器质性和功能性两种。

1. 胃肠痉挛

胃肠痉挛引起的腹痛，轻者为钝痛、胀痛，重者则可能为阵发性绞痛。饭后过早参加运动、运动前吃得过饱、喝水过多、饮用冷饮过多或空腹锻炼，因胃酸或冷空气对胃的刺激等，均可能引起胃痉挛，其疼痛部位位于上腹部。运动前食用了产气或不易消化的食物，如豆类、薯类、牛肉等，腹部受凉或蛔虫刺激，均可引起肠痉挛，其疼痛部位多在脐周围。宿便刺激也可引起肠痉挛，其疼痛部位在左下腹部。

2. 肝脾瘀血

肝脾瘀血肿胀会增加肝脾被膜的张力，使被膜上的神经受到牵扯，从而产生疼痛。肝痛通常位于右季肋部，而脾痛则位于左季肋部，疼痛性质为胀痛或牵扯痛。导致肝脾瘀血的原因可能是准备活动不足或在开始运动时速度过快。当内脏器官的功能尚未提升到应有的活动水平时便加大运动强度，特别是在心肌力量较弱的情况下，心脏搏动无力会影响静脉血回流至心脏，导致下腔静脉压力上升，肝静脉回流受阻，从而引起肝脾瘀血肿胀。此外，剧烈运动时会破坏均匀、有节奏的呼吸，导致呼吸肌疲劳或痉挛；膈肌疲劳后会减弱对肝的“按摩”作用，同时由于呼吸短浅，胸腹腔内压增加，会影响下腔静脉血的回流，这些因素都可能导致肝脾发生瘀血肿胀。

3. 腹直肌痉挛

夏季进行剧烈运动时，由于大量出汗导致盐分流失，会使水盐代谢发生紊乱，加剧疲劳，可能引起腹直肌痉挛。这种腹痛多发生在运动后期，疼痛部位较为表浅。

4. 髂腰肌血肿

在剧烈运动时，由于髂腰肌拉伤，可能会产生血肿，从而引起腹痛。腹部慢性疾病、溃疡病或慢性阑尾炎患者在参加剧烈运动时，由于病变部位受到牵扯、震动等刺激，可能会产生疼痛。这种疼痛的部位与病变的部位一致。

（二）征象

运动中腹痛的部位通常与相关脏器的解剖位置有关。腹部可以分为上、中、下三部分，或者左、中、右三部分。右上腹痛常见于肝瘀血、胆囊炎、胆石症等；中上腹痛常见于胃痉挛、十二指肠溃疡、急性胰腺炎等；左上腹痛常见于脾瘀血。腹中部痛通常与肠痉挛、肠套叠等有关；右下腹痛多见于阑尾炎、右髂腰肌血肿；左下腹痛多因宿便刺激引起的肠痉挛或左髂腰肌血肿。腹直肌痉挛常在相应的部位产生疼痛，并且较为表浅。然而，有些疾病在发病初期，其疼痛部位不一定与病变部位完全一致，如急性阑尾炎早期的疼痛多在上腹部或脐周围。有些疾病虽然表现为急性腹痛，但病变部位却在腹外器官，如急性心肌梗死、大叶性肺炎等。

（三）处理

运动中出现腹痛时，通常只需减慢跑速、加深呼吸以调整呼吸与运动的节奏，按压疼痛部位或弯腰跑一段距离，疼痛即可减轻或消失。如果疼痛仍不减轻，甚至加重，应停止运动并进行进一步的鉴别诊断和处理。如果腹痛是由胃肠痉挛引起的，可以口服普鲁苯辛（每次 15 毫克），或者针刺、用手指掐、点、揉内关、足三里、大肠俞等穴位。如果是腹直肌痉挛，则可以进行局部按摩，或采用背伸动作拉长腹肌。如果上述措施均无效，应请医生进行诊断和处理。

（四）预防

合理安排膳食，运动前避免吃得过饱和饮水过多，饭后 1.5～2 小时才能进行剧烈运动，并在运动前做好充分的准备活动。运动时要坚持循序渐进的原则，并注意呼吸与动作之间的节奏配合。夏季运动时要适当补充盐分。各种腹部脏器的慢性疾病应及早就医、彻底治疗，在疾病未愈之前应暂停训练，或只参加一些力所能及的活动。

三、运动性贫血

（一）病因

贫血可由多种原因引起，它不是一种独立的疾病，而是一种症状。运动员在训练过程中如果生理负担过大，也会导致贫血，这种贫血被称为运动性贫血。其类型多为缺铁性贫血，少数为溶血性贫血，个别为混合型贫血。从发生率来看，女性高于男性，年轻运动员高于年长运动员。血红蛋白是红细胞的主要成分，正常人血红蛋白的浓度与红细胞的数量密切相关。在一般情况下，血液中红细胞数量越多，血红蛋白浓度就越高。我国成年健康男性血红蛋白浓度为 120～160 克/升，成年女性为 110～150 克/升。成熟红细胞的寿命约为 120 天，机体在正常情况下每天都有一定数量的红细胞新生和衰亡，二者之间维持着动态平衡，使血液中红细胞与血红蛋白的数量保持在相对稳定的水平上。一旦这种平衡受到某些因素的破坏，即可引起贫血。由于血红蛋白减少，血液输送氧气的功能不足，导致全身各器官、组织缺氧，从而引起各种临床症状。

（二）征象

运动性贫血发病缓慢，主要表现为头晕、乏力、易倦、记忆力下降、食欲差等症状。

运动时症状较为明显，常伴有气喘、心悸等，主要体征包括皮肤和黏膜苍白，心率较快，心尖区可听到收缩期吹风样杂音。症状的轻重程度与血红蛋白数量的多少及运动负荷的大小密切相关。血液检查时，血红蛋白含量减少，男性低于 120 克/升，女性低于 110 克/升，这是诊断本病的标准。

（三）处理

适当减少运动量，必要时应停止训练，改善营养，尤其是补充富含蛋白质和铁的食物。口服硫酸亚铁片剂，每日 3 次，每次 0.3 克，饭后服用，这对治疗缺铁性贫血有明显效果。同时，服用维生素 C 和胃蛋白酶合剂，以促进铁的吸收。也有人采用中西药结合的方法来治疗运动性贫血，效果也较好。对于由其他原因引起的贫血，应及时查明原因，并进行对症治疗。

（四）预防

合理安排运动量和运动强度，遵循循序渐进和个别对待的原则。多食用富含蛋白质的食物，克服偏食的习惯。对于大运动量训练的运动员，可以进行预防性补铁，建立合理的膳食制度，使运动与进食之间有一定的间隔时间。

四、运动性昏厥

在运动中或运动后，由于脑部暂时性血供不足或血液中化学物质的变化，引起突发性、短暂性意识丧失、肌张力消失并伴有跌倒的现象，称为运动性昏厥。

（一）病因

运动性昏厥是由于供应给大脑的血液和氧气减少引起的。昏厥是一种短暂的意识丧失，通常持续不到一分钟。运动性昏厥可能由多种因素引起，如严重脱水、低血糖或高温等。此外，在运动中晕倒也常常与血液循环受影响有关。

（二）征象

运动性昏厥多表现为头晕、眼花、面色苍白、全身乏力、出冷汗，继而出现意识丧失和瞳孔缩小。一般在数秒钟内便可恢复，少数人在数小时后才清醒，其他异常体征不明显。

（三）处理

病情较轻者，只需保持安静，采取平卧位，注意保暖，并进行必要的对症处理，如口服镇静剂和食用易消化的食物等。对于心功能不全的患者，应保持安静，采取端坐位，并给患者吸氧，同时点掐内关穴和足三里穴。对于昏迷者，可加点掐人中穴、百会穴和涌泉穴，并保持呼吸道通畅。若患者发生呼吸或心搏骤停，必须立即进行人工呼吸和胸外心脏按压。同时，应迅速请医生进行进一步处理。

（四）预防

预防昏厥，首先要加强体育锻炼，提高身体素质和机能水平。其次，在训练和比赛中，应根据身体的实际情况量力而行。患病期间，应暂停训练，积极治疗并注意休息。伤病初愈者，应注意逐渐增加运动量。在重大比赛和高强度训练前，必须进行全面深入的体格检查。对于有高血压病史、心血管系统疾病史的患者或有相关家族病史者，应禁止参加剧烈运动和比赛。此外，饭后应休息 2～3 小时后再进行运动和比赛。

五、肌肉痉挛

肌肉痉挛（俗称抽筋）是指肌肉不自主的强直性收缩。在体育运动中，最容易发生痉挛的肌肉是小腿的腓肠肌，其次是足底的拇长屈肌和趾长屈肌。

（一）病因

1. 大量排汗

进行剧烈运动时（尤其是在夏天），由于大量排汗和严重的失水、失盐，体内电解质的平衡发生紊乱，导致体内氯化钠的含量过低，从而引起肌肉和神经的兴奋性增高，最终导致肌肉痉挛。

2. 肌肉收缩失调

在运动过程中，由于肌肉快速连续收缩，放松时间过短，导致肌肉收缩与放松的协调交替关系受到破坏。尤其是在局部肌肉处于疲劳状态时，更容易发生肌肉痉挛。

3. 寒冷的刺激

在寒冷的环境下进行体育活动时，如果未做准备活动或准备活动不充分，肌肉受到寒冷的刺激，常会引起肌肉痉挛。此外，局部肌肉疲劳或存在微小损伤时，也可能引发肌肉痉挛。

（二）征象

肌肉发生痉挛时，局部肌肉坚硬或隆起，剧烈疼痛且一时不易缓解。

（三）处理

牵引痉挛的肌肉，几分钟即可缓解。例如，当腓肠肌痉挛时，先让患者平坐或仰卧，伸直膝关节。牵引者双手握住患者的足部并抵于牵引者的腹部，利用牵引者躯干前倾的适度力量，将患足缓慢地背伸；若拇长屈肌或趾长屈肌痉挛，则用力将足和足趾背伸，但切忌使用暴力。此外，可配合局部按摩，如重推、点穴（如承山、涌泉、委中等），以帮助缓解痉挛。

（四）预防

运动前应做好充分的准备活动。容易发生痉挛的肌肉可以事先进行适当按摩。冬季进行户外锻炼时要注意保暖，夏季进行剧烈运动时应注意补充盐分、水分及维生素 B 等。游泳前要先用冷水淋湿全身，以提高身体对冷水刺激的适应能力。如果水温较低，游泳的时间不宜过长，更不要在水中停止活动。若发生腓肠肌痉挛，切勿惊慌失措，可以采用仰泳，一只手划水，用患足对侧的手握住患侧足趾，用力将患肢的踝关节背伸；若无效或两侧腓肠肌同时痉挛时，应立即呼救。疲劳或饥饿时，不宜进行剧烈运动。

六、极点

（一）极点

训练不足且体适能状态较低的人，通常在运动开始不久后（尤其是长跑运动），就会感到双腿发软、全身乏力、呼吸困难等。在运动生理学中，这种现象称为极点。例如，在中长跑时，由于能量消耗大，下肢回流血量减少，氧债积累到一定程度，就会出现呼吸急促、胸闷难忍、下肢沉重、动作不协调，甚至恶心的现象，这就是所谓的“极点”。

“极点”的产生主要是由于内脏器官的惰性造成的。当人体从相对安静状态进入剧烈运动时，四肢肌肉能够迅速适应并进入工作状态，而内脏器官，如呼吸系统和循环系统等，却无法立刻发挥其最高机能水平。这会导致体内缺氧，大量乳酸和二氧化碳积聚，从而使植物性（自主）神经中枢和躯体性神经中枢之间的协调暂时被破坏，表现为“极点”的产生。“极点”是一种正常的生理现象，通常与训练水平和运动前的准备活动有关。经常锻炼的人，“极点”出现得晚，持续时间短，身体反应也较轻；而很少运动的人，“极点”出现得早，持续时间长，表现得也较为明显。

（二）第二次呼吸

运动中出现“极点”现象时，千万不要因此而停止运动。应适当减慢运动速度，保持冷静，并有意识地进行深长的呼气。坚持下去，上述生理反应将逐渐缓解和消失，随后机能得到改善，氧气供应增加，运动能力提高，动作变得协调有力。这种现象标志着“极点”已经被克服，生理过程出现新的平衡，运动生理学上称之为“第二次呼吸”。“第二次呼吸”出现后，循环机能将稳定在较高的水平上。

“极点”与“第二次呼吸”是长跑运动中常见的生理现象，无须疑虑和恐惧。只要坚持经常锻炼并处理得当，“极点”现象是可以延缓和减轻的。

七、运动性中暑

（一）病因

在较高的温度下，长时间进行体育锻炼容易发生中暑。尤其是在温度高且通风不良的条件下，头部缺乏保护，受到烈日直接照射时，更容易中暑。

（二）征象

中暑早期会出现头晕、头痛、呕吐等症状，随后逐渐发展为体温升高、皮肤干燥等，严重者可能出现精神失常、虚脱、抽搐、心律失常和血压下降，甚至昏迷。

（三）处理

降温消暑：将患者移至阴凉通风处休息，使其平卧，抬高头部，解开衣领。如果中暑者神志清醒，并无恶心、呕吐症状，可饮用含盐的清凉饮料、茶水或绿豆汤等，并补充生理盐水或葡萄糖生理盐水，以起到降温和补充血容量的作用。

人工散热：可采用电风扇吹风等散热方法，但不能直接对着患者吹风，以防止其感冒。

冰敷：可以在头部、腋下或腹股沟等大血管处放置冰袋（用冰块、冰棍或冰激凌等放入塑料袋内，密封即可），并可用冷水或30％酒精擦浴，直到皮肤发红。每隔10～15分钟测量一次体温。对于病情严重的患者，经过临时处理后，应迅速送往医院进行治疗。

（四）预防

在高温炎热的季节进行锻炼时，应适当减少运动量和运动时间，避免在烈日下长时间锻炼。夏天在室外锻炼时，应戴白色的凉帽，穿宽松透气的衣服。在室内锻炼时，应保持良好的通风，并备有低糖饮料。

（五）野外中暑防患措施及处理

在野外环境中活动，参与者长时间暴露在阳光下，常常会导致体内的热量无法充分散发，从而使体温升高。这样一来，脑内的体温调节中枢可能受到影响，进而引发中暑。

中暑者通常会出现头痛、发高烧、呕吐或昏厥等症状，严重者甚至可能导致死亡。因此，进行户外活动时应特别注意防范及急救，最好戴上遮阳帽，并尽量减少在阳光下的活动时间。一旦发生中暑，应立即进行急救。首先，将患者移到阴凉处，让其平躺，并用物品将头部和肩部垫高，松开或脱掉其衣物；然后，将冷湿的毛巾敷在患者头上，如有水袋或冰袋更好，再用海绵蘸酒精或用毛巾蘸冷水，擦拭身体，并尽量扇风降温，以降低其体温至正常水平；最后，测量患者的体温，或观察患者的脉搏。如果脉搏每分钟低于110次，说明体温仍在可承受范围内；如果达到110次以上，应暂停降温措施，观察约10分钟后，若体温继续上升，再重新进行降温处理。待患者恢复意识后，可给其饮用一些盐水。此外，根据患者的舒适程度，提供适当的覆盖物。

八、运动无法忍受度

运动时的运动量和强度应保持在安全范围内，可以通过检测心率来判断是否超出个人的目标范围。体适能较差或高危人群在运动时超出目标范围是不安全的。一些生理信号可以提示是否超出身体的极限，这被称为运动无法忍受度。当出现运动无法忍受时，可能会有心跳过速或不规则、呼吸困难、恶心、呕吐、头痛、眩晕、脸色异常发红或发白、极度疲惫、全身无力、发抖、肌肉酸痛、肌肉痉挛以及胸部憋闷等症状。因此，在运动时要注意观察自己身体的反应，一旦发现上述症状，应立即停止运动。之后如果想继续运动，应在检查后再做决定。

恢复心跳数可以作为过度劳累的指标。从某种程度上说，恢复心跳数与体适能水平有关。运动后5分钟，心率应低于120次/分钟，否则可能表示运动过度或存在其他心脏疾病。如果在降低运动强度或缩短运动持续时间后，运动后5分钟的心率仍然过快，就应该就医。

第三节　常见运动损伤的预防与处理

一、运动损伤的原因

在体育运动中发生的损伤，统称为运动损伤。造成运动损伤的直接原因较多，主要包括以下几个方面：

（一）思想上不够重视

运动损伤的发生，常与学生对预防运动损伤的意义认识不足、思想上麻痹大意以及缺乏预防知识有关。例如，他们在运动前不检查器械、预防措施不到位，常在盲目和冒失的行动中受伤。

（二）运动前准备活动不充分

特别是由于缺乏有针对性的准备活动，导致运动器官和内脏器官的功能没有达到运动状态，从而造成损伤。人体从相对静止状态过渡到紧张的运动状态，必须依靠准备活动来提高神经系统和各个系统器官的功能。如果缺乏准备活动，或准备活动不合理、不充分，就很容易发生运动损伤。

（三）运动情绪低下

在畏难、恐惧、害羞、犹豫以及过分紧张时，容易发生伤害事故；有时也会因缺乏运动经验和自我保护能力而受伤，如摔倒时用肘部或直臂撑地，可能会导致肘关节或尺、桡骨损伤。

（四）内容组合不科学

方法不当、纪律松散以及技术上的错误等，都可能导致损伤。例如，在投掷手榴弹或标枪时，如果上臂外展、屈肘角度小于 90°、肘部低于肩部，容易导致肌肉拉伤，甚至肱骨骨折。

（五）运动场地狭窄

地面不平坦、器械安置不当或不牢固、锻炼者过于拥挤或多种项目同时进行运动，容易导致相互冲撞受伤。

（六）动作粗野或违反规则

在比赛中不遵守规则，或在训练中相互打闹，动作粗鲁，故意犯规等，都是篮球、足球等项目中导致受伤的重要原因。

（七）不良气象的影响

空气污浊、噪声、光线暗淡、气温过高或过低，以及运动服装不符合要求等原因，都可能直接或间接地导致伤害事故的发生。

二、运动损伤的预防

在体育锻炼中，如果忽视了对运动损伤的预防，或者未能积极采取各种有效的预防措施，就可能发生各种伤害事故。因此，在进行体育锻炼时，需要了解各种导致运动损伤的原因，并及时总结规律，掌握导致损伤的特点，做好预防工作。

（一）加强运动安全教育

克服麻痹思想，增强预防损伤意识。

（二）认真做好准备活动

准备活动要有针对性，不同项目的重点活动部位各不相同；在天气寒冷时，准备活动的时间可以适当延长，而在天气炎热时也不能忽视准备活动。对于可能发生运动损伤的环节和易受伤的部位，要及时采取预防措施。

（三）合理组织安排锻炼

合理安排运动量，可以防止局部运动器官负担过重。

（四）加强易伤部位和相对薄弱部位的练习

提高其机能，是预防运动损伤的积极措施。

（五）提高自我保护能力

如摔倒时，应立即屈肘低头，团身滚动，切不可用直臂或肘部撑地；从高处跳下时，要用前脚掌着地，注意屈膝、弯腰，两臂自然张开，以利于缓冲和保持身体平衡；面对粗暴动作，要及时闪避，不要“硬碰硬”，尽量避免身体直接接触。

三、运动损伤的处理

体育锻炼中出现的损伤多为闭合性软组织损伤，如扭伤、挫伤和肌肉拉伤等。这种损伤一般可分为三个时期：①早期：伤后24至48小时，严重的可持续到72小时；②中期：伤后48小时至6周；③后期：伤后3周至12个月。这三个时期之间并没有明显界限，其划分不仅与伤情的轻重相关，还与伤后及时合理的急救处理、治疗及康复有关。若处理得当，愈合过程可缩短，且可能不留或少留后遗症，否则可能会产生相反的结果。

（一）早期

这一时期最长可持续72小时，主要是由于组织撕裂或断裂后出现血肿和水肿，引发反应性炎症，表现为不同程度的红肿、发热、疼痛及功能障碍。此时，处理原则主要是防止内出血、制动、防止肿胀和止痛。处理方法包括：立即停止活动，以减少出血；用冷水浸泡或用冰块冷敷受伤部位，以达到止血、防肿和止痛的效果；用绷带加压包扎以防止肿胀的扩大。注意，早期肿胀形成越小，后期康复就越容易，早期的正确处理对于治疗运动损伤起着关键作用。

（二）中期

伤后48小时至6周，此时伤处开始消肿。热疗可在24至48小时后进行，以消除水肿，促进机体尽快吸收，并减少瘢痕形成。还可采用针灸、按摩、理疗等方法治疗，并应尽早进行受伤部位的功能锻炼。热敷和按摩在此期间的治疗极为重要。热敷时，温度不宜过高，时间不宜过长，以避免烫伤；按摩手法应由轻到重，从损伤周围逐渐到损伤局部，以免加重受伤部位，造成再出血。

（三）后期

从伤后第3周开始直至痊愈。在此期间，主要目标是提高肌肉、肌腱和其他组织的功能。治疗方法主要包括加强受伤部位的功能锻炼，负荷可以逐渐增加，直至适应剧烈运动。此外，还可以配合使用热敷、按摩和理疗等方法。

四、常见的运动损伤

（一）开放性软组织损伤

擦伤是因皮肤受到摩擦导致的皮肤黏膜损伤。轻度擦伤可以使用2%红汞水、1%～2%甲紫（紫药水）或0.05%碘酒进行涂抹，无须包扎即可痊愈。注意，涂抹时不宜直接涂在伤口上，可在伤口周围进行消毒。

重度擦伤应首先用生理盐水和过氧化氢冲洗消毒，然后再用消毒后的敷料包扎。撕裂伤、刺伤、切伤等发生后，皮肤会出现不同程度的规则或不规则裂口，早期处理主要包括清创、缝合和抗破伤风。对于伤口内有异物者，应先清除异物，然后止血并缝合包扎。

（二）挫伤

挫伤是由于外来钝性暴力作用或运动员相互撞击导致的损伤。通常会出现红、热、肿、痛及功能障碍等症状，俗称“硬伤”。轻微的挫伤可以按照闭合性软组织损伤进行处理。若是伤及头部、胸部、腹部及睾丸等严重部位的挫伤，可能会合并其他内伤，并出现脑震荡、休克等症状，应注意观察，及时进行抢救，并迅速送往医院。

（三）肌肉拉伤

肌肉拉伤是体育运动中常见的损伤，尤其在准备活动不充分或肌肉疲劳时更易发生。此外，压腿或劈叉时由于幅度过大也容易导致肌肉拉伤。肌肉拉伤会严重影响锻炼、生活和学习。当发生肌肉拉伤时，轻者可能出现少量肌纤维撕裂，应立即进行冷敷、加压包扎和抬高患肢处理，然后让肌肉处于松弛状态固定休息；中后期可以进行按摩、理疗和针灸等治疗方法。若情况严重，出现肌肉完全断裂，应及时送往医院进行缝合处理。

（四）腰肌劳损

慢性腰肌劳损是引起慢性腰痛的重要原因。主要是由于腰部活动过多导致长期负荷过重，进而积累多次微小损伤，或者因急性腰扭伤后治疗不彻底，加上多次损伤逐渐演变成慢性损伤。长期姿势不正确、固定于某种体位、运动后受凉等都是致病因素。大多数患者能够坚持体育锻炼或中小强度的运动训练，表现为运动前后腰部疼痛，只有少数症状较重者完全不能运动。按摩、理疗、针灸和拔罐疗法等对治疗腰肌劳损效果较好，运动时也可使用腰部保护带（护腰），并注意加强腰背肌练习。

（五）踝关节扭伤

踝关节扭伤在足球和篮球运动中发生率较高，主要是由于运动时跳起落下时重心不稳、踩在他人脚上或场地凹凸不平引起的。踝关节扭伤后应及时治疗，以避免习惯性扭伤的发生。

在发生踝关节扭伤后，要及时进行现场处理。最常见的错误是不检查、不包扎就用冷水冲洗，本想止血，但常常事与愿违，反而会因冷水的冲击导致迅速肿胀，不但达不到冷敷的效果，反而使肿胀更加严重。较为合理的处理措施是立即用手指压迫止血，同时进行内翻试验和踝关节抽屉试验检查，一方面可以判断韧带损伤的程度，另一方面有助于小关节错动的复位。随后，用冰敷或蒸发冷冻剂喷洒降温，并加压包扎，抬高患肢，按闭合性软组织损伤处理，或送至医疗单位处理。为避免习惯性扭伤，重新运动时要用弹性绷带进行包扎固定，辅助踝关节发力，限制踝关节过度内翻，这对预防再次扭伤有较好的作用。

第四节 体育锻炼与营养保健

现代营养科学研究表明，营养与人的健康，尤其是人类寿命密切相关。同时，人类的营养状况还受到政治环境、社会经济、科学技术以及文化教育等因素的制约。因此，讲究科学的食物营养摄取，注重合理的体育锻炼，已成为现代生活的重要组成部分。

一、营养保健的功能

（一）均衡的营养可使身心健康

均衡的营养不仅有利于身体健康，还有助于心理健康。体内各种营养素的均衡供给，使神经和内分泌系统处于良好状态，从而让人心情愉悦、精神振奋、情绪高涨。这对于消除不良心境、缓解心理压力、增添生活情趣、怡情养性均有很大益处。

（二）均衡的营养有利于智力发展

现代医学研究表明，尽管人类大脑的重量仅占体重的1/50，但大脑每日所需的血液量却占人体的1/5。这说明大脑对各种营养物质和氧气的需求非常大。如果不能保证大脑获得充足的营养供应，可能会导致大脑结构和功能异常，智力下降，记忆力减退，注意力分散，甚至出现精神异常等症状。因此，通过摄入各种食物补充不同的营养成分，以保持大脑始终处于最佳状态，对于提高和改善青年学生的智力水平至关重要。

（三）均衡的营养可保持青春的活力

青年学生时期的活动最多，活动量也最大。大多数青年学生都喜欢参加各种体育锻炼、文化娱乐以及社交活动。为了在这些活动中保持身心愉悦、精力充沛，就必须摄入足够的营养。若营养不足，会导致疲劳、消瘦和抵抗力下降，具体表现为面色苍白、全身无力、神经萎缩，甚至疾病缠身，丧失青春活力。由此可见，均衡全面的营养是青年保持旺盛青春活力的基础和保障。

（四）均衡的营养可保持健美的体形

青年学生时期正处于青春发育的后期，在这个阶段，身体仍在长高，肌肉变得丰满健壮，内脏器官进一步发育成熟，第二性征显现，性器官的成熟等都需要充足的营养支持。只有在此阶段摄入足够的营养，才能促进皮肤、肌肉进一步生长发育，使人体肤色鲜明、富有光泽，毛发乌黑亮丽。男性可身材高大、体格强壮，女性则身材匀称、曲线优美，充分展现青春的健康与美丽。

（五）均衡的营养是提高运动成绩的保证

运动的动力来源于肌肉，而肌肉的收缩需要能量。肌肉中重要的能源物质包括三磷酸腺苷（ATP）、磷酸肌酸（CP）、肌糖原和脂肪。ATP是人体运动时能量的直接来源，来源于食物在人体内的消化吸收和氧化分解。因此，专家认为，科学而全面地补充营养，不仅可以明显提高普通人的运动能力，还可以大大提升体育运动成绩。

二、青年学生的营养特点

在校青年学生由于脑力劳动紧张和体力活动较多，能量消耗较大，因此需要通过食物营养来补充。如果在此阶段营养摄取不均衡，机体可能会出现疲劳、精力不足，导致学习无法持久、学习效率低下，甚至可能出现神经衰弱、视力减退、注意力不集中以及容易生病等问题。

青年学生的营养特点主要体现在两个方面：一是青年学生时期以脑力学习为主，大脑的思维、记忆、理解等活动十分活跃，脑力消耗大，因此大脑对各种营养素的需求量也应随之大幅增加；二是青年学生正处于青春发育的顶峰阶段，身体的生长发育需要大量的营养素补充，以促进青春发育的完成。

因此，从营养学角度讲，青年学生的膳食除了保证足够的糖类以外，还要特别注意蛋白质、磷脂和维生素B1、B2、烟酸的充分供给，以营养脑细胞，保持记忆力，提高注意力和理解能力，促进大脑功能的活跃、思维敏捷，从而提高学习效果。

三、体育锻炼与营养补充

（一）体育锻炼与糖类

糖类是由碳、氢、氧三种元素组成的一类化合物，也被称为碳水化合物。糖类是人体内来源最广泛、最经济且分解最完全的功能性物质。人体摄入的糖类大部分首先转化为葡萄糖，然后由血液运送到肝脏。在肝脏内，葡萄糖可以转化为脂肪、糖原，或被运输到其他组织，如肌肉等。在肌纤维中，葡萄糖分子形成链，组成糖原。糖原是肌纤维收缩的直接能量来源。当人体运动时，糖原在肌肉中分解，以很高的速率释放能量。

人的运动与糖类的储备有密切关系，人体所需能量的约60%由膳食中的糖类供给。中枢神经系统的99%以上的能量来自糖类，低水平的血糖将首先影响中枢神经系统的功能。低血糖症主要是由于长时间剧烈运动时血糖供应不足或消耗过多，导致血糖过低，从而引起皮质调节糖代谢的机制紊乱。可见，根据不同运动的需要，有时需要适当补充糖类，这对维持血糖起着重要作用。

(二）体育锻炼与蛋白质

人体内蛋白质约占体重的16%～19%。生命的产生、存在与消亡都与蛋白质密切相关。蛋白质是由氮、碳、氢、氧等元素组成的高分子化合物，它不仅是人体的主要组成成分之一，也是人体内部进行各种代谢活动的物质基础。

蛋白质主要通过动物性食物（肉、蛋、奶）获取，这些食物中的蛋白质被称为完全蛋白质，因为它包含几乎所有的必需氨基酸。其次是从植物性食物（蔬菜、谷物、水果）中获取，其中的蛋白质称为不完全蛋白质，因为它缺少部分必需氨基酸。因此，将两类食物相互搭配食用，可以获取完整的蛋白质。

营养学研究表明，每天补充足量的蛋白质是十分必要的。青年男性每天约需56克蛋白质，青年女性每天约需45克。如果单纯以动物性食物为供给源，成人每千克体重的蛋白质需要量为0.75克；而以动植物性食物为混合供给源，成人每千克体重的蛋白质需要量为1.05克。然而，氨基酸不会在体内储存，大部分会很快被降解，因此每次摄入的蛋白质必须含有定量且比例合适的各种氨基酸。蛋白质对运动能力的发挥和提高有着十分重要的作用，具体体现在以下几个方面：

(1) 能够增加肌肉内蛋白质合成，增加肌肉力量。

(2) 可以预防运动性贫血。

(3) 对体内胰岛素的分泌有良好且稳定的刺激效果，从而维持稳定的精神和体力状态。

(4) 提高中枢神经系统的兴奋性。

(5) 在长时间运动中，脂肪可以作为细胞的一部分能源，提供运动中5%～15%的能量。

一般来说，经常从事体育锻炼的人对蛋白质的需求量比普通人要高。正常膳食中蛋白质的含量应占总能量的12%～15%，约为1.2～2.0克/千克体重。

不同运动项目的运动员所需蛋白质含量也不尽相同。经常从事耐力型项目的运动员，其所需蛋白质量以1.2～1.5克/千克体重为宜；而经常从事速度型运动项目的运动员，蛋白质摄入量以1.6～1.8克/千克体重为宜。

蛋白质的摄入并不是越多越好。如果摄入过多蛋白质，不仅对肌肉增长和提升肌肉的运动能力无益，反而可能对正常代谢和健康产生不良影响，导致肥胖，加重肝肾负担，引起疲劳，并降低运动能力。

如果从事高强度训练和比赛，由于激烈竞争产生的压力或运动后食欲下降，导致难以保持饮食平衡，可以通过选择营养补充品来弥补蛋白质摄入的不足。

（三）体育锻炼与脂肪

一般人食物中脂肪占总热量的17％～25％为宜。从事大运动量的年轻人，其食物中的脂肪量最高不应超过35％。

脂肪在运动时被利用作为能源，脂类提供能量主要通过脂肪酸的氧化。在长时间低强度的运动中，脂肪的氧化可以提供总耗能的50％～60％。长期进行体育运动可以降低脂肪细胞的平均体积，提高脂肪代谢的活性。

脂肪代谢对运动能力的重要性在于它能“节约”组织中糖原的利用。在进行长时间高强度的运动时，糖原储备可以通过脂肪氧化的方式得到保存或“节省”，这使得运动员在最后阶段，当运动强度超过身体的有氧代谢能力时，能有更多的糖原可供利用。因此，脂肪能提高机体的耐力。

运动时脂肪供能的另一个好处是：长期进行有氧运动可以促进脂肪的氧化，降低血胆固醇和甘油三酯的水平，提高高密度脂蛋白（HDL）的含量，从而减少冠状动脉疾病的发生，降低心脏病的风险。

1. 肥胖形成的原因

随着人们生活水平的不断提高，脂肪摄入量也在增加，肥胖的发生率随之上升。肥胖不仅使人体态臃肿、行动迟缓，还可能导致高血压、冠心病、高血脂、糖尿病、痛风等疾病。肥胖是指体内脂肪储存过多导致的体重增加。一般认为，体重超出正常标准的10％～19％为超重，超出20％以上为肥胖。

正常体重的计算方法有很多，常用的简易公式是：用身高（厘米）减去105，所得的差数即为正常体重（千克）。例如，一个人身高170cm，其正常体重应为170－105＝65（千克）。

（1）遗传因素与肥胖。肥胖与遗传因素有密切的关系。肥胖父母的孩子发胖的可能性约为80％；如果父母一方肥胖，子女肥胖的可能性约为40％；而双亲均正常者，其子女肥胖的可能性仅为23％。这是由于控制脂肪细胞生成和生长的基因发生突变所致。

（2）生活习惯与肥胖。在后天性肥胖的人群中，11％归因于年龄增大和活动减少，34％归因于自幼抚养不当和营养过剩，55％归因于饮食不当，摄入脂肪和热量过高。可见，多数肥胖者的“多吃少动”是导致肥胖的主要因素。

2. 科学减肥

影响体重变化的两个基本要素是热能摄入量和热能消耗量。对于成年人来说，当热能摄入量等于热能消耗量时，体重基本保持不变；当热能摄入量小于热能消耗量时，体重减轻。因此，必须通过调整热能平衡，才能达到减轻或增加体重的目的。

3. 科学减肥的注意事项

（1）积极参加体育锻炼。节食是减少热能摄入，而增加体力活动是增加热能消耗。青年学生正处于生长发育时期，需要丰富的营养。因此，青年学生应尽量通过体育锻炼的方式来减肥，不可过度节食。单纯节食不容易达到保持肌肉组织、减少脂肪的效果，只有体育运动才是减少体内脂肪储存、减轻体重的最佳方法。

减肥的运动方法应选择动力型、大肌肉群的有氧运动，如长跑、骑自行车、游泳等。为达到减肥目的，运动强度应达到最大摄氧量的50％～85％，每次持续30～60分钟，每周至少进行3～5次。运动量不宜过大，心率以每分钟130～140次为宜。

（2）减少热量摄入。热量摄入应逐渐减少，不要过于急剧，减至体重接近正常值时即可。青少年时期不应过度控制热量的摄入。

（3）营养平衡。应注意其他营养的合理安排。蛋白质摄入一定要充足，碳水化合物的摄入量可以适当减少，脂肪的摄入量必须降低，避免摄入过多的动物脂肪和高胆固醇食物。此外，无机盐、维生素和膳食纤维的供给要充足，以满足生理需要。

（4）养成良好的饮食习惯。每日三餐，应定时定量。进餐时要细嚼慢咽，少吃零食。

（5）减肥贵在长期坚持。减肥的目的不在于一时的体重减轻，而在于长期维持正常体重。如果达到标准后就停止体育锻炼、放松饮食控制、恢复旧的饮食习惯，体重就会立即反弹。若再想减肥，往往更加困难。

（6）正确理解“健”与“美”。目前，女青年学生中存在单纯节食、盲目减肥的现象。关键在于青年女性对健美缺乏正确的认识，一味追求“苗条”，对“健康”与“健美”之间的关系理解不清，误以瘦为美，并经常采用单纯节食来减肥，这极不科学。盲目自我挨饿，导致神经性厌食症，损害身体健康，又何谈“健美”。青年女性应正确理解“健”与“美”，即使需要减肥，也应提倡通过合理节食与体育锻炼相结合的方式来改变过胖的体型。

（四）体育锻炼与水

生命源于水，水是人类必不可少的生命元素。水占人体体重的50％～60％，人体每天需摄入2～3升水，其需水量会因年龄、体重、气温、劳动、运动强度和持续时间的不同而有所变化。

参加体育运动时，肌肉活动会产生大量热量，使皮肤的血流量增加，汗腺会分泌大量汗液。运动员出汗的特点是出汗率高、出汗量大、失水量多。例如，在炎热的环境中踢足球，运动员一小时的汗液流失量可高达2～7升。在运动中如果不注意科学合理地补充水分，会导致机体内的水分失衡。

脱水会严重影响人的运动能力。脱水对运动员的影响不仅在于体温升高和心血管负担加重，还可能导致肾脏损害。因此，运动中合理补充水分是非常重要的。

1. 运动前补水

运动前15～20分钟可以少量补水，分次饮用，不应一次性大量饮水，因为这样会增加胃、心脏和肾脏的负担，并且增加排尿量和出汗量。

2. 运动中补水

运动中补水的目的是防止因过度脱水和过热引起的运动能力下降。补水可以维持血容量、电解质平衡及体温调节等功能。在运动中，每15～30分钟应补充200～300毫升（1～2杯）运动饮料或水。最好选择含糖和无机盐的运动饮料，以便有效补充水分和电解质，因为在热环境下，运动饮料可以迅速被身体吸收。

运动中不宜一次性大量饮水，因为水在胃中滞留会使人感到不适，影响膈肌的运动和呼吸，反而会影响运动能力。

3. 运动后补水

运动后应及时补水，以保持体内的水分平衡。补充的水分量应与汗液的流失量大致相当。补水不宜过于集中，应遵循少量多次的原则。如果短时间内大量饮水，虽然能暂时缓解口渴，但会导致尿量和汗量增加，加剧体内电解质的流失，还会增加心脏和肾脏的负担。大量饮水还可能稀释胃液，影响食欲和消化，从而容易导致胃病。

（五）运动与维生素

维生素是维持人体正常生理机能和新陈代谢活动所必需的低分子化合物。尽管人体对它的需求量很小，但它在生命活动中起着不可或缺的作用。

多数维生素无法在人体内合成或合成的量不足以满足人体需求，因此，我们每天的饮食中摄入一定量的各种维生素是非常重要的。维生素主要从新鲜蔬菜和水果等植物性食物中获取，并帮助其他营养物质进行化学反应。体育运动促进人体的能量代谢，在能量消耗增加的情况下，某些维生素的需求量也会增加。运动后（中等强度以上），机体对维生素的需求增加的原因包括：运动训练降低了胃肠对维生素的吸收功能；运动导致汗液、尿液和粪便中维生素排出量增加；运动加速了维生素在体内的代谢和能量消耗等。因此，参加体育运动时，不应忽视多种维生素的补充。运动后补充维生素的主要理由是促进恢复，延缓疲劳发生，增强体力和体能，确保身体健康。对运动影响较大的维生素有以下几种：

1. 维生素 B_1

维生素 B_1 在能量代谢和糖代谢生成 ATP 的过程中起着重要作用。当维生素 B_1 缺乏时，其代谢产物丙酮酸会转化为乳酸，这种乳酸的堆积会导致疲劳，损害有氧运动能力，影响正常的神经活动和传导，并使消化功能和食欲受到影响。

研究表明，维生素 B_1 对运动员的肌肉耐力有直接影响，可以通过增加能量摄入和保持膳食平衡来满足需求。通常，每摄取 1000 千卡能量，需要摄入 1 毫克维生素 B_1，即每天 3～6 毫克。维生素 B_1 的主要食物来源包括粗粮（如米、面）、花生、核桃、芝麻和豆类。

2. 维生素 B_2

维生素 B_2 与人体细胞呼吸有关，因此在有氧耐力运动中发挥重要作用。维生素 B2 还可能是糖酵解酶的有效功能物质，因此对无氧运动也有作用。世界卫生组织推荐的维生素 B2 摄取量是每摄入 1000 千卡能量，应摄入维生素 B_2 0.5 毫克。维生素 B_2 主要集中在少数食物中，其中以肝脏和肾脏的含量最为丰富，牛奶、黄豆和绿叶蔬菜中也含量较多。

3. 维生素 B_6

维生素 B_6 在蛋白质和氨基酸的代谢中起重要作用，促进糖原、血红蛋白、肌红蛋白和细胞色素的合成，并且是糖原合成和分解过程中糖原磷酸化酶的组成部分。体育运动加强了维生素 B_6 的代谢途径，因此经常锻炼的人对其需求量增加。维生素 B_6 的推荐摄入量为男性每天 2 毫克，女性每天 1.6 毫克。坚果类、豆类、蔬菜和水果均含有维生素 B_6，其中米糠和麦芽的维生素 B6 含量最为丰富。

4. 维生素 C

维生素 C 是一种强效的抗氧化剂，大运动量训练会增强人体对维生素 C 的代谢。运动后补充维生素 C 有助于减轻疲劳，缓解肌肉酸痛，增强体能，并保护细胞免受自由基损伤，但不宜过量。维生素C的主要来源是蔬菜和水果。

5. 维生素E

维生素E是一种重要的抗氧化营养素，具有消除自由基和减少脂质氧化的作用。有研究表明，增加维生素E的摄入可以防止细胞膜磷脂的氧化，从而有助于在运动期间保护红细胞的完整性。

在特定条件下，运动后补充维生素E有助于提高最大摄氧量、减少氧债并加速血乳酸的清除。维生素E最丰富的来源是植物油、麦胚、坚果类及其他谷类食物。

（六）体育锻炼与无机盐

人体所需的无机盐有60多种，它们是构成人体组织细胞和维持正常生理功能所必不可少的营养成分。无机盐是人体所需微量矿物质元素的总称，主要通过日常饮食和饮水获得。正常食用各种食物，特别是蔬菜和水果，就能确保获得足够数量的基本无机盐。

第六章　体育锻炼的科学概述

第一节　体育锻炼概述

一、体育锻炼的概念

体育锻炼是指运用各种体育手段，结合自然力（如阳光、空气、水等）和卫生措施，以发展身体素质、促进心理健康、丰富文化生活为目的的身体活动过程。人类的进化历史表明，人体的发展与所有动物体一样，遵循“用进废退”的规律。纵观古今中外的养生之道，可以归结为一点，那就是“生命在于运动”。

纵观人体发展的生命历程，影响身体健康的因素是多方面的。人们从“吃好、睡足”不能使富有者长生不老的事实中，以及从适度体力活动可使劳动者延年益寿的经验中，逐步认识到适当的体育锻炼是增进健康、增强体质最积极、最有效的手段。实践证明，体育锻炼必须讲究科学，只有选择有效的锻炼内容，安排可行的锻炼计划，才能取得最佳的锻炼效果。

二、体育锻炼的特点

体育锻炼是群众性体育活动的主要形式，有以下三个特点：

（一）以健身为目的，追求锻炼的时效性

体育锻炼的目的不在于创造运动成绩，而在于根据个人的实际情况，追求身体健康和精神愉悦，提高对环境的适应能力和对疾病的抵抗能力，从而提升学习和工作效率。

（二）组织形式灵活，内容方法多样

体育锻炼通常在业余时间进行，项目多样，内容丰富，可根据个人需求选择合适的锻炼内容和形式。

（三）因人制宜，个别对待

根据个人的实际情况，安排适当的运动负荷，是体育锻炼见效的关键。“运动处方”是一种个人体育锻炼与测评的有效方法，即在教师或医生的监督和指导下，避免因不合理运动而损害健康，从而争取最佳锻炼效果的一种锻炼方案。

三、体育锻炼的理论依据

生物学研究表明，新陈代谢对环境变化的反应和适应是机体发展的基本原因，也是体育锻炼增强体质的生物学依据。体育锻炼的理论依据主要有以下三个方面：

（一）锻炼过程的新陈代谢理论

新陈代谢是指生物体不断与环境进行物质和能量交换，实现自我更新的过程。新陈代谢包括同化和异化两个方面。同化是生物体从外界环境中不断摄取营养物质，并将它们合成为自身物质的过程；异化是指机体自身的物质不断分解，释放化学能量，并排出代谢废物。

科学的体育锻炼能增强体质。身体活动增强了异化过程，随后引起同化作用的增强，使体内组织细胞获得更多的补充，合成新的物质，使有机体焕发更旺盛的活力，从而促进机体的发展，增强体质。因此，科学的体育锻炼是塑造未来完美体型、提高民族体质的积极手段之一。

（二）运动负荷的价值阈理论

运动负荷的价值阈值，是指根据一定的心率区间来确定运动负荷的计算标准。体育锻炼应根据个人的特点安排运动负荷，以获得最佳的锻炼效果。

生理学实验证明，当心率低于110次/分钟时，机体的血压、血液成分、尿蛋白和心电图等指标没有明显变化，健身价值不大；当心率在120～140次/分钟时，每搏输出量最大，接近或达到一般人的最佳状态，健身效果显著；而当心率超过150次/分钟时，每搏输出量开始缓慢下降，未能展现出更好的健身效果。因此，最佳的锻炼心率应保持在120～140次/分钟，并占整个锻炼时间的2/3左右。对于上述结论的分析，还必须考虑到由于个体的年龄和体质的不同，所能承受的有氧代谢运动负荷也有所不同。运动负荷的测量一般采用以下标准：

(1) 卡南氏公式，即将接近极限负荷的脉搏次数减去安静时的脉搏次数，乘以70%，再加上安静时的脉搏次数；

(2) 以脉搏频率在150次/分钟以下（平均130次/分钟）的运动负荷为指标，提升有氧代谢能力；

(3) 以180减去锻炼者的年龄数作为锻炼者每分钟的平均脉搏数。

这三种方法所得出的数据与最佳值的阈值相近。但无论采用何种计量方法，都必须考虑自身的感觉（以舒适为准，不影响正常的工作、学习和生活）。

（三）人体适应环境能力的动态平衡理论

人体生活在一定的自然环境中，这一自然环境称为机体的外环境。与此相应，人体内各个细胞所处的环境称为内环境。人体与环境经常处于动态平衡之中。内、外环境的变化被称为刺激。在环境长期刺激下，人体的各个器官功能和形态发生相应的持久性变化，这种现象称为适应。例如，长期生活在高原地区的人，其肺活量大，血红蛋白含量高，这就是机体对高原生活变化产生适应的结果。生理学研究表明，要使刺激引起反应和适应，必须具备一定的强度、持续时间以及变化率。也就是说，当机体对某一刺激产生适应或达到更高水平的适应后，就必须增加锻炼的强度和持续时间。适应的效果与刺激的形式也密切相关。实践证明，在自然环境和社会环境基本接近的前提下，能否经常科学地进行体育锻炼，对人体与环境之间所表现的动态平衡能力存在明显的差异。

第二节　体育锻炼规律与原则

一、体育锻炼规律

体育锻炼规律是指在进行体育锻炼的前期、中期和后期所遵循的原则。遵循体育锻炼规律不仅可以提高锻炼者在整个锻炼过程中的效率和效果，还能尽量保护锻炼者免受运动损伤。因此，体育锻炼规律是体育锻炼中最基本、最应遵守的原则。

（一）准备活动

在进行体育锻炼之前，要进行准备活动的热身。准备活动具有以下作用：

（1）提高神经系统的兴奋性和各器官系统的活动能力；

（2）提高血液循环系统的机能；

（3）提高呼吸系统的机能。

准备活动产生的热量使人体体温提高，这对机体是有利的。除了上述作用外，它还可以增强肌肉、肌腱和韧带的活性，促进关节分泌更多的滑液，减少关节的摩擦力，提高关节的灵活性。这样可以扩大人体活动的范围，提高速度、力量、灵敏度和柔韧性，从而预防肌肉、韧带和关节的损伤。

（二）整理活动

体育锻炼后会产生疲劳。疲劳后的休息方式有两种：一种是“单纯的休息”，另一种是“积极的休息”。积极的休息就是我们所说的整理运动。它是以强度不大、时间不长、项目不同的实践活动作为休息的手段。虽然人体的疲劳是一种综合性的反应，但由于运动项目的不同，大脑皮层不同部位的神经细胞的疲劳程度也会有所差异。通过改变运动方式，其他神经细胞会被激活，这可以促使原本疲劳的神经细胞产生更深入的抑制过程，加快恢复，从而更快达到消除疲劳的目的。此外，运动时肌肉连续过快地收缩，缺乏放松，会导致肌肉过度疲劳。整理活动可以放松紧张的肌肉，帮助乳酸的分解，从而消除疲劳。因此，要达到体育锻炼的目的，必须学会科学的锻炼方法，正确进行运动前的准备活动和运动后的整理运动。

（三）运动量的自我控制

运动强度的大小通常用最大摄氧量的百分比来衡量，这一方法相对复杂。在国际运动中，可以通过测量心率来替代。经过多年的实践经验验证，这种方法应用简便、结果可靠且非常安全。

具体方法如下：

体质较好的人：180—年龄＝最高心率

体质较弱的人：170—年龄＝最高心率

也可以通过自我感觉来衡量运动量。锻炼后如果感到全身舒适、精力充沛、食欲增加、睡眠改善；或者虽然有疲劳感，但经过一夜的休息后，疲劳感消失，不影响正常工作和学习，说明运动量适宜。反之，如果出现头晕、恶心、胸闷、气喘、四肢无力等现象；锻炼后明显肌肉酸痛、全身无力、精神恍惚、萎靡不振、食欲减退、睡眠失常、面容憔悴、身体消瘦、体重下降等，说明运动量过大，应及时减少运动量。

（四）饮食规律

1. 不宜空腹

运动时机体代谢旺盛，能量消耗增加。如果在运动前感到饥饿，或已到进餐时间，说明体内能量（肝糖原）储备不足，应在运动前适量进餐。一般可在运动前饮用适量的浓糖水或食用一些易消化且富含糖分的碳水化合物（如糕点、饼干等）。为防止低血糖的发生，不宜空腹运动。

2. 不宜饱腹

有人认为，运动需要消耗大量能量。人体的能量完全依赖于食物，若锻炼者在锻炼前摄入大量食物，则可能引起运动中的不适。运动前的饮食原则是以不妨碍机体运动、不加重机体应激反应，并有利于体内代谢为原则。

3. 不宜运动后马上进食

运动后，血液大多滞留在肌肉组织，胃肠部的血液相对较少。如果运动后立即进食，会影响消化功能。因此，最好在运动结束后半小时再进食。

（五）补水

水是机体的重要组成部分，占人体体重的50%～70%。水是良好的溶剂，参与物质的代谢过程，包括食物的消化、吸收、运输和排泄过程。水的比热容大，能够参与体温调节，以保持体温的稳定。因此，水是通过蒸发散热（排汗）来调节体温的重要方式。每蒸发1克水可以带走0.45千卡的热量。水还能保持各种酶和腺体的活性与分泌。人体的一切正常生理和生化活动都离不开水的参与。

当脱水量约占体重的1%（约700毫升）时，会引起口渴，人体处于轻度缺水状态；当脱水量超过5%时，身体会感到不适，属于中度缺水；当超过7%时，会影响机体的正常功能；当脱水量达到15%时，属于重度脱水，需要通过静脉注射的方式来补水。

人体补水的最佳方式是少量多次。运动过程中，每间隔15～20分钟饮水150～200毫升较为适宜。人体吸收水分的速度每小时最多为800毫升。为了防止运动中脱水，可以在运动前1小时饮水300～500毫升，或在运动前15～20分钟饮水约150毫升。运动后饮水也应采用少量多次的方法，补水时饮料的含糖量最好为2.5%，不宜超过5%；在寒冷的环境中可达5%～15%。水或饮料的温度以8～14℃为宜，水温过低可能会导致肠道血管收缩，引起痉挛或导致消化功能紊乱。

总而言之，在持续60分钟以上的运动中补充水和饮料，对于防止生理机能下降和延缓疲劳发生均有显著作用。同时，要按照科学的方法来补充水分。

二、体育锻炼的原则

体育锻炼的原则是体育锻炼客观规律的反映，是指导人们从事体育锻炼实践、有效地增强体质、达到理想效果所必须遵循的基本原则。同时，它也是保护自我，提升自我综合素质的基本要素。这些原则包括自觉性原则、坚持性原则、全面性原则、合理性原则、循序渐进性原则和重点性原则。

（一）自觉性原则

自觉性原则，即主动意识原则，指的是人在进行体育锻炼时，其行为由主动意识驱动，体现了锻炼者主观的实际需求，是一种自觉的行动。锻炼者应有明确的锻炼作息和目标，秉持“生命在于运动”的科学原则，自觉地进行体育锻炼。体育锻炼是一个自我修炼、自我完善的过程，也是对人们心理上的考验。体育锻炼总是伴随着克服自身惰性和战胜各种困难，从而达到理想目的。当代大学生，尤其是我国的大学生，加强体育锻炼是一个非常重要的环节。大学生可以将体育锻炼的精神融入今后的学习、工作和生活中，才能保持较高的生活质量。

（二）坚持性原则

坚持性原则亦可理解为“善始善终”，是指一旦开始体育锻炼，就应该按照既定的计划持之以恒地坚持下去，并将其视为生活中不可或缺的一部分。

体育锻炼是全身各个器官和组织在神经支配下进行的运动，它们需要时间逐步形成协调配合。每一次锻炼对身体来说都是一种增强的刺激，也就是说，锻炼实质上是一个损伤机体然后再塑造的过程。在这种持续不断的刺激作用下，身体产生的应激机制会逐渐积累，这种积累会使机体的结构和功能产生新的反应，从而不断增强体质。如果以“三天打鱼，两天晒网”的态度进行体育锻炼，机体各部分将会从一个较高的平衡水平逐渐退化，最终根据环境因素保持在某个水平上，这体现了“用进废退”的道理。

（三）全面性原则

全面性原则是指为了促进身体的全面协调发展而选择多样的锻炼内容和手段。其追求的是身心全面和谐发展，即在身体形态、机能、身体素质以及心理素质等方面的全面协调发展。不同的运动项目对身体的锻炼效果各不相同。例如，增强式训练中的俯卧撑击掌锻炼的是人体躯干的整体爆发力，而卧式支撑练习则锻炼人体躯干的整体稳定性和耐力。因此，在进行体育锻炼的过程中，应选择适当的几个体育项目进行锻炼，以某一项目为主体，其他项目为辅助，以这种训练模式进行锻炼，才能使体质得到全面协调发展。

（四）合理性原则

合理性原则是指适宜运动负荷的原则，也被称为适量性原则，指在锻炼中给予锻炼者适当的生理和心理负荷量。一般要求锻炼者感到一定程度的疲劳，同时这种疲劳能够被身体所承受，而不影响正常的工作、学习和生活。锻炼者的性别、年龄、体质、健康状况以及锻炼基础不同，运动负荷也应有所不同。过强的运动强度容易导致锻炼者身体的突发性损伤和疲劳性损伤，而过弱的运动强度则无法达到锻炼的目的。

（五）循序渐进性原则

循序渐进性原则指的是锻炼者根据自身实际情况，遵循人体自然发展规律、机体适应性规律和超量恢复原理，既不能急于求成，也不能停滞不前。个体所承担的运动负荷是根据超量恢复的原理进行调整的，人在经过一段时间的锻炼后，原来的负荷可能不再适应，需要适当调整和合理安排。负荷是否适宜，对锻炼效果有很大影响。运动负荷的大小因人而异，因时而异，即使是同一个人，在不同技能状态、不同时间、不同环境下所能承受的负荷量也不尽相同。因此，进行体育锻炼时首先应注意强度要适量，必须根据锻炼者自身的实际情况确定运动负荷的大小，做到量力而行；其次，要注意锻炼后疲劳感的适度；此外，每次锻炼要遵循人体生理机能活动能力的变化规律。

（六）重点原则

重点原则是指在锻炼过程中，应针对某个方面进行重点训练，而不是每个部分都作为重点，也不是每个部分都作为辅助。例如，拳击运动员将上肢力量训练作为重点，其他训练为辅助；跆拳道运动员则将下肢力量训练作为重点，其他训练为辅助。在人体运动生理中，如果每个部位的锻炼都被视为重点，那么心脏功能可能会受到极大的影响，从而影响身体健康。因此，根据个人需求选择适合自己的锻炼方案和强度是体育锻炼中必须考虑的一个重要因素。

综上所述，各项原则相互联系，在实际运用中不可顾此失彼，应争取达到最佳的锻炼效果。

第三节　体育锻炼的内容与手段

一、体育锻炼的内容

体育锻炼的内容多样化是现代体育锻炼的基本形式。一般来说，可以根据不同锻炼的目的和要求、竞技项目以及发展不同身体素质等进行分类。对于大学生而言，适合该人群的锻炼分类还是按不同锻炼的目的和要求进行分类为佳。具体如下：

（一）健身运动

健身运动主要旨在促进身体的正常发育，协调身体各部分的发展，增强人体各器官系统的功能，提高身体素质和基本活动能力。其内容可以包括竞技体育和民族体育项目，也可以采用步行、跑步、骑自行车、游泳等日常生活中的锻炼方式。

（二）健美运动

健美运动是为了塑造形体和形成正确姿势而进行的体育锻炼。健美运动不仅可以增进健康、增强体质、发展肌肉、改善形体、陶冶情操，还可以培养审美和创造美的能力。例如，为了使肌肉发达，可以采用杠铃、哑铃、综合练习器等辅助器械进行练习；为了形成良好的体形与姿态，可以采用成套的徒手操、持轻器械的健美操、韵律操进行练习。

（三）娱乐性体育

娱乐性体育是为了调节精神、丰富生活、增进健康而进行的体育活动，如体育游戏、高尔夫球、保龄球、台球、门球、踢毽子、网球、跳橡皮筋、徒步旅行、下棋和旅游等。

（四）格斗性体育

格斗性体育是一种掌握和运用格斗攻防技术（包括军事技术）的体育锻炼，其目的是既能强身健体，又能掌握一定的技击动作，还具备自卫能力，如擒拿、散打、拳击等。

（五）医疗康复体育

医疗康复体育是指体弱或患病的人为了祛病强身和恢复身体机能而进行的体育锻炼活动。通常，这类活动需要在医生和专业人员的监督指导下进行。其内容包括步行、跑步、气功、太极拳、按摩、保健操、身体拉伸练习、矫正体操等。

体育锻炼的内容多种多样，具体锻炼时要根据锻炼者的身体情况、环境条件、文化要求等进行选择。

二、体育锻炼的手段

体育锻炼的手段是指根据人体发展规律，运用各种身体练习和自然因素来培养身体的方式。体育锻炼的手段是贯彻体育锻炼原则、实现体育锻炼目标的桥梁。不同的锻炼手段对身体功能的影响各异，不同的锻炼项目对身体功能也有不同的要求。因此，锻炼的手段应因人而异，从实际出发。通常分为三个大类：一般锻炼手段、提高身体素质手段、自然力锻炼手段。

（一）一般锻炼的手段

1. 重复锻炼法

重复锻炼法是指按照一定的负荷标准，反复多次进行同一动作的练习方法。反复的次数和时间是决定健身效果的关键。在确定和调整重复的次数和时间时，应考虑项目的特点，并注意克服倦怠情绪，防止机械呆板。

2. 间歇锻炼法

间歇锻炼法是指在进行重复锻炼时，严格规定每次练习的强度、时间以及各练习间的休息间隔时间的练习方法。这是一种常用的提高锻炼效果的方法。间隔时间的长短主要以运动负荷的阈值为准。一般来说，当负荷超过上限时，间隔时间应较长，以防止体力的过度消耗；当未达到负荷上限时，间隔时间应较短。两次锻炼的时间间隔不能过长，宜在前次效果未减退时进行。

3. 变换锻炼法

变换锻炼法是指在锻炼过程中，采用变换条件、变换环境、变换要求和变换手段等方式的一种锻炼方法。采用变换锻炼法可以有效地调节生理负荷、调节锻炼情绪、强化锻炼意向，并克服疲劳和厌倦情绪。通常通过各种辅助性和诱导性练习以及游戏等方式，配合音乐，并利用空气、阳光和水来进行锻炼。

4. 循环锻炼法

循环锻炼法是指将各种类型的动作和具有不同锻炼效果的手段组成一组锻炼项目，并按一定的顺序循环进行锻炼的方法。这种锻炼方法具有综合锻炼的效果。循环锻炼法所安排的各个练习点，其内容搭配应选择已掌握的简单易行的动作，同时要规定好练习的次数和规格要求。

由于动作内容和使用器械的不同，练习时可以激发练习者的兴趣、减轻疲劳，提高运动密度，具有显著的健身价值。在运用时要注意动作质量，防止片面追求动作密度和数量的倾向。

（二）提高身体素质的手段

身体素质是指人体在运动、劳动和日常活动中，在中枢神经调节下，器官系统所表现出的能力，主要包括力量、速度、耐力、灵敏和柔韧五个方面的素质。身体素质是衡量一个人体质状况的重要标志。大学阶段是发展大学生各项身体素质的重要时期，在此期间全面提高身体素质，将对形成终身锻炼的能力产生决定性作用。

1. 力量素质锻炼

力量素质是指肌肉紧张或收缩时克服内外阻力的能力。人体的一切动作都是通过肌肉活动来实现的，这就要求各个部分的肌肉具有相应的力量来克服各种阻力。因此，力量素质是人们日常生活、生产劳动和体育锻炼所必需的素质。

（1）根据肌肉收缩的形式，力量可以分为静力性力量和动力性力量。静力性力量是指肌肉在等长收缩（保持一定长度）时所产生的力量，即动作外观上没有变化，肢体不发生明显位移，如体操中的支撑、平衡、倒立等动作；动力性力量是指肌肉在等张收缩（长度改变）时所产生的力量，即肢体发生明显位移，使人体或器械产生加速运动，如跑、跳、投等。

动力性力量可分为重量性力量和速度性力量。重量性力量指在动作速度不变的情况下，通过肌肉推动的器械重量来衡量的力量，如举重等；速度性力量则通过人或器械运动的加速度值来评定，如投掷、踢球、跳跃等。

（2）根据人体表现出来的力量与体重的关系，力量可以分为绝对力量和相对力量。绝对力量是指不考虑体重所表现的力量；相对力量是指每公斤体重所表现的力量。

（3）根据力量的表现形式，力量可以分为速度力量和力量耐力。速度力量是力量与速度综合表现的力量素质，反映一个人快速用力的能力；力量耐力则是指人体在克服一定外部阻力时，能够坚持尽可能长的时间或完成尽可能多次数的能力。

2. 速度素质锻炼

速度素质是指人体在最短时间内完成动作的能力，它是人类的基本素质之一。通常将速度素质分为反应速度素质、动作速度素质和位移速度素质三种。

反应速度素质是指人体对各种信号刺激做出反应的能力。例如，短跑运动员的起跑反应。它以神经过程中的反应时间为基础：反应时间短，则反应速度快；反应时间长，则反应速度慢。动作速度素质是指人体快速完成某一动作的能力。例如，跳跃运动员的起跳速度、投掷运动员在器械出手时的速度等。位移速度素质是指在周期性运动中，单位时间内人体快速移动的能力，例如各种跑步、游泳等。

3. 耐力素质锻炼

耐力素质是指人体在长时间进行肌肉活动时的能力，即在工作过程中克服疲劳的能力，俗称耐久力。它是人体各个器官系统功能和心理素质的综合表现，也是衡量人体功能水平、体质强弱的重要标志。从生理学角度来看，耐力可以分为有氧耐力和无氧耐力。

有氧耐力是指机体在供氧充足的情况下克服疲劳的能力。有氧耐力的锻炼主要是提高机体的供氧功能，促进肌肉的新陈代谢能力。无氧耐力是指机体在供氧不足（存在氧债）的情况下克服疲劳的能力。无氧耐力的锻炼主要是提高机体对氧债的承受能力。

4. 灵敏素质锻炼

灵敏素质是指人体在各种突变环境条件下，迅速、准确、协调地改变姿势和运动方向的能力。它是运动技能和各种素质在运动过程中的综合表现。灵敏性包括三个方面的含义：一是掌握复杂动作的协调能力；二是迅速学会和完善动作技巧的能力；三是根据情况变化要求迅速而正确地调整技巧的能力。

5. 柔韧素质锻炼

柔韧素质是指人体各个关节的活动幅度、肌肉和韧带的伸展能力。这是关节结构、关节周围组织体积大小，以及髋关节的韧带、肌腱、肌肉与皮肤的伸展性等三方面因素的综合表现。应注意柔韧练习的时间不宜过长。

（三）自然力锻炼的手段

人们有目的地利用自然力进行身体锻炼，有助于提高人体对各种不良气象因素（如寒冷、炎热、阳光辐射、低气压等）的抵抗力，改善血液循环和中枢神经系统的功能，增进健康，降低发病率。自然力锻炼包括日光浴、空气浴和水浴，俗称“三浴”锻炼法。

1. 日光浴

日光浴是一种根据特定的要求和需要，使皮肤直接暴露在阳光下，以增强体质的方法。阳光中的紫外线、红外线和可见光有助于促进身体的新陈代谢，增强免疫力，并促进钙和磷的吸收。因此，日光浴能有效预防和治疗软骨病和佝偻病。

日光浴最好在清洁、平坦、干燥、绿化较好、空气流通的高山、湖滨或庭院进行，不宜在沥青地面和水泥地面上进行。时间最好选择在上午 8～10 点，每次 15～30 分钟即可。进行专门性日光浴时，可以采用坐姿或卧姿，头部不应直接暴露在阳光下，尽量裸露身体，并佩戴墨镜。如果出现头痛、心慌、恶心等不适症状，应立即停止日光浴。在空腹、饱腹或疲劳的情况下，不宜进行日光浴。三个月大的婴儿以及妇女在月经期和分娩后一个月内，不宜进行日光浴。

2. 空气浴

空气浴是通过让皮肤接触新鲜空气来提高人体对外界环境的适应能力，并改善血液循环。空气浴的效果取决于气温、气压、风速以及空气中的化学成分。

空气浴主要分为凉空气浴（15～20℃）和冷空气浴（6～14℃），通常从温暖的季节逐步过渡到寒冷的季节。进行空气浴锻炼的最佳时机是在旭日东升的清晨，地点宜选择树木茂盛的地方，并可与跑步、广播体操等活动结合进行。在大风或大雾天气时，最好不要进行空气浴；在大汗淋漓或身体过度疲劳时，也应避免空气浴。此外，饭前饭后 1 小时内不宜进行空气浴。

3. 水浴

水浴是一种利用水的温度、机械作用和化学作用进行锻炼或防治慢性病的方法。水浴主要包括冷水浴，其形式有冷水擦身、冷水洗脸、冷水洗脚、冷水淋浴、冷水浸浴等。用雪擦身和冬泳是非常剧烈的自然力锻炼方式，仅适用于身体非常健康、长期进行系统水浴锻炼且经医生允许的人。水浴的关键因素是水温，而非持续时间的长短。持续时间应以不出现寒战和口唇青紫为宜。水浴后应进行适量运动，使身体发热，并及时穿好衣物。

第四节　体育锻炼计划

工作和学习需要计划，健身锻炼也是如此。每位参与健身锻炼的人都应根据自身条件和环境条件制定锻炼计划，以期达到预期的锻炼效果。

一、体育锻炼计划的制订

健身锻炼计划一般可分为年度锻炼计划、学期锻炼计划和周锻炼计划。

（一）年度锻炼计划

年度锻炼计划可以根据体育课教学内容，设定为达到《国家学生体质健康标准》某个级别的长远目标，也可以以预防和治疗某些疾病、矫正某种身体畸形或提高整体健康水平为目标。具体的锻炼内容可根据年度目标来决定，一般可以包括健身走、健身跑、武术、健美操、矫正练习等项目。

（二）学期锻炼计划

学期锻炼计划的任务和要求应根据年度锻炼计划，并结合学期学习任务和季节特点来制定。学期锻炼计划中的锻炼内容可以从长期锻炼计划中选定。

（三）周锻炼计划

周锻炼计划内容应具体明确，包括学习有关跑步、球类等基本知识和技术，发展某种身体素质，以及培养特定的思想意志品质和心理素质等方面的要求和落实。

二、制订锻炼计划的注意事项

锻炼计划的制定要根据个人的体质、学习、生活等实际条件出发，并按照学校规定的作息时间和规章制度进行安排。

（一）每次锻炼内容的选择与确定很重要

必须切合实际，才能保证计划顺利进行。内容的确定除了考虑个人体质、健康状况和兴趣爱好外，还要充分考虑到场地、器材和气候等因素。

（二）体育锻炼要长计划、短安排

进行体育锻炼需要有一个总体设想和目标，根据这一目标确定每学期的具体指标，这样便于总结和提高。具体的计划安排可以以周锻炼计划为主，并根据实际情况随时进行调整，以适应不断发展的需要。在制定锻炼计划时，必须全面贯彻体育锻炼的基本原则，同时做到简单、具体、实用，并突出重点。

（三）每次锻炼的安排应从锻炼者当时的身心状况出发，注意科学性

速度和灵巧性练习安排在前，力量练习安排在后；运动量小、强度小的练习安排在前，运动量大、强度大的练习安排在后。技术性练习应由简到繁、由易到难，同时还要注意上下肢练习的合理搭配。每次锻炼时，应先做好准备活动，然后进行主要项目的练习，最后进行整理活动。

三、一次锻炼课的计划

一次锻炼通常分为三个部分进行，即准备部分、锻炼部分和结束部分。在不同的锻炼阶段，这三个部分的时间划分各不相同。在早期，准备部分的时间要长一些，一般为10～15分钟，锻炼部分为20～25分钟，结束部分为5～10分钟。在中期和后期，准备部分为5～10分钟，然后进入主项运动（即锻炼部分），最后5分钟为整理活动。这样的课程表现为“开始缓慢、中间畅快、结束时微微发热的运动过程”。以健身为目的的运动者，总运动时间通常为30～45分钟。在这段时间内，各部分的锻炼内容各有侧重，同时运动负荷的分配也各不相同。准备部分的作用是使机体组织“暖和”起来，使身体逐渐适应强度较大的运动，以免因心、肺等内脏器官和骨骼关节不能适应剧烈运动而导致伤害发生。一般

可采用活动强度较小的步行、伸展性体操或太极拳等运动。

锻炼部分也称为基本部分，其内容是运动处方中的主要运动项目，旨在达到特定目标。例如，耐力运动项目要求达到一定的心率水平，并至少维持12分钟。主要运动的强度通常为最大能力的40％～60％，同时还需进行一定范围的肌力训练，其训练强度约为最大能力的80％。

结束部分是指在训练结束后，要使心肺和肢体在高负荷活动后逐渐安静下来，不要突然停止运动。因为此时血液仍大量集中于四肢，若突然停止运动，会导致回心血量锐减，可能会出现“重力性休克”，即由于每搏输出量不足，引起脑部供血不足而发生休克症状。在这个阶段，通常可以进行一些放松体操、散步或自我按摩等运动。

运动实践篇

大学体育课程，旨在促进身心和谐发展、思想品德教育、文化科学教育、生活与体育技能教育与身体活动的有机结合；是实施素质教育和培养全面发展人才的重要途径。大学体育运动以身体练习为主要手段，通过合理的体育教育和科学的体育锻炼，达到增强体质、增进健康和提高体育素养的目的。简要了解大学体育运动实践方面的知识，尊重学生的运动选择，对激发其运动兴趣，培养其锻炼习惯，锻炼其勇敢顽强、坚忍不拔的意志品格，促进其在身体、心理和社会适应能力等方面的健康和谐发展，具有重要意义。

第一章 田 径

第一节 走

一、走的健身手段分类

走作为健身手段，其内容不仅包括竞技体育中以竞技为目的的竞走，也包括非竞技体育中的走（如人们日常生活中的普通走和各种方式的健身走），其分类见表 1－1。

表 1－1 走的分类

分类	项目	内容
竞技体育中的走	公路竞走	男子 20 公里、男子 50 公里、女子 5 公里、女子 10 公里、女子 20 公里
	场地竞走	男子 20000 米、男子 30000 米、男子 50000 米、女子 5000 米、女子 10000 米
非竞技体育中的走	普通走	散步、正常行走
	健身走	长距离快走、大步走、脚跟走、脚尖走、半蹲走、后退走、负重走、疾走、弓箭步走等

二、竞技体育中的走（即“竞走”）

（一）国际田径联合会对竞走的定义

国际田径联合会竞走的定义为：“竞走是运动员与地面保持接触、连续向前迈进的过程，没有（人眼）可见的腾空。前腿从触地瞬间至垂直部位应该伸直（即膝关节不得弯曲）。”

国际田径联合会对裁决运动员在比赛中违反规则的重要规定可以解释为：

（1）在指定的竞走裁判中，应选一名为主裁判。

（2）不论运动员在比赛中是否受到过严重警告，竞走主裁判有权在“竞走比赛的最后冲刺阶段”（即“当公路竞走的比赛终点设在体育场内的比赛距离”或“全程都为场地竞走或全程都为公路竞走的最后100米”）直接取消违反规则运动员的比赛资格。

(3) 凡竞走裁判员均应独立工作，其裁决应以眼睛观察为依据。

（二）国际田径联合会比赛规则中规定的竞走作为竞技项目的特点

竞走作为竞技项目的特点是：

(1) 竞走项目是眼睛观察到的单腿支撑和双腿支撑相交替，前腿从触地瞬间至垂直部位应该伸直的周期性运动（在竞走比赛中，如果出现眼睛观察到的腾空即为技术犯规，因为在大多数国际比赛竞走的高速摄影录像中可以观察到双脚都离开地面的跑的现象，所以裁判员不能借助机器进行裁决）。

(2) 竞走技术区别于普通走方面主要表现在步长和步频的差异（普通走的步长一般为80cm左右，步频约为100步/分，而竞走的步长一般为115cm左右，步频约为200步/分）。

(3) 竞走技术区别于跑方面主要表现在“竞走是眼睛观察不到双脚离开地面”并且“竞走在垂直支撑阶段瞬间支撑腿是伸直的”（跑有明显的双脚腾空，并且在垂直支撑阶段支撑腿可以是弯曲的）。

(4) 竞走技术中身体重心上下起伏的幅度一般不超过5cm，轨迹应接近平直的波浪曲线。

(5) 竞走技术中向前运动的动力是由踝、趾关节的屈伸和髋关节屈伸，以及腿的摆动形成的（如果出现支撑腿膝关节的屈伸动力因素，则意味着是由走转为跑的技术犯规）。

(6) 竞走项目的比赛有公路场和田径场两种。

(7) 竞走项目的生理特点：20公里、50公里是靠人的有氧能力实现的中等强度、长时间的工作，5公里、10公里是产生氧债的大强度工作。

三、非竞技体育中的走

（一）非竞技体育中的走的姿势要求

非竞技体育中的走主要是“普通走”和“健身走”，走姿要求：躯干基本正直，自然挺胸（否则可能导致脊柱、胸廓发育异常及肺脏功能障碍）；迈步走时膝关节和脚尖都正对前方，两脚内缘基本上沿一条直线向前迈步（如果在走时两脚尖向外分得太开或向里扣得太近，经过一段时期后就会形成外八字脚或内八字脚）。

（二）作为健身手段的非竞技体育中的走的运动负荷

以健身为目的的非竞技体育中，走的运动负荷与走的距离、速度和方式有关。例如，距离长、速度快，消耗的能量就多，负荷就大；上坡走、登山和上楼梯等方式相对于在平整的路面上走，运动负荷也较大。

（三）采用走的健身手段时应注意的事项

(1) 做走的运动时，最好穿透气性好的平底鞋和棉袜。

(2) 做好运动前的准备活动和运动后的放松整理活动。

(3) 不同的走的健身手段具有不同的功能（例如正步走除了锻炼身体，还能端正人的身体姿态；再如疾走能提高呼吸系统和心血管系统的功能），因此练习者可以根据自己的练习目的采用某种或组合多种走的健身手段。

(4) 采用走的健身手段的运动量要循序渐进（一般把不影响第二天的学习和工作的运动量作为衡量运动量是否大小适中的尺度，例如健康的成年人每天进行半蹲走、后退走、负重走、疾走、慢走等约 10000 步比较适宜）。

(5) 练习时注意安全，不要在车流汹涌的公路上运动，应在平整的路面、沙滩或铺有鹅卵石的路面上进行活动。

(6) 活动时应注意及时补充水分。

第二节　跑

一、跑的健身手段分类

根据我国田径运动项目的分类，可以将跑分为以下几类，见表 1－2。

表 1－2　我国田径运动中跑的分类（成人组）

分类		内容
短跑（短距离跑）		100 米、200 米、400 米
中长跑	中跑（中距离跑）	800 米、1500 米、3000 米
	长跑（长距离跑）	5000 米、10000 米
跨栏跑		男子 110 米栏、女子 100 米栏
障碍跑		3000 米障碍跑
马拉松		42195 米
接力跑		4×100 米接力、4×400 米接力

（一）运动员参加短跑比赛的过程描述

运动员参加短跑比赛（100 米、200 米、400 米）的过程可描述为以下几个阶段：

1. 比赛前做准备活动阶段

一般在正式比赛前 1 小时左右开始慢跑等活动（目的是使身体微微出汗，并保持出汗状态约 10 分钟），然后进行压腿等活动（目的是拉长肌肉、韧带，防止受伤，约持续 1 分钟），此后进行约 30 米的快速跑 3 次（目的是提高比赛能力，防止受伤）。

2. 赛前检录和进入比赛场地阶段

此时运动员要带好比赛号码布及钉鞋等比赛用品，到比赛的“赛前控制中心”检录，并由裁判员引导进入比赛场地。接着运动员要在短时间内穿好钉鞋和比赛服装，等待比赛。如果条件允许，运动员在等待的时间里听到比赛发令枪响，最好进行 1 次模拟听枪声起跑的训练。

3. 比赛阶段

此阶段包括运动员上跑道、听枪声起跑到跑完全程，具体可分为起跑、起跑后的加速跑、途中跑和终点跑四个部分。

4. 比赛后的放松整理活动

此阶段运动员应该及时退出比赛场地，并进行慢跑等放松整理活动。

（二）短跑“起跑”技术动作描述

起跑的任务是使身体迅速摆脱静止状态，为起跑后加速跑创造条件。田径比赛规则规定，在短跑比赛中运动员必须采用蹲踞式起跑，必须使用起跑器，必须按发令员的口令完成起跑动作。运动员起跑前要安装好适宜自己的起跑器，起跑过程包括“各就位”“预备”和“鸣枪”三个阶段（图 1－1）。下面分别描述起跑技术动作。

图 1－1 起跑示意图

1. 起跑器的安装

起跑器的安装方式有普通式和拉长式两种，运动员可以根据自己的身高、体形、身体素质和技术水平等情况来选择适宜自己的起跑器安装方式。普通式前起跑器距起跑线一脚半长，后起跑器距前起跑器一脚半长，前后两起跑器的支撑面与地面的夹角分别成 45°左右和 70°左右，前后两起跑器的中轴线间隔约 15cm。拉长式前起跑器距起跑线两脚半长，后起跑器距前起跑器一脚长，前后两起跑器的支撑面与地面的夹角分别成 45°左右和 70°左右，前后两起跑器的中轴线间隔约 15cm。对于 200 米和 400 米的弯道起跑（图 1－2），为了便于弯道起跑后能有一段直线距离进行加速跑，应将起跑器安装在弯道跑道的右侧，起跑器应对着弯道的切线方向。

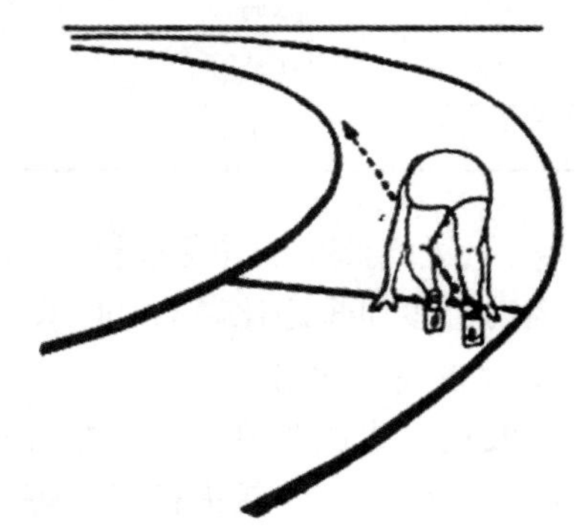

图 1－2 弯道起跑示意图

2. 起跑过程的“各就位”阶段

听到“各就位”口令后，运动员可以利用短暂时间稍做放松练习，稳定一下自己的情绪，然后走到起跑器前，俯身，两手撑地，两脚依次蹬在前后起跑器的抵足板上，脚尖应触及地面，后腿膝关节跪地，通常将有力腿放在前起跑器上；接着两臂收回到起跑线后支撑地面，两臂伸直，两手间距离与肩同宽或比肩稍宽，四指并拢或稍分开与拇指成有弹性的“人”字形支撑，身体重心稍前移，肩约与起跑线齐平，头与躯干保持在一条直线上，颈部自然放松，身体重量均匀地落在两手、前腿和后膝之间，注意听“预备”口令。

3. 起跑过程的“预备”阶段

运动员听到发令员的“预备”口令后，逐渐抬起臀部，臀部要稍高于肩部约 15cm，同时使身体重心向前上方移动；此时身体重心落在两臂和前腿上，身体重心投影点在距离起跑线约 15cm 处，两小腿趋于平行，前腿膝关节角度约为 90°，后腿膝关节角度约为 110°；两脚贴紧在前后起跑器抵足板上，注意力集中听枪声。

4. 起跑过程的“鸣枪”阶段

运动员听到枪声时，两手迅速推离地面，屈肘做有力的前后摆动，同时两腿快速用力蹬起跑器；后腿快速蹬离起跑器后，便迅速屈膝向前上方摆出，摆出时脚不应离地面过高，这有利于摆动腿迅速着地并过渡到下一步。

（三）短跑“起跑后的加速跑”技术动作描述

“起跑后的加速跑”是从蹬离起跑器后到途中跑开始的一个跑段，一般为 30 米左右。

（1）对 100 米的“起跑后的加速跑”技术动作描述如下：运动员腿蹬离起跑器后，身体处于较大的前倾姿势，第一步的着地应尽量靠近身体重心投影点，身体的前倾随着步长和跑速的增加逐渐减小，最后接近途中跑姿势。可参考卡尔·刘易斯的短跑技术示意（图 1－3）。运动员起跑后的第一步约三脚半长，第二步约为四脚半长，以后逐渐增大，直至途中跑的步长。起跑后的最初几步两脚着地点并非在一条直线上，随着速度的加快，约在起跑后 10 米处两脚着地点逐渐合于一条直线上。

图 1－3 卡尔·刘易斯短跑技术示意图

（2）对 200 米和 400 米等弯道起跑项目的“起跑后的加速跑”技术动作描述如下：弯道起跑的前几步应沿着内侧分道线的切线跑进，加速跑的距离适当缩短，上体抬起较早；在进入弯道时，应尽可能地沿着跑道内侧跑，身体及时向内侧倾斜。

（四）短跑“途中跑”技术动作描述

短跑“途中跑”的任务是继续发挥和保持最高跑速，“起跑后的加速跑”结束即进入“途中跑”。

（1）在直道（直线）上的短跑“途中跑”技术动作描述如下：因为在塑胶跑道上跑时，脚着地后没有“滑动”距离并且塑胶跑道弹性大，所以在高速跑进中如果强调后蹬，则必然造成后蹬动作在方向上用力向上，增加腾空时间，最终造成跑速下降；因此，“在塑胶跑道上后蹬力量越大，速度不一定越快”。塑胶跑道上的短跑“途中跑”技术的核心是以髋为轴的高速摆动和平动运动，后蹬动作应视为以髋为轴摆动运动的继续，着地过程中不存在第二次后蹬发力（即无后蹬发力）。在塑胶跑道上使用“与煤渣跑道相适应的‘缓冲—后蹬’短跑理论”就会破坏人体用力的连续性，增加垂直于地面方向上的上下起伏的幅度（即腾空高、腾空时间长），最终造成水平方向上的跑速下降。下文是与塑胶跑道相适应的短跑“途中跑技术动作”的几个特征：

① 以髋为轴的高速摆动力量是跑的动力的源泉，是影响跑速的根本因素，是实现高速放松跑的基础。

② 在高速运动状态中，以前脚掌瞬间完成着地动作。

③ 上肢的摆动应为以髋为轴的高速摆动。

（2）在弯道（弧线）上的短跑“途中跑”技术动作描述如下：运动员从直道进入弯道时，身体应有意识地向内倾斜，加大右侧腿和右侧臂的摆动力量和幅度；运动员在弯道跑中，其身体向圆心方向倾斜的程度与跑的速度呈正相关；运动员从弯道进入直道时，其身体逐渐减小内倾程度。

（五）短跑“终点跑”技术动作描述

短跑“终点跑”是全程跑的最后一段，应尽力保持途中跑的高速度跑过终点。终点跑技术要求运动员在离终点线约 20 米处尽力加快两臂摆动的速度和力量，当运动员离终点线约一步距离时，上体急速前倾，双手后摆，用胸部或肩部撞终点线，跑过终点后逐渐减速。

（六）运动员掌握“与塑胶跑道相适应的短跑‘途中跑’技术”的练习手段列举

要掌握“与塑胶跑道相适应的短跑‘途中跑’技术”，可以选择如下练习手段进行练习：

1. 原地小步跑练习

大腿抬起与水平线约成 40°角，膝关节放松，然后大腿下压，小腿顺下压的惯性前伸，迅速地以前脚掌积极着地完成“扒”的动作，两臂前后摆动配合两腿动作，强调脚前掌扒地和腰臀部肌肉收缩，强调摆臂以髋为轴。

2. 行进间小步跑练习

要求脚前掌快速扒地，腰臀部肌肉收缩，并强调上肢以髋为轴快速摆动。

3. 原地踢腿拍手练习

以左大腿带动左小腿向额头前方踢起的同时双手在胯下拍一次手，然后以左大腿带动左小腿向下扒地的同时双手平举。接着以右大腿带动右小腿向额头前方踢起的同时双手在胯下拍一次手，然后以右大腿带动右小腿向下扒地的同时双手平举，重复以上动作。

4. 行进间踢腿拍手练习

在行进中完成“原地踢腿拍手练习”的动作。

5. 折叠腿跑

上体正直，两臂前后摆动，向前上方抬大腿和收小腿，膝关节放松，大小腿充分折叠，边折叠边向前摆动，在摆腿折叠前摆的同时，另一腿的大腿积极下压，足前掌着地，重复以上动作。

6. 车轮跑

上体正直，大小腿折叠前抬，脚跟接近臀部，大腿前抬与躯干约成 90°角，然后大腿下压，膝关节放松，小腿顺势摆出后脚并积极着地，两臂前后有力地摆动。

7. 跑台阶

强调上体正直，身体各运动环节以腰部为轴进行运动。

8. 上坡跑

强调上体正直，身体各运动环节以腰部为轴进行运动。

（七）提高短跑成绩的力量练习手段列举

要提高“与塑胶跑道相适应的短跑技术”成绩，运动员可以选择如下与之相适应的力量练习手段：

（1）每组 30 米跨步跳、单腿跳、双腿跳、单腿交换腿跳，共跳 5 组。

（2）每组 12 次台阶跨步跳、单腿跳、双腿跳、单腿交换腿跳，共跳 5 组。

（3）每组 20 个俯卧撑（用手指尖撑地以发展起跑能力）、仰卧举腿、俯卧挺身起，共做 5 组。

（八）提高短跑“起跑”和“起跑后的加速跑”能力的练习手段列举

要提高短跑“起跑”和“起跑后的加速跑”能力，运动员可以选择如下练习手段：

（1）半蹲踞式姿势，听到枪声后迅速向上跳起并触及高物。

（2）直立姿势开始，逐渐向前倾斜，然后快速跑出。

（3）弓箭步俯卧撑听到信号后快速起动跑出。

（4）俯卧撑听到信号后迅速蹲起并快速跑出。

（5）俯卧或仰卧听到信号后快速起动跑出。

（6）原地高抬腿听到信号后快速起动跑出。

（7）加阻力起跑练习：双人进行练习，教练员用双手按住运动员的双肩，随着运动员蹬离起跑器力量的大小做退让动作。

（8）蹲踞式起跑后快速跑出 10～30 米。

（九）提高短跑“最大速度”能力的练习手段列举

要提高短跑“最大速度”能力，运动员可以选择如下练习手段：

（1）行进间跑（30～60 米/次）×（3～4 次/组）×（2～3 组）。

（2）长距离追赶间跑（60～100 米/次）×（3～5 次/组）×（2～3 组）。

（3）短距离组合跑（20 米＋40 米＋60 米＋80 米＋100 米）/组×（2～3 组）。

（4）短距离组合跑（30 米＋60 米＋100 米＋60 米＋30 米）/组×（2～3 组）。

（5）顺风跑或下坡跑（30－60 米）×（3～4 次/组）×（2～3 组）。

（6）反复跑（30～60 米/次）×（3～4 次/组）×（2～3 组）。

（十）提高短跑“速度耐力”能力的练习手段列举

要提高短跑“速度耐力”能力，运动员可以选择如下练习手段：

（1）各种距离的不同强度间歇跑（表 1-3）。

（2）短距离变速跑（60 米快＋60 米慢）/次×（8～10 次/组）×2 组。

（3）短距离变速跑（100 米快＋400 米慢）/次×（8～10 次/组）×2 组。

（4）不同距离组合跑（100 米＋200 米＋300 米＋400 米＋500 米）/组×2 组。

（5）递减间歇跑 200 米/次×10 次，间歇时间 5 分钟、4 分钟、3 分钟。

表 1-3 提高短跑“速度耐力”能力的不同强度间歇跑列举

距离（米）	强度（%）	间歇跑（次数）	练习的组数	间歇跑休息时间	组间休息时间	每次练习开始时的心率
60	90～95	4～6	4～6	30～60 秒	3～5 分	120 次/分
100	85～90	5～8	3～4	60～90 秒	6～8 分	
300	80～90	2～4	2～3	2～5 分	10～15 分	
600	75～85	2～3	2～3	4～6 分	15～18 分	

（十）提高短跑“柔韧性”能力的练习手段列举

要提高短跑“柔韧性”能力，运动员可以选择如下练习手段：

（1）有支撑的前后、左右大腿振摆练习。

（2）行进中的正踢腿、侧踢腿、向内绕腿、向外绕腿等练习。

（3）前后劈腿、左右劈腿。

（4）半背弓桥、全背弓桥。

（5）跪撑慢后倒，跪撑坐。

二、以竞技为目的的中长跑健身手段

（一）中长跑“起跑”技术动作描述

中长跑比赛中，运动员常采用半蹲式起跑技术（800 米运动员大多采用“单臂支撑的半蹲式起跑技术”）。起跑过程包括“各就位”和“鸣枪”两个阶段，起跑技术动作的描述如下：

1. 起跑过程的“各就位”阶段

听到“各就位”口令后，运动员先做一两次深呼吸，然后放松慢跑或走到起跑线处脚前后分开，有力的脚或根据个人习惯的脚贴近起跑线，两膝稍弯曲，后腿的大小腿约为130°角，后脚用前脚掌支撑站立。上体前倾，前倾程度依个人习惯或战术需要而定，重心落在前脚上。臂的动作有两种，一种是前脚的异侧臂自然向前伸，前脚的同侧臂放在体侧稍后处，另一种是两臂在体前自然下垂；两臂自然弯曲，臂和腿弯曲程度与鸣枪后跑出的速度成正比；眼睛向前看 3～5 米处，身体保持稳定姿势，注意力集中听枪声或“跑”的口令。“半蹲式起跑技术”也可以采用单臂支撑，800 米跑因起跑速度快，第一弯道是分道跑，常采用单臂支撑的方法，以便使身体在鸣枪前稳定，防止犯规。

2. 起跑过程的“鸣枪”阶段

运动员听到枪声时，两脚用力蹬地，后腿蹬地后迅速前摆，前腿迅速蹬直，两臂配合腿部动作快速、有力地摆动，使身体摆脱静止状态。

（二）中长跑“起跑后的加速跑”技术动作描述

中长跑中的“起跑后的加速跑”是指从起跑第一步落地到运动员达到预计的速度或跑到战术位置的这段距离。这段加速跑中，上体逐渐抬起，迅速有力地摆臂，根据项目、个人特点、战术、比赛情况确定加速的距离和速度。除 800 米项目外，其他项目均属不分道跑。在起跑后加速跑时，应在不妨碍别人，不犯规或不被别人影响的情况下，跑向“能发挥个人跑速或战术需要”的位置，然后进入有计划、有节奏的途中跑。

（三）中长跑“途中跑”技术动作描述

中长跑“途中跑”技术动作与短跑“途中跑”技术动作大体一致，此处不再赘述。

中长跑的“途中跑”是起跑后加速跑结束到终点前冲刺的这段距离，它是决定中长跑运动成绩的主要环节。途中跑应强调轻松、省力、节奏好。中长跑的“途中跑”有一半以上的距离是在弯道上进行的，其弯道跑技术基本上与短跑的弯道跑技术相同，只是跑速相对较慢，动作速度、幅度和用力程度较小。

中长跑的“途中跑”除了因战术需要而改变跑的节奏外，一般多采用匀速跑。匀速跑能为肌肉和内脏器官的活动创造有利条件，并能推迟疲劳的出现。但长时间使用一种节奏跑会让运动员感到单调，也不适应现代中长跑激烈竞争的需要，因此大学生应掌握多种节奏跑的能力。

（四）中长跑“终点跑”技术动作描述

中长跑“终点跑”是临近终点的一段冲刺跑，这段距离往往是运动员获得好名次的关键部分。运动员开始冲刺的时机要根据比赛的距离、个人训练水平、个人特点、对手特点、战术需要和比赛的具体情况而定。800 米一般在最后 300～100 米开始加速；1500 米一般在最后 400～300 米开始加速；3000 米以上可在最后 400 米或稍长的距离开始加速。速度好的运动员往往在跟随跑的前提下，在最后一个直道时突然加速（即 100 米冲刺跑）；耐力好的运动员多采用较长距离的冲刺跑。不论终点跑距长短，运动员在冲刺跑之前都必须抢占有利位置，并且注意观察对手情况，动员全部力量冲过终点。短跑运动员的终点撞线技术在中长跑比赛中有时也被采用。

（五）中长跑运动中的呼吸动作描述

运动员在从事中长跑训练时，为了改善气体交换和血液循环的条件，达到所需要的通气量，需要掌握正确的呼吸方法。运动员在训练中要用鼻和半张开的口同时进行呼吸。运动员呼吸的节奏取决于个人特点和跑的速度：一般是跑两步或三步一呼气、跑两步或三步一吸气；随着跑速的提高，呼吸的频率也相应加快；在终点冲刺跑时，运动员多采用一步一吸气、一步一呼气的方法。

在中长跑运动中会出现“极点现象”。此“极点现象”主要表现为：在进行一段距离较高速度的中长跑后，运动员会不同程度地出现胸部发闷、呼吸困难、两腿无力、跑速下降的现象，甚至有难以坚持跑下去的感觉，这种生理现象叫作“极点现象”。“极点现象”的产生主要是因为高速跑进的过程中“氧气供应”落后于“肌肉活动的需要”，产生了缺氧现象。“极点现象”与准备活动、训练水平和运动强度等有关：运动员准备活动充分、训练水平高、内脏功能适应激烈运动的能力强、跑速适宜，则“极点现象”出现得晚而且缓和、短暂。当“极点现象”出现时，运动员一定要以顽强的意志品质坚持跑下去，克服“极点现象”不仅是提高训练水平的过程，也是锻炼意志、培养克服困难精神的过程。

速度训练对中长跑运动员不可忽视，速度是提高中长跑成绩的重要条件。在耐力水平相同的情况下，速度往往是取胜的关键。中长跑运动员根据各个项目的特点，衡量最大速度能力的标准也不相同：中跑运动员以 100 米的成绩来衡量最大速度能力，而长跑运动员则以 400 米的成绩来衡量最大速度能力。

（六）中长跑“一般耐力”能力的练习手段列举

提高中长跑“一般耐力”能力的练习手段是：

（1）进行45～90分钟的持续跑。

（2）进行45～90分钟的越野跑。

（3）进行45～90分钟的变速跑。

（4）进行强度小、时间长的骑自行车、游泳、滑冰、爬山和球类运动。

三、以非竞技为目的的有氧跑锻炼方法

（一）非竞技为目的的有氧跑跑姿要求

（1）上体呈稍前倾或正直姿势，胸部正对前方并稍向前挺，整个躯干自然而不僵硬（上体过分前倾会减小步频并增加背部肌肉负担，上体过分后仰会使胸腹部肌肉过分紧张，上体左右摇晃会消耗本不需要消耗的体力并降低跑速）。

（2）臂的摆动要协调配合上体和腿部动作，整个臂的摆动应以身体腰部为轴（这样可以帮助维持身体平衡、放松躯干、调节步频、提高腿部动作）。

（二）非竞技为目的的有氧跑的练习方法

（1）定时跑：慢跑30分钟。

（2）定距跑：慢跑5000米。

（3）反复跑：慢跑800米4次，每次之间休息2分钟。

（4）变速跑：100米快跑加上300米慢跑（变速即指此处的快跑和慢跑的速度变化），循环往复进行。

（5）越野跑：在草地、树林、山丘、小径等自然场地上进行重复跑、加速跑等。

注意：以上跑的练习方法可以进行组合，以提高练习效率和兴趣。

（三）非竞技为目的的有氧跑应注意的事项

（1）开始时先单独一人跑，因为如果几个人一起跑时，也许中途会不由自主地产生竞争性，此时容易超出自己的练习水平，做超出自己负荷的跑。

（2）跑的负荷不能太大，也不能太小，应以自己的练习水平来调整。

（3）每次跑的时间要超过20分钟。

（4）跑前要做准备活动，跑后要做放松整理活动。

（5）最好每天慢跑1次，如果做不到，每周至少跑2次。

（6）空腹和餐后30分钟内不要跑步。

（7）慢跑时最好穿运动鞋。

（8）饮食中增加蛋白质的摄入量。

第三节　跳

跳是人类的基本活动技能之一。跳跃运动需要全身肌肉的协调用力，特别是腿、足的用力蹬伸，以克服自身重量来完成。因此，它对提高腿、足的肌肉力量和用力速度，改善

人体的灵活性、协调性和神经系统的支配能力有着重要的作用。人体腾空后下落时与地面的撞击接触，能有效地提高腿、足的支撑能力，其作用较之走、跑更为明显。

跳跃是人们发泄情感的一种自然方式，人无论是高兴时，还是愤怒时，往往会不自觉地伴随着跳跃、顿足等动作。在丰富的汉语言中，有大量的表现情感动作的跳跃词汇，如活蹦乱跳、欢呼雀跃、手舞足蹈、顿足捶胸等。可见，跳跃运动不仅能发展人体的运动能力、改善健康状况，还能起到调节情绪、改善心理状态的作用。

跳跃是指人体在水平和垂直两个方向上，以原地或行进间两种运动方式所表现出的运动能力。竞技运动中的跳高、跳远是这种跳跃能力的最高表现形式。

在水平方向上，跳跃可分为立定跳远、行进间跳远、连续蛙跳和跨步跳等。在垂直方向上，跳跃可分为原地摸高、跳绳、行进间助跑摸高等。在跳高辅助练习中，可以将动作变异成各种形式的非正规姿势跳高，以发展向上跳的能力。

健身跳是跳跃的下位概念，它不同于竞技运动的跳跃，也不同于军事项目的跳跃。健身跳的目的是促使身体的全面发展、增进健康水平和改善心理机能。因此，健身跳更注重运动的内容与形式，而不强调动作的技巧；更注重练习的趣味性和实用性，而不强调运动的负荷。

一、背越式跳高

背越式跳高技术的优越性在于能够利用助跑速度提高跳跃效果。在其发展过程中，背越式跳高技术逐步形成了不同的技术类型：速度型、幅度型（力量型）和介于两者之间的中间型。但从技术发展趋势来看，其已趋于速度与幅度、速度与力量的统一。具体表现在助跑速度的进一步加快，起跳时摆动腿蹬伸幅度加大，以及快速地完成起跳和过杆动作，使背越式成为一种独特结构的跳高技术。

（一）助跑技术

助跑的任务是获得必要的水平速度，在起跳前及时调整动作结构和节奏，并取得合理的身体内倾姿势，为起跳和顺利越过横杆创造条件。

背越式跳高采用弧线助跑。由于沿着弧线跑进，身体必须内倾，这对背越式跳高有着十分重要的意义。目前，背越式跳高的助跑大多采用 8～12 步或 9～13 步，距离最长的可达 30 米左右。背越式跳高的起跳方式有行进间起跳和原地起跳两种。无论采用哪种起跳方式，都要注意动作放松，保持速度与节奏的稳定。

（二）助跑与起跳相结合技术

助跑与起跳相结合技术是跳高技术中十分重要的环节之一。它起着承上启下的作用，同时对正确完成起跳动作，提高跳跃效果具有直接影响。背越式跳高应该从助跑的倒数第三步，甚至从进入弧线段开始，就要有准备起跳的意识，这体现在助跑的积极加速和向起跳点迅速跑进上。

起跳是跳高技术的关键环节。起跳的任务是迅速改变人体的运动方向，并获得尽可能大的垂直速度，同时还要产生一定的旋转动力，保证过杆动作的顺利完成。助跑最后一步摆动腿支撑过垂直部位后，起跳腿应积极踏向起跳点。此时，需要依靠摆动腿的有力蹬伸，保持身体内倾姿势向前送髋和前移躯干，并使起跳腿一侧的髋超越摆动腿一侧的髋，而肩轴几乎与横杆垂直，形成肩轴与髋轴的扭紧状态。

（三）过杆技术

为了提高过杆的效果，运动员必须运用合理的杆上姿势，缩短身体重心与横杆之间的距离；利用补偿动作，使身体各部位依次顺利地越过横杆（图 1－5）。

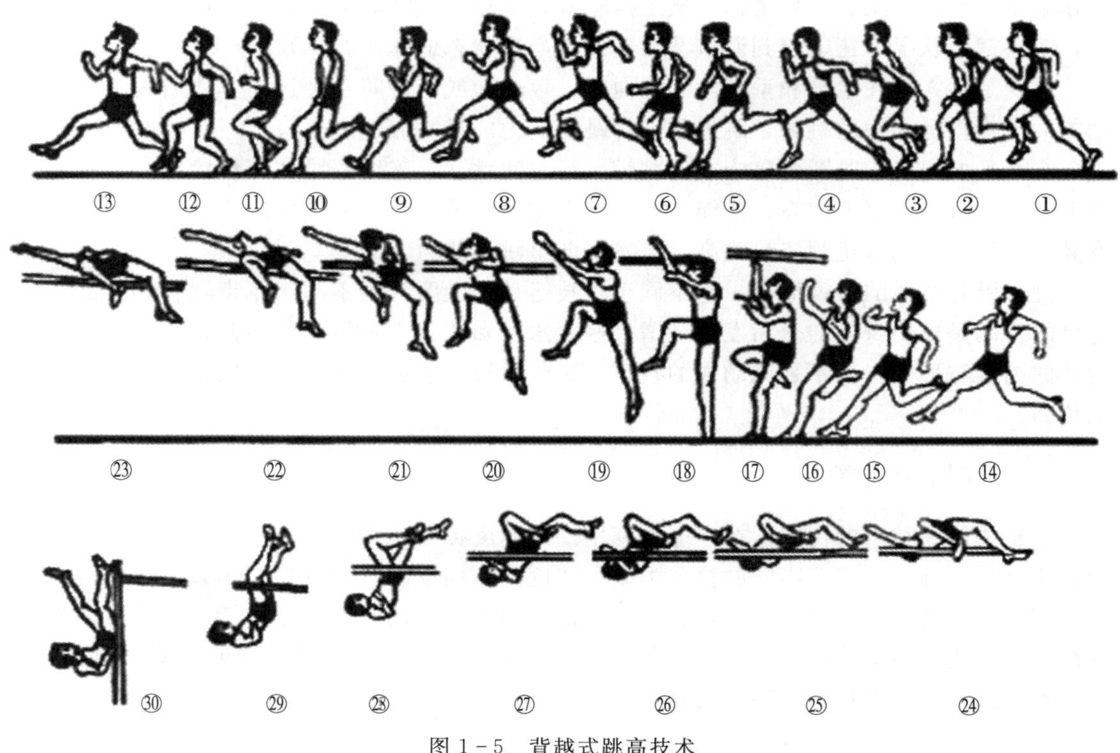

图 1－5　背越式跳高技术

二、挺身式跳远

挺身式跳远技术由助跑、起跳、腾空和落地四个部分组成，它们是一个完整的统一体（图 1－6）。

图 1－6　挺身式跳远技术

（一）助跑

跳远的助跑，是为了获得较高的水平速度，并为准确踏板和起跳做好准备。现代跳远的助跑技术越来越接近短跑技术，助跑应做到准确快速，放松协调。助跑要求运动员既要跑得快，又要跑得准。

（二）起跳

跳远的起跳，就是利用助跑速度创造尽可能大的腾起初速度和合理的腾起角。一般把跳远起跳分为着板、缓冲和蹬伸三个阶段。

（三）腾空

平衡的腾空动作，是与助跑和起跳紧密联系在一起的。没有正确的助跑和起跳，就不会有正确的空中动作。

在完成起跳动作后，向空中飞进的过程中，自身任何动作都不能改变身体重心的抛物线轨迹。空中动作的目的，只是为了维持身体在空中的平衡，最大限度地利用这一抛物线的轨迹，争取远度，并为落地做好准备。

（四）落地

落地的任务是争取更好的跳远成绩。落地前双腿屈膝高抬，成团身姿势。进行这一动作时，应注意膝部主动向胸部靠拢，而不是上体前倾。腾空过程中，上体前倾会影响腿的前伸，必然会失去一定的距离。落地前上体的姿势直接影响大腿举起的高度、双腿伸出的远度和身体能否移过支撑点。着地后要及时屈膝缓冲，髋部前移，两臂前摆，使身体迅速移过落点，避免后坐。

三、提高身体素质的健身跳

提高身体素质的健身跳可分为高度跳和远度跳。高度跳和远度跳分别包括原地跳和助跑跳；原地跳和助跑跳可分为一次跳和连续跳；再划分为徒手跳和负重跳；最后分为障碍跳和无障碍跳。基于上述归纳，在练习时可以根据需要进行组合。例如，采用原地高跳时，可以进行一次跳（纵跳）、徒手、无障碍的练习，也可以进行连续、负重和障碍跳的练习，还可以进行一次跳负重过障碍的练习。远度跳也是如此。

常用的高度跳练习，如原地跳起摸高或头触高物（一次或连续、徒手或负重）、原地双腿跳越障碍、原地收腿分腿跳、提踵跳、弓步换腿跳、单腿蹬台阶（低凳）跳、快速挺举跳、助跑摸高和助跑跳越障碍（栏架、横杆）等。

常用的远度跳练习，如立定跳远、立定三（五、十）级跳、助跑跨上跳箱（台阶）、多级跨跳和单脚跳等。

四、游戏性的健身跳

游戏性的健身跳多为少儿采用，但其中有些练习也适合大学生。常见的练习，如跳绳、跳皮筋、跳房子、舞蹈（其中的跳步、跨步、蹦跳）、跳自然障碍、跳山羊、用脚“猜拳”和“顶拐”等。

五、娱乐性的健身跳

娱乐性的健身跳往往不是单独存在的，而是隐含在某些娱乐活动中，如大秧歌、健美操、迪斯科，以及各种球类活动等，这些活动在过程中含有跳跃动作。由于这些跳跃动作的存在，加大了该项活动的运动量和强度，同时也调节了活动的气氛。

第四节　投　掷

一、推铅球

推铅球是一个速度力量性项目，是一个以力量为基础、以速度为核心的田径投掷项目。投掷原理表明，铅球出手的初速度、角度和高度是决定其飞行距离的三个基本因素，其中初速度是最重要的因素。

铅球出手的初速度主要由最后用力推球的距离和时间（力作用于铅球上的距离和时间）决定。用力的距离越长、时间越短，铅球出手的初速度就越大。铅球出手的角度对投掷速度也有较大影响。最佳出手角度不是固定不变的，在一定范围内，它随着出手速度的增加而增加。完整的背向滑步推铅球技术可分为握持球、滑步、转换、最后用力和维持身体平衡五个部分（图 1－7）。

图 1－7　背向滑步推铅球技术

（一）握持球

握球手的五指自然分开，将球放在食指、中指和无名指的指根外，拇指和小指贴在球的两侧，以保持球的稳定。握好球后，将球放到锁骨内端上方，贴紧颈部，掌心向前，右肘微微抬起，右上臂与躯干约呈 90°角，躯干与头部保持正直。

（二）滑步

完整的滑步技术包括预备姿势、团身、滑步三个部分。

预备姿势（以右手为例）：运动员握好球后，站在投掷圈的后沿内，背对投掷方向，身体重心落在右脚掌上，左脚置于右脚跟后方 20～30cm 处，以脚尖点地，帮助身体维持平衡。

团身动作：运动员站稳后，从容不迫地向前屈体，待上体屈至接近与地面平行时，屈膝下蹲，同时头部和左腿向右腿靠拢，完成团身动作。

滑步动作：滑步由身体重心后移、左腿向投掷方向伸摆开始，经过蹬伸右腿、回收右腿来完成。

（三）转换

运动员收回右小腿，以脚前掌着地，然后将左脚插向抵趾板，以脚掌内侧着地。右脚着地时，大部分体重落在右腿上；左脚着地时，身体重心移至两腿之间。在此过程中，运动员的上体和头部姿态没有明显变化。

（四）最后用力

最后用力可以分为准备和加速两个部分。准备阶段是从左脚落地到身体形成侧弓。在这一过程中，投掷臂尚未对铅球进行加速，而是依靠右膝的内压和右腿的侧蹬来推动骨盆的侧移。由于上体不主动抬起，头颈不主动扭转，身体左侧的相关肌群得以形成最大拉紧状态，为最终的加速用力创造了有利条件。加速阶段则是在躯干形成侧弓后，依靠左腿的有力支撑，利用躯干的反振作用，顺势转肩伸臂，完成整个投掷动作。

（五）维持身体平衡

铅球出手后，为了防止犯规，通常采用换步和降低身体重心的方法来减缓冲力，以维持身体平衡。

二、掷标枪

掷标枪是田径运动项目中较为复杂的一项。合理的掷标枪技术要求运动员在从周期性转为非周期性的快速运动中，充分发挥人体能力将标枪掷出。为了便于分析技术，通常将完整的技术过程按任务和动作形式分为握枪、持枪助跑、最后用力、缓冲和标枪飞行五个部分。

（一）握枪

握枪是为了将人体运动产生的速度和力量通过握点有效地传递并作用于标枪。现代握枪主要有两种方法：一种是用拇指和食指握在标枪线把末端的第一圈上沿；另一种是用拇指和中指握在标枪线把末端的第一圈上沿，其余手指自然扶住标枪。握法的选择应根据新采用的引枪方法以及运动员感觉自然、放松且能发挥腕指力量来决定。后一种方法较为优越，因为中指最长且有力量，能在标枪出手瞬间充分对器械施力，增加用力距离，从而提高标枪出手后的自转速度，增强标枪飞行的稳定性。

（二）持枪助跑

持枪助跑的任务是为人体和标枪获得速度、形成有利的最终用力姿势，并提高标枪出手速度创造条件。标枪出手速度的 20%来自助跑。

1. 持枪方法

肩上持枪是较常见的持枪方法。

2. 助跑（以肩上持枪为例）

掷标枪助跑包括预跑阶段和投掷步阶段。全程通常为 20～35 米，共跑 14～18 步。预跑阶段的任务是使运动员从起跑到第二标志线时达到适宜的速度，为掷标枪做好充分准备。这段距离约为 15～23 米，跑 10～14 步。投掷步阶段是从第二标志线到左脚落地准备最后用力的过程。这一阶段的任务是保持预跑速度，或在继续加速的基础上完成引枪动作，为最后用力做好准备，但不进入最后用力。

3. 引枪

引枪的动作各有不同，根据动作的外观，大体可以分为直线和弧形两类。直线引枪：在预跑阶段结束时，标枪从肩上直接向后引，两步即可完成。这种方法使引枪动作自然，并且容易控制标枪的方向和速度。弧形引枪：在预跑结束时，手持标枪向前、向下、再向后做弧形摆动，两步即可基本完成引枪。这种方法使投掷臂较为放松，但不易控制标枪。引枪动作应放松且协调。引枪时，下肢的蹬伸应具有弹性，尽可能减少身体重心的上下起伏，以保持身体的前移速度；躯干保持直立，并随引枪逐渐向右扭转；面向投掷方向，右臂在胸前摆动。

4. 交叉步

投掷步的倒数第二步是交叉步，这是助跑和最后用力相衔接的关键一步。其任务是在保持人体快速运动的情况下，进一步完成躯干的扭转，并形成合理的后倾姿势，为创造良好的发力条件和缩短最后一步形成双支撑的时间创造条件。

（三）最后用力

最后用力是标枪加速的主要阶段。在这个阶段，器械获得的速度占出手速度的 70%～80%。最后用力的任务是充分利用助跑的速度和获得的动量，在尽可能长的距离内施加最大的力于标枪，使其在出手瞬间达到最高速度，并以合理的角度掷出。

（四）缓冲

标枪出手后，由于向前的惯性，运动员必须迅速阻止身体继续前冲，以防止犯规。标枪出手后，右腿及时跨出一大步，减小右腿与地面的支撑角度，降低身体重心。同时，上身前倾，两臂自然摆动，以维持平衡。有时还需再跳一至两小步，才能使身体的向前运动完全停止。缓冲距离一般为 1.5～2 米。

（五）标枪飞行

标枪出手后沿纵轴旋转向前飞行。标枪的自转可以提高其在空中飞行的稳定性，并且在某些情况下还可以延缓落地时间。例如，标枪的自转速度可达 20～25 周/秒，飞行时间为 3.5～4.5 秒。

三、投掷实心球

实心球的表层由帆布或皮革缝制而成，内部填充适宜的材料，重量通常为 1～2 公斤，球体直径应在 25cm 以下，以免影响练习效果。实心球的练习方法多种多样，可以进行推、抛、掷等各种练习。既可以单独练习，也可以双人或多人进行。练习时应先进行一些准备活动，然后根据实际情况选择练习方式，并确定练习次数。

（一）前抛实心球

面对抛球方向，两脚左右分开，与肩同宽，双手持球上举。抛球时，先使身体重心下降，两膝屈曲下蹲，上体前倾，然后迅速蹬伸双腿，向前展体，将球向前上方抛出，出手角度约为 35°。

（二）后抛实心球

背对抛球方向，双脚左右分开，与肩同宽，双手持球上举。抛球时，先屈膝下蹲，然后重心微微后移，双腿用力蹬伸，将球从头部后上方抛出，出手角度约为 40°。在投掷方向每隔 1 米画一条标志线，以便观察抛球的距离。

（三）双手正面掷实心球

面对投掷方向，两脚前后开立，双手握住实心球置于头后上方，肘关节屈曲，原地或助跑 3～6 步，将球投出，注意做好鞭打动作，出手角度约为 36°。练习者可在投掷方向做标志线，以测量投掷距离。

（四）单手投实心球

身体侧对投掷方向，两脚左右开立，投掷臂向后伸展，单手持实心球，与肩同高。可选择原地或助跑 3～6 步，然后将球投出。注意做好躯干和投掷臂的鞭打动作，出手角度约为 36°。练习者可以对着网或墙进行投掷练习。

四、掷小球

练习时可以选择小垒球、棒球或橡胶球。为了方便握持，球体的直径不宜过大，以不超过 12cm 为宜。

（一）原地单手掷小球

两腿左右分开站立，身体侧对投掷方向，投掷臂向后伸展，与肩同高。投掷时，右腿用力蹬地，转体，翻肩，挺胸，投掷臂如鞭打状向前上方将器械投出，出手角度为 36°。练习时可以向网或墙投掷小球，有条件的也可以在开阔的场地进行，并测量投掷距离。

（二）上步投小球

身体侧对投掷方向，两脚自然分开站立，投掷臂单手持小球。向前跨步，转体翻肩，以胸带动手臂向前上方将器械投出，出手角度约为 36°。

（三）助跑投小垒球

面对投掷方向站立，单手持小垒球于肩上，预跑 6～8 步后接投掷步，然后将小球投出。出手角度约为 36°。注意助跑速度应由慢到快，逐渐加速，并且不停顿地过渡到最后的用力投掷。

（四）小垒球掷准

单手持小垒球，身体侧对投掷方向，原地跑几步后将小球投出。在距起掷线 15～30 米处悬挂一个画有若干同心圆的靶子，投出的小球离圆心较近者得分较多，经过若干次投掷，累计得分较多者胜出。

第二章 体 操

体操是体育运动的主要项目之一。它根据人体解剖学和生理特点，通过徒手或借助器械完成不同类型与难度的动作，并具有一定的艺术性。根据练习的目的和任务，体操可分为基本体操、竞技性体操（包括竞技体操、技巧运动、艺术体操）、团体操和实用性体操。其特点主要包括多样性、规定性、互助性、艺术性和创造性。

本章介绍的体操健身方法主要包括以健身为主要目的的基本体操和实用器械体操。体操运动受到大学生的普遍喜爱，在大学生的体育健身活动中占有重要地位。人们通过学习和练习体操，希望使自己的体型健美、体格健壮、姿态端正，并通过体操练习培养自己的审美情趣。长期系统地参加各项体操锻炼，对增强体质和提高人体的灵巧性、协调性、平衡能力、空间感知能力都有显著效果，而且还能培养机智果断、勇敢顽强的意志品质。因此，本章重点扼要地介绍了发展身体所必需，且为广大青少年所喜爱、便于开展的基本体操和实用器械体操。

第一节 基本体操

基本体操是发展一般身体能力的体操，其目的是锻炼身体、增强体质、培养正确的身体姿势、提高身体素质、增强肌体工作能力，促进身体的全面发展。基本体操的内容包括队列队形练习、徒手体操、轻器械体操及专门性器械体操等。本节重点介绍徒手体操，其他相关内容将在后续章节中介绍。徒手体操的特点是动作简单、形式多样、练习时间灵活、强度可大可小，且不受年龄和性别限制。它不仅是学校体育教学中的主要教学内容和运动训练的辅助手段，也是广大群众进行终身体育健身的极好选择之一。

徒手体操是在节拍的指挥下进行的一种交替对称的成套或多节练习。其内容丰富，有简有繁，组合变化多样，既可以单人进行，也可以集体进行，可以在固定位置练习，也可以在行进中练习，且不受场地和器械的限制。

一、徒手体操的动作形式

（一）单人动作

根据人体解剖结构，单人动作包括头颈、上肢、下肢和躯干动作。其动作方法包括举、振、摆、屈、伸、绕、环、踢、蹲、跳、转、弓步等。

（二）双人动作

双人动作是在单人动作的基础上，两人互相协调配合共同进行的练习。然而，它并非单人动作的简单重复，而是要充分利用两人的条件，通过互相协作、互相借力、互相对抗等手段，达到锻炼身体的目的。根据用力性质的特点，双人动作可划分为助力性动作、对抗性动作和协同性动作。

二、徒手体操的编排原则

徒手体操的动作变化多样，涉及全身各个部位。根据这一特点，可以编排出不同特色的单个动作或成套动作，以适应各种不同对象的需要。但无论是编排一个动作还是整套动作，都必须遵循一定的原则，否则可能会引发不良后果。

（一）要有明确的目的性

编排单个动作和整套动作时，首先应根据练习的目的和任务选择内容，做到有的放矢，才能取得良好效果。编排保健类的广播体操，其目的是增强体质、预防疾病、提高健康水平，因此选择的动作要简单易学，便于大众普遍接受，同时具有锻炼价值，适合不同年龄、性别和健康水平的人练习。

（二）要有鲜明的针对性

由于对象的年龄、性别、身体条件、训练水平，以及场地和气候等条件不同，选择内容时应做到因人而异、因地制宜。

（1）编排儿童体操时，应根据儿童的心理和生理特点，选择活泼轻快、模仿性强且简单易学的动作，如击掌操、模仿操等。

（2）编排老年体操时，应选择动作简单、幅度小、速度慢、起伏不大的动作，如肘部和腕部的绕环，上下肢的屈伸、摆动、绕环，以及一些伸展性的动作等。

（3）编排年轻人体操时，应选择刚健有力、富有朝气、幅度大、变化多、节奏稍快且具有一定难度的动作，如上肢的摆振、绕环，下肢的弓步、踢腿、跳跃等。

（4）编排女子体操时，应选择优美柔和、美观大方，且具有较强协调性、节奏性和韵律性的动作，例如幅度较大的弧形摆臂和波浪造型等。

（5）编排医疗体操时，应根据患者的实际需要选择内容。例如，为恢复上肢功能，全套动作应主要由上肢各类动作组成；为恢复下肢或躯干功能，则应多采用下肢或躯干的各类动作。对于心脏病患者，不宜进行强度较大的动作，可以进行四肢的摆动和伸展等动作。这种有针对性的编排方法，被誉为“运动处方”。

（6）编排生产体操时，应根据工种的性质选择合适的动作。对于长时间紧张工作的部位，应选择一些放松性的动作；对于活动较少的部位，应多选择幅度较大的动作；对于长时间处于弯曲或收缩状态的部位，应选择伸展性的动作；对于缺少上肢活动的人，应多选择上肢的动作；对于缺少下肢活动的人，应多选择下肢的动作；对于长时间以坐姿工作的人，应多选择全身运动的动作。

另外，还要注意气候条件。天气较冷时，应编选一些活动量大的动作，重复次数可以增加，尽量使身体得到充分的活动。

（三）要具有科学性

在编排体操时，要注意符合全面锻炼身体和运动学规律的要求。

(1) 注意全面锻炼身体。整套动作的内容要全面影响人体。

(2) 合理安排运动量。整套动作的运动量要符合人体活动的规律，应从小到大、由局部到全身、从节奏慢到节奏快、从小幅度到大幅度进行编排。

(3) 整套体操的动作顺序安排要合理。通常从离心脏较远、运动量较小的头颈和上、下肢运动开始，中间进行胸部、体侧、身体旋转至腰腹背部的运动，随后转入较为剧烈的全身运动及跳跃运动，最后以整理和放松运动结束。

(四) 要具有创造性

徒手操的内容十分丰富。在整套动作的编排中，不仅要根据实际情况选择各种不同的动作，还应针对不同的要求创造性地编选内容，以避免千篇一律、枯燥无味。特别是在编排体育课的准备活动时，更要注意这一点。可以通过改变姿势、变化动作的方向、幅度、速度、路线及配合等方法，创编出既朴实大方又切合实际，并具有实用价值的动作，从而提高练习的兴趣和效果。

第二节 器械体操

一、技巧运动

技巧运动是体操运动中的一个独立项目，它可以单人进行、双人进行，也可以多人一起进行。通过技巧运动的练习，可以提高前庭分析器的功能，发展身体协调能力和柔韧性，培养良好的意志品质。

(一) 肩肘倒立

由直角坐姿开始。向后滚动，抬腿、翻臀，当小腿超过头部时，向上伸髋，挺直身体，同时用双手支撑腰部两侧，形成肘、颈、肩支撑的倒立姿势（图 2-1）。

图 2-1 肩肘倒立

1. 动作要领

向后滚动，同时举腿翻臀；双臂伸直于体侧用力压地，同时向上伸腿、伸髋；双手撑腰部两侧，含胸，立腰，低头，眼视脚尖。

2. 保护与帮助

保护者握其小腿上提，并用膝盖顶其背部，助其完成。

3. 练习方法

在帮助下，向后屈体滚动并向上伸髋，成肩肘倒立，然后再还原；从仰卧屈体姿势开始，向上伸髋，经过肩肘倒立。

（二）一脚蹬地，一腿后摆成头手倒立

由蹲立姿势开始，上体前倾，两手撑垫，与头部形成正三角形，随即蹬地摆腿，完成头手倒立。

1. 动作要领

头手撑垫呈正三角形，两肘内夹；当腿摆至倒立位置时，蹬地腿应主动与摆动腿并拢；身体重心始终保持在支点垂直面范围内。

2. 保护与帮助

保护者扶起小腿，助其完成。

3. 练习方法

靠墙做一脚蹬地，一腿后摆成头手倒立。

（三）一脚蹬地，一腿后摆成手倒立

由左腿前举、右腿站立的姿势开始。上体前倾，屈髋，左腿落下，两臂撑地。接着，右腿向后上摆起，左腿跟上并拢，成手倒立。

1. 动作要领

两手撑地（与肩同宽），手指稍微弯曲，自然分开；右腿向后摆起，当身体重心接近支点垂直面时，左腿主动跟上并拢，顶肩，立腰，形成手倒立。

2. 保护与帮助

保护者扶其双腿，用膝顶其肩部，助其成手倒立和控制重心。

3. 练习方法

靠墙做手倒立时，当重心前倾时，应立即屈臂低头进行向前滚翻，或者放下一只手顺势转体，收腹落地。

（四）前滚翻

由蹲立开始。双手撑地，重心前移至双手上，同时提臀、低头，屈臂，用力蹬地，顺势经肩、背着地向前滚动，紧接着肩部和上体起来，双手抱小腿成蹲立（图 2－2）。

图 2－2 前滚翻

1. 动作要领

提臀，同时低头屈臂；两脚蹬地后，两腿伸直，保持屈体姿势，依次通过背、腰、臀部着地向前滚动；起肩和上体时，迅速抱腿起立。

2. 保护与帮助

当滚翻至臀部着地时，顺势托背助其成蹲立姿势。

3. 练习方法

仰卧团身前后滚动，在斜坡上由高向低进行滚翻。

（五）屈体前滚翻成分腿立

由半蹲姿势开始，两臂向后举起。双手撑地，立即低头并屈臂，顺势依次让头、肩、背、腰着地，向前滚动。当腰部着地时，两腿伸直并向两侧分开，抬起肩部和上体，同时在胯下用力撑地，分腿成屈体站立。

1. 动作要领

低头含胸向前滚动时，髋关节应保持一定角度；臀部经过支点垂直面向前移动时，起肩和上体动作要迅速，分腿时要同时配合双臂用力推撑。

2. 保护与帮助

当其用力撑地时，托臀或扶腰助其起立站稳。

3. 练习方法

分腿坐，上身前倾，肩膀向前移动，双手在大腿内侧撑地，抬起臀部；仰卧屈体前滚，当接近臀部着地时分腿撑臂，抬起臀部；在斜面上练习从分腿站立开始向前滚翻成分腿站立。

（六）前滚翻直腿起立

撑地蹬离，立即屈臂低头，顺势通过肩、背、臀向前屈体滚翻，最后屈体立撑成直立姿势。

1. 动作要领

撑地蹬离时，进行快速向前滚翻，髋角应不小于 90°。起肩时，上体要跟上，同时双手用力推离地面；身体折叠紧凑，双臂前伸，随后上体抬起，成直立姿势。

2. 保护与帮助

当其推离地面时，一只手托送臀部，一只手扶持背部助其完成动作。

3. 练习方法

由仰卧姿势开始，抬腿至肩部和手臂倒立，然后向前屈体并滚动。上半身积极向前屈，两手放在腿侧支撑地面，臀部稍微离地，接着向后滚动。重复这一动作，在斜坡上从高处向低处进行前滚翻，最后直腿起立。

（七）头手倒立前滚翻

由头手倒立开始。重心前移，低头含胸，经肩、背依次着地，向前滚动，两手抱小腿成蹲立姿势。

1. 动作要领

重心前移时，两手用力推地，低头前滚，收紧腰部，髋关节保持稍屈姿势；臀部着地时，迅速抱膝团身。

2. 保护与帮助

保护者位于侧前方，扶腿，助其低头前滚，托背助其起立。

3. 练习方法

学会前滚翻的向前滚动技术；掌握头手倒立动作技术。

（八）手倒立前滚翻

由手倒立开始，向前送肩，直臂前倒肩，随即迅速低头含胸，经肩、背、腰、臀依次着地，屈膝团身向前滚动至站立。

1. 动作要领

顶肩，保持直体姿势，重心前移；低头，含胸，后脑在远处先着地，经肩、背、腰、臀依次向前滚动；当臀部着地时，屈膝抱紧小腿，成蹲立姿势。

2. 保护与帮助

保护者两手扶腿，助其完成。

3. 练习方法

学习手倒立动作技术；手倒立重心前移，做屈臂低头前滚翻动作。

（九）后滚翻

由蹲撑开始。含胸低头，快速后倒成团，经臀、腰、背、颈、后脑依次向后滚动。当滚动至后脑着地时，臀部上翻，两手同时用力推离，恢复至蹲撑姿势（图 2－3）。

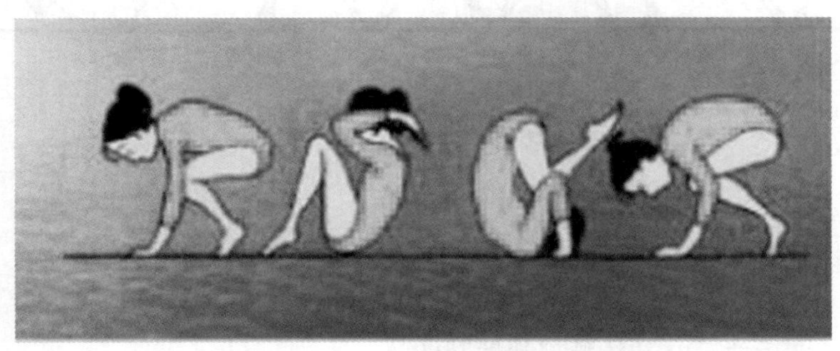

图 2－3　后滚翻

1. 动作要领

当背部着地时，积极翻臀；颈部着地时，尽量低头、夹肘，用力伸直两臂。

2. 保护与帮助

保护者位于侧面，一只手托肩，另一只手托臀，助其完成。

3. 练习方法

蹲立，两手翻掌至耳侧做团身向后滚动；在斜面上，由高处往低处做后滚翻。

（十）经单肩屈体后滚翻成单腿跪撑平衡

由直角坐撑开始，上体前屈，接着向后滚动。当收腹举腿翻臀时，头向左侧倾斜。当臀部翻至支点垂面时，右臂从侧面伸出并与左臂同时用力推地，通过右肩向后滚翻，右腿下落，屈膝跪地，形成单腿跪撑的平衡姿势。

1. 动作要领

上体后倒，举腿翻臀的同时头侧屈；当臀部翻至支点垂面时，抬头，两腿前后分开；经过右肩后滚翻时，左手用力。

2. 保护与帮助

保护者位于侧面，一只手托肩，另一只手托后举腿，助其完成。

3. 练习方法

直角坐，进行后倒举腿、翻臀，头向左侧屈地练习；接着单肩后滚翻成跪撑；头侧屈与后举腿方向相同，即头向左侧，左腿后举，右腿跪撑。

（十一）侧手翻

由右脚站立、左腿侧举、两臂侧举的姿势开始。上身向左侧倾斜，左脚落地，接着右腿向侧上方摆起，左手外旋撑地，左脚蹬地侧摆，然后右手撑地，经过分腿手倒立姿势后，依次推离，落下成两臂侧举的分腿站立（图 2－4）。

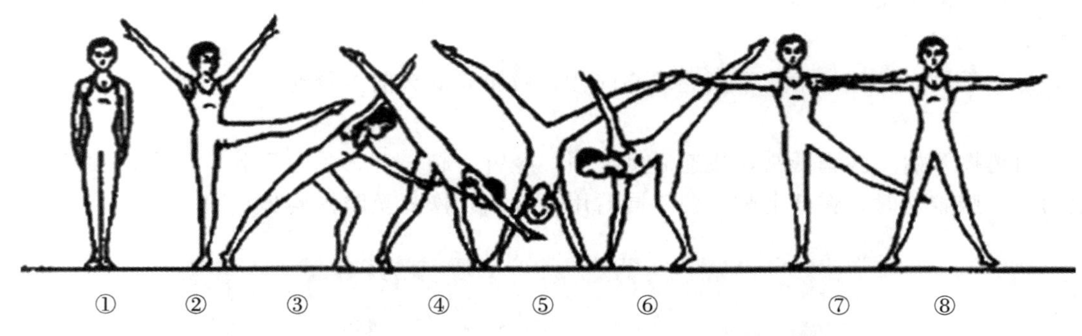

图 2－4　侧手翻

1. 动作要领

两手依次撑地时要顶肩、含胸、立腰，手稍外展；推手、蹬地应快速有力。

2. 保护与帮助

保护者在其背后两手交叉扶腰部帮助翻转。

3. 练习方法

靠墙侧起成分腿手倒立，然后侧翻下来成站立；在画有直线标记的垫子上做侧手翻。

二、单杠

单杠运动包括身体围绕杠轴进行各种摆动、屈伸、回环、转体、腾越、空翻和换握等动作，这些动作可以是单个的，也可以组合成套。通过单杠练习，可以增强上肢、肩带和躯干的肌肉力量与柔韧性；提高身体的协调性和定向平衡能力；培养勇敢和顽强的意志品质。

（一）跳上成支撑

1. 动作要领

面对低杠站立。双手正握杠，两腿微屈，用力蹬地跳起，同时双臂用力拉杠至支撑位置。要求直臂、顶肩、挺胸、立腰、展髋，双腿并拢伸直，双眼平视。

2. 保护与帮助

站在练习者后方，当其蹬地起跳时，双手托其腰部，助其完成。

3. 练习方法

直接练习。

(二) 右腿摆越成骑撑

1. 动作要领

由支撑开始。将体重移至左臂（肘部不能弯曲），右手推离杠，同时右腿向侧前方呈弧形摆动越过杠，右手再握杠，挺身成骑撑。要求在摆越过程中有明显的单臂支撑动作；完成动作后，两腿伸直，前后分开约120°，用右腿根部触碰杠，挺身立腰。

2. 保护与帮助

站在杠后练习者左侧，一只手握其左上臂，另一只手托其大腿，助其完成。

3. 练习方法

(1) 在低单杠上做推离右手和移重心的练习。

(2) 在帮助下直接练习。

(三) 右腿骑撑，左腿向前摆越转体90°挺身下

1. 动作要领

由右腿在前骑撑开始。右手改为反握杠，体重移至右臂，以右臂为轴，随着身体向右转动，左手推离杠，左腿向前摆过杠，同时右腿压离杠，上体向右转体90°，并双腿挺身下落。要求在充分转体后再落地。

2. 保护与帮助

站在杠前练习者右侧，一只手握住其右臂，另一只手托其右腿，助其完成。

3. 练习方法

(1) 在鞍马或横跳马上做骑撑，后腿向前摆越转体90°挺身下。

(2) 在帮助下直接练习。

(四) 单腿蹬地翻身上成支撑

1. 动作要领

由屈臂正握杠开始。左脚向前一步踏地，右腿经前向后上方摆起，左腿蹬地后迅速与右腿并拢，同时倒肩屈臂引体，使腹部靠杠并向上转动。当上体翻至杠前水平位置时，控制双腿，抬头翻腕，两臂伸直撑杠成支撑。要求在完成动作时，抬头翻腕与控制双腿的动作要配合好。

2. 保护与帮助

站在杠的一侧，一只手托其肩，另一只手托其手臂，帮助其腹部贴近杠并向上翻。当练习者抬头翻腕时，立即换成一只手握住上臂，另一只手托住大腿，助其完成。

3. 练习方法

(1) 踏在杠前体操凳或跳箱盖上做翻身上。

(2) 在帮助下直接练习。

(五) 右腿骑撑，左腿向前摆越转体180°成支撑

1. 动作要领

由右腿在前骑撑开始。右手靠近右大腿反握杠，体重移至右臂并向右稍后倒肩。随着身体向右后方转动，左手离杠，左腿向前摆越过杠，同时右腿外侧以右臂支撑为轴向右滚

杠，转体180°。左手再握杠成支撑。要求在摆腿和转体时，始终保持身体挺直，并让右大腿贴紧杠面。

2. 保护与帮助

站在杠前握住练习者前腿踝关节（或托握脚前掌），助其向转体方向扭转。

3. 练习方法

（1）骑撑前腿脚踏在跳箱或体操凳上做转体练习。

（2）在帮助下直接练习。

（六）后摆转体90°挺身下

1. 动作要领

由支撑开始。两腿向前预摆，同时两肩向前送，利用杠的反弹力，使整个身体向后上方摆起。在后摆接近最高点时，右手用力推离杠，同时向右转体90°，挺身落地。要求在后摆时，两手撑杠要伸直，不要急于进行转体动作。

2. 保护与帮助

站在杠后练习者的左侧，左手握住其左上臂，右手托住大腿帮助其向后摆起，落地时双手扶住腰部，助其完成。

3. 练习方法

（1）反复做支撑后摆练习。

（2）低杠上做支撑后摆下。

（3）在帮助下直接练习。

三、双杠

双杠运动由摆动、摆越、滚翻、弧形、回环、空翻和转体等动态动作，以及倒立和平衡等静态练习组成。通过双杠练习，可以增强上肢、肩带及腰腹部的力量，提高空间定向感和平衡能力，并培养顽强、果断和坚韧不拔的精神。

（一）杠端跳起成分腿坐

1. 动作要领

由杠端站立，双手握住双杠开始。双脚用力蹬地向上跳起，同时双手压杠，成直臂支撑。与此同时，两腿向前上方摆起，当摆至刚超出杠面时，立即分腿，并以大腿内侧沿杠向后滑至手前成分腿坐。要求在分腿坐时，腿要有滑杠的过程。

2. 保护与帮助

站在练习者侧面，一只手托其上臂，另一只手托其臀部，助其完成。

3. 练习方法

（1）支撑摆动成分腿坐。

（2）分腿坐前进。

（二）后摆进杠前摆成外侧坐

1. 动作要领

由分腿坐开始。两手离杠，向前挺髋，上体前倾，两臂伸直，在身体前方稍远处撑杠。同时，两腿伸直，用大腿内侧压杠并腿进杠前摆。当两腿前摆刚离开杠面时，臀部右移。两腿从右侧杠外向后滑动，形成外侧坐姿。要求外侧坐时，左腿屈膝，小腿后伸，右腿向后伸直。

2. 保护与帮助

站在练习者右外侧，一只手握其右上臂，另一只手托其臀部，助其完成。

3. 练习方法

（1）杠上分腿坐前进。

（2）在帮助下直接练习。

（三）右外侧坐越两杠挺身下

1. 动作要领

从右外侧坐开始。双臂伸直，肩向左移动并稍微向后倾斜，利用压杠的反弹力，两腿迅速向左上方摆动。当两腿摆至接近最高点时，控制摆腿。同时，右手推离杠后换握左杠，左手推杠后向侧举，挺身落地。要求在两腿越过杠时，在空中呈现直角坐的姿势。

2. 保护与帮助

站在练习者右外侧，一只手握其上臂，另一只手从杠下托其臀部，助其完成。

3. 练习方法

（1）反复练习右外侧坐摆越两杆至左外侧坐练习。

（2）在帮助下直接练习。

（四）肩倒立向前滚动成分腿坐

1. 动作要领

从肩倒立开始。慢慢收腹屈体低头，臀部向前移动。当臀部快靠近杠面时，两手从肩后换到杠前，在臀部下方握住杠。接着分腿下压，两手同时拉压杠，撑起形成分腿坐。要求滚动时先换手，然后做分腿压杠动作。

2. 保护与帮助

站在练习者侧面，收腹前滚时，两手由杠下托其背部和臀部，助其完成。

3. 练习方法

（1）在垫子上练习头手倒立向前滚动成分腿坐起。

（2）在帮助下直接练习。

（五）后进杠前摆向内转体 90°下

1. 动作要领

由分腿坐开始。双手离开杠，挺髋前倒，双臂伸直在身体前方稍远处撑住杠，同时双腿伸直，用大腿内侧夹住杠并合拢，顺势向前上方摆起。当摆动接近最高点时，以脚尖向右前方“钻”出，并迅速向内扭转髋部，身体旋转 90°落地，同时双手扶住杠。

2. 保护与帮助

站在练习者右侧，前摆时，一只手握住其上臂，另一只手托住其臀部；转体落地时，两手扶住其腰部，助其完成。

3. 练习方法

（1）支撑摆动前摆下。

（2）支撑摆动前摆向内转体 90°下。

（3）在帮助下直接练习。

四、支撑跳跃

支撑跳跃是一种利用双腿和双臂的力量，通过双手同时或依次短促有力地推撑，越过器械的运动。其技术包括助跑、上板、踏跳、第一腾空、推手、第二腾空和落地七个部分。通过支撑跳跃练习，可以增强肩部肌肉和韧带的功能，发展下肢和腰腹力量，并培养勇敢顽强的精神。其中较为常见的是横跳箱分腿腾越。

（一）动作要领

快速助跑，单脚起跳后双脚落地上板踏跳，领臂含胸，上体稍前倾，髋部略微屈曲，向前上方腾起。两臂主动前伸撑箱，空中紧腰，固定髋关节。接着向前下方顶肩推，同时稍提臀，两腿侧分前摆。当双手推离跳箱时，立即制动腿部，上体迅速抬起，充分展髋挺身后，收腹屈膝落地。要求推手时，肩部不超过支撑点的垂直面。

（二）保护与帮助

站在练习者落点的侧面，当其落地时，扶住其背部和腹部，以防止向前或向后摔倒。或者，站在跳箱前侧，当练习者推手时，顺势用一只手握住其上臂向前上方提拉，另一只手托住其下臂，帮助其越过跳箱。

（三）练习方法

（1）俯卧撑推手成分腿屈体站立。

（2）4～6 步助跑起跳分腿落在跳箱上再挺身跳下。

（3）4～6 步助跑起跳分腿跳过山羊。

（4）在帮助下直接练习。

第三章 武 术

中华武术有着悠久的历史和广泛的群众基础，它不仅是一项具有独特民族风格的传统体育项目，也是中华民族在长期生活与斗争实践中逐步积累和发展起来的一项宝贵文化遗产。武术套路运动是以技击动作为素材，通过攻守进退、动静急徐、刚柔虚实等矛盾运动的变化规律编成的整套练习形式。按练习形式可分为单练、对练、集体演练三种类型，其中单练包括徒手的拳术与器械。狭义的武术指的是武术套路。

第一节 武术基本功

一、基本手形和步形

（一）手形（图 3 - 1）。

（1）拳：四指并拢卷握，拇指紧扣食指和中指的第二指节处。拳眼向上为立拳，拳心向下为平拳。

（2）掌：四指并拢伸直，拇指弯曲紧扣于虎口处或外展成八字掌。

（3）五指捏拢，屈腕。

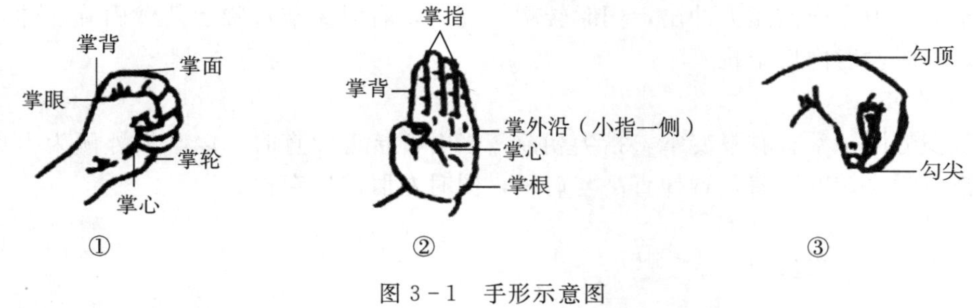

图 3 - 1 手形示意图

（二）步形（图 3 - 2）。

1. 弓步

两脚前后开立（约为本人脚长的 4～5 倍），前腿屈膝大腿近水平，后腿挺膝伸直脚尖内扣，上体正对前方。做到前腿弓，后腿绷，挺胸塌腰沉髋，前脚同后脚成一直线。弓左腿称左弓步，弓右腿称右弓步。

图 3-2 步形示意图

2. 马步

两脚平行开立（约为本人脚长的 3 倍），脚尖正对前方，屈膝半蹲，大腿近水平，身体重心落于两脚间，脚尖微内扣，做到挺胸、塌腰、头顶、脚跟外蹬。

3. 虚步

两脚前后开立，后腿外展 45°，屈膝半蹲，前脚绷直稍内扣，虚点地面，膝微屈，重心落在后腿，挺胸塌腰，眼平视。左脚在前为左虚步，右脚在前为右虚步。

4. 歇步

两腿交叉站立，与肩同宽，屈膝全蹲，前脚全掌着地，脚尖外展，后脚前掌着地，大小腿重叠，臀部坐于后小腿接近脚跟处。左脚在前为左歇步，右脚在前为右歇步。

5. 仆步

两脚左右开立，略宽于马步，一腿全蹲，大小腿贴紧，臀部略高于小腿，前脚掌着地，膝与脚尖外展约 45°，另一腿挺直、平铺、脚尖内扣；挺胸、塌腰、开胯，上体微前倾，眼向仆腿方向平视。仆左腿为左仆步，仆右腿为右仆步。

二、基本手法练习

（一）冲拳

两脚左右开立与肩同宽，两拳抱于腰间，拳心向上，肘尖向后，挺胸、收腹、直腰。右拳以拳面为力点向前猛力冲出，同时转腰、顺肩，右肘关节过腰后，臂内旋、伸直、高与肩平。同时左肘向后牵拉。

（二）推掌

预备姿势同冲拳。右拳变掌，指尖朝前，当右臂接近伸直时，以掌根外侧为力点向前推出。推击时要转腰顺肩，臂伸直高与肩平，同时左肘向后牵拉。

（三）勾手

见本节基本手形练习。

（四）架拳

预备姿势同冲拳。右拳向下、向左、向上经头前向右上方划弧架起，拳眼向下，眼看左方。

（五）亮掌

预备姿势同冲拳。右拳变掌，向右、向上划弧，至头部右前上方时，抖腕亮掌，臂成弧形，掌心向前，拇指一侧朝下。头随右手向右转动，亮掌时，向左转头，注视左方。

三、压腿练习

（一）正压腿

面对肋木，一腿提起，脚跟架在肋木上，脚尖勾起，双手按在膝上。两腿伸直，立腰、收髋，上体向前屈，并向前向下做压振动作。

（二）侧压腿

侧对肋木站立，将一腿举起，脚跟架在肋木上，脚尖勾起，两腿伸直，立腰、并髋，上体向被压腿侧屈下压。

（三）仆步压腿

仆步，两手分别抓握两脚外侧，平仆，脚尖里扣，挺膝，全蹲腿，脚尖外展，开胯。臂部向下振压，尽量贴近地面。

四、肩部练习

（一）压肩

面向肋木，两脚左右开立与肩同宽，上体前俯，两手握肋木，挺胸，塌腰，收髋，做下振压肩动作。

（二）双臂绕环

1. 前、后绕环

两臂同时或依次做向前和向后绕环。

2. 左、右绕环

两臂同时做向左或向右绕环。

3. 交叉绕环

一臂向前，另一臂向后，同时划立圆绕环。

五、腰部练习

（一）俯腰

并步站立，上体前俯，两腿挺膝伸直，两手尽量贴地或抱住两小腿，使胸部贴近腿部，持续一定时间再起立。

（二）甩腰

两脚开立，两臂上举，以腰、髋关节为轴，上体做前后屈的甩腰动作。

（三）涮腰

两脚开立，略宽于肩，两臂下垂。以髋关节为轴，上体前俯，两臂向前下方伸出，然后向前、向右、向后、向左翻转绕环。要求逐渐增大绕环幅度。

六、腿法练习

（一）正踢

两脚并立，两臂侧平举，两手立掌。左腿上半步，左腿支撑，右脚脚尖勾起向前额猛踢。两眼向前平视。左右行进间交替进行。

（二）外摆

预备姿势同正踢。右脚向右前方上半步，左脚尖勾紧，向右侧上方踢起，经面前向左侧上方摆动，直腿落在右腿旁。两眼向前平视。练习时左右交替进行。

（三）弹踢

两脚并立。右腿屈膝提起，提膝接近水平时，迅速猛力挺膝，向前平踢（弹击），力达脚尖。大腿与小腿成一直线，高与腰平。

七、跳跃练习

（一）大跃步前穿

左脚向前跨步腾起，右腿屈膝前摆，左腿向后撩摆，小腿略屈，脚面绷直。同时双手由前向上摆，身体在空中呈反弓形，双腿依次落地。

（二）腾空飞脚

右腿蹬地腾空，左腿上摆压膝，左脚收控于右腿侧，脚面绷直，脚尖向下，右腿向前上方弹踢，脚面绷直；同时两臂由下向前、向头上摆起，右手背迎击左手掌，右手掌进击右腿脚面，左手在击响的同时摆至左侧方变勾手，勾尖向下，略高于肩膀，上体微前倾，两眼平视前方。

八、组合练习

预备姿势：并步抱拳。

拗弓步冲拳：左脚向左迈出一步成左弓步，同时左手向左平搂后收回腰间抱拳，右拳向前冲拳成平拳，目视前方。

弹踢冲拳：右腿向前弹踢，同时左拳由腰间向前冲拳，右拳收回腰间抱拳，目视前方。

马步架打：右脚落地，左转体 90°，下蹲成马步，同时左拳变掌屈臂上架，右拳由腰间向右冲拳，目视右方。

歇步冲拳：左脚后插成右歇步，同时右拳变掌经头上向左下盖，掌外沿向前，身体左转 90°，左拳收回腰间抱拳，目视右手，紧接左拳向前冲拳，右拳变掌收回腰间，目视左拳。

提膝仆步穿掌：起立，身体左转，随即左拳变掌，手心向下，右拳变掌，手心向上，由左手背上穿出，同时左腿提膝，左手顺势收至右腋下，目视右手。左脚落地成左仆步，左手掌朝前，沿左腿外侧穿出，目视左掌。

虚步挑掌：左腿屈膝支撑，右脚上步成右虚步，同时左手向上挑起、向后划弧成勾手，略高于肩，右手由后向下、向前右腿外侧挑掌，高与肩平，目视前方。

收势：左脚向右并步，抱拳。

第二节　初级长拳

一、青年拳甲段

（一）预备姿势

两脚并步站立，两臂垂于身体两侧，五指并拢贴靠腿外侧，目向前平视。然后两手握拳收抱腰侧，拳心向上（图 3 - 3）。

（二）预备动作

1. 弓步十字手

左脚向前一步放成左弓步，同时两拳变掌，两臂交叉向前平伸，右掌在上，左掌在下，掌心均向外，目视两手（图 3 - 4）。

2. 虚步勾手

重心后移，左脚回收半步成左虚步。同时两掌变勾分别向两侧后下方勾挂，勾尖均向上，目向左平视（图 3 - 5）。

3. 上步对拳

左脚向前半步，右脚向前并步站立，同时两手握拳，直臂由两侧向前平举，拳心均向下，目向前平视（图 3 - 6）。

图 3 - 3　预备姿势

图 3 - 4　弓步十字手

图 3 - 5　虚步勾手

图 3 - 6　上步对拳

4. 抱拳

两脚不动，两拳屈肘收抱腰侧，拳心均向上，目向前平视（图 3 - 7）。

5. 并步按掌

两脚不动，两拳变掌由两侧向上划弧，至头顶时，掌心向下，手指相对，经胸前下落按于腹前，臂微屈，目向左平视（图 3 - 8）。

图 3 - 7　抱拳

图 3 - 8　并步按掌

（三）套路动作

1. 上步架打

上体向左后转，左脚先上一步，右脚再上一步成马步。同时，两手握拳，左拳屈肘架于头上方，拳心向前；右拳由腰侧向右冲出，拳眼向上。目视右拳（图 3－9）。

2. 右架打

上体向右后转，左脚随转体向前上一步成马步。同时，右拳屈肘架于头前上方，拳心向前；左拳落下由腰间向左冲出，拳眼向上。目视左拳（图 3－10）。

图 3－9　上步架打

图 3－10　右架打

3. 弓步托掌

上体左转 90°，左腿屈膝半蹲，右腿伸直成左弓步。同时，右拳变掌由腰间向前上方托起，掌心向前，拇指分开；左拳变掌收回右腋下，掌心向下。目视右掌（图 3－11）。

4. 虚步挂掌

重心后移，左脚撤回半步成左虚步。同时，右手握拳收回腰侧，拳心向上；左掌由下向前上方挂至左耳侧，掌心向右。目向前平视（图 3－12）。

图 3－11　弓步托掌

图 3－12　虚步挂掌

5. 上步踢腿

左脚向前半步，腿微屈；右脚绷直向前平踢。同时，左掌变拳收抱腰侧。目向前平视（图 3－13）。

6. 退步勾挂

右脚回落上体右转 90°，左脚收至右脚侧，两腿屈膝成丁步。同时，左拳变掌由上向下划弧，至后方时成勾手，勾尖向上。目向左平视（图 3－14）。

图 3－13　上步踢腿

图 3－14　退步勾挂

7. 上步架打

上体向左后转 180°，左、右脚先后上步成马步。同时，左手握拳，屈肘架于头前上方，拳心向前；右拳由腰侧向右冲出，拳眼向上。目视右拳（图 3－15）。

8. 架踹

上体右转 90°，右脚支撑；左脚勾起，以脚跟向前下方踹出。同时，左拳收抱左腰侧；右拳变掌屈肘架于头前上方，掌心向前上方。目向前平视（图 3－16）。

图 3－15　上步架打

图 3－16　架踹

9. 弓步击掌

左脚向前落步成左弓步。同时，右手向前下方划弧收回，屈肘收抱腰侧；左拳变掌向前击出，掌指向上。目视左掌（图 3－17）。

10. 勾踢

右拳变掌，由后向前下方摆动，两腕交叉，掌心均向外（图 3－18）。

上动不停，重心移至左脚。右脚向左前方勾踢，上体左转 45°。同时，两手分开，左掌屈肘架于头上方，掌心斜向上；右手变勾，向右侧伸直

图 3－17　弓步击掌

平举。目向前平视（图 3－19）。

图 3－18　勾踢动作（一）

图 3－19　勾踢动作（二）

11. 小缠冲拳

（1）右腿屈膝抬起，右勾变拳侧向前摆动；同时，右臂外旋使右手向外抓握收回右腰侧，同时左手抓握右手腕（图 3－20）。

（2）上动不停，右脚震地落步，左脚提起（图 3－21）。

（3）上动不停，上体右转，左脚向左落步成马步。同时，左手变拳由腰侧向左击出，拳眼向上；右拳屈肘收抱右腰侧。目向左平视（图 3－22）。

图 3－20　小缠冲拳（一）

图 3－21　小缠冲拳（二）

图 3－22　小缠冲拳（三）

12. 上步击掌

上体向左后转 180°，右脚上一步成马步。同时左拳屈肘收抱腰侧，拳心向上；右拳变掌，向右击出，指尖向上。目视右掌（图 3－23）。

13. 退步横肘

上体向右后转 180°，右脚向后退一步；左脚收回半步成左虚步。同时，右手握拳收抱腰侧，拳心向上；左手握拳，右臂弯曲，使小臂随转体向右横击，拳心向后。目向左平视（图 3－24）。

图 3－23　上步击掌

图 3－24　退步横肘

14. 跳步横肘

（1）右脚蹬地跳起，同时左拳向左下方直臂摆动（图 3－25）。

（2）上动不停。左脚经右腿前方落步，右腿随即落步，两腿屈膝成马步。同时左拳向后，向前摆动，至前方时，屈肘竖拳，拳心向后。目向左平视（图 3－26）。

15. 并步按掌

左脚向右脚并步站立。同时两拳变掌由两侧向头上划弧，然后经胸前下落按于腹前，臂微屈。掌心均向下。目向左平视（图 3－27）。

16. 收势

两臂垂直于体侧，五指并拢贴靠腿外侧。目向前平视（图 3－28）。

图 3－25　跳步横肘（一）

图 3－26　跳步横肘（二）

图 3－27　并步按掌

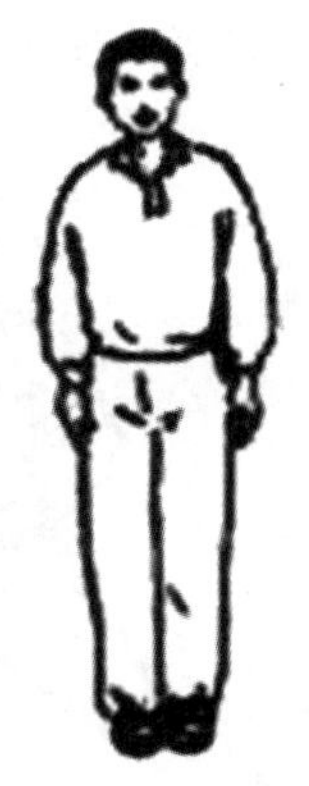
图 3－28　收势

二、青年拳乙段

（一）预备姿势及动作

预备姿势及动作与甲段相同。

（二）套路动作

1. 垫步冲拳

（1）左脚向左侧上一步并跳起落步，右脚提起。同时，上体左转 90°。两手变拳收抱腰侧，拳心均向上。目向前平视（图 3－29）。

（2）上动不停，右脚向前落步成右弓步。同时，右拳由腰间向前冲击，拳眼向上。目视右拳（图 3－30）。

图 3－29　垫步冲拳（一）

图 3－30　垫步冲拳（二）

2. 退步横掌

上体右转 90°，右脚向后退一步成左弓步。同时，右拳变勾向右后方勾挂，再变拳屈肘收抱腰侧，拳心向上。左拳变掌，向左前方横击，掌心向上。目视左掌（图 3－31）。

3. 弓步击掌

两脚不动，上体左转 90°。左掌内翻屈肘回收至右腋下，掌心向下；右拳变掌，向前上方直击，掌心向下。目视右掌（图 3－32）。

图 3－31　退步横掌

图 3－32　弓步击掌

4. 右横掌

（1）重心后移，左脚后撤半步成左虚步。同时，左手顺右臂向前抓，掌心向前；右掌翻转至头上方，掌心向前上。目视左手（图 3－33）。

（2）上动不停，左手握拳收抱腰侧，拳心向上；右掌向前横击，掌心向上。目视右掌（图 3－34）。

图 3－33 右横掌（一）

图 3－34 右横掌（二）

5. 退步砸拳

左脚向后退一步成右仆步，同时左转 90°。右拳向前下方砸击，拳心向上。目视右拳（图 3－35）。

6. 跳踢

（1）左腿上摆，右脚向上跳起（图 3－36）。

（2）上动不停，上体右转 90°。同时，左脚落地支撑地面，右脚尖绷直向前平踢，两手握拳收抱腰侧（图 3－37）。

图 3－35 退步砸拳

图 3－36 跳踢（一）

图 3－37 跳踢（二）

7. 马步横打

上体左转 90°，右脚向右落步成马步。同时，右臂伸直后引，接着向前横打，拳心向下。目视右拳（图 3－38）。

8. 退步勾挂

上体右转 90°，左脚收至右脚内侧成丁步。同时，左手向右下方划弧，然后变勾手置于左侧。目视左下方（图 3－39）。

图 3-38　马步横打

图 3-39　退步勾挂

9. 退步击掌

上体左转 90°，右脚后撤一步成左弓步。同时，左手变掌由腰间向前直击，掌指向上。目视左手（图 3-40）。

10. 换步击掌

右脚向前半步，左脚后退一步成右弓步。同时，左掌变拳屈肘收抱腰侧，拳心向上；右拳变掌向前直击，掌心向前。目视右手（图 3-41）。

图 3-40　退步击掌

图 3-41　换步击掌

11. 挂压

（1）右脚撤回半步成右虚步，右掌变拳收抱腰侧；同时，左拳变掌，屈肘架于头上方，掌心向前上方。目向前平视（图 3-42）。

（2）上体右转 90°，右腿向右横挂成右仆步。同时，右拳变掌由右向前下方压，掌心向前下方。目视右掌（图 3-43）。

12. 横肘

（1）上体稍直立，右掌向右上方摆动（图 3-44）。

（2）上动不停，右腿屈膝半蹲；左脚向前移半步成左虚步。同时，右掌变拳屈肘收抱腰间，拳心向上；左手握拳，屈肘使左小臂向右横击，拳心向后。目向左平视（图 3-45）。

图 3-42 挂压（一）

图 3-43 挂压（二）

图 3-44 横肘（一）

图 3-45 横肘（二）

13. 上步击拳

（1）右脚向前上一步，上体左转 90°；左脚提起。同时，左拳变掌向下勾挂（图 3-46）。

（2）上动不停，左脚前落，上体左转 90°；右脚上步成马步。同时，右拳向右冲出，拳眼向上；左手变拳屈肘收抱左腰侧，拳心向上。目视右拳（图 3-47）。

图 3-46 上步击拳（一）

图 3-47 上步击拳（二）

14. 跳步捋打

(1) 上体右转 90°，左脚经右腿前摆，左脚蹬地跳起。同时，左拳变掌向前抓捋；右拳屈肘收抱腰侧，拳心向上（图 3-48）。

(2) 上动不停，右脚向前落步成右弓步。同时，左手握拳收抱腰间；右拳向前冲出，拳眼向上。目视右拳（图 3-49）。

图 3-48 跳步捋打（一）

图 3-49 跳步捋打（二）

15. 撤步按掌

(1) 右脚向后撤一步，上体右转 90°。同时，两拳变掌向两侧分开（图 3-50）。

(2) 上动不停，左脚向右脚并步站立。同时，两掌向头上划弧，再经胸前落下置于腹前，臂微屈，掌心向下。目向左平视（图 3-51）。

16. 收势

还原成立正姿势，目向前平视（图 3-52）。

图 3-50 撤步按掌（一）

图 3-51 撤步按掌（二）

图 3-52 收势

第三节 简化太极拳

太极拳是我国传统体育武术的内容之一，早在民间就有流传。实践证明太极拳是一种有效的健身与预防疾病的良好手段。练习太极拳不仅能增强体质，还能辅助治疗高血压、溃疡病、心脏病、肺结核等疾病。现在，人类已经进入了21世纪，追求健康的身体和文明的生活方式已成为一种潮流。太极拳在增强人们的身心健康方面正发挥着重要作用。近年来，随着我国经济快速发展，人们的生活水平日益提高，习练太极拳的人越来越多，遍布城乡。太极拳逐渐走向世界，传播到五大洲的一百多个国家和地区，受到了各国人民的喜爱，成为一项世界性的运动。

以下介绍简化太极拳的套路动作：

一、起势

（1）两脚并拢，身体自然直立，头颈正直；两臂自然下垂，两手指尖轻贴大腿侧；眼向前平视。

（2）左脚向左慢慢开步，与肩同宽，脚尖向前。

（3）两臂慢慢向前平举，两手高与肩平，与肩同宽，手心向下。

（4）上体保持正直，两腿屈膝下蹲；同时两掌轻轻下按至腹前，两肘下垂与膝相对；眼平视前方。

要点：头颈端正，下颌要微向后收，头顶用意向上虚顶，颈部不要松弛，不可仰头或低头。身体直立或下蹲时，要敛臀收腹，躯干正直，不可挺胸、凸肚、突臀，前俯后仰；左脚开步时，重心先移向右腿，脚跟先离地，随之前脚掌再离地，轻轻提起全脚，高不过右踝，向左开步落脚时，前脚掌先着地，随之全脚掌逐渐踏实，这种重心转换的做法，体现了太极拳运动“轻起轻落，点起点落”这一重要的步法规律；两手臂前平举时，手起肘随将臂举起，肘关节微屈，保持沉肩垂肘的要领，不要掀肘耸肩；屈蹲下按掌时，两掌要随屈膝主动下按，协调一致，掌心下按到终点（腹前）定势时，须舒指展掌，不要坐腕向上翘指。

学法提示：并脚直立，开步站立，两臂前举，屈膝下按（图3-53）。

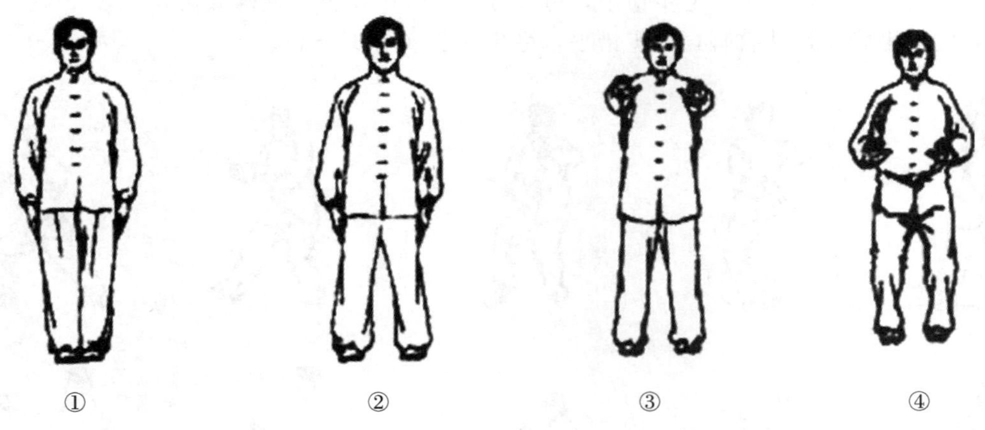

图3-53 起势

二、左右野马分鬃

（1）上体微向右转，身体重心移至右腿上；同时右臂收在胸前平屈，手心向下，左手经体前向右下划弧放在右手下，手心向上，两手心相对成抱球状；左脚随即收到右脚内侧，脚尖点地；眼视右手。

（2）上体微向左转，左脚向左前方迈出；同时左右手随转体慢慢分别向左上、右下错开；眼视左手。

（3）上体继续左转，右脚跟后蹬，右腿自然伸直成左弓步；左右手随转体继续向左上、右下分开，左手高与眼平，手心斜向上，肘微屈；右手落在右胯旁，肘也微屈，手心向下，指尖向前；眼视左手。

（4）上体慢慢后坐，身体重心移至右腿，左脚尖翘起，微向外撇（45°～60°），同时两手准备抱球。

（5）左脚掌慢慢踏实，左腿慢慢前弓，身体左转，身体重心再移至左腿；同时左手翻转向下，左臂收在胸前平屈，右手向左上划弧放在左手下，两手心相对成抱球状；右脚随即收到左脚内侧，脚尖点地；眼视左手。

（6）上体微右转，右腿向右前方迈；同时左右手随转体慢慢分别向左下、右上错开；眼视右手。

（7）左腿自然伸直成右弓步；同时上体继续右转，左右手继续随转体分别慢慢向左下、右上分开，右手高与眼平，手心斜向上，肘微屈；左手落在左胯旁，肘也微屈，手心向下，指尖向前；眼视右手。

要点：上体不可前俯后仰，脚部必须宽松舒展，两臂分开时要保持弧形。身体转动时要以腰为轴，弓步动作与分手的速度要均匀一致。做弓步时，迈出的脚先是脚跟着地，然后脚掌慢慢踏实，脚尖向前，膝盖不要超过脚尖，后腿自然伸直，前后脚夹角成45°～60°（需要时后脚脚跟可以后蹬地）；野马分鬃式的弓步，前后脚的脚跟要在中轴线的两侧，它们之间的横向距离（即以动作行进的中线为纵轴，其两侧的垂直距离为横向）应保持在10～30cm。

学法提示：抱球收脚，上步错手，弓步分手，轻体撤脚，抱球收脚，上步错手，弓步分手，转体撇脚，抱球收脚，上步错手，弓步分手（图3－54）。

⑤ ⑥

图 3-54 左右野马分鬃

三、白鹤亮翅

（1）上体微向左转，左手翻掌向下，左臂平屈胸前，右手向左上划弧，手心转向上，与左手相对成抱球状；眼视左手。

（2）右脚跟进半步，上体后坐，身体重心移至右腿，上体先向右转，面向右前方，眼视右手；然后左脚稍向前移，脚尖点地，成左虚步，同时上体再微向左转，面向前方，两手随转体慢慢向左下、右上分开，右手上提停于右额前，手心向左后方，左手落于左胯前，手心向下，指尖向前；眼平视前方。

要点：完成姿势胸部不要挺出，两臂上下都要保持半圆形，左膝要微屈；身体重心后移，右手上提、左手下按要协调一致。

学法提示：转体抱手，虚步分掌（图 3-55）。

图 3-55 白鹤亮翅

四、左右搂膝拗步

（1）右手从体前下落，由下向后上方划弧举至右肩外侧，肘微屈，手与耳同高，手心斜向上；左手由左下向上、向右下方划弧至右胸前，手心斜向下；同时上体先微向左再向右转，左脚收至右脚内侧，脚尖点地；眼视右手。

（2）上体左转，左脚向前（偏左）迈出成弓步；同时右手屈回由耳侧向前推出，高与鼻尖平，左手向下由左膝前搂过落于左胯旁，指尖向前；眼视右手。

（3）右腿慢慢屈膝，上体后坐，身体重心移至右腿，左脚尖翘起微向外撇，随后脚掌慢慢踏实，右脚前弓，身体左转，身体重心移至左腿，右脚收到左脚内侧，脚尖点地；同时左手向外翻掌由左后向上划弧至左肩外侧，肘微屈，手与耳同高，手心斜向上；右手随转体向上、向下划弧落于左脚前，手心斜向下；眼视左手。

要点：前手推出时，身体不可前俯后仰，要松腰松胯，推掌时要沉肩垂肘，坐腕舒掌，同时须与松腰、弓腿上下协调一致；搂膝拗步成弓步时，两脚跟的横向距离约 30cm。

学法提示：举手收脚，弓步搂推，举手收脚，弓步搂推，举手收脚，弓步搂推（图 3－56）。

图 3－56　左右搂膝拗步

五、手挥琵琶

（1）右脚跟进半步，上体后坐，身体重心移至右腿上，上体半面向右转。

（2）左脚略提起稍向前移，变成左虚步，脚跟着地，脚尖翘起，膝部微屈；同时左手由左下向上挑，高与鼻尖平，掌心向右，臂微屈；右手收回放在左肘里侧，掌心向左；眼视左手食指。

要点：身体要平稳自然，沉肩垂肘，胸部放松，左手上起；肘不要直向上挑，要由左向上、向前，微带弧形；右脚跟进时，脚掌先着地，再全脚踏实；身体重心后移和左手上起、右手回收要协调一致。

学法提示：跟步后坐，虚步合手（图 3－57）。

图 3－57 手挥琵琶

六、左右倒卷肱

（1）上体右转，右手翻掌（手心向上）经腹前由下向后上方划弧平举，臂微屈，左手随即翻掌向上；眼的视线随着向右转体先右视，再转向前方视左手。

（2）右臂屈肘折向前，右手由耳侧向前推出，手心向前，左臂屈肘后撤，手心向上，撤至左肋外侧；同时左腿轻轻提起向后（偏左）退一步，脚掌先着地，然后全脚慢慢踏实，身体重心移到左腿上，成右虚步，右脚随转体以脚掌为轴扭正；眼视右手。

（3）上体微向左转，同时左手随转体向后上方划弧平举，手心向上，右手随即翻掌，掌心向上；眼随转体先左视，再转向前方视右手。

要点：前推的手不要伸直，后撤的手也不可直向回抽，随转体仍走弧线；前推时要转腰松胯，两手的速度要一致，避免僵硬；退步时，脚掌先着地，再慢慢全脚踏实，同时前脚随转体以脚掌为轴扭正，退左脚略向左后斜，退右脚略向右后斜，避免使两脚落在一条直线上；后退时，眼神随转体动作先向左（右）视，然后再转视前手；最后退右脚时，脚尖外撇的角度略大些，便于接做“左揽雀尾”的动作。

学法提示：转体举手，退步卷肱，转体举手，退步卷肱，转体举手，退步卷肱，转体举手，退步卷肱（图 3－58）。

七、左揽雀尾

（1）上体微向右转，同时右臂随转体向后上方划弧平举，手心向上，左手放松，手心向下；眼视左手。

图 3－58　左右倒卷肱

（2）身体继续向右转，左手自然下落逐渐翻掌经腹前划弧至左肋前，手心向上；左臂屈肘，手心转向下，收至右胸前，两手相对成抱球状；同时身体重心落在右腿上，左脚收至右脚内侧，脚尖点地；眼视右手。

（3）上体微向左转，左脚向左前方迈出，上体继续向左转，右腿自然蹬直，左腿屈膝，成左弓步；同时左臂向左前方掤出，高与肩平，手心向后；右手向右下落放于右胯旁，手心向下，指尖向前；眼视左前臂。

（4）身体微向左转，左手随即前伸翻掌向下，右手翻掌向上，经腹前向上，向前伸至左前臂下方；然后两手下捋，即上体向右转，两手经腹前向右后上方划弧，直至右手手心向上，高与肩平，左臂平屈于胸前，手心向后；同时身体重心移至右腿；眼视右手。

（5）上体微向左转，右臂屈肘折回，右手附于左手腕里侧（相距约 1cm），上体继续向左转，双手同时向前慢慢挤出，左手心向后，右手心向前，左前臂要保持半圆；同时身体重心逐渐前移变成弓步；眼视左手腕部。

（6）左手翻掌，手心向下，右手经左腕上方向前，向右伸出，高与左手齐，手心向下，两手左右分开，宽与肩同；然后右腿屈膝，上体慢慢后坐，身体重心移至右腿上，左脚尖翘起；同时两手屈肘回收至腹前，手心均向前下方；眼向前平视。

（7）上式不停，身体重心慢慢前移，同时两手向前、向上按出，掌心向前；左腿前弓成左弓步；眼视前方。

要点：掤出时，两臂前后均保持弧形，分手、松腰、弓腿三者必须协调一致；揽雀尾弓步时，两脚跟横向距离不超过10cm；下捋时，上体不可前倾，臀部不要凸山，两臂下捋须随腰旋转，仍走弧线，左脚全脚掌着地；向前挤时，上体要正直，挤的动作要与松腰、弓腿相一致；向前按时，两手须走曲线，手腕部高与肩平，两肘微屈。

学法提示：转体举手，收脚抱球，弓步掤臂，转体下捋，弓步前挤，后坐收手，弓步前按（图3－59）。

图3－59　左揽雀尾

八、右揽雀尾

上体后坐并向右转，身体重心移至右腿，左脚尖里扣；右手向右平行划弧至左肋前，手心向上；左臂平屈胸前，左手掌向下与右手成抱球状；同时身体重心再移到左腿上，右脚收到左脚内侧，脚尖点地；眼视左手。

要点：与“左揽雀尾”相同，唯左右相反。

学法提示：收脚抱球，弓步掤臂，转身下捋，弓步前挤；后坐收手；弓步前按（图 3－60）。

图 3－60　右揽雀尾

九、单鞭

（1）上体后坐，身体重心逐渐移至左腿上，右脚尖里扣；同时上体左转，两手（左高右低）向左弧形运转，直至右臂平举，伸于身体左侧，手心向左，右手经腹前运至左肋前，手心向后上方；眼视左手。

（2）身体重心再渐渐移至右腿上，上体右转，左脚向右脚靠拢，脚尖点地；同时右手向右上方划弧（手心由里转向外），至右侧方时变勾手，臂与肩平；左手向下经腹前向下划弧停于右肩前，手心向里；眼视左手。

（3）上体微向左转，左脚向左前方迈出，右脚跟后蹬，成左弓步；在身体重心移向左腿的同时，左掌随上体的继续左转慢慢翻转向前推出，手心向前，手指与眼齐平，臂微屈；眼视左手。

要点：上体保持正直，松腰；完成式时，右肘稍下垂，左肘与左膝上下相对，两肩下垂；左手向外翻掌前推时，要随转体边翻边推出，不要翻掌太快或最后突然翻掌。

学法提示：转体运臂，勾手收脚，弓步推掌（图 3－61）。

十、云手

（1）身体重心移至右腿上，身体渐向右转，左脚尖里扣；左手经腹前向右上划弧至右

图 3-61　单鞭

肩前，手心斜向后，同时右手变掌，手心向右前；眼视左手。

（2）上体慢慢左转，身体重心随之逐渐左移；左手由脸前向左侧运转，手心渐渐转向左方；右手由右下经腹前向左上划弧至左肩前，手心斜向后；同时右脚靠近左脚，成小开立步（两脚距离 10～20cm）；眼视右手。

（3）上体再向右转，同时左手经腹前向大踏步划弧至右肩前，手心斜面向后；右手向右侧运转，手心翻转向右；随之左腿向左横跨一步；眼视左手。

要点：身体转动要以腰脊为轴，松腰、松胯，不可忽高忽低。两臂随腰的转动而运转，要自然圆活，速度要缓慢均匀；下肢移动时，身体重心稳定，两脚掌先着地再踏实，脚尖向前。

学法提示：转体松勾，云手收脚，云手开步，云手收脚，云手开步，云手收脚（图 3-62）。

③

④ ⑤

⑥

图 3-62 云手

十一、单鞭

(1) 上体向右转，右手随之向右运转，至右侧方时变成勾手；左手经腹前向右划弧至右肩前，手心向内；身体重心落在右腿上，左脚尖点地；眼视左手。

(2) 上体微向左转，左脚向左前侧方迈出，右脚跟后蹬，成左弓步；在身体重心移向左腿的同时，上体继续左转，左掌慢慢翻转向前推出，成“单鞭”式。

学法提示：转体勾手，弓步推举（图 3-63）。

① ②

图 3-63 单鞭

十二、高探马

(1) 右脚跟进半步，身体重心逐渐后移至右腿上；右勾手变成掌，两手心翻转向上，两肘微屈；同时身体微向右转，左脚跟渐渐离地；眼视左前方。

(2) 上体微向左转，面向前方，右掌经右耳旁向前推出，手心向前，手指与眼同高；左手收至左侧腰前，手心向上；同时左脚微向前移，脚尖点地，成左虚步；眼视右手。

要点：上体自然正直，双肩要下沉，右肘微下垂；跟步移换重心时，身体不要有起伏。

学法提示：跟步翻掌，虚步推掌（图 3 - 64）。

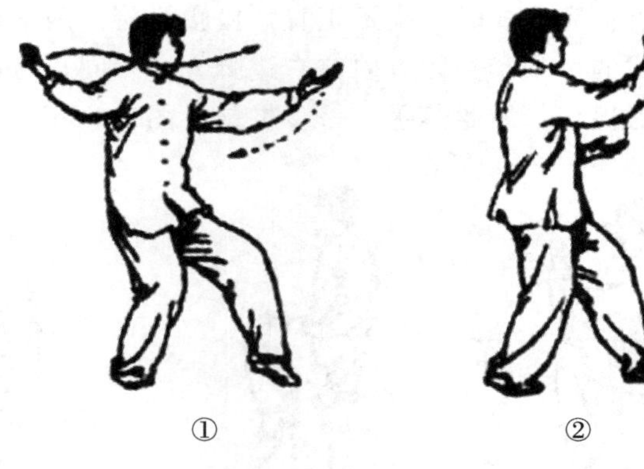

图 3 - 64　高探马

十三、右蹬脚

(1) 左手手心向上，前伸至右腕背面，两手相互交叉，随即向两侧分开并向下划弧，手心斜向下；同时左脚提起向左前侧方进步（脚尖稍外撇）；身体重心前移；右腿自然蹬直，成左弓步；眼视前方。

(2) 两手由外圈向里圈划弧，两手交叉合抱于胸前，右手在外，手心均向后；同时右脚向左脚靠拢，脚尖点地；眼平视右前方。

(3) 两手臂左右划弧分开平举，肘部微屈，手心均向外；同时右腿屈膝提起，右脚向右前方慢慢蹬出；眼视右手。

要点：身体要稳定，不可前俯后仰；两手分开时，腕部与肩齐平；蹬脚时，左腿微屈，右脚尖回勾，力点在脚跟；分手与蹬脚须协调一致，右臂和腿上下相对。如面向南起势，蹬脚方向应为正东偏南约 90°。

学法提示：穿手收脚，上步翻掌，弓步分手，提膝抱手，分手蹬脚（图 3 - 65）。

图 3 - 65　右蹬脚

十四、双峰贯耳

(1) 右腿收回，屈膝平举；左手由后向上、向前下落至体前；两手心均翻转向上，两手同时向下划弧分落于右膝盖两侧；眼视前方。

(2) 右脚向右前方落下，身体重心渐渐前移，成右弓步，面向右前方；同时两手下落，慢慢变拳，分别从两侧向上、向前划弧贯拳至面部前方，成钳形状；两拳相对，高与耳齐，拳跟都斜向内下（两拳中间距离 10～20cm）；眼视右拳。

要点：完成式时，头颈正直，松腰松胯，两拳松握，沉肩垂肘，两臂均保持弧形；双峰贯耳式的弓步和身体方向与右蹬脚方向相同；弓步的两脚跟横向距离 10～20cm。

学法提示：屈膝落手，弓步贯拳（图 3－66）。

图 3－66　双峰贯耳

十五、转身左蹬脚

(1) 左腿屈膝后坐，身体重心移至左腿，上体左转，右脚尖里扣；同时两拳变掌，由上向左右划弧分开平举，手心向前；眼视左手。

(2) 身体重心再移至右腿，左脚收到右脚内侧，脚尖点地；同时两手由外圈向里圈划弧合抱于胸前，左手在外，手心均向后，眼平视左方。

(3) 两手臂左右划弧分开平举，肘部微屈，手心均向外；同时左腿屈膝提起，左脚向左前方慢慢蹬出；眼视左手。

要点：与“右蹬脚”式相同，唯左右相反；左蹬脚方向与右蹬脚方向成 180°（即正西偏北约 30°）。

学法提示：转身分掌，收脚抱手，分手蹬脚（图 3－67）。

十六、左下势独立

(1) 左腿收回平屈，上体右转；右掌变成勾手，左掌向上、向右打弧下落，立于右肩前，掌心斜向后；眼视右侧。

(2) 右腿慢慢屈膝下蹲，左腿由内向左侧（偏后）伸出，成左仆步；左手下落（掌心

图 3－67　转身左蹬脚

向外）向左下顺左腿内侧向前穿出；眼视左手。

（3）身体重心前移，以左脚跟为轴，脚尖尽量向外撇，左腿前弓，右腿后蹬，右脚尖里扣，上体微向左转并向前起身；同时左臂继续向前伸出（立掌），掌心向右，右勾手下落，勾尖向后；眼视左手。

（4）右腿慢慢提起平屈，成左独立式；同时右勾手变掌，并由后下方顺右腿外侧向前弧形上挑，屈臂立于右腿上方，肘与膝相对，手心向左；左手落于左胯旁，手心向下，指尖向前；眼视右手。

要点：右腿全蹲时，上体不要过于前倾；左腿伸直，左脚尖须向里扣，两脚脚掌全部着地；左脚尖与右脚跟踏在中轴线，上体要立直，独立的腿要微屈，右腿提起时脚尖自然下垂。

学法提示：收腿勾手，仆步穿掌，弓腿起身，独立挑掌（图 3－68）。

图 3－68　左下势独立

十七、右下势独立

右脚下落于左脚掌前，脚掌着地；然后以左脚前掌为轴，脚跟转动，身体随之左转同时左手向后平举变成勾手，右掌随着转体向左侧划弧，立于左肩前，掌心斜向后；眼视左手。

要点：右脚掌触地后必须稍微提起，然后再向下仆腿；其他均与“左下势独立”相同，唯左右相反。

学法提示：收腿勾手，仆步穿掌，弓腿起身，独立挑掌（图 3－69）。

图 3－69　右下势独立

十八、左右穿梭

（1）身体微向左转，左腿向前落地，脚尖外撇，右脚跟离地，两腿屈膝半坐成半坐盘式；同时两手在左胸前成抱球状（左上右下）；然后右脚收到左脚的内侧，脚尖点地；眼视左前臂。

（2）身体右转，右脚向右前方迈出，屈膝弓腿，成右弓步；同时右手由脸前向上举并翻掌停架在右额前，手心斜向下；左手先向左下再经体前向前推出，高与鼻尖齐，手心向前；眼视左手。

（3）身体重心略向后移，右脚尖稍向外撇，随即身体重心再移到右腿，左脚跟进，停于右脚内侧，脚尖点地；同时两手在胸前成抱球状（右上左下）；眼视右前臂。

要点：完成姿势面向斜前方，手推出后，上体不可前俯；手向上举时，防止引肩上耸，一手上举一手前推，要与弓腿松腰上下协调一致；做弓步时，两脚跟的横向距离在 30cm 左右。

学法提示：落脚抱球，弓步架推，跟步抱球，弓步架推（图 3－70）。

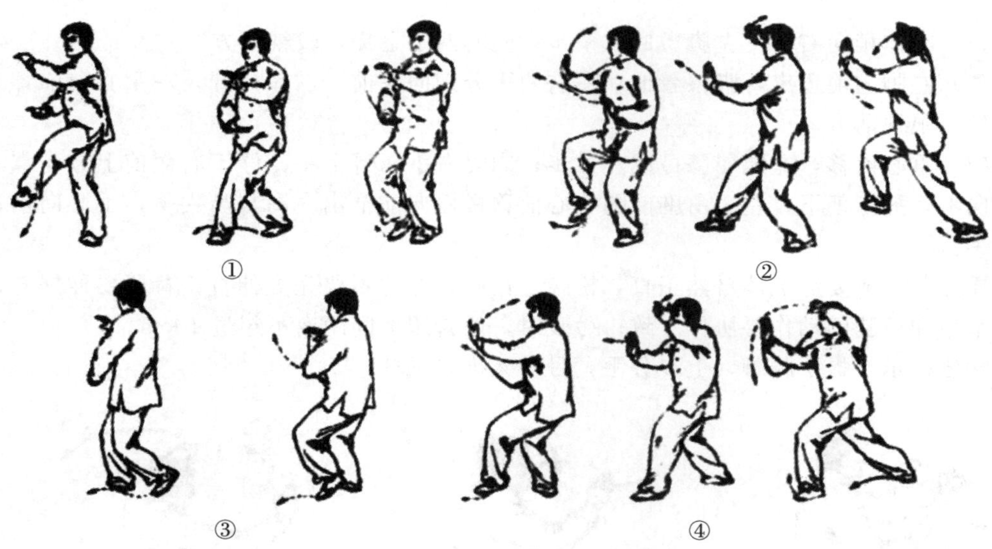

图 3－70　左右穿梭

十九、海底针

(1) 右脚向前跟进，身体重心移至右腿，左脚稍向前移举步；右手下落经体前向后、向上提抽至肩上耳旁，左手下落至体前侧。

(2) 左脚尖点地成左虚点；同时身体稍向右转；右手再随身体左转，由右耳旁斜向前下方插出，掌心向左，指尖斜向下；与此同时，左手向前、向下划弧落于左胯旁，手心向下，指尖向前；眼视前下方。

要点：身体要先向右转，再向左转；完成姿势，面向正西；上体不可太前贴倾，不要低头，臀部不要凸出，左腿要微屈。

学法提示：后脚跟步，虚步插掌（图 3－71）。

图 3－71　海底针

二十、闪通臂

（1）上体稍向右转，左脚微回收举步；同时两手上提，眼视前方。

（2）左脚向前迈出，脚跟着地；左右两手分别向左前、右后分开；左手心向前，右手心向外，眼视前方。

（3）重心前移，左腿屈膝弓成左弓步；同时右手屈臂上举，停于右额前上方，掌心翻转斜向上，拇指朝下；左手由胸前随重心前移慢慢向前推出，高与鼻尖平，手心向前；眼视左手。

要点：完成姿势上体自然正直，松腰、松胯；左臂不要完全伸直，背肌要伸展开；推掌、举手和弓腿的动作要协作一致；弓步时，两脚跟横间距离不超过 10cm。

学法提示：提手收脚，上步分手，弓步架推（图 3－72）。

图 3－72　闪通臂

二十一、转身搬拦捶

（1）上体后坐，身体重心移至右腿上，左脚尖里扣；身体向右后转，然后身体重心再移至左腿上；与此同时，右手随着转体向右、向下（变拳）经腹前划弧至左肋旁，拳心向下；左掌上举于头前，掌心斜向上；眼视前方。

（2）向右转体，右拳经胸前向前翻转撇出，掌心向上；左手落于胯旁，掌心向下，指尖向前；同时右脚收回后（不要停顿或脚尖点地）即向前迈出，脚尖外撇；眼视右拳。

（3）身体重心移至右腿上，左腿向前迈出一步；左手上起经左侧向前上划弧拦出，掌心向前下方；同时右拳向右划弧收到右腰旁，掌心向上；眼视左手。

（4）左腿前弓成左弓步，同时右拳向前打出，拳眼向上，高与胸平，左手附于右前臂里侧；眼视右拳。

要点：右拳不要握得太紧。右拳回收时前臂要慢慢内旋划弧，然后再外旋停于右腰旁，拳心向上；向前打拳时，右胸随拳略向前引伸，沉肩垂肘，右臂要微屈；弓步时，两脚横向距离在 10cm 左右。

学法提示：转身握掌，上步撇拳，上步拦掌，弓步打拳（图 3－73）。

图 3-73 转身搬拦捶

二十二、如封似闭

(1) 左手由右腕下向前伸出，右拳变掌，两手手心逐渐翻转向上并慢慢分开回收；同时身体后坐，左脚尖翘起，身体重心移至右腿；眼视前方。

(2) 两手在胸前翻掌，向下经腹前再向上、向前推出；腕部与肩平，手心向前；同时左腿前弓成左弓步；眼视前方。

要点：身体后坐时，避免后仰，臀部不可凸出。两臂随身体回收时，肩、肘部略向外松开，不要直着抽回，两手推出宽度不要超过两肩。

学法提示：后坐收掌，弓步推掌（图 3-74）。

图 3-74 如封似闭

二十三、十字手

(1) 屈膝后坐，身体重心移向右腿，左脚尖里扣，向右转体；右手随着转体动作向右平摆划弧，与左手成两臂侧平举，掌心向前，肘部微屈；同时右脚尖随着转体稍向外撇，成右侧弓步；眼视右手。

(2) 身体重心慢慢移至左腿，右脚尖里扣，随即向左收回，两脚距离与肩同宽，两腿逐渐蹬直，成开立步；同时两手向下经腹前向上划弧交叉合抱于胸前，两臂撑圆，腕高与肩平，右手在外，成十字手，手心均向后；眼视前方。

要点：两手分开和合抱时，上体不要前俯；站起时，身体自然正直，头要微向上顶，下颏稍向后收；两臂环抱时须圆满舒适，沉肩垂肘。

学法提示：转身摆掌，收脚合抱（图 3-75）。

① ②

图 3-75 十字手

二十四、收势

(1) 两手向外翻掌，手心向下，两臂慢慢下落，停于身体两侧；眼视前方。

(2) 两腿缓缓蹬直，同时两掌慢慢下落至大腿两侧，然后收左脚成并步直立；眼视前方。

要点：两手左右分开下落时，要注意全身放松，同时气也徐徐下沉（呼气略加长）；呼吸平稳后，把左脚收到右脚旁。

学法提示：翻掌下落，并步直立（图 3-76）。

图 3-76 收势

第四章 足 球

足球运动是世界上开展最广泛、影响最大的体育运动项目，被誉为“世界第一运动”，深受全球各地人们的喜爱。高水平的足球比赛以其独特的魅力，不仅吸引了成千上万的现场观众，还吸引了数以亿计的电视观众。这项运动激发了无数青少年和成年人积极投身绿茵场健身或竞技，并从中感受到无限的乐趣。

足球运动的主要特点包括比赛场地大、人数多、加赛时间长、运动量大；技术动作多样、战术复杂且难度大；对抗激烈、拼抢凶猛。经常参加足球运动能有效地发展人体的速度、力量、耐力、灵敏度和柔韧性等身体素质，提高人体各器官系统的功能，促进身心健康。此外，足球运动还能培养勇敢顽强、机智果断、坚忍不拔、胜不骄败不馁等意志品质，以及勇于克服困难、开拓进取、团结互助等集体主义精神。总之，足球运动在人们生活中的地位和意义，已经远远超出了体育运动的范畴。

第一节 足球的基本技术

足球技术是指人们在足球运动中所采用的各种合理动作的总称。它分为无球技术和有球技术两大类。无球技术包括起动、跑、跳跃、急停、转身、移动步等；有球技术包括颠球、踢球、接球、运球、抢截球、头顶球、掷界外球及守门员技术等。

一、颠球

（一）颠球技术动作

颠球可以大致分为以下几种：挑球、脚背正面颠球、脚内侧颠球、脚外侧颠球、大腿颠球、头颠球、肩和胸部颠球等。脚背正面颠球时，支撑腿的膝关节微屈，身体重心移到支撑脚上，当球落至低于膝关节以下时，颠球脚的膝、踝关节适当放松，并柔和地向前稍上方甩动小腿，脚尖稍翘起，用脚背轻击球的底部，将球向上颠起（图 4－1）。

图 4－1 颠球

（二）颠球练习方法

（1）原地颠自己手坠的下落球。

（2）原地拉挑球练习。

（3）原地拉挑球接着进行颠球。

（4）原地拉挑球接着两只脚交替颠球。

（5）原地拉挑球结合其他部位颠球。

（6）走动中颠球。

（7）两人面对面，进行对颠球。

二、踢球

踢球是足球运动中最基本的技术，主要用于传球和射门。踢球部位脚法很多，包括脚内侧、脚背正面、脚背内侧、脚背外侧、脚跟和脚尖踢球等几种方法。一般均由助跑、支撑脚站位、踢球腿摆动、击球和踢球后的随前动作五个环节组成。

（一）踢球技术动作

1. 脚内侧踢球

脚内侧踢球的技术特点是触球面积大，可控性强，出球平稳准确，是短距离传球和射门常用的脚法。

动作方法：脚触球的部位是跖趾关节、舟骨和跟骨所构成的三角部位（图 4－2）。直线助跑，支撑脚踏在球侧 15cm 左右处，脚尖对准出球方向，膝关节微屈。在支撑脚着地的同时踢球脚以髋关节为轴由后向前摆动，屈膝外展约成 90°，小腿加速前摆，脚尖稍翘起，踝关节紧张用力，用脚内侧部位击球的后中部（图 4－3）。

图 4－2　触球部位

图 4－3　脚内侧踢球

2. 脚背内侧踢球

脚背内侧踢球的技术特点是踢摆动作顺畅，幅度大，脚触球面积大，出球平稳有力，性能和路线富于变化，是中远距离射门和传球的重要方法。

动作方法：触球的部位是第一趾骨体与跖趾关节部位（图 4－4）。斜线助跑，与出球方向约成 45°（图 4－5），最后一步稍大，支撑脚踏在球侧 20～25cm 处，脚尖指向出球方向，膝微屈，身体稍向支撑脚一侧倾斜。踢球脚以髋关节为轴，大腿带动小腿由后向前摆，当大腿摆至接近垂直地面时，小腿加速前摆，膝关节稍向内旋，脚面绷直，脚尖指向斜下方，以脚背内侧踢球的后中部（图 4-6）。踢地滚球时，要注意调整身体与出球方向的角度关系，以便踢球脚摆踢发力。搓踢过顶球时，踢球脚背略平，插入球的底部做切踢动作，击球后脚不随球前摆。踢内弧线球时，击球点应在球的后外侧，击球刹那，踝关节内旋发力，脚趾勾翘，使球内旋并呈弧线运行。

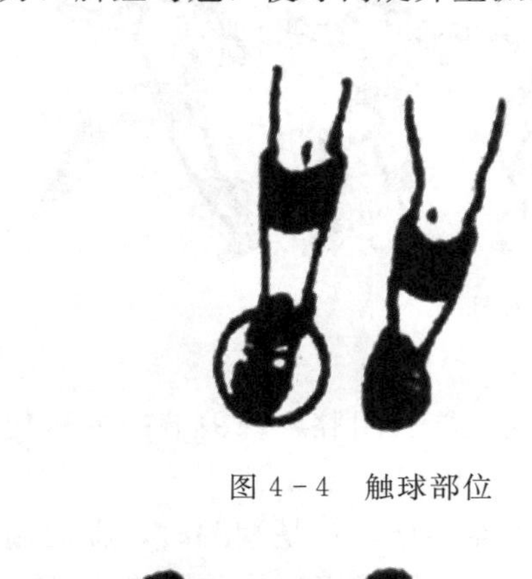

图 4-4 触球部位

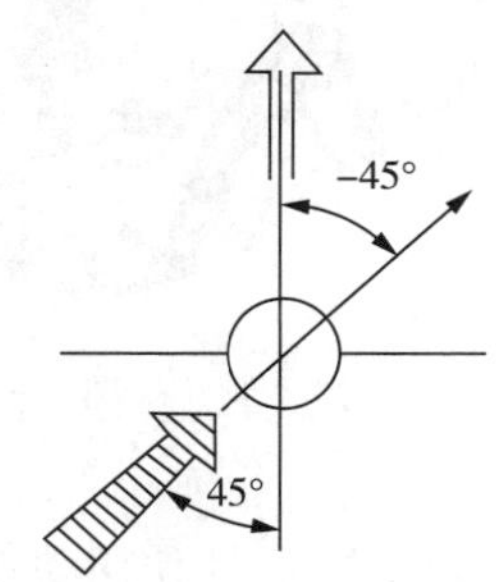

图 4-5 角度

图 4-6 脚背内侧踢球

3. 脚背正面踢球

脚背正面踢球的技术特点是踢摆幅度大，动作顺畅，便于发力。但出球路线及性能缺乏变化，适用于远距离的传球和大力射门。

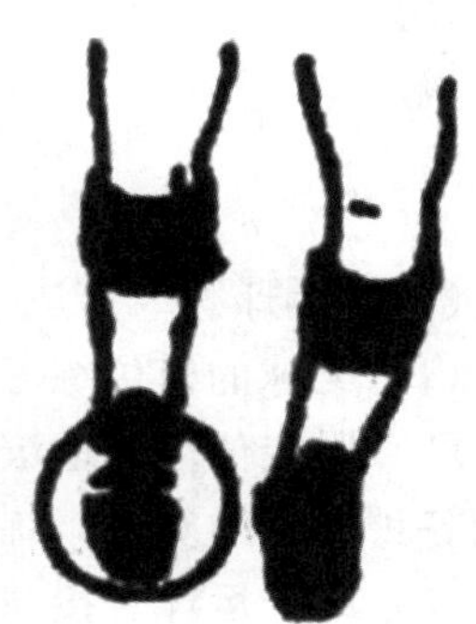

图 4-7 触球部位

动作方法：用脚背正面部位（楔骨、趾骨和末端）触球（图 4-7）。直线助跑，最后一步稍大并要积极着地，支撑脚踏在球侧约 15cm 处，脚尖正对出球方向，膝关节微屈，踢球脚在支撑脚着地前顺势向后摆动，小腿折叠。支撑脚着地的同时，以髋关节为轴，大腿带动小腿由后向前摆动，在膝盖摆至接近球的正上方的瞬间，小腿加速前摆发力，脚背绷直，脚趾扣紧，以脚背正面击球的后中部，踢后脚随球方向继续前摆（图 4-8）。踢反弹球时，要准确判断球的落点、反弹时间和角度，选好支撑脚的位置，在球落地的刹那，踢球脚小腿加速前摆击球，在球反弹离地时击球的后中部。踢地滚球时，支撑脚应正确选位，踢两侧地滚来球时，脚趾应对准出球方向，击球部位应准确，以保证击球时能发力；对速度较快的来球，要通过加大摆踢力量和调整出球方向，来消除初速度对出球方向的影响。踢空中球时，支撑脚的选位要稍远，以踢球脚能顺利踢摆发力为原则。同时可根据来球的角度或击球目的，选用抽击、弹击或摆击等方法。

图 4－8　脚背正面踢球

4. 脚背外侧踢球

脚背外侧踢球的技术特点是预摆动作小，出脚快，能利用膝、踝关节的灵活变化改变出球的方向和性质，是实用性较强的技术手段。

动作方法：脚背外侧踢球的动作方法类似脚背正面踢球，只是摆踢时，脚面绷直，脚趾向内扣紧斜下指，用脚背外侧击球的后中部，击球后，踢球脚顺势前摆着地（图 4－9）；踢外弧线球时，支撑脚踏在球侧后 15～20cm 处，踢球脚略呈弧形摆踢，作用力方向与出球方向约成 45°，击球点在球的内侧后部，击球后，踢球脚向支撑脚侧斜摆，以加大球的外旋力量。

图 4－9　脚背外侧踢球

（二）踢球练习方法

（1）无球的模仿练习。

（2）踢定位球、地滚球、空中球或反弹球、弧线球练习。可对足球墙、网自练，也可采用各种形式的对练；练习距离可由近至远；可由踢固定目标到踢活动目标。

（3）结合运球、接球的综合性技术练习及射门练习。

（三）动作要点提示

（1）支撑脚要对准出球方向，位置要选准。

（2）助跑最后一步要稍大，大腿带小腿，摆速要快。

（3）脚形要控制好，触球部位要准确，否则影响踢球的力量和准确性。

三、接球

接球是指运动员有目的地用身体的合理部位，把运行中的球接停在所需要的控制范围内。接球动作包括判断选位、支撑、触球动作、接球后跟进等几个环节。动作方法按触球部位分为脚部、腿部、胸部、腹部、头部接球几类。

（一）接球技术动作

1. 脚内侧接球

脚内侧接球技术的特点是接球平稳，可靠性强，动作灵活多变，用途广泛。

（1）脚内侧接地滚球。动作方法：身体正对来球，判断来球的速度和方向，选好支撑脚位置，膝关节微屈。接球脚根据来球的状态相应提起，膝、踝关节外旋，脚趾稍翘，用脚内侧对准来球。触球刹那，接球部位做相应的引撤或变向接球动作，将球控制在下一个动作所需要的位置上（图 4－10）。

图 4－10　脚内侧接地滚球

（2）脚内侧接反弹球。动作方法：判断好球的落点，支撑脚踏在球落点的侧前方，膝关节微屈，上体前倾并向停球方向微转。停球脚屈膝向侧方抬起并后摆，小腿放松，脚尖翘起使停球脚与地面形成锐角。当球刚反弹离地瞬间，停球脚小腿下摆，用脚内侧推压球的中上部（图 4－11）。

图 4－11　脚内侧接反弹球

2. 脚掌接球

脚掌接球技术的特点是动作简单，控球稳定可靠，适合于接迎面地滚球或反弹球。

动作方法：判断好球落点，支撑脚踏在球落点的侧后方，脚尖正对来球方向，膝关节微屈；停球脚屈膝向前提起，脚尖上翘；当球反弹离地瞬间，用脚前掌对准球的反弹路线，主动推压球的后上部（图 4－12）。

图 4－12　脚掌接球

3. 脚背正面接球

脚背正面接球技术的特点是迎撤动作

自如，接球稳定，适合接下落球。

动作方法：身体正对来球，判断来球路线和速度，支撑脚稳定支撑，接球脚屈膝提起，以脚背正面迎球，触球刹那，接球脚引撤下放，膝、踝关节相应放松，以增强缓冲效果（图 4 - 13）。

图 4 - 13　脚背正面接球

4. 大腿接球

大腿接球技术的特点是接触球部位面积大，动作简单，适用于接有一定弧度的落降高球。

动作方法：身体正对来球，判断来球，支撑脚稳固支撑，接球脚屈膝上抬，以大腿中前部对准来球。触球刹那，接球腿积极引撤下放，接球部位肌肉保持功能性紧张，以对抗来球冲力，使球触腿后落于体前（图 4 - 14）。

图 4 - 14　大腿接球

5. 胸部接球

胸部接球技术的特点是触球点高、面积宽，接球稳定，适用于接胸部以上的高空球。

动作方法：挺胸式接球适用于接有一定弧度的高球。接球时，身体正对来球，两腿自然开立，膝微屈，两臂在体侧自然抬起，上体稍后仰，与来球形成一定的角度。触球刹那，胸部主动挺送，使球触胸后向前上方弹起落于体前（图 4 - 15）。

缩胸式接球适用于接齐胸的平直球。触球刹那，迅速收腹、缩胸，缓冲来球力量，使球直接落于体前（图 4 - 16）。

图 4－15　挺胸式接球

图 4－16　缩胸式接球

（二）接球练习方法

（1）各接球部位的抛接练习。可自抛自练，也可两人对练。

（2）接地滚球、空中球、反弹球练习。可结合足球对墙、对网踢接球自练，也可采用各种形式的由近距离到远距离的传接球对练。

（3）在跑动中速度由慢到快的传接练习。

（4）结合其他技术的综合性练习和传抢游戏。

四、运球及运球过人

运球是运动员在跑动中用脚连续推拨球，使之与在移动中的人一起行进，是为突破对方防守和战术配合服务的。运球分为支撑脚踏地蹬送、运球脚前摆触球、运球脚踏地支撑三个动作过程。

运球过人是在运控球的基础上，根据临场需要，准确判断和把握对手的防守站位和重心变化情况，利用速度、方向或动作变化，获得时间和空间位置优势，从而突破防守的一种技术手段。运球过人分为逼近调动、运球超越、跟进保护三个阶段。从动作方法上可大致分为强行突破、假动作突破、变向突破、变速突破和人球分离突破。

（一）运球及运球过人动作方法

1. 运球动作方法

（1）脚背内侧运球。脚背内侧运球的动作特点是易控球，但速度慢，适用于掩护性运球。

动作方法：跑动时身体自然放松，步幅要小些，上体前倾稍向运球方向侧转，运球脚提起时，膝关节微屈，脚跟提起，脚尖外展，用脚背内侧推拨球使球随身体前进（图 4－17）。

图 4－17 脚背内侧运球

（2）脚背正面运球。脚背正面运球的动作特点是直线推拨，速度快，但路线单一，运球时前方需有较大的空间。

动作方法：自然跑动，步幅稍小，上体稍前倾，两臂协调摆动，运球脚屈膝提起前摆，脚背绷紧，脚跟提起，脚趾下指，用脚背正面推拨球使球随身体前进（图 4－18）。

图 4－18 脚背正面运球

（3）脚背外侧运球。脚背外侧运球的动作特点是灵活性、可变性强，可做直线、弧线和向外变向运球，易于发挥运球速度和对球进行保护。

动作方法：跑动时身体自然放松，上体稍前倾，两臂自然摆动，步幅小些，运球脚提起，膝关节微屈，脚跟提起，脚尖稍内转，在迈步前伸着地前用脚背外侧推拨球的后中部（图 4－19）。

2. 运球过人动作方法

（1）强行突破。运用时机：在防守队员身后有较大的纵深距离时，发挥速度优势进行突破。

动作方法：利用速度优势，以爆发式的起动和突然快速的推拨球，加速超越防守队员。

（2）假动作突破。运用时机：在有效调节对手，利用其重心错位时进行突破。

动作方法：利用各种虚晃动作迷惑对手，如假射、假传、假停等，使其不知所措或贸

图 4-19 脚背外侧运球

然盲动失去重心乘机突破。

(3) 变向突破。运用时机：在有效调节对手，利用其重心错位时改变运球方向进行突破。

动作方法：利用灵活的步法和熟练的运球动作晃动对手，使对手失去重心出现错位，从而改变运球方向，利用出现的位置乘机突破。

(4) 变速突破。运用时机：在有效调节对手，打乱对手的速度节奏时进行突破。

动作方法：通过速度的变化，打乱对手的速度节奏，利用产生的时间差乘机突破。

(5) 人球分离突破。运用时机：有效把握和利用对手的重心变化及其身后的空间进行突破。

动作方法：利用对手站位过死或重心移动过猛，突然推球从其胯下或体侧越过，自己却迅速从另一侧超越对手实现突破。

(二) 运球及运球过人练习方法

(1) 用拨、拉、扣、颠球等基本练习熟悉球性。

(2) 无防守直线、曲线运球。

(3) 运球过障碍物练习。

(4) 一对一运球突破对抗练习。

(5) 在教学比赛中练习。

五、抢截球

抢截球是比赛中由防守转为进攻的重要手段，在规则允许的条件下，把对方控制的球抢夺过来或破坏掉。抢截球分为判断选位、上步抢球、抢球后的串联动作等环节。

(一) 抢截球技术动作

1. 正面跨步抢球

动作方法：两脚前后开立，两膝微屈，身体重心下降。当对手运球脚触球后还未着地的刹那，一脚用力蹬地，另一脚屈膝以内侧部位对着球跨步伸出，上体前倾，身体重心迅速移至抢球脚上。如双方的脚同时触球时，则可抢先顺势向上提拉，使球从对方脚背滚过(图 4-20)。

2. 侧面合理冲撞抢球

动作方法：当与对手并肩跑动追球时，身体重心稍下降，靠近对手一侧的手臂要紧贴身体。在对方远离自己一侧的脚支撑时，用肘关节以上部位，适度冲撞对方相应部位，使其失去平衡而离开球，乘机将球控制住（图 4－21）。

图 4－20　抢截球

图 4－21　冲撞抢球

（二）抢截球练习方法

（1）无球模仿练习。

（2）两人一球，做原地跨步抢球练习。

（3）模拟对抗抢截球：一人慢运球，练习者从正面抢截球。

（4）两人在同行慢跑和快跑中进行冲撞抢球练习。

六、头顶球

头顶球是比赛中为了争取时间和取得空间优势的一项重要技术，它是传球、射门和抢截球的有效手段，包括判断与选定、蹬地与身体摆动、击球动作、击球后身体的控制几个动作过程。

（一）头顶球技术动作

1. 原地前额正面头顶球

原地前额正面头顶球技术的特点是触球部位平坦，动作发力顺畅，容易控制出球方向，出球平稳有力。

动作方法：两脚开立，注视来球，上体稍后仰，下颌平收，两臂自然张开。当来球接近身体垂直部位时，蹬地、收腹、摆体，用前额正面（图 4－22）将球顶出（图 4－23）。

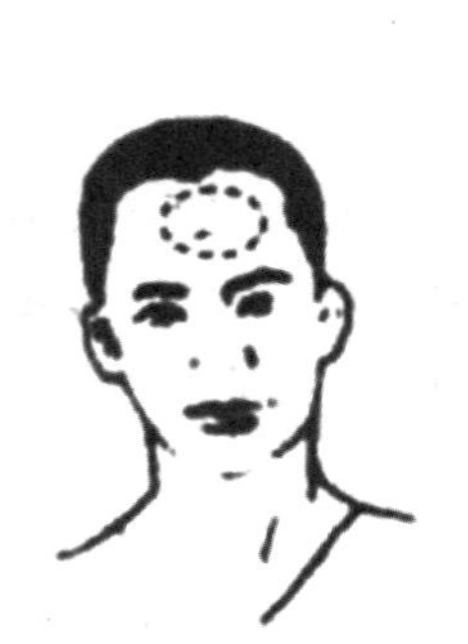

图 4－22　触球部位

图 4－23　原地前额正面头顶球

2. 跳起前额正面头顶球

动作方法：跳起顶球首先要准确判断球的落点和起跳时间，在起跳过程中要挺胸展腹，身体成背弓，当跳至最高点时顶球，其他动作同原地顶球（图 4－24）。

图 4－24 跳起前额正面头顶球

（二）头顶球练习方法

（1）徒手模仿顶球动作练习。

（2）两人一球，一人抛球，一人头顶；或一人一球，自抛自顶；或用吊球进行练习，体会顶球部位和动作要领。

（3）两人一球，自抛自顶，或对墙练习。

（4）两人一球，相距 5 米，一抛一顶，连续对顶或一进一退中顶。

（5）三人一球，做三角顶球练习比赛。在规定时间内，连续顶球次数多者获胜。

七、掷界外球

掷界外球是在比赛中按照规则的要求，有目的地用双手将球掷入场内的动作。掷界外球时，接球队员不受越位规则的限制，活动范围大，特别在对方罚球区附近，运用准确、大力的掷球比角球的威胁还大。掷界外球方法有原地和助跑两种。

（一）掷界外球技术动作

1. 原地掷界外球

动作方法：掷球时要面对出球方向，两脚开立，两手自然张开，持球的侧后部，屈肘将球举至头后，上体后仰膝微屈。掷球时，两脚用力蹬地，收腹摆体、挥臂、甩腕，将球从头后经头顶掷出（图 4－25）。

2. 助跑掷界外球

动作方法：助跑时两手持球于胸前，在最后一步迈出的同时，将球举至头后，同时身体后仰成背弓，两脚成前后开立，其他掷球动作与原地掷球相同。

（二）掷界外球练习方法

（1）根据规则和动作要点，进行无球模仿练习。

（2）两人一球互掷，距离由近至远，要求练习中球不落地或结合其他技巧、战术练

图 4－25　原地掷界外球

习，为增强臂力，可用实心球代替。

（3）进行界外球掷准、掷远比赛。

八、守门员技术

守门员技术也分为无球技术和有球技术两大类。无球技术包括准备姿势和移动动作；有球技术包括接球、扑接球、拳击球、托球、掷球和踢球等。下面仅介绍接球的几种技术动作及练习方法。

（一）接球技术动作

1. 直腿式接地滚球

准备接球时，两腿直膝自然开立，脚尖正对来球，上体前屈，两臂并肘前迎，两手小指相对地靠近，手掌对球，在手触球的刹那，随球后撤并屈肘、屈腕，两臂靠近将球抱于胸前（图 4－26）。

图 4－26　直腿式接地滚球

2. 单腿式接球

准备接球时，身体正对来球，两脚左右开立，一腿深屈支撑身体，另一腿膝盖内转似跪撑，膝盖接近地面并靠近深屈腿的脚跟，上体前屈，手臂下垂，两手小指相对，手掌对准来球并稍前迎。在手触球的刹那，两手随球后撤并屈肘、屈腕，两臂靠近将球抱于胸前，然后起来（图 4－27）。

图 4-27 单腿式接球

3. 接低于胸部的平直球

身体正对来球，两脚左右开立，上体稍前屈，两臂稍下垂并屈肘前迎，两手小指相靠，手掌对球。当球触手的刹那，两臂随球后撤并屈肘，顺势将球抱于胸前（图 4-28）。

图 4-28 接低于胸部的平直球

4. 接齐胸高的平直球

身体正对来球，两脚左右开立，两臂屈肘，手指向上，手指微屈，手掌对球，两拇指相靠；当手触球的一刹那，手指、手腕适当用力，随球顺势屈臂后撤，转腕将球抱于胸前。

5. 接高球

面对来球，两臂上伸，两手拇指相对成“八”字形相靠，手指微屈，手掌对球；当手触球的一刹那，适当用力将球接住，并顺势屈肘转腕，将球抱于胸前（图 4-29）。

图 4-29 接高球

（二）练习方法

（1）各种动作模仿练习。

（2）两人一组，相距 4～6 米，一人掷地滚球，另一人接地滚球练习。

（3）两人一组，相距 6～7 米，一人掷各种高度的球，另一人接球。

（4）两人一组，相距 15 米，一人用脚踢球，另一人接球。

第二节　足球的基本战术

战术在比赛中的作用是将集体的力量组织起来，发挥每一个队员的特长，根据队员和自己的情况，采用一定的阵形和配合方法，使队员在技术、身体素质、战术意识等方面发挥较高水平，从而取得比赛的优异成绩。

足球战术是指在比赛攻守过程中，为了战胜对手，根据主客观的实际情况所采取的个人行动和集体配合的总称。

一、个人进攻战术

（一）摆脱

摆脱的方法可以采用突然启动、冲刺跑、急停、突然变向、突然变速和假动作等。下面列举几种摆脱的方法。

示例 1（图 4－30）：突然启动摆脱。⑨号在原地或慢跑中突然快速启动，甩开防守❸号，接⑧号的传球。

示例 2（图 4－31）：突然变向摆脱。❸号紧跟⑨号，⑨号向一侧移动吸引对手也跟随移动，突然变向快速起跑，甩掉对手，接⑧号的传球。

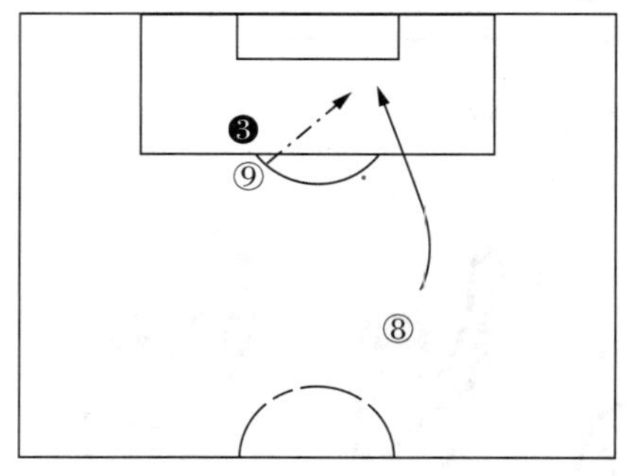

图 4－30　突然启动摆脱

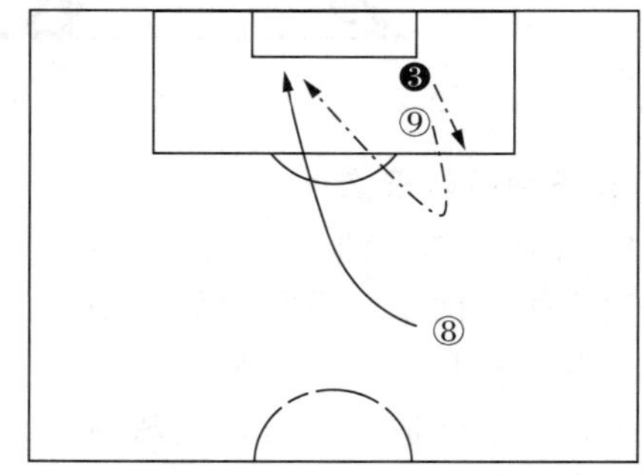

图 4－31　突然变向摆脱

示例 3（图 4－32）：急停摆脱。⑨号斜插，防守队员❷号跟得很紧，⑨号突然急停甩开对手，接⑩号的传球。

示例 4（图 4－33）：突然变速摆脱。当❺紧逼进攻队员⑨号，⑨号可利用快跑—突停—再快跑甩掉对手的看守，接⑩号的传球。

（二）跑位

跑位可以起到接应、策动、牵动、突破等作用。这些作用是随着场上情况的变化而不断互相转化的，因此队员应机动灵活、多谋善变，既勤于摆脱又善于跑位，做到一举多得。如图 4－34 的⑦号开始回跑，既扯动了④号又接应了⑧号，⑨号开始回跑，既扯动了

❺号又接应了⑧号，然后反向切入起到了突破的作用。

跑位和摆脱时应做到目的明确，机动灵活；摆脱要及时，动作要突然。

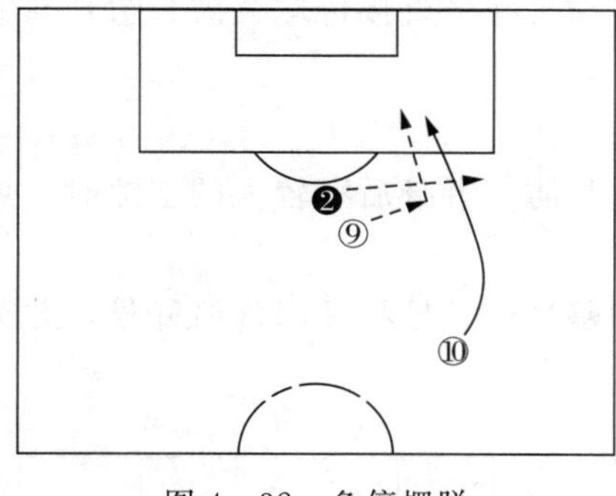

图 4-32　急停摆脱

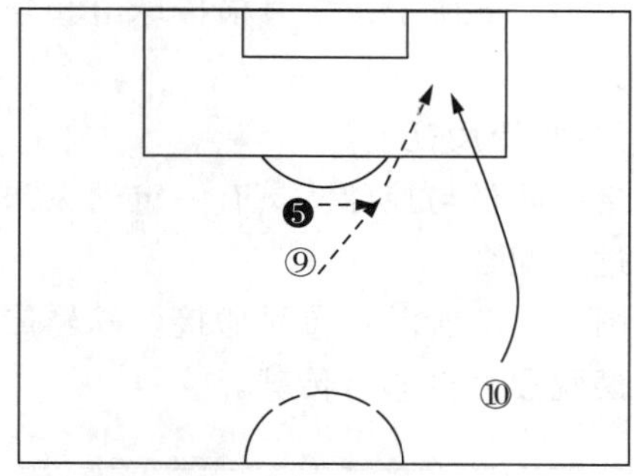

图 4-33　突然变速摆脱

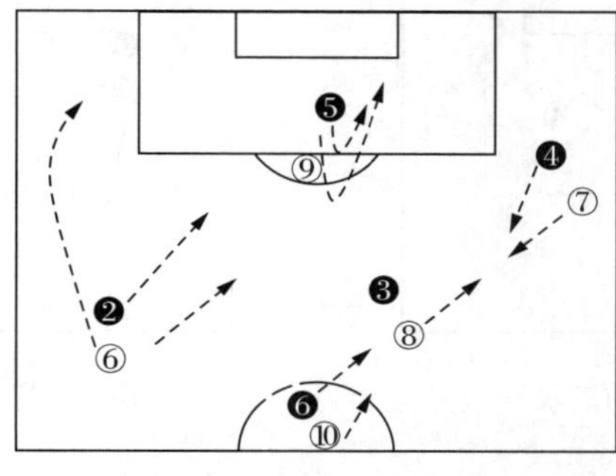

图 4-34　跑位

二、二过一战术配合

二过一战术配合是指在局部地区两名进攻队员通过传递球和跑位，突破一名防守队员的配合。这种配合既可直接完成，即踢墙式二过一；也可间接完成，即间接二过一。

（一）斜传直插二过一

此种二过一战术配合在比赛中经常被运用。当控球队员与接应队员之间有一定宽度时，可采用此种二过一配合。

如图 4-35 所示：⑩号斜传⑨号，并快速启动直插接⑨号的斜传球，突破❷号的防守。

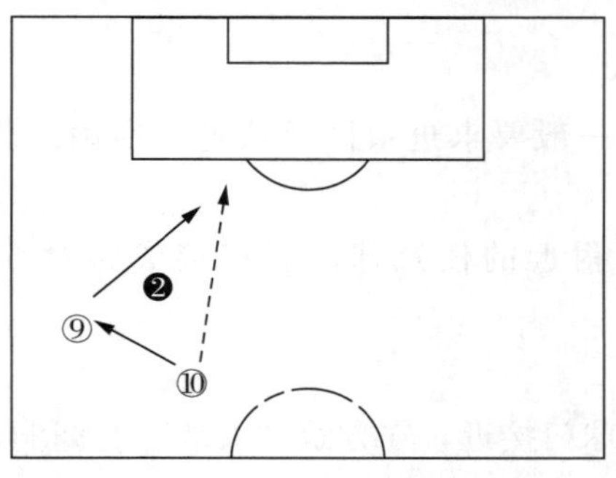

图 4-35　斜传直插二过一

（二）直传斜插二过一

当防守者身后有较大空隙时，可采用此种二过一配合。

如图 4－36 所示：⑦号横传球给⑨号，然后斜插接⑨号直接传球突破。⑦号与⑨号交叉换位。

（三）回传反切二过一

当接应队员与控球队员有一定的纵深距离，并且防守者身后有较大的空隙时，可采用此种二过一配合。

如图 4－37 所示：⑩号撤接，⑥号传球，扯动❸号，⑩号将球回传给⑥号，并突然转身反切摆脱❸号接⑥号传球。

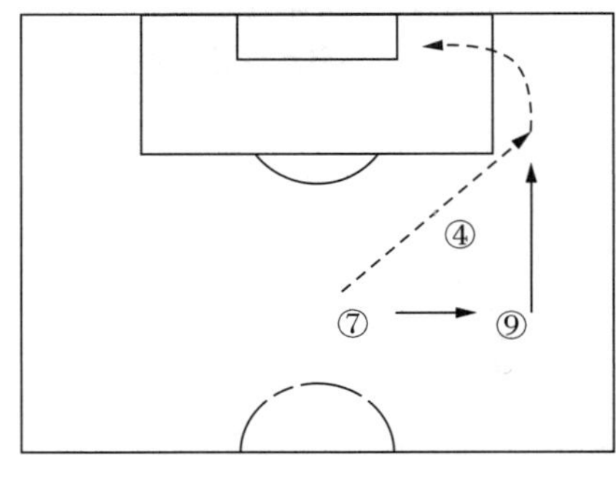

图 4－36　直传斜插二过一

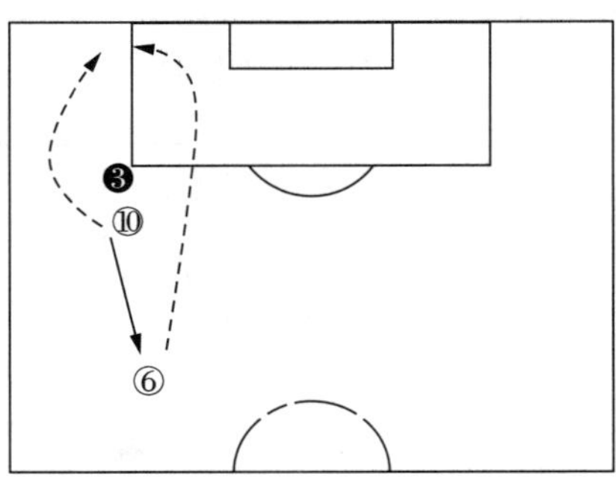

图 4－37　回传反切二过一

二人传球配合对队员总的要求：

（1）抓住战机。

（2）应根据防守队员的位置、场上空当以及接应队员的位置等情况，合理地采用二人传球配合方法。

（3）随机应变。

（4）任何一种二人传球配合，都要求传球队员传球准确，接应队员突然快速地启动。假如防守队员是最后一名后卫，则要注意传球和启动的时间，避免造成越位而失掉控球权。

三、任意球战术

（一）任意球的进攻战术

在中、后场的任意球，一般要求进攻队员快速、准确地传球，防守队员迅速退守到位，盯住相应的对手。

在前场，尤其在罚球区附近的任意球，能直接威胁对方球门，是一次极好的得分机会。

1. 直接射门

罚直接任意球时，如距球门接近，守方筑“人墙”有漏洞，守门员位置不当，或攻方某队员善于踢弧线球，攻方要大胆采用直接射门。

2. 传球配合射门

传球配合射门的方法很多，不论哪一种方法都要求队员之间配合默契。

（二）任意球的防守战术

无论是直接任意球还是间接任意球，守方的前锋、后卫应迅速退守。有可能直接射门的任意球，要筑“人墙”。

四、掷界外球战术

（一）掷界外球的进攻战术

掷界外球时，同队队员应积极跑动摆脱，交叉掩护，拉出空当，将球掷到有利于进攻的位置。

在对方罚球区附近的边线掷界外球时，应由掷球较远的队员直接将球发至球门前，同队队员包抄射门。

（二）掷界外球的防守战术

当对方队员掷界外球时，防守队员要对离掷球位置较近的进攻队员进行紧逼、干扰，破坏对方完成掷界外球的战术配合。

第三节　足球竞赛规则与裁判法

国际足球协会理事会制定的足球比赛规则规定了足球比赛的方法及比赛双方运动员应遵守的行动准则与违反这些规则时的处置方法，以及裁判员和助理裁判员的职权与职责等内容。规则的精神实质可以概括为保护运动员的安全和健康；制裁一切有害的动作和不道德行为；确保比赛双方在均等的条件下，充分地发挥技、战术水平，保证比赛顺利进行。因此，裁判员必须认真细致地学习、理解规则，熟悉地掌握规则和运用规则，以保证完成裁判任务。

一、足球竞赛规则分析

（一）比赛场地、球、队员人数、队员装备

1. 比赛场地

国际足球联合会曾规定世界杯决赛阶段比赛场地为长 105 米、宽 68 米。国内基层比赛的场地可因地制宜，长度为最长 120 米、最短 90 米，宽度为最长 90 米、最短 45 米，但边线的长度必须长于球门线的长度，场内各区域的面积不得变更。球门两门柱的距离为 7.32 米，横梁下沿距地面 2.44 米。

2. 球

比赛所用的球圆周不长于 70cm、不短于 68cm；重量在比赛开始时不多于 450 克、不少于 410 克；压力在海平面上等于 60.8～111.43 千帕。

3. 队员人数

一场比赛应有两个队参加，每个队的上场队员不得多于 11 名，其中必须有 1 名守门员。如果任何一队少于 7 人，则比赛不能开始。正式比赛中，各队每场比赛最多可以使用 3 名替补队员。

4. 队员装备

队员必需的基本装备是运动上衣、短裤（如穿紧身内裤，必须与短裤的主色为同一颜色）、护袜、护腿板、足球鞋。每个守门员的服装颜色必须有别于其他队员、裁判员和助理裁判。

（二）裁判员和助理裁判员

1. 裁判员

每场比赛由一名裁判员控制，他被任命具有全部权力去执行与比赛有关的竞赛规则。他的权限和职责是执行裁判规则：与助理裁判员及第四官员一起控制比赛；确保比赛用球符合规则；确保队员装备符合规则；记录比赛时间和成绩；因违反规则和外界干扰停止、推迟或终止比赛；如果他认为队员受伤，可根据伤情不同，采用不同的处理方法；掌握有利条款的运用；确保未经批准的人员不得进入比赛场地等情况。

2. 助理裁判员

每场比赛应委派两名助理裁判员，他们的职责应为示意：当球的整体越出比赛场地时；应由哪一队踢角球、球门球或掷界外球；当处于越位位置队员可以被判罚时；当要求替换队员时；当发生裁判员视线外的不正当行为或任何其他事件时。

助理裁判员还应根据场上情况协助裁判员控制比赛。助理裁判员如有过分干预或不适当表现时，裁判员可解除其职责并将报告提交有关部门。

（三）比赛时间、比赛开始或重新开始、比赛进行及死球、计胜方法

1. 比赛时间

比赛分为两个半场，每半场 45 分钟，中场休息时间不得超过 15 分钟。在每半场比赛中损失的所有时间应被扣除，这些时间包括替换队员、对伤势的估计、将受伤队员移出场地进行治疗、拖延时间、任何其他原因造成的。根据裁判员的判断扣除损失的时间。

2. 比赛开始或重新开始

比赛开始前，裁判员召集双方队长，用投币的方式选择场区。开球时球应放定在中点上，当球被踢向前移动时比赛即为进行。开球队员直接将球踢进对方球门，算进一球。

3. 比赛进行及死球

（1）比赛成死球。下列情况成死球：当球不论在地面或空中全部越过球门线或边线时；当比赛被裁判员停止时。

（2）比赛进行。其他所有时间均为比赛进行中，包括球从球门柱、横梁或角旗杆弹回场内；球从比赛场地上的裁判员或助理裁判员身上弹回场内。

4. 计胜方法

当球的整体从球门柱及横梁越过球门线，而此前未违反竞赛规则，即为进球得分。在比赛中进球较多的队为胜者。如两队进球数相等或均未进球，比赛则为平局。竞赛规程应说明，若比赛结束时为平局，是否采用决胜期或国际足球协会理事会同意的其他步骤以决定比赛胜负。

（四）越位

队员较球和最后第二名对方队员更接近于对方球门线，即为处于越位位置。队员处在

越位位置本身并不是犯规。

队员下列情况为不处于越位位置：在本方半场内；平齐于倒数第二名对方队员；平齐于最后两名对方队员。

处于越位位置的队员，在同队队员踢或触及球的一瞬间，裁判员认为下列情况“卷入”了现实比赛中时才被判为越位犯规：

（1）干扰比赛。

（2）干扰对方队员。

（3）利用越位位置获得利益。

如果队员直接从下列情况下接到球，则没有越位犯规：

（1）球门球。

（2）掷界外球。

（3）角球。

对于任何越位犯规，裁判员应判给对方在犯规发生地点踢间接任意球。

（五）犯规与不正当行为

1. 判罚直接任意球

可判罚直接任意球的犯规共有 10 种情况。这 10 种情况又分为前 6 种和后 4 种，在前 6 种情况前冠以一段话，即“裁判员认为，如果队员草率地、鲁莽地或使用过分的力量实施下列 6 种犯规中的任何一种，将判给对方踢直接任意球”。以下为 10 种情况：

（1）踢或企图踢对方队员。

（2）绊摔或企图绊摔对方队员。

（3）跳向对方队员。

（4）冲撞对方队员：足球比赛快速、激烈，队员间避免不了身体接触，因此在接触的方式上允许做合理冲撞。合理冲撞应符合下列条件：

① 冲撞的目的在于获得球。

② 冲撞时，球须在双方控制范围内。

③ 一般用肩至肘关节这个部位冲撞对方的相应部位，且上臂须贴近身体。

④ 冲撞时，并非草率的、鲁莽的，也没有使用过分的力量。（冲撞对方队员也包括冲撞对方守门员）

（5）打或企图打对方队员。

（6）推对方队员。

（7）为了得到对球的控制而抢截对方队员控制的球，于触球前触及对方队员。

（8）拉扯对方队员。

（9）向对方队员吐唾沫。

（10）故意手球，这是指队员故意用手或臂部触球，以非法获益的行为。裁判员应严格区分故意与无意，凡故意或蓄意手球均应予判罚，无意或意外手球不予判罚。

2. 判罚间接任意球

可判罚间接任意球的犯规共有 9 种情况，其中前 5 种是针对守门员的，后 4 种是针对队员的。

(1) 用手控制球超过 6 秒。

(2) 在发出球之后未经其他队员触球，再次用手触球。

(3) 用手触及同队队员故意回传的球。

(4) 用手触及同队队员直接掷入的界外球。

(5) 拖延时间。

(6) 动作具有危险性。

(7) 阻挡对方队员。

(8) 阻挡对方守门员从其手中发球。

(9) 违反规则第十二章以前未提及的其他任何犯规，而停止比赛被警告或罚令出场。

3. 可警告的犯规

如果队员做出下列 7 种犯规中的任何 1 种行为，将被警告并出示黄牌：

(1) 犯有非体育道德行为。

(2) 以语言或行动表示异议。

(3) 持续违反规则。

(4) 延误比赛重新开始。

(5) 当以角球或任意球重新开始比赛时，不退出规定的距离（9.15 米）。

(6) 未得到裁判员许可进入或重新进入比赛场地。

(7) 未得到裁判员许可故意离开比赛场地。

4. 罚令出场的犯规

如果队员做出下列 7 种犯规中的任何 1 种行为，将被罚令出场并出示红牌：

(1) 严重犯规。

(2) 暴力行为。

(3) 向对方或其他任何人吐唾沫。

(4) 故意用手球破坏对方的进球或明显的进球得分机会（不包括守门员在本方罚球区内)。

(5) 用可判为任意球或点球的犯规破坏对方向本方球门移动着的明显的进球机会。

(6) 使用无礼的、侮辱的或辱骂的语言及动作。

(7) 在同一场比赛中得到第 2 次警告。

（六）任意球、罚球点球

1. 任意球

凡判罚直接任意球或间接任意球，必须同时具备下列 4 个基本条件：

(1) 犯规队员是场上队员。

(2) 队员违反规则的有关规定。

(3) 犯规地点是在比赛场地内。

(4) 犯规时间是在比赛进行中。

2. 罚球点球

当队员在比赛进行中，于本方罚球区故意违反规则第十二章 10 项规定中的任何 1 项时，即被罚球点球。罚球点球可以直接进球得分。除主罚队员及对方守门员外其他队员应处于比赛场地内，罚球区和罚球弧外。

（七）掷界外球、球门球、角球

1. 掷界外球

掷界外球不能直接得分，掷界外球没有越位。

2. 球门球

球门球可以直接射入对方球门得分。

3. 角球

角球可以直接射入对方球门得分。

二、裁判法

（一）裁判员的跑动路线与方法

（1）裁判员的跑动路线根据目前国内外采用的对角线裁判制可分为 4 种：大“S”形跑、跟踪跑、小“S”形跑和直线跑。

（2）裁判员的跑动方法可分为正面跑、侧面跑、倒退跑，不论采用哪种方法，其基本要求是始终面向球。

（二）助理裁判员的跑动方法

助理裁判员的跑动方法分为退跑、侧向滑步跑和向前跑 3 种。一般情况下运用后退跑和侧向滑步跑较多，这样有利于助理裁判员保持面向场内，扩大观察面，做到人球兼顾。

（三）裁判员的哨声及手势

裁判员有 5 种情况是必须鸣哨的，其要求如下：

（1）比赛开始，一声哨，哨声稍长。

（2）比赛时间终了，二至三声短促哨，接一声长哨。

（3）判某队胜一球，一声长哨。

（4）执行判罚点球，一声哨，哨声稍长。

（5）场上发生犯规或其他情况，裁判员暂停比赛时，应及时鸣哨。

国际足球联合会制定的竞赛规则中，规定了裁判员的手势有 4 种。它们是直接任意球手势、间接任意球手势、继续比赛手势、警告和罚令出场手势。另外 3 种通用手势，足球竞赛规则中没有规定，它们是球门球手势、角球手势、罚球点球手势。

（四）助理裁判员的旗示

国际足球联合会制定的竞赛规则中有 3 种旗示：越位旗示（包括远端越位、中间越位、近端越位）、界外球旗示、替换队员旗示。另外有 3 种为通用旗示，竞赛规则中没有规定，它们是球门球旗示、角球旗示、协助犯规旗示。

1. 越位

单臂将旗上举，见到裁判员鸣哨令比赛暂停后，将旗向前斜上举、前平举、前斜下举表示远端、中间、近端队员越位。

2. 界外球

单臂将旗侧斜上举，指向掷界外球方向。

3. 替换队员

待比赛成死球时，用双手将旗横举过头，向裁判员提示某队请求换人。

4. 球门球

面向场内，将旗前平举，指向执行球门球的球门区。

5. 角球

单臂将旗斜下举指向近端的角球弧。

6. 协助犯规

根据规则要求，助理裁判员发现球员犯规时，将旗上举并晃动。当裁判员看见旗示并令比赛停止时，助理裁判员将旗侧斜上举，指示踢任意球方向。

第五章　篮　球

篮球运动是1891年由美国体育教师詹姆斯·奈史密斯博士为了解决冬天学生因为寒冷而不愿在室外活动的问题，依据当地农民在采摘桃时，向篮子里扔桃子玩的一种游戏而设计的，后取名为篮球游戏。随后，篮球运动在世界范围内得到了广泛的开展。

美国篮球职业联赛（NBA）是目前世界篮球最高水平的联赛，齐聚了来自世界各地的高水平篮球运动员。1995年，我国开始举办中国男子篮球职业联赛（CBA），已经发展成为国内最重要的联赛，在国际上也具有一定的影响力。1998年，中国大学生体育协会主办了首届中国大学生篮球联赛（CUBAL），使得大学校园也有了高水平的篮球联赛，深受大学生们的喜爱。

经常参加篮球运动不仅能使参加者在力量、速度、灵敏度、弹跳、耐力等身体素质方面得到全面发展，而且可以培养参加者团结友爱的集体荣誉感和严格的组织纪律性，以及顽强的意志品质和拼搏精神。此外，作为集体参与的运动项目，篮球运动无疑为人与人之间的正常交往提供了理想平台，让参加者在运动中愉悦身心。

第一节　篮球的基本技术

“怎么样才能打好篮球?”这个问题是很多初次学习篮球的大学生经常问到的。其实这个问题不难回答：学好篮球基本技术最关键，然后就是要多打比赛。但是“说”着容易，“做”起来并不是太简单。就学习篮球基本技术来说，很多大学生篮球爱好者都知道规范的投篮动作、传球动作应该是怎么样的，但是自己做起动作来却很难掌握动作要领。为此，本节详细介绍篮球基本技术各个动作的要领，以及练习的方法，旨在帮助大学生篮球爱好者规范并掌握篮球基本技术，为提高篮球水平奠定基础。

一、基本站立与防守姿势

基本站立姿势是攻守技术的基础，也是各种技术动作的基本环节。保持正确的基本姿势，能使身体各部位处于适宜的工作状态，便于各技术动作的开始和运用。

（一）基本站立姿势

两脚左右或前后开立，两脚之间距离与肩同宽，全脚掌着地，两膝弯曲，大小腿之间的角度约为135°，身体重心落在两脚之间，上体略为前倾，两臂屈肘自然下垂，置于体侧，两眼平视场地情况。防守时的站立姿势是两脚间距离略比肩宽，两臂屈肘左右或前后张开。

（二）防守基本姿势

两脚平等站立或斜侧向开立，比肩稍宽、屈膝，身体重心支撑点在两脚的前脚掌上，含胸、收腹，上体稍前倾，两臂屈肘侧举，上臂与身体夹角为60°，手掌向前，目视前方。

二、熟悉球性

打篮球离不开手的控制，所以首先要以“玩球”的方法熟悉球性。并且左右手接触球时要均衡，绝不能有所偏重，这对于初学者来说是很重要的。只有这样，才能在控球时随心所欲。

（一）动作方法

手接触球时，要用五指触球，掌心空出，因为手指的触觉更敏感，双脚自然开立，用手腕做各种压、翻、转等动作。

（二）练习方法

（1）用手腕的抖动来回拨动球，不要看球，全凭手对球的感觉，可以增强手感和球感。

（2）绕腰背传接球：两手交替持球在身体前后绕腰部做环绕。

（3）环绕头部传接球：两手交替持球围绕头部做环绕。

（4）环绕两腿传接球：两腿自然叉开，上体前倾，让球在两腿间做“8”字形环绕练习。

（5）抛球练习：双手体前（体后）持球，抛球经头至背后（体前）接球。

（6）体前斜上摆球：双手持球于腹前，单手将球向斜上方摆至最高点，换手交替反复练习。

（7）体前上方摆球：单手向上方将球摆至最高点。

（8）体前击掌练习：双手持球于头后，向上抛球时双手体前击掌，然后快速在体后接球。

（9）背后击掌练习：双手腹前抛球（不超过头），身后击掌再接体前下落球。

（10）原地单手体前、体侧推拉运球：双手体前、胯下、背后交替推送运球及胯下“8”字形运球等。

三、移动

移动是篮球比赛中为了改变位置、方向、速度和争取高度采用的各种脚步动作的统称。

（一）起动

起动是队员在球场上由静止状态变为运动状态的一种动作，是获得位移初速度的方法。

动作方法：向前起动是用后脚的前脚掌短促有力地蹬地，重心前移，上体前倾，迅速向前迈步，起动后的前两三步要短促而迅速；向侧起动是用异侧脚的前脚掌用力蹬地，同时上体迅速向起动方向侧转并前倾，重心跟随移动，迅速向跑动方向迈步，步法同向前起动。

（二）变向跑

变向跑是队员在跑动中突然改变方向的一种脚步动作。

动作方法：以右向左变向跑为例，队员跑动中最后一步用右脚前脚掌制动；同时脚内侧蹬地、屈膝、脚尖稍向内扣、腰部随之左转、重心左移，上体稍前倾；同时左脚向左前方跨出一小步，右脚再迅速向左腿的侧前方跨出一大步。

（三）侧身跑

跑动时为了观察场上情况并随时准备接侧耳后方传来的球而经常采用的跑动方法。

动作方法：脚尖和膝盖对着跑动方向，头和腰部向球的方向扭转，侧肩，上体和两臂放松，随时观察场上情况。

（四）急停

急停是队员在跑动中突然制动速度的一种动作，是衔接其他技术动作和摆脱对手的有效方法。急停包括跨步急停和跳步急停。

1. 跨步急停

动作方法：急停时的第一步跨出稍大，脚跟先着地滚动到前脚掌撑地，脚尖由向前方转为向侧前方，同时重心下降，并先落在后脚上，身体稍向后坐，以减缓向前的冲力；第二步着地时，前脚下掌内侧用力蹬地，脚尖稍向内转，两膝弯曲并内收，上体稍前倾，重心落在两脚之间两臂屈肘张开，帮助控制身体平衡。

2. 跳步急停

动作方法：队员在跑动时用单脚起跳，两脚同时落地（略比肩宽），前脚掌用力蹬地，两膝迅速弯曲，重心下降；两臂屈肘张开，保持身体平衡。

（五）转身

转身是一脚做中枢脚进行碾地旋转，另一脚随之转动（向前或向后）来改变身体原来的方向。

动作方法：两膝弯曲，收腹，含胸，上体稍向前倾，转身时重心移向中枢脚，中枢脚以前脚掌为轴用力碾地，另一脚前脚掌内侧蹬地，同时以肩带动腰向前或向后转动身体。转动过程中，身体重心要在一个水平面上，不能上下起伏。

四、传接球

（一）持球方法

（1）双手持球：两手手指自然分开，握球的后侧方。

（2）两拇指成“八”字形，掌心空出，托球的后下部；手腕后屈，小臂向上，用手指和指根把球控制住（图 5－1）。

图 5－1　持球

（二）双手胸前传球

动作方法：两手五指自然张开，两拇指成“八”字形，用指根以上部位持球，掌心空出；两肘自然弯曲于体侧，置球于胸腹部位，身体成基本姿势站立，脚分前后；传球时，目视传球方向，两臂前伸，手腕由下向上转动，再由内向外翻，急促抖腕，同时拇指用力下压，食、中指用力弹拨，将球传出；出球后手心和拇指向下，其余四指向前。远距离传球，则需加大蹬地和腰腹的协调用力（图 5－2）。

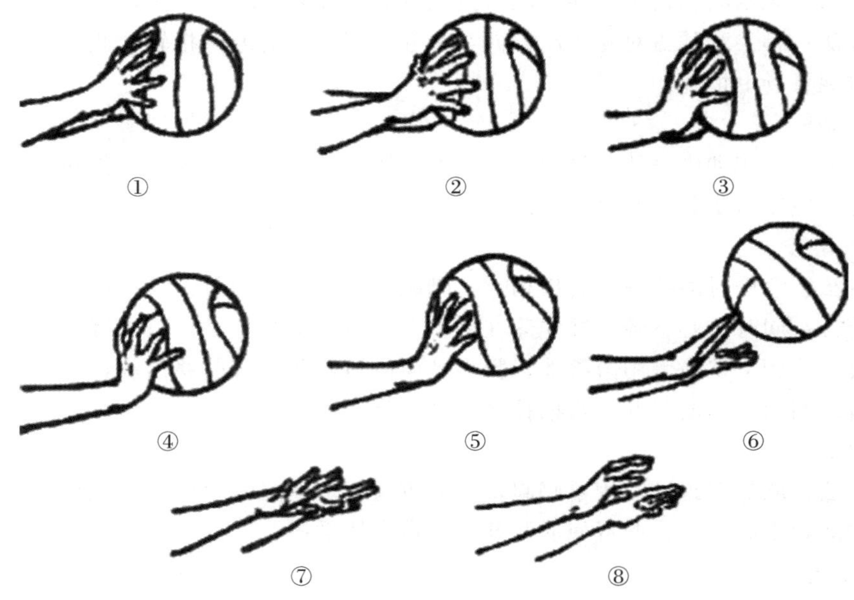

图 5－2　双手胸前传球

（三）接球动作方法

1. 双手接球

伸臂迎球，两拇指成“八”字形，其他手指向上自然张开，掌心斜向前似球状，当手指触球时随球收臂后引，持球于腰腹间。

2. 单手接球

以右手为例，右脚朝来球方向迈出，两眼注视来球，手指成勺形自然分开，迎来球方向伸出；当手指触球时顺势将手臂收向下方，左手立即协助握球，双手持球于腰腹之间（图 5－3）。

（四）练习方法

1. 原地传接球练法

（1）自抛自接球练习：双手持球平举，将球向上抛起 1.5 米左右，然后传球，看持球手法是否正确。

（2）徒手模仿练习：徒手模仿原地传接球，体会动作要点。

（3）原地相对传接球：两人一组面对面站立，相距 3～5 米，用一球做原地传接球练习。

（4）原地三角、四角传球：3 人或 4 人一组站成等边三角形或正方形，相邻两人相距

图 5－3 单手接球

4～5 米，用一或两球按顺时针或逆时针方向依次传球。

（5）扇形传球：6 人一组一球，站成扇形，站在扇形中心的持球人依次向其他人传球和接回传球；往返两次后，持球人与排头交换位置继续练习。

2. 移动传接球练习

（1）迎面跑动传接球：6 人一组，分两队站立，距离 6～8 米，相互传球后跑到对面队尾或本队队尾。

（2）三角移动传接球：练习者分成 3 组，每组 3～5 人，成三角形站立，进行传接球练习，传球者传球后回到本队队尾。

（3）四角或五角移动传接球：练习者分成 4 组或 5 组，每组 3～5 人参照三角移动传接球。

（4）两人一组全场短传球推进练习：传球落点要有提前量，跑动时脚尖朝前，上体面向同伴。

（5）3 人短传球推进练习：中间者传球后，从接球者的身后绕过，3 人在传接球的同时，从后场向前场推进。

（6）传球追人：指定两名练习者在全场（或半场）内传球移动，作为追捕者，其余练习者在场内躲闪。当传球者持球触及另一人，此人即变为追捕者，直至将所有人捕尽。要求追捕者只可以传球移动，不准运球、走步。

（7）全场传接球上篮和半场传接球上篮练习。

（8）传接球比赛：练习者分成人数相等的两队，在全场进行不投篮的传接球比赛。防守一方抢断球，传球次数多者获胜。为练习传接球技术，可规定比赛中不能运球，只能传球。

五、投篮

（一）动作方法

（1）原地单手肩上投篮动作方法（以右手为例）。右手五指自然分开（手心空出），指根以上部位触球，向后屈腕、屈肘，持球于肩上耳部左右，肘内收，前臂与地面接近垂直，左手扶球的左侧，右脚稍前，左脚稍后，重心放在两脚之间，两膝微屈，目视投篮目标；投篮时，两脚前脚掌用力蹬地，伸展腰腹，抬肘，手臂上伸，即将伸直时，手腕用力前屈，手指拨球，用中指和食指的指端将球投出；球出手后，腿、腰、臂自然伸直（图 5－4）。

图 5－4　原地单手肩上投篮

（2）行进间单手低手上篮动作方法（以左手为例）。通常称为“三步上篮”。运球或接球时右脚跨出一小步用力起跳，右腿屈膝上提，双手向前上方举球，当身体接近最高点时，右手伸臂屈腕，用手指拨球投篮。整个动作要协调连贯，一气呵成，不能出现明显的停顿动作（图 5－5）。

图 5－5　行进间单手低手上篮

（3）跳投动作方法（以右手为例）。两手持球于胸前，两脚前后或左右自然站立，两腿微屈，重心在两脚之间。起跳时两腿迅速屈膝，前脚掌用力蹬地向上起跳，同时迅速举球于头侧上方（起跳和举球动作要协调一致），用右手托球，手腕后屈，左手扶球。当身体接近最高点时，左手离球，右臂伸向前上方，前臂即将伸直时，手腕用力前屈，食、中指拨球，通过指端将球投出，手臂向出球方向自然伸直。落地时屈膝缓冲，保持身体重心稳定（图 5 - 6）。

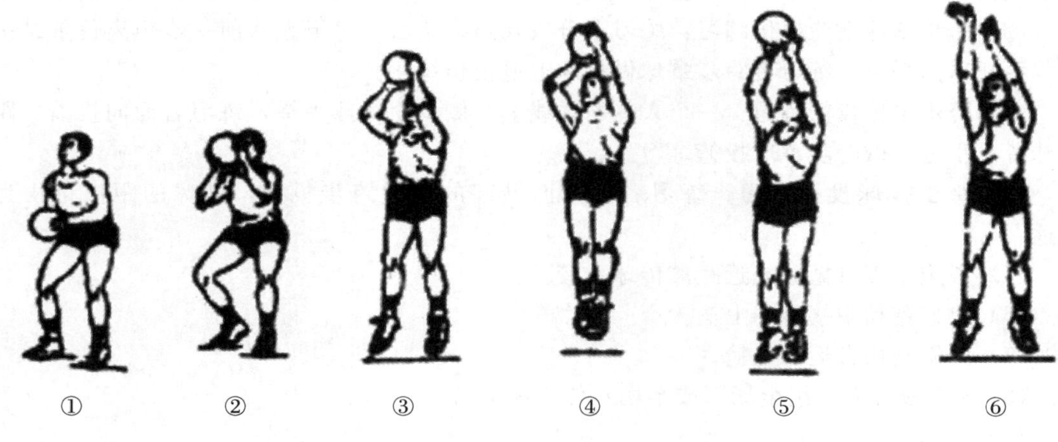

图 5 - 6　跳投

（二）技术要点

（1）正确的投篮手法。

（2）瞄篮点：举起球后，视线从篮球底部透过，瞄准篮球前沿正中部。

（3）适宜的飞行弧线：中等飞行弧线有较高的命中率。

（4）球的旋转：通过食指与中指的拨球，使球产生向后的匀速旋转，以保持球投出后稳定飞行。

（5）全身协调用力。

（三）练习方法

1. 原地投篮练习

（1）练习者做投篮模仿练习。

（2）两人一组互投练习：压腕、指尖拨球使球后旋，练习者自我或相互观察球是否后旋。

（3）投点练习：利用篮球场上的线或对准墙上和篮板上的一点，进行投篮练习。练习者对准线或想象中的一点向上伸臂投球，看投出的球是否落在线上或点上，并及时纠正错误动作。

（4）定点投篮练习：投篮后跑到篮下抢篮板球，传给下一个练习者，然后回到队尾，依次练习。

（5）不同角度、距离的投篮练习：要求由近及远，由易到难。投中者可连投，不中则换人。

（6）罚球比赛：规定每人的罚球次数相等，最后看谁罚中的次数多。

（7）投篮计分比赛：练习者分成人数相等、力量平均的几个组，每人在罚球线上投篮一次（投中得5分）后跑到篮下接球（不允许球落地）补篮一次（投中得3分），然后传球给下一个同伴。各组将分数累计，总分多者获胜。

2. 行进间投篮练习

（1）徒手模仿练习：练习者按照先跨右脚接球，上左脚起跳，然后腾空投篮的顺序做徒手模仿练习。练习过程中要体会“一步大，二步小，三步起跳”的动作要领和节奏。

（2）跨步拿球上篮模仿练习：练习者分成几路纵队后，每组纵队前一步距离位置站一人单手托球侧平举，练习者跨步拿球做持球上篮模仿练习。

（3）跨步拿球投篮练习：一个人在罚球线上一侧单手托球平举，练习者面向投篮，距托球者一步远，做跨步拿球投篮练习。

（4）跨步接球投篮练习：练习者接前面抛起的球做跨步投篮，抛球的距离可由近及远。

（5）慢跑中接自抛球或近距离传球上篮。

（6）快速跑动中接传球上篮。

（7）由慢到快自运球上篮。

（8）3人或4人一组全场（或半场）传接球上篮。

3. 移动投篮练习

（1）两人一组，一人传球，一人上步接球投篮，投中十次后交换。

（2）把练习者分成两组，每组5～8人，一组为传球，另一组绕一定路线跑动后接球投篮。投篮人自己抢篮板球站在传球组的队尾。

六、运球

（一）动作方法

运球的基本动作是两脚前后或左右自然开立，两膝微屈，上体前倾，抬头平视前方。运球时手臂自然弯曲，以肘关节为轴，用前臂和手指的力量控制球的运动，另一只手臂自然张开，以保护球。

运球的技术动作很多，总的来说分为以下几种：

1. 高运球

在没有对方紧逼的情况下，通常用这种运球方法。运球时，两腿微屈，目平视，运球手在腰腹间触球，手指协调配合，使球有节奏地向前运行。

2. 低运球

在对方紧逼防守时，为了更好地保护球，通常用低运球。两膝弯曲，上体前倾，用身体保护球的同时短促地拍按球，使球的反弹高度在膝部以下。

3. 急停急起运球

利用速度的变化来摆脱对手的运球方法。

4. 体前变向运球

当对手堵截在运球前进路线上时，突然向左或向右改变运球方向，并且交换控球手来摆脱对手的运球方式。以右手为例，右手拍按球的右后上方，把球从右侧拍按到左侧前方，同时向右转体以保护球，然后换手运球，加速前进。

5. 背后运球

当对手离自己身体较近时，无法在体前改变方向，可以用背后运球。以右手为例，变向时右脚在前，右手将球拉至身体右侧后方，迅速拍按球的右后方，将球从身后拍按至左侧前方，然后换左手加速运球。

6. 胯下运球

当防守队员迎面堵截时，可以用胯下运球摆脱对手。以右手为例，变向时左脚在前，右手拍按球的右上部，将球从两腿之间按运到身体左侧，然后上右脚并换手运球，加速前进。

7. 转身运球

当对手离自己身体较近时，不能用体前变向，也可以用转身运球过人。以右手为例，变向时，左脚在前为轴做后转身，右手将球拉至身体左侧前方，然后换手运球，加速前进。运球时要尽量降低身体重心，不要上下起伏。

（二）练习方法

（1）原地垂直地高、低运球，体会运球的动作要点。

（2）对墙运球练习，提高手腕、手指的控球能力。

（3）体前左、右手交替做推送横运球练习。

（4）体前单手做横推拉运球练习，体侧单手做纵推拉运球练习。

（5）原地运球比赛，相同时间内看谁运球次数最多。

（6）在球场两边线间做直线折回高低运球，要求运球往返时分别用两只手练习，并且抬头看前方。

（7）迎面运球接力赛：让练习者分成3～4组，进行运球接力赛，既可以提高练习者的运球技术，也可以培养团结协作精神。

（8）运球急停急起练习：根据信号或以球场的罚球线、中线等横线为标志做运球急停急起；还可以运球急停后原地运球3次后突然起动。

七、持球突破

（一）动作方法

1. 交叉步突破

以右脚做中枢脚为例，两脚左右开立，两膝微屈，持球于胸腹间。突破时，左脚前脚掌内侧迅速蹬地，上体稍右转，重心向右前方移动，左脚向右侧前方跨出，将球引于右侧运球，然后中枢脚向前迅速跨出超越防守队员。注意先放球，然后再抬起中枢脚。练习时要注意防止带球跑违例（图5－7）。

图5－7　交叉步突破

2. 顺步突破

准备姿势和突破前的动作要求与交叉步相同。以左脚为中枢脚为例，突破时，右脚向右前方跨出一步，向右转体探肩，重心前移，右手运球，左脚前脚掌迅速蹬地，向右前方跨出，突破防守队员（图 5－8）。

图 5－8　顺步突破

（二）练习方法

（1）原地交叉步、顺步、跨步练习。

（2）自抛球、自接球突破投篮练习。

（3）摆脱接球后突破练习。

（4）突破和其他技术结合练习，如突破后投篮或传球。

八、防守对手

（一）动作方法

1. 防守持球队员

应选择在持球队员与球篮之间站立，抢占有利的防守位置，降低重心，两臂屈肘外张以扩大防守面积，并且在身体接触瞬间提前用力，做到主动对抗。

2. 防守无球队员

防守无球队员时更要集中注意力，要做到人球兼顾。不仅要看到自己防守的队员，还要观察持球者的传球意图，以便及早判断，提前抢占有利的防守位置，位置的选择要在对手与球篮之间，但稍偏向持球队员一侧。

（二）练习方法

防守对手可以采取一对一的方式练习，主要方法有：

（1）防守位置的选择练习：根据防守对手（持球或无球）进行选择防守位置的练习。

（2）防守对手投篮练习。

（3）防守对手传球练习。

（4）防守对手突破练习。

第二节 篮球的基本战术

篮球竞赛在现代竞技性和群众性的篮球活动中占有重要地位，同样在大学校园里，篮球比赛也是开展最多的活动之一，深受大学生们的喜爱。但是要想呈现出一场精彩好看的篮球比赛，参加篮球业余训练是非常有必要的。通过技术、身体素质的训练，不但可以提高球技和身体器官的机能，而且通过集体训练可以增加同学之间的友情，增强集体的凝聚力。

一、篮球的基本战术

篮球战术内容丰富，千变万化，但其基础是两三人之间的战术配合，这是组成全队战术的基础。只有熟练地掌握和运用战术基础配合，才能使全队战术内容更加丰富、更加灵活、更加有效地发挥作用。

（一）基础配合

基础配合包括进攻基础配合与防守基础配合。

1. 进攻基础配合

（1）传切配合。传切配合是进攻队员之间利用传球、切入等技术组成的简单配合。包括一传一切和空切配合两种。

一传一切示例：如图 5-9 所示，④号传球给⑤号后，立刻摆脱对手向篮下切入，接⑤号传来的球投篮。

空切示例：如图 5-10 所示，④号传球给⑤号后，迅速摆脱对手向腹地横切，接同伴⑤号的回传球投篮。

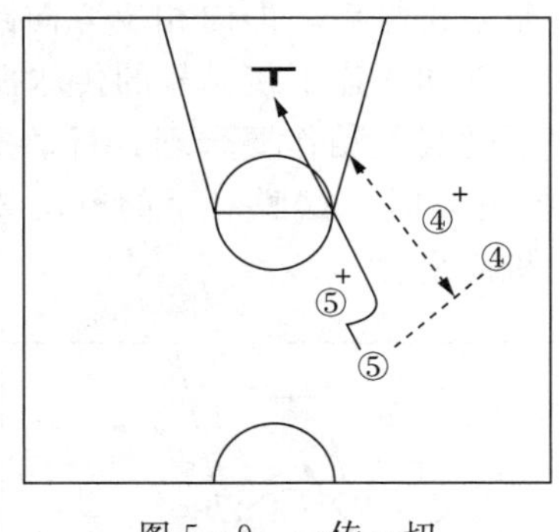

图 5-9 一传一切

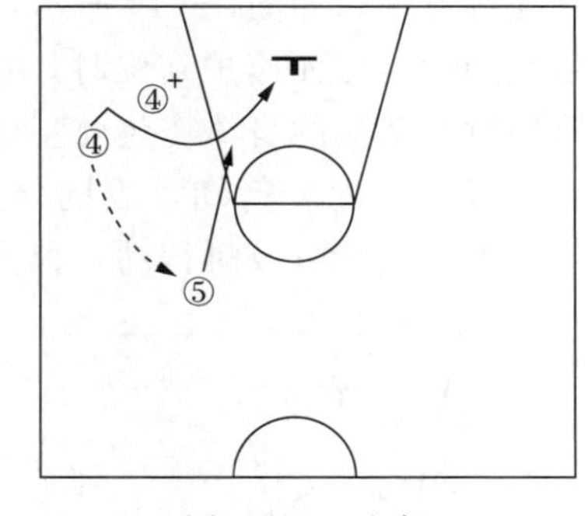

图 5-10 空切

要求：切入队员要根据情况掌握切入的时机，果断、快速地摆脱对手，并随时注意接同伴的传球。传球队员要用假动作吸引、牵制对手，当切入队员已摆脱对手并处于有利位置时，应及时、准确地把球传给切入的同伴。

（2）突分配合。突分配合是指持球队员突破后，利用传球与同伴配合的方法。

示例一：如图 5-11 所示，⑤号接④号的传球，持球突破上篮，防守⑤号封盖，使⑤

号由上篮变传球，将球传给⑥号，⑥号投篮。

示例二：如图 5－12 所示，④号持球从底线突破④号，遇到⑥号补防时，及时传球给纵插到有利位置的⑤号或⑥号投篮。

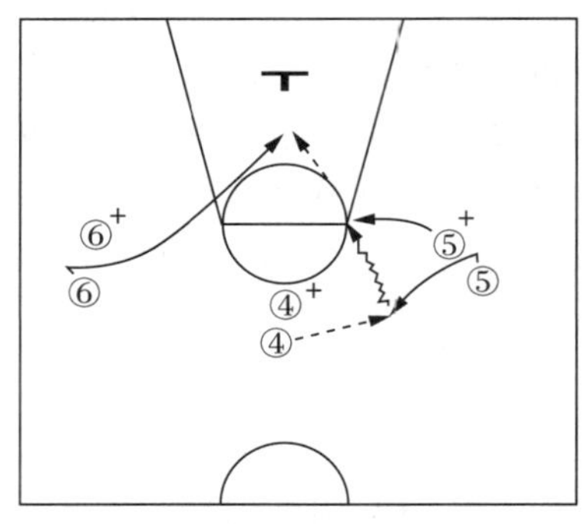

图 5－11　突分配合（一）

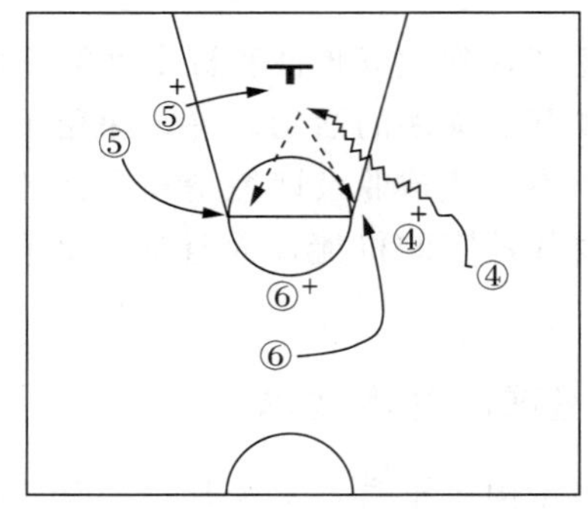

图 5－12　突分配合（二）

要求：突破要突然、快速，在突破过程中既要做好投篮的准备，又要随时观察场上攻守队员的位置和行动，以便抓住有利战机，及时、准确地将球传给有利进攻的同伴。

（3）掩护配合。掩护配合是掩护队员采用合理的行动，用身体挡住同伴的防守者的移动路线，使同伴借机摆脱防守，或利用同伴的身体摆脱防守，从而接球进攻的一种配合方法。

前掩护：掩护队员站在同伴的防守者面前，用身体挡住防守者向前移动的路线，使同伴借机摆脱防守的一种配合方法。如图 5－13 所示，⑤号传球给④号后，即向相反方向跑动给⑥号做掩护，当⑤号跑到⑥号侧面掩护到位时，⑥号摆脱防守切入篮下接④号的传球投篮。

后掩护：掩护队员站在同伴的防守者身后，挡住他的移动路线，使同伴借以摆脱防守的一种配合方法。

侧掩护：掩护队员站在同伴的防守者侧面，用身体挡住防守者的路线，使同伴借以摆脱防守的一种配合方法。如图 5－14 所示，⑤号传球给④号后，即向相反方向跑动给⑥做掩护，当⑤号跑到⑥号侧面掩护到位时，⑥号摆脱防守切入篮下接④号的传球投篮。

要求：掩护时，队员的身体姿势要正确，距离要适当，动作要合理，行动要隐蔽。被掩护的队员要用假动作配合行动，当同伴到达掩护位置时，摆脱对手的行动要及时、突然、快速。两人配合默契，及时行动，根据情况随机应变。

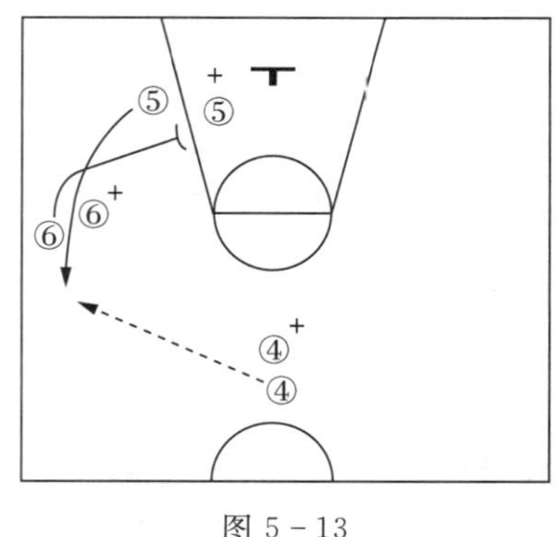

图 5－13

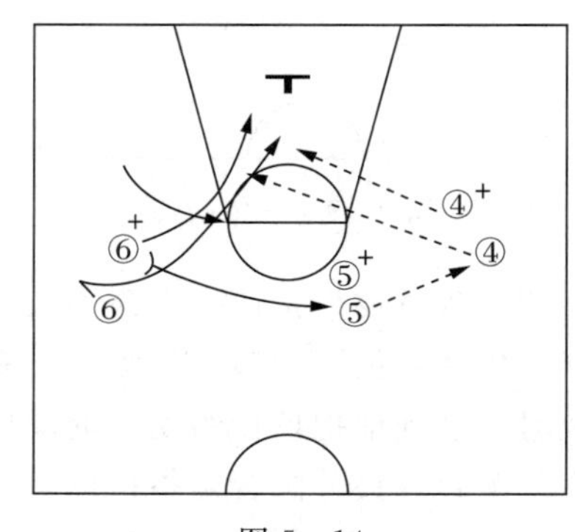

图 5－14

(4) 策应配合。策应配合是进攻队员背对或侧对球篮接球，与同伴空切或绕切相结合，借以摆脱防守，创造各种进攻机会的一种配合方法。在半场范围内，靠底线的限制区两侧做策应通称内策应；在罚球线附近和罚球线延长线附近做策应通称外策应。

策应配合要求：策应队员突然启动，摆脱对手，占据有利位置，接球后保持合理护球姿势，注意观察，及时传球给进攻机会最好的同伴投篮或自己进攻；外围传球队员根据策应者位置和机会，及时准确地传球给策应队员，做到人到球到，传球后迅速摆脱防守切到篮下。

策应配合的练习方法：

示例一：内策应是内线队员位于内策应区域抢占有利位置接球，与空切或外线同伴形成的配合方法。如图 5-15 所示，⑤号获球后，另一侧的⑥号突然插入对侧的策应区接⑤号的传球，⑤号向下移动，佯作接⑥号的回传球投篮。⑥号利用假动作吸引对手，并观察同伴的战术意图和行动，发现另一侧的④号迅速摆脱空切，及时隐蔽将球传给④号投篮。

示例二：外策应是中锋或高大前锋抢占罚球线附近区域，获得球后随时观察场上情况，及时将球传给最有利进攻的同伴，或把握自己的进攻时机，形成内、外、真、假的配合方法。如图 5-16 所示，⑤号持球或运球，当④号突然上提到罚球线附近并抢占到有利位置时，将球传给④号，⑥号迅速摆脱空切到腹地，④号及时隐蔽地将球传给⑥号投篮。

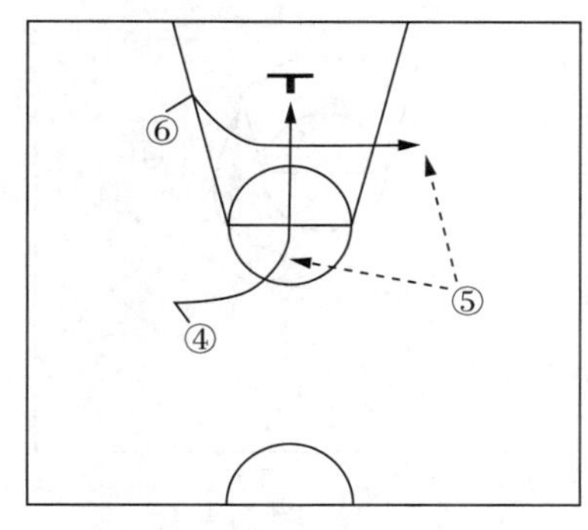

图 5-15 内策应

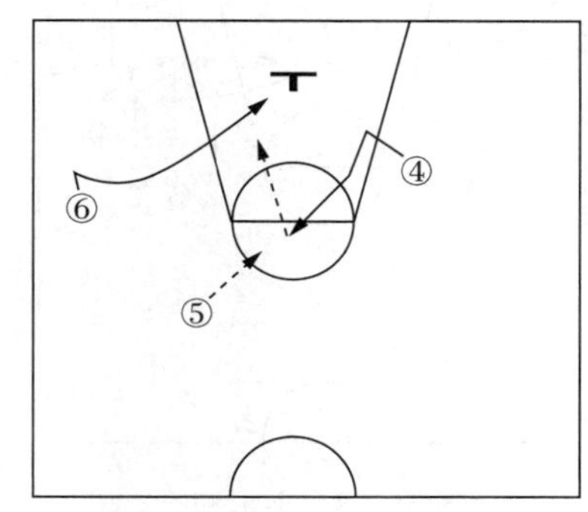

图 5-16 外策应

2. 防守基础配合

(1) “关门”配合。当进攻队员运球突破时，防守突破的队员向侧后方移动挡住其移动路线，临近突破一侧的防守队员，应及时快速地向突破队员的前进方向移动，预防突破队员靠拢，像两扇门一样关起来，堵住突破者的前进路线。

示例：如图 5-17 所示，当对方⑤号向右侧突破时，本方④号和⑤号进行“关门”；向左突破时，本方⑥号和⑤号进行“关门”。

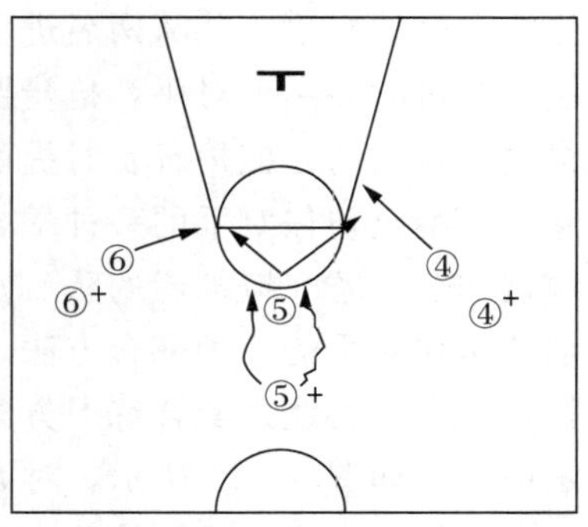

图 5-17 “关门”配合

要求：“关门”时，移动要快，配合要默契，两人要靠紧，不留空隙。与突破队员距离很近时，两防守队员要向斜后方撤步“关门”；

距离较远时，可移动“关门”，堵截突破者的去路。

（2）夹击配合。夹击配合是两名以上的防守者采取突然的行动，封堵和围夹持球者的一种配合方法。

夹击配合要求：正确选择夹击的时机和位置；夹击时防守者应用腿和躯干围住持球者，同时挥动两臂封堵传球角度，伺机抢断球。邻近的防守者应及时移动切断其传球路线准备断球。

夹击配合练习方法：

示例：如图 5－18 所示，对方④号从底线突破，本方④号封堵底线，迫使对方④号停球。同时，本方⑤号迅速向底线跑去与④号协同夹击，以封堵其传球路线，迫使其违例或失误。

（3）补防配合。补防配合是防守队员在同伴漏防时，立即放弃自己的对手，去补防那个威胁最大的进攻者，而漏人防守队员及时换防的一种协同防守方法。

补防配合的练习方法：

示例：如图 5－19 所示，对方⑤号传球给④号后，突然摆脱本方⑤号的防守直插篮下，此时本方⑥号放弃对对方⑥号的防守而补防对方⑤号，本方⑤号去补防对方⑥号。

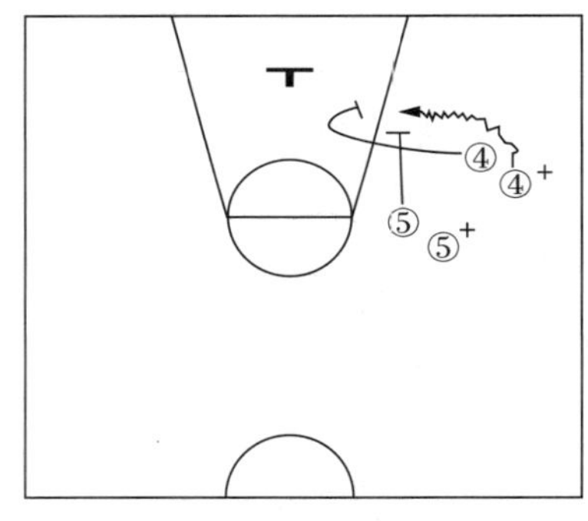

图 5－18　夹击配合

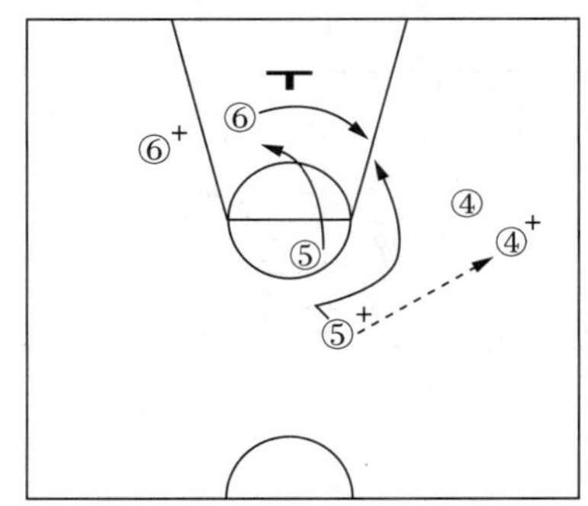

图 5－19　补防配合

（4）挤过、穿过、绕过配合。挤过配合是当掩护者临近的一刹那，被掩护者的防守者主动靠近自己的对手，并从两名进攻队员之间侧身挤过去，继续防守自己的对手的一种配合方法。挤过时要贴近对手，抢步要及时。

穿过配合是防守掩护者及时提醒同伴，并主动后撤一步，让同伴及时从自己和掩护者之间穿过，继续防住对手的一种配合方法。

绕过配合是防守掩护者的队员及时提醒同伴，并主动贴近对手，让同伴从自己身后绕过，继续防住对手的一种配合方法。

挤过、穿过、绕过配合练习方法：

示例一：如图 5－20 所示，对方④号传球给⑤号后给⑥号做掩护，本方⑥号在对方④号靠近自己的一刹那，迅速抢前一步贴近对方⑥号。并在对方⑥号和④号中间挤抢过去继续防守对方⑥号。

示例二：如图 5－21 所示，对方⑤号传球给⑥号后去给④号做掩护。本方⑤号要及时提醒同伴，本方④号当⑤号掩护到位前一刹那主动后撤一步。从本方⑤号和对方⑤号中间穿过去，继续防守对方④号。

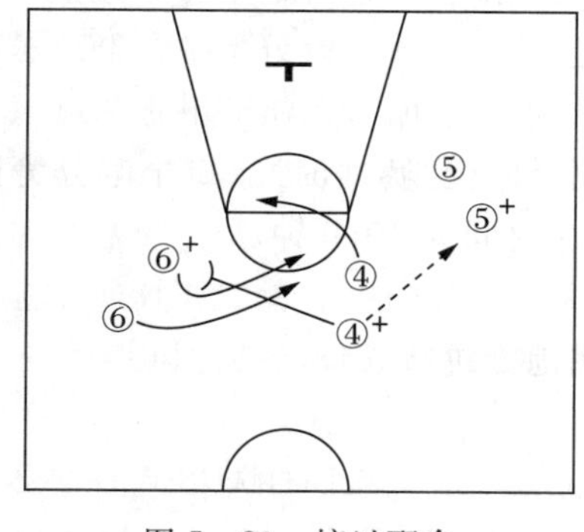

图 5-20　挤过配合

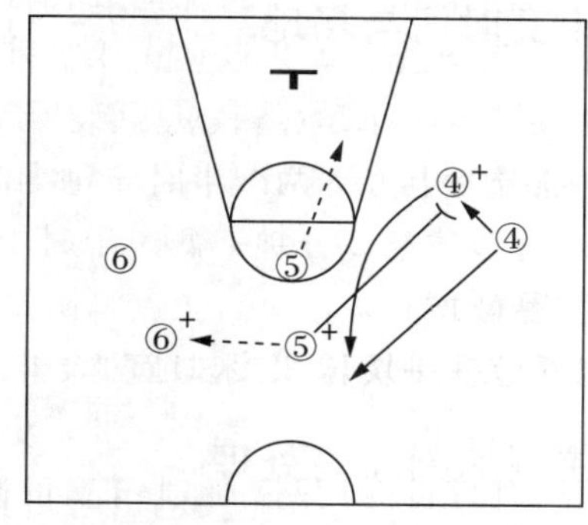

图 5-21　穿过配合

示例三：如图 5-22 所示，对方⑥号传球给⑤号并给他掩护，对方⑤号传球给④号后利用⑥号的掩护向篮下切入。本方⑤号从本方⑥号和对方⑥号的身后绕过继续防守对方⑤号。

(5) 交换配合。交换配合是当进攻队员掩护成功时，防守者为了破坏对方的掩护配合，防掩护者和防被掩护者及时交换所防对手的一种配合方法。

交换配合要求：防守掩护者及时提醒同伴，紧跟对手，当对手切入，突然换防；防守被掩护者的队员及时调整防守位置，抢占人与篮之间的有利位置。

交换配合练习方法：

示例：如图 5-23 所示，对方⑤号去给④号做掩护，本方⑤号要主动给同伴发出换人的信号，及时堵截对方④号向篮突破的路线。此时本方④号及时调整自己的防守位置，防止对方⑤号向篮下空切。

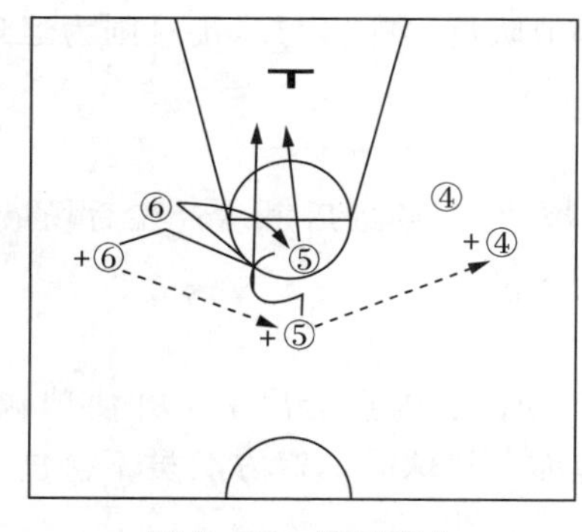

图 5-22　绕过配合

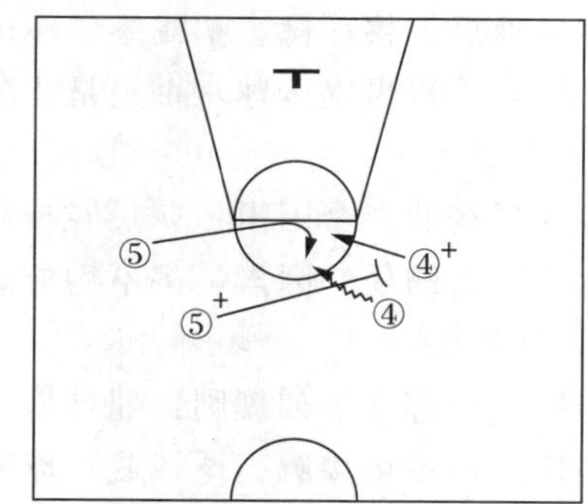

图 5-23　交换配合

第三节　篮球竞赛规则与裁判法

篮球运动与竞赛规则自同日诞生起，共同走过了一百多年的历史，规则激发了篮球运动无限的活力和魅力；而篮球技术、战术的发展，又使规则不断地改进和革新。篮球竞赛规则是篮球运动的法律性文件，是篮球竞赛唯一的理论依据。裁判法是临场裁判员的工作方法，指导裁判员完成一场竞赛的裁判工作。

一、比赛时间与场地

（一）比赛时间（国际篮联规则）

篮球比赛分为上、下两个半时，每半时为 20 分钟（比赛净时）。每半时分为两节，每节 10 分钟，每节休息 2 分钟，两个半时中间的休息时间为 10 分钟。

（二）比赛场地

篮球比赛应在一块长 28 米、宽 15 米的平坦场地上进行。

二、违例的判断与处理

（一）带球跑

确定中枢脚是判断持球队员是否带球跑的关键。以下面三种情况来确定中枢脚：

（1）队员静立时接球，可用任一脚作轴进行旋转。

（2）队员在移动中接球或运球结束时，可采用两步停步或将球脱手。第一步计算：在接到球的一刹那，任一脚正在接触地面；如双脚离地时接球，在接球后一脚或双脚同时接触地面。第二步计算：第一步后，一脚或双脚同时接触地面队员确已停步，在做第二步时第一步的脚不得有新的移动队员合法停步后，如脚分前后，可用后脚做中枢脚旋转，两脚不分前后，可用任何一脚做中枢脚旋转。

（3）队员静立接球或持球合法停步后：投篮或传球时，可提起中枢脚或跳起，但必须在一脚或双脚再次接触地面前将球脱手；开始运球时，在球离手前不准提起中枢脚，如果持球队员违反上述三条标准，都应判为带球跑违例。

（二）非法运球

队员控制球后，将球掷、拍或滚，在球接触其他队员之前再与球接触则为运球。队员一次运球完毕，不得再次运球，否则是非法运球。

（三）球回后场

判断球回后场的三个因素：队员在前场控制球；在前场最后触球；在后场最先触球。缺少上述三个因素的任一因素，都不构成球回后场违例。

（四）罚球违例

罚球时队员应遵守下列规则：罚球队员应在 5 秒钟之内投篮出手，并使球触及篮圈；罚球时，罚球队员不得接触罚球线或罚球线前的地面；罚球时，双方队员不得进入罚球区域扰乱罚球队员等。违反上述规定，即判违例。

（五）跳球违例

跳球时队员应遵守下列规则：当裁判员抛的球达到最高点之前，任何一个跳球队员都不得拍球；在拍球前跳球队员不得离开自己的位置；每一跳球队员只能拍击球两次；每一跳球队员第二次拍球后，当球触及非跳球队员、地面、球篮或篮板前，不得再接触球；跳球时，非跳球队员在球被跳球队员拍击前，应站在圆圈外。违反上述规定者，应判为跳球违例。

（六）3 秒钟违例

某队控制球时，同队队员在对方限制区内停留不得超过 3 秒钟，否则为 3 秒钟违例。判断 3 秒钟违例时需要注意以下三个问题：3 秒钟在所有掷界外球的情况下均有效，从掷界外球队员可以处理球时开始计算；限制区的所有线，属于限制区的一部分，进攻队员脚踏限制区的线就如同进入限制区；投篮出手和连续抢篮板球投篮不受 3 秒钟限制。

（七）5 秒钟违例

掷界外球队员的 5 秒钟计算，从掷界外球队员可以处理球开始，他必须在 5 秒钟内将球掷入场内；罚球队员的 5 秒钟计算，从罚球队员得到裁判员的递交球开始，他必须在 5 秒钟之内将球离手；持球队员被严密防守的 5 秒钟计算，是当一个持球队员被一个或两个对方队员积极挥臂封堵、抢球时，他必须在 5 秒钟之内传、滚、投篮或运球，否则应判违例。

（八）8 秒钟违例

一个队从后场控制活球开始，必须在 8 秒钟内让球进入前场，如果超过 8 秒钟，应判违例。

（九）24 秒钟违例

某队在场内控制着一个活球时，必须在 24 秒钟内投篮出手，否则应判 24 秒钟违例。在判断和处理 24 秒钟违例时，应注意以下问题：球出界，由原控制球的队员掷界外球时或裁判员中止比赛以保护受伤队员，并由受伤队员的同队队员掷界外球时，24 秒钟从中断处计算；当投篮的球在空中时，如果错误地发出 24 秒钟违例信号，若球投中，得分有效，若球没有投中则由双方队员在就近的圆圈内跳球。

（十）干扰球违例

判断干扰球违例需要注意以下三个问题：

(1) 投篮和传递中的球在篮圈水平面上下落时，进攻队员不得触及此球。如果进攻队员违反规定，不管是否投中均无效，由对方在违例就近边线掷界外球。

(2) 投篮的球，当球在篮圈水平面上下落时，防守队员不得触及此球。如果防守队员违反此规定，无论中篮与否，根据投篮地点判给投篮队员得 2 分或 3 分。

(3) 投篮的球，当球在篮圈上时，攻守队员都不得触及球篮和篮板，进攻队员违反此规定得分无效，防守队员违反此规定，无论中篮与否，判给进攻队得 2 分或 3 分。如果攻守双方队员同时违例，则不得分，由双方违例队员在就近的圆圈内跳球。

发生违例的处理方法：宣判违例后即成为死球，除干扰球和发球违例有特别规定外，其他违例都应该使违例队失去球权，由对方在违例就近边线掷界外球。

三、侵人犯规和技术犯规的判断与处理

（一）侵人犯规的判断标准

侵人犯规是指在球进入比赛状态、活球或死球时，队员发生不合理的身体接触。区分哪些身体接触是无意的、合理的，哪些身体接触是有意的、非法的，是判断侵人犯规的关键。侵人犯规按以下六条标准判断：

(1) 队员在攻守中不准通过伸展肩、臂、髋、膝、脚或弯曲身体成不正常的防守姿

势，不准采取非法的防守位置，达到阻挡、阻挠对方的目的，不准采取非法的动作打、推、扛、绊对方。

(2) 防守无球队员时，距离不准太近，占据位置时，不准速度太快。

(3) 运球者不准冲撞已站在自己行进路线上并已站在合法防守位置的队员。

(4) 队员掩护时，要原地不动，并有一定的距离，不准在移动中进行掩护。

(5) 队员起跳时，要遵守垂直原则，不准撞开对方起跳。

(6) 当某队员起跳到空中时，对方队员不准移动到他的身体下方。

(二) 侵人犯规的处理方法

(1) 对正在进行投篮动作的队员发生了侵人犯规，应登记犯规人次，并累计在该队每节 4 次犯规之内。若对方投中分有效，再加罚 1 次；若球未投中，根据投篮地点判给队员 2 次或 3 次罚球。

(2) 对未做投篮动作的队员发生了侵人犯规，登记犯规次数，并累计在该队每节 4 次犯规之内，由对方在犯规就近的边线掷界外球。若犯规队每半时的犯规超过 4 次，则由对方执行 2 次罚球。

(3) 故意犯规。除登记该队员 1 次故意犯规，并累计在该队 4 次犯规以内，由对方执行 2 次罚球和 1 次边线中点处掷界外球。若对投篮队员发生故意犯规，投中有效加罚 1 次，然后在边线中点处掷界外球。

(4) 取消比赛资格的犯规。如果队员比赛中出现了十分恶劣的不道德行为，就要判为取消比赛资格的犯规，令该队员离开比赛场地和球队席附近，不得用任何方式与该队发生联系，处罚则同故意犯规。

(三) 技术犯规的判断标准

(1) 无意和对比赛没有影响或属管理性质的技术性违反规则，不算技术犯规，但是要提出警告。警告后该队又重犯时，则应立即判为技术犯规。

(2) 对有意的、不道德的或有投机取巧性质的行为，应立即判为技术犯规。

(3) 对有十分恶劣行为者或坚持不改者，应为判技术犯规而取消其比赛资格，令其退出比赛场地。

(四) 技术犯规的处理方法

(1) 队员技术犯规。登记该队员犯规次数，累计在全队每节 4 次犯规之内，由对方罚球 2 次，并在中线掷界外球。

(2) 教练员、助理教练员和替补队员技术犯规：将犯规登记在该队教练员的名下，并累计在全队每节 4 次犯规之内，由对方罚球 2 次，并在边线的中点处掷界外球。

(3) 比赛前或比赛休息期间，若技术犯规，将犯规登记在其名下，累计在全队每节 4 次犯规之内；若教练员犯规，则累计在全队每节 4 次犯规之内，由对方罚球 2 次后，根据球权拥有开始比赛。

第六章　排　球

排球运动是由参与者以身体的任意部位（以单手或双手为主），在空中击球使球不落地，既可隔网进行比赛，也可不设球网进行的一种体育项目。排球运动问世以来，其竞赛规则虽然经过了多次修改，但比赛双方始终围绕着使球在对方场区落地，或使对方击球失误的竞技目的展开激烈的争夺。

第一节　排球的基本技术

排球技术是指运动员在比赛规则允许的条件下采用的各种合理的击球动作和配合动作的总称。排球技术有两种：一种是有球技术，包括传球、垫球、扣球、发球和拦网；另一种是无球技术，包括准备姿势、移动、起跳及各种掩护动作等。排球技术主要由手法和步法两部分组成。手法是指击球时通过手指、手腕、手臂用力和控制球的动作；步法是指快速灵活的脚步移动和助跑起跳动作。快速灵活的步法是保持好人与球的合理位置关系的前提，同时为手法的运用创造良好的条件。手法准确熟练，可弥补步法的不足，减少失误。目前排球规则允许比赛中运动员用身体的任意部位击球。虽然排球运动主要是用手指、手掌、前臂来击球，但在紧急情况下也可用头、肩、大腿、脚弓、脚背等部位击球，以提高起球率。

一、准备姿势

准备姿势是指在起动、移动和击球前采用的合理的身体动作或姿势，是完成排球各种技术和战术的基础。良好的准备姿势可以使球员迅速起动、快速移动从而接近来球，占据有利的击球位置，完成各种击球动作。准备姿势按照身体重心的高低，可以分为稍蹲准备姿势、半蹲准备姿势和低蹲准备姿势（图 6－1）。

（一）稍蹲准备姿势

它主要用于当对方正在组织进攻，或球虽在本方但离自己较远，不需要及时移动击球时，以及进行二传、扣球和接速度较慢弧度较大的发球。

动作要领：两脚左右开立与肩同宽，一脚在前，两膝微屈，身体重心位于两脚之间，并稍微靠近前脚，后脚跟稍提起，上体稍前倾，两臂放松，自然弯曲置于腹前。两眼注视球并兼顾场上各种情况，两脚保持微动状态。一般用于来球速度较慢、弧度较高的传球、垫球或扣球前。

稍蹲准备姿势

低蹲准备姿势

半蹲准备姿势

图 6-1 准备姿势

（二）半蹲准备姿势

它主要用于接发球、传球、拦网，同时也可为短距离移动和防较低来球做准备。

动作要领：两脚开立略比肩宽，两膝弯曲，脚跟自然抬起，上体前倾，重心靠前，膝部的垂直线应在脚尖前面，两臂放松，自然弯曲置于腹前，两眼平视，注意来球，两脚始终保持微动。

（三）低蹲准备姿势

它主要用于后排防守（接扣球）与前场保护（接拦回球），以及接低远的球和衔接各种倒地动作的接球，以扩大防守范围。

动作要领：两脚左右开立比肩宽，一脚在前，两膝弯曲，膝部弯曲的程度大于半蹲准备姿势，后脚跟自然提起，身体重心位于两脚之间，上体更前倾，重心靠前，肩部垂直线过膝，膝部垂直线过脚尖，两臂放松自然弯曲置于腹前。两眼注视球并兼顾场上各种情况，两脚保持微动状态。

二、移动

移动是指起动到制动之间的人体位移。移动的目的主要是及时接近球，保持好人与球的位置关系，以便击球。移动由起动、移动步法和制动三个环节组成，其中移动步法有并步与滑步、交叉步、跨步和跨跳步、跑步等，采用何种步法要视来球情况而定。

（一）移动的技术动作

1. 起动

起动是移动的开始，它是在准备姿势基础上交换身体重心的位置，破坏准备姿势重心的稳定，使身体便于向某一方向移动步法。

2. 移动步法

（1）并步与滑步：当来球距身体一步左右时可采用并步移动。近球一侧的脚向来球方向跨出一步，另一侧脚立即有力地蹬地，并迅速跟上，做好接球的准备姿势。当来球与身体距离较远，用并步无法接近球时，可采用连续并步与滑步。

（2）交叉步：两脚左右开立。向右侧交叉步移动时上体稍向右转，左脚从右脚前向右交叉迈出一步，然后右脚再向右侧方向跨出一大步，同时重心移至右脚，身体转向来球方向，保持击球前的姿势。交叉步的特点是步子大、动作快、便于制动。

(3) 跨步：前膝稍弯，上体前倾，身体重心移至跨出脚上。跨步时，一腿用力蹬地，另一腿向来球方向跨出一大步，后腿随重心前移自然跟上，两臂做好迎球动作。跨步的特点是跨距大，便于向前、斜前方降低重心进行低点击球。

3. 制动

击球前，身体重心必须相对稳定，才有利于做各种击球动作，并控制好击球的方向、路线和落点。制动方法包括一步制动法和两步制动法。

(1) 一步制动法：移动后跨出一大步，同时降低重心，全脚掌着地以抵抗身体继续移动的惯性，并利用腰腹力量控制上体，使身体重心控制在两脚所构成的支撑面以内。

(2) 两步制动法：两步制动时以倒数第二步做第一次制动，紧接着跨出最后一步，同时身体后倾，两膝屈曲，重心下降，用脚内侧蹬地，以抵抗移动的惯性，使身体处于有利于做下一个动作的状态。

动作要领：判断及时，快速反应，抬腿弯腰移重心；脚步转换衔接好，身体快移重心稳。

(二) 准备姿势和移动的学习方法

1. 准备姿势的学习方法

(1) 徒手模仿练习。

(2) 一人做准备姿势，另一人纠正其错误动作，两人互教互学。

(3) 看手势做练习。一人做手势上举、平举、放下，另一人做相应的直立、半蹲、摸地等动作。如此反复进行，教师随时纠正动作。

(4) 全体学生围成圆圈慢跑，听到教师哨声向前跨一步做半蹲准备姿势－稍蹲准备姿势－低蹲准备姿势。

2. 移动的学习方法

(1) 学生徒手做各种移动步法，体会完整动作。

(2) 3～4 人一组，站在端线后，先做原地快速小步跑，听到口令后，快速起动冲刺跑 6 米或跑过中线。

(3) 两人一组，相距 2～3 米，做好准备姿势，一人向前、后、左、右抛球，另一人移动后把球接住再抛回，连续进行一定次数后两人交换。

(4) 两人一组，一人将两个球交替向各个方向抛出，另一人移动后交替将球接住和抛回。

(5) 三人一组绕三角障碍物任意跑动，一人追，两人跑（规定三人移动的步法)。

三、发球

发球是排球比赛的开始。球员在发球区用一只手将自己抛起的球直接击入对方场区的技术动作称为发球。发球是排球比赛一项重要的进攻性技术，它随着排球运动的发展而不断地创新与提高。

发球是比赛的开始，也是进攻的开始。准确而有攻击性的发球，不仅可以直接得分或破坏对方进攻战术的组织，还可减轻本方的防守压力，为防守和反击创造有利的条件。有威力的发球，还可鼓舞全队士气，不断扩大战果，从而打乱对方阵脚，在心理上给对方造成威胁，起到破坏对方部署和挫伤对方士气的作用。发球的技术种类很多，这里主要介绍侧面下手发球和正面上手发球。

(一) 侧面下手发球的技术动作

侧面下手发球是球员侧对球网站立，转体带动手臂由体侧后下方向前挥动，在体前肩以下的高度击球过网的一种发球方法。

1. 侧面下手发球的特点

由于在发球时球员侧对网，可以借助转体力量带动手臂挥动击球，比较省力，但攻击性不强，适合于初学阶段。

2. 侧面下手发球的动作方法

身体侧对网（右手发球为例），两脚左右开立，约与肩同宽，两膝微屈，上体稍前倾，重心落在两脚之间（图 6－2）。

图 6－2　侧面下手发球

左手将球平稳抛送至左肩前方，距身体约一臂距离，离手高 30～40 厘米。

在抛球的同时，右臂引向侧后方，利用右脚蹬地、身体左转的力量，带动手臂向前上方摆动，在腹前用掌根或虎口侧平面击球的后下方，身体重心随挥臂击球而随之移向左腿。

球抛体前高度约 33 厘米，转体带动直臂挥动，掌根或虎口击球中下部，重心随挥臂移至左前。

侧面下手发球的技术难点主要在于抛球的合理性以及挥臂的协调性。

(二) 正面上手发球的技术动作

正面上手发球是球员面对球网站立，以正面上手的形式，用全手掌击球，手腕迅速主动做推压动作，使球呈上旋飞行的一种发球方法。

1. 正面上手发球的特点

正面上手发球时，球员面对球网站立，便于观察对方，容易控制球的落点。正面上手发球是目前采用最为普遍的一种发球方法。

2. 正面上手发球的动作方法

面对球网，两脚自然开立，左脚在前，左手持球于体前（图 6－3）。

左手将球平稳地垂直抛于右肩的前上方，高度 40～50 厘米。同时，右臂抬起，屈肘后引，肘略高于肩，手掌自然张开，上体稍向右侧转动，抬头、挺胸、展腹，身体重心移至右脚上。右脚蹬地重心前移，上体向左转动，同时收腹带动手臂向前上方挥动，在右肩前上方伸直手臂至最高点，以全手掌击球的后中下部。击球时，手指自然张开吻合球，手

图 6－3 正面上手发球

腕迅速主动做推压动作，使击出的球呈上旋飞行。

正面上手发球要领：球抛右肩前上方，高度离手约 1 米，转体收腹带挥臂，弧形鞭打加力量，手掌击球后中下，手腕推压向前旋。

正面上手发球的技术难点主要在于合理的抛球位置以及正确的击球挥臂动作。

（三）发球技术的学习方法

1. 徒手抛球练习

学生徒手模仿发球挥臂动作和抛球动作，体会发球用力顺序和挥臂的轨迹，掌握正确的挥臂方向和速度。

2. 结合球的练习

自抛，也可找一个固定参照物自抛，要求平稳地向上抛，使抛出的球不旋转，高度自定。

3. 击固定球

一人持球于击球点高度，另一人击球。体会击球点和挥臂动作。

4. 抛球配合挥臂动作练习

结合抛球、引臂和挥臂击球的练习（不把球击出）。体会抛球引臂和挥臂击球动作的协调配合。

5. 对墙或挡网做抛球与挥臂击球练习

体会抛球与手臂挥摆的配合以及用力击球的手法。

6. 在发球区内发球练习

提高发球的稳定性。规定每人连续发 5 个球或 10 个攻击性强的好球。

可将对方场区划分成左右或前后部分；或规定区域，进行点线（直线、斜线）结合的练习。

四、垫球

垫球是排球的基本技术之一，是用手臂从球的下部，利用来球的反弹力向上击球的技术动作。

垫球在排球比赛中占有重要的地位，主要用于接各种发球、扣球和拦回球。垫稳接发球，有利于打好接发球进攻；垫稳接扣球，有利于组织防守和反击。因此，垫球是比赛中夺得分、少失分，由被动转主动的重要技术。垫球还可以在上手传球困难时用来组织进攻。

垫球技术按动作方法可分为正面双手垫球、跨步垫球、体侧垫球、低姿垫球、背垫、单手垫球、前仆垫球、滚翻垫球、鱼跃垫球以及挡球等。这里着重介绍正面双手垫球。

（一）正面双手垫球的技术特点

由于在正面双手垫球时球员的身体正对来球，便于判断来球方向，抢占有利位置，容易垫击到位。

（二）正面双手垫球的技术动作

1. 准备姿势

稍蹲或半蹲准备姿势，重心稍靠前，上体自然前倾，两臂自然弯曲，两手置于腰腹前。

2. 击球手形

（1）抱拳式：双手抱拳互握，两拇指平行向前。

（2）叠掌式：双手掌根靠近，两手手指重叠互握，两拇指平行朝前。

（3）互靠式：两手自然放松，腕部靠近，两拇指平行朝前。

垫球的部位在以两手臂靠拢伸直、腕关节以上 10 厘米左右、桡骨内侧合成的平面上。

3. 垫击方法

当球飞到距腹前一臂距离时，两臂快速前伸插入球下，直臂向前上方蹬地抬臂，击球点保持在腹前约一臂距离处，将球准确地垫在击球部位上，同时配合蹬地送腰的动作，身体重心随击球动作前移。手臂的角度与来球弧度、旋转及垫球的目标、位置有关。来球弧度高，手臂应当抬得平些；来球角度低平，则手臂与地面夹角应大些，这样才能使球以适当弧度反弹飞向目标。

垫球的目标在侧前方时，手臂的垫击面一定要适当转向侧前方的垫击目标。来球带有较强的旋转时，应调节手臂形成的平面，以抵消由旋转引起的摩擦。

4. 正面双手垫球的动作要领

两臂夹紧插球下，抬臂送体腕下压；蹬腿跟腰前臂垫，轻球重球要变化（图 6－4）。

图 6－4　正面双手垫球

（三）垫球技术的学习方法

1. 徒手模仿练习

两手叠掌或抱拳互握的垫球手形练习，要求前臂夹紧并伸直，形成垫击平面，教师及时检查。

2. 击固定球练习

两人一组，一人双手持球于腹前，另一人做垫击动作。重点体会正确的击球点、手形及手臂用力时的肌肉感觉。

3. 垫抛球练习

两人或三人一组，相距 4 米，一抛一垫或一抛二垫。要求学生先学会用双手下手抛球，抛出的球弧度适宜，不太旋转，落点准确。垫球者先将球垫高垫稳，然后要求垫准到位。

4. 对墙垫球练习

学生每人一球，距墙 2 米左右连续对墙自垫，要求垫击手形、垫击点和垫击部位正确，用力协调，控制球的能力强。

5. 两人或三人一组，一人抛球，向左、向右、向前、向后移动垫球

要求移动速度不宜太快，垫出的球要稍高，并控制好落点。垫球者应尽量做到正对垫球方向垫球。

6. 发垫练习

两人一组，相距 4～6 米，一人发球一人垫球。

7. 垫传交替练习

两人一组，一人垫球一人传球。两人交替进行。

8. 三人半场接发球练习

三人分别站在 1、5、6 号位进行接发球练习。

五、传球

传球是排球的基本技术之一，是利用手指、手腕的弹击动作将球传至一定目标的击球动作。主要用于二传，它在进攻和反攻中起着串联和纽带的作用。按传球的出手方向，可把传球动作分为正面传球、背传球、侧传球和跳传球。这里重点介绍正面传球。

面对出球方向的传球动作，称为正面传球。正面传球是最基本的传球方法，是其他一切传球技术的基础。正面传球主要用于二传，为进攻创造条件，在比赛中起着组织进攻的作用；同时也是一项防守技术，可接对方的处理球、吊球和被拦回的高球；传球还可以用来吊球和处理球，起到进攻的作用。

（一）正面传球的技术特点

传球动作是由手指、手腕来完成的，由于手指、手腕灵活，感觉灵敏，双手控制面积较大，正面传球又是正对来球，能够很好地控制落点。因此，正面传球的准确性较高。

（二）正面传球的技术动作

（1）采用稍蹲准备姿势，上体稍挺起，仰头看球，两手自然抬起，屈肘，放松置于脸前。

（2）当来球接近额前时，开始蹬地、伸膝、伸臂，手指微张从脸前向前上方迎出。全身各部位动作应协调一致。击球点在脸额前上方约一球距离处。

（3）触球时，两臂屈肘，两肘适当分开，两手自然张开成半球状，使手指与球吻合，手腕稍后仰，两拇指相对接近成"一"字形或"八"字形，两手间有一定距离，以拇指内侧，食指全部，中指的第二、三指关节触球的后下部，无名指和小指在球两侧辅助控制传球方向（图 6 - 5）。

图 6 - 5　正面传球

（4）当手触球时，手指、手腕保持适度紧张，按照蹬地—伸膝—伸腰—伸肘—伸臂—手指、手腕屈伸的用力顺序，借用球的反弹力将球传出。

（5）正面传球的动作要领：额前迎接球，触球手张开，蹬地伸臂送，指腕缓冲弹。正面传球的技术难点主要在于手形手法、击球点与协调用力。

（三）传球技术的学习方法

（1）原地模仿练习。徒手做传球准备姿势，听教师的口令依次做蹬地、展体、伸臂击球动作练习。重点体会传球前的准备姿势、身体协调用力的动作和传球的手形。

（2）传固定球。两人一组，一人做好传球的手形持球于脸前上方，另一人用手扶住球，持球者以传球动作向前上方伸展，体会身体和手臂的协调用力。要求另一人纠正持球者的手形及身体动作。

（3）两人一组，一人抛球，另一人做好传球的手形、接住来球，体会传球手形。

（4）近距离对墙传球，体会传球手形。

（5）自抛自传练习。要求把球传向头正上方，传球高度距手 1～1.5 米。连续传 30 次为一组。

（6）对传练习。两人相距 3～5 米，连续传球。

（7）移动后传球。两人一组，由同伴抛球，练习者移动后传球。抛球者可将球抛至跑动传球者的左右侧或前后方。

（8）三人三角传球练习。

六、扣球

扣球是排球的基本技术之一，是队员跳起在空中，将高于球网上沿的球有力地击入对方区域的一种击球方法。在比赛中，扣球是进攻战术和反攻战术中最积极有效的进攻手段。扣球技术，按动作方法可分为正面扣球、勾手扣球、小抡臂扣球和单脚起跳扣球；按扣球的节奏可分为强攻和快攻；按扣球的区域可分为前排扣球和后排扣球。这里重点介绍正面扣球。

正面扣球是面对球网进行助跑、起跳、空中击球的扣球动作。正面扣球是最基本的扣球技术，其他扣球技术都是在此基础上发展和派生出来的。正面扣球在比赛中起着重要的作用，是得分的主要手段，是进攻中最积极有效的武器，又是一个队摆脱被动、争取主动的途径。扣球的成败，体现着球队的战术质量和效果，是夺取胜利的关键。

（一）正面扣球的技术特点

由于在正面扣球时球员面对球网，便于观察来球的方向和对方的防守布局，因此击球准确性较高。由于挥臂运动灵活，能根据对方拦网情况，随时改变扣球线路和力量，能控制击球落点，因而扣球的进攻效果较好。

（二）正面扣球的技术动作（图 6－6）

（1）扣球助跑前采用稍蹲姿势，两臂自然下垂，站在距网 3 米左右处，身体转向来球方向，观察来球，做好向各个方向助跑起跳的准备。

图 6－6　正面扣球

（2）助跑步法有一步、两步、多步。以两步助跑起跳为例，左脚先向前迈出一小步，接着右脚迅速跨出一大步，同时两臂绕体侧向后引，左脚及时并上，踏在右脚之前，脚跟着地滚动到脚尖，脚尖稍内扣，两脚距离与肩同宽，身体重心随之下降，两膝弯曲，准备起跳。

（3）助跑最后一步即在左脚并上踏地的过程中，两臂从后迅速向前摆动，随之双脚踏地向上跳起，两臂快速上摆，配合起跳。

（4）起跳后，挺胸展腹，上体稍向右转，右臂向后上方抬起，肘高于肩，身体成反弓形。挥臂时，迅速转体、收腹发力，依次带动肩、肘、腕各部关节成鞭甩动作，手臂轨迹成弧形向前上方挥动。击球时，五指微张成勺形并保持适度紧张，以全手掌包满球，击球的后中部，同时主动屈腕、屈指向前推压向下甩臂，再起跳至最高点击球。击球点在击球手臂伸直最高点的前上方。

完成空中击球动作后，身体自然下落，以缓冲身体与地面的撞击力，落地时应尽可能双脚同时着地，以前脚掌先着地再迅速过渡到全脚掌着地保持身体平衡，以便落地后能及时完成下一个动作。

正面扣球的动作要领：助跑步子先小后大，摆臂起跳，展腹抬臂，振腹发力快速挥臂，向上挥动腕成鞭打动作，全手掌包球向前推压，前脚掌着地屈膝缓冲。正面扣球的技术难点主要在于起跳时机、空中击球。

（三）扣球技术的学习方法

（1）原地起跳摆臂练习。熟悉起跳的摆臂动作。

（2）一步或两步助跑起跳练习。要求练习速度由慢到快，手脚配合协调，注意控制身体平衡。

（3）徒手模仿扣球挥臂练习，体会鞭打动作。

（4）两人一组距离 9 米左右对地扣反弹球。

（5）扣固定球练习。两人一组，一人把球举至肩上，另一人扣球。

（6）对墙助跑自抛自扣球练习。

（7）两人一组，一抛一助跑扣球练习（助跑）。

（8）原地连续对墙扣反弹球。主要是练习控制球的能力。

（9）4 号位扣抛球练习。

（10）结合同伴的二传，在 4 号位扣球。

（11）结合一传的扣球练习。

第二节　排球的基本战术

排球战术是指运动员在比赛中，根据排球竞赛规则和排球运动规律、比赛双方的具体情况和临场变化，合理运用个人技术及集体配合所采取的有意识、有组织的行动。

排球比赛中攻防矛盾的不断转化，反映了排球比赛的基本规律，即进攻一方为突破对方的防守，运用一切进攻手段，造成对方的失误；防守一方则运用一切防守手段，防范对方进攻过来的球，并在防守的基础上转为进攻。随着排球技术和战术的不断改进、发展和创新，运动员身体素质的不断提高，竞赛规则的日趋完善，通过对排球比赛的反复实践和总结，形成了一套比较完善的排球战术系统。

排球战术包括个人战术和集体战术两大类。扎实的基本功和娴熟的技能技巧是任何战术的基础。个人战术与集体战术是相辅相成、相得益彰的两个方面。排球战术组合和运用的最终目的是获取胜利。在排球运动新规则的导向下，排球比赛的竞争日趋激烈。在全面型、立体化、快节奏、多变化的整体战术体系中，简练、实效的战术成为制胜的重要手段。

一、个人战术

个人战术是指在集体战术配合的基础上，球员根据个人的特点和战术的需要，巧妙地运用个人技术的变化，以达到有效进攻和防守的目的。成功的个人战术，可以弥补集体战术的不足。个人战术有发球、一传、扣球、拦网及后排防守等。

（一）发球个人战术及其实战应用

发球战术不受对方和同伴的制约，也没有集体配合的问题，全凭个人战术的应用。因此，发球时要树立以我为主的观念。在观察和分析对方的具体情况后，有针对性地采用不同的发球战术，以取得先发制人的效果。

1. 比赛中常用的几种发球战术

（1）控制发球的落点：

① 将球发到对方两个球员之间的连接区、边线或后场端线附近。

② 将球发向对方参加进攻的球员，牵制进攻球员全力参与进攻。

③ 将球发给对方二传手，或落在该球员跑动必经的线路上，打乱对方组织进攻的节奏。

④ 将球发给一传技术差，或情绪焦躁，或精力分散，或刚刚换上场的球员。

（2）改变发球的方法：

① 改变发球的位置。调节发球站位与端线的距离，采用近、中、远距离发球。在发球区左、右 9 米的范围内移动方位。发球距离和方位不同，可以发出不同性能和不同落点的球。

② 改变发球的弧度。采用左旋、右旋、高吊、低平的发球手段，改变球的飞行弧度。

③ 改变发球的速度。采用击球点高、距网近、速度快的飘球或跳发球技术；也可采用高弧度、慢速度的发球方法，利用速度造成对方的不适应。

2. 发球战术的实战应用

（1）应根据个人发球的技术水平、战术意识及心理状态实施战术。

（2）应根据临场双方比分的情况，采用不同的战术。一般在比分领先较多时，可采用攻击性发球，以扩大战果。当比赛处于关键时刻，特别是在决胜局时，发球则要注意准确性和稳定性，不做无谓的失分。

（3）应了解对方对不同性能发球的适应程度，有针对性地采用发球战术。

（4）应看清对方接发球站位阵形、轮次特点及可能运用的进攻战术。采用找人、找点战术，以打乱对方进攻的节奏。

（二）一传个人战术及其实战应用

一传个人战术的基本任务是在第一次接对方来球时，为了组织本队的进攻战术而采用的有目的、有意识的击球动作。由于各种进攻战术对一传的要求不同，所以一传的方向、速度、落点也不一样。具体用法如下：

（1）组织快攻战术时，如本方快攻队员来得及进行快攻，一传的弧度要低平，速度稍快，以加快进攻的节奏。如果来不及（防守后的快速反击），则应拉高一传的弧度。

（2）组织进攻时，一传的弧度略高些，可为二传球员创造便利的条件。

（3）前排球员一传时，力量不宜太大，弧度应稍高。如来球力量不大，可用上手传球，后排球员则相反。

（4）当对方第三次传垫球过网时，一传可用上手传球，以便更准确地组织快速反击或传给网前同伴进行二次进攻。

（5）如发现对方场区有较大的空当或对方球员无准备时，一传可直接用传、垫、挡等动作把球击向对方。

(三)二传个人战术及其实战应用

二传个人战术的基本任务是有效地组织进攻战术，给扣球队员创造有利的进攻条件，突破对方的拦网。二传个人战术主要有以下几种：

(1) 根据本方球员的特点和布局情况进行合理分球，如采用集中与拉开，近网、中网或远网，弧度高与低等传球战术。

(2) 根据对方拦网的部署，与进攻同伴在时间上和位置上进行协调配合，合理选择拦网的突破口，形成以多打少的局面。

(3) 根据本方扣球球员的不同起跳时间，采用升点、降点传球给予配合；采用声东击西的隐蔽动作和假动作，打乱对方的拦网布局。

(4) 根据本方一传的情况，如到位球或不到位球、高球或低球、近网球或远网球等，合理运用传球技术组织各种战术。

(5) 根据对方防守球员的站位，在有利于自己的情况下，突然将球直接传入对方空当。

(四)扣球个人战术及其实战应用

扣球个人战术的基本任务是扣球球员根据比赛中对方拦网和防守的情况，选择合理的扣球技术和路线，更有效地突破对方的防御。扣球个人战术主要有以下几种：

1. 扣球路线的变化

(1) 扣球时采用直线与斜线相结合、长线与短线相结合的路线。

(2) 助跑路线与扣球路线采用不同的方向，迷惑对方拦网队员。如直线助跑扣斜线球、斜线助跑扣直线球等。

(3) 朝防守技术差和意志不顽强的球员或对方空当和防守薄弱的区域扣球等。

2. 扣球动作的变化

(1) 运用转体、转腕的扣球技术，突然改变扣球方向避开对方拦网。

(2) 运用超手高点扣球技术，从拦网球员手的上方进行突破进攻。

(3) 利用突然性的二次进攻，造成空网或一对一进攻的有利局面。

(4) 高点平打，造成球在触拦网球员的手后飞向后场远区，或有意向两侧打手出界。

(5) 运用轻扣球或吊球技术，使球随拦网球员一同下落，增加拦网球员自我保护的难度，或使球落在对方网前或者拦网球员的身后。

3. 扣球战术的实战应用

(1) 根据自身的技术和战术，扬长避短，克敌制胜。

(2) 根据对手的防守布局，采用相应的扣球战术。

(3) 根据自身的进攻状态，采用相应的扣球战术。

(4) 根据比赛的比分状况，采用相应的扣球战术。

(五)拦网个人战术及其实战应用

拦网个人战术的基本任务是拦网球员根据对方扣球的情况，利用时间、空间等变化因素，采用不同手法，达到拦阻对方进攻的目的。拦网个人战术有以下几种：

(1) 在空中变化手的位置。

(2) 采用不同的拦网手形。一般要拦中、远网扣球时，手臂应尽量垂直向上伸；而拦近网扣球时，两臂则要向前伸出，尽可能捂住球。

（六）防守个人战术及其实战应用

防守个人战术的基本任务是球员在防守时，选择最有利的位置，并采用合理的接球动作。好的防守球员，不仅勇猛顽强，而且要善于根据对方进攻及本方拦网的情况，做出正确的判断，并采取相应措施。防守个人战术有以下几种：

(1) 根据对方二传的方向和落点，迅速地做出判断，并立即移动到相应的位置，正对来球，准备接球。

(2) 应根据对方二传球与网的距离和扣球球员击球点的高低选择防守位置。

(3) 主要根据对方扣球球员的助跑路线和扣球球员起跳后人与球所保持的关系来选择防守位置。

(4) 根据对方扣球的特点，采取相应的防守行动，如对方只扣不吊时，则取位要靠后；如对方打吊结合时，则随时准备向前移动；如对方扣球只有斜线，则要放直防斜等。

(5) 防守还应根据本方前排拦网同伴的情况，主动选择防守位置加以配合与弥补。重点防守前排拦网的空当。

二、集体战术

排球的集体战术是指运动员在比赛中，为了突破对方防守或抑制对方进攻，灵活地运用合理的攻防技术，按照一定的形式，采取的有目的、有组织、有针对性的集体配合行动。排球运动是集体性很强的竞赛项目，因而不仅要求每个球员有比较熟练的基本技术和灵活的个人战术，而且全体还必须运用一定的集体战术，才能在比赛中取胜。战术的运用要从本方实际情况出发，即根据每个球员的身体条件、技术水平、战术意识及相互配合的熟练程度等，选定最实用的集体战术。

（一）进攻阵形（图 6－7）

进攻阵形即进攻时采用的组织形式。合理的进攻阵形有助于某些集体战术的运用。其中“中一二”“边一二”是最基本的进攻阵形。随着排球运动的发展，进攻战术的运用已不是前排进攻球员的专利，在现代排球比赛中，已经形成了高快结合、前后结合的全方位进攻格局。后排球员参与进攻及后排与前排融为一体的进攻体系，在排球比赛中越来越显示出巨大

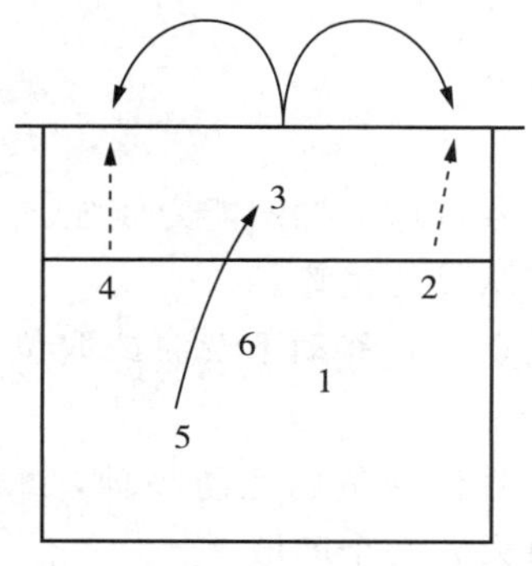

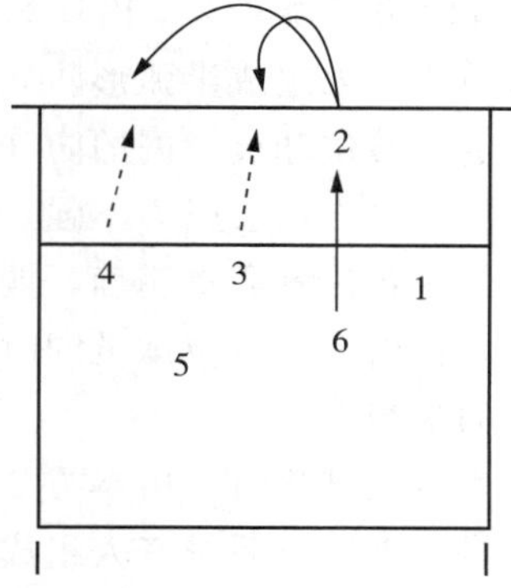

图 6－7 进攻阵形

的优势。“中一二”“边一二”由此扩展成了“中二三”（前排 3 号位球员担任二传，4、2 号位两名加上后排三名球员一起参与进攻）和“边二三”（前排 2 号位球员或前排其他球员换位到 2 号位与 3 号位之间担任二传，再由前排两名或后排三名球员参与进攻）。

（二）进攻打法

进攻打法是指排球比赛中，一传球员和扣球球员之间所进行的各种进攻战术配合的方法。其目的是避开对方的拦网，突破对方的防线，争取主动，扩大战果。进攻打法可以分为强攻、快攻、二次进攻及转移进攻、立体攻四大类。

（三）防守战术

防守战术包括接发球和接扣球两大类，这里重点介绍接扣球的防守阵形。

接扣球的防守阵形，是指场上球员对于对方扣球进攻进行防守的人员布局的整体结构。它包括前排球员的拦网和后排球员的防守两部分。防守阵形的选择，首先要根据对方进攻能力的实际情况而确定；其次要充分发挥本方球员拦防技术的特长；同时还要考虑防守起球后的进攻战术打法。

1. 单人拦网接扣球的防守阵形

单人拦网下的防守阵形一般在对方进攻威力不大、路线变化不多，或因受对方战术迷惑，来不及组织集体拦网时采用。其优点是增加了后防人数，便于组织反攻，但当对方攻击力较强时，单人拦网就会突显第一道防线力量的薄弱。

单人拦网时的防守阵形有两种：

(1) 与对方扣球球员相对应的位置的本方球员进行拦网的防守阵形。

适用范围：初级水平的比赛。对方进攻威力不强、无重点。

特点：简单易行。

不足之处：不利于发挥本方的拦网优势，也不便于组织反攻。

当对方 4 号位进攻时，由本方 2 号位球员拦网，3 号位球员后撤防吊球，4 号位球员后撤至进攻线附近防守，与后排三人组成半弧形防守圈，每人防一区域（图 6－8）。

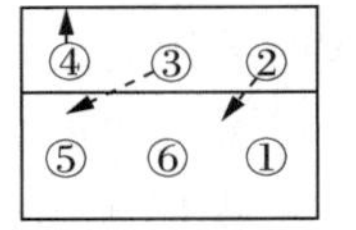

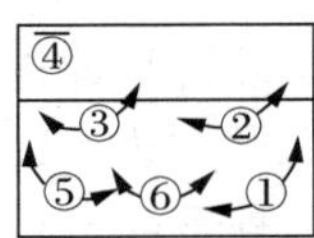

图 6－8

当对方 2 号位进攻时，由本方 4 号位球员拦网，3 号位球员后撤防吊球，2 号位球员后撤至进攻线附近防守，与后排三人组成半弧形防守圈，每人防一个区域。

(2) 固定 3 号位球员拦网的防守阵形。

适用范围：对方进攻威力不强，吊球较多。本方 3 号位球员拦网能力较强。

特点：前排各位置职责明确，能充分发挥拦网较好队员的优势。

不足之处：由于 3 号位球员同时要管两至三个进攻点，若移动不及时或取位不当，容易出现拦网的空当。

当对方 4 号位进攻时，由本方 3 号位球员拦网，2 号位球员内撤防吊球，4 号位球员后撤至进攻线附近，与后排三人组成半弧形防守圈，每人防一个区域。

当对方 2 号位进攻时，由本方 3 号位球员拦网，4 号位球员后撤防吊球，2 号位球员后撤至进攻线附近，与后排三人组成半弧形防守圈，每人防一个区域。

2. 双人拦网接扣球的防守阵形

(1)“心跟进”的防守阵形。

固定由 6 号位球员跟进防吊球及前区球，称为“心跟进”的防守阵形，或称为“6 号位跟进”的防守阵形。

适用范围：当对方扣球球员采用打吊结合方式，本方拦网能力强，能封住后场中区，6 号位或某个队员又善于防吊球时，就可采用“心跟进”的防守阵形。

特点：有利于防吊球和拦网弹起的球，也便于接应和组织。

不足之处：后场只有两人防守，空隙较大，后场中央和两侧容易造成空当（图 6－9）。

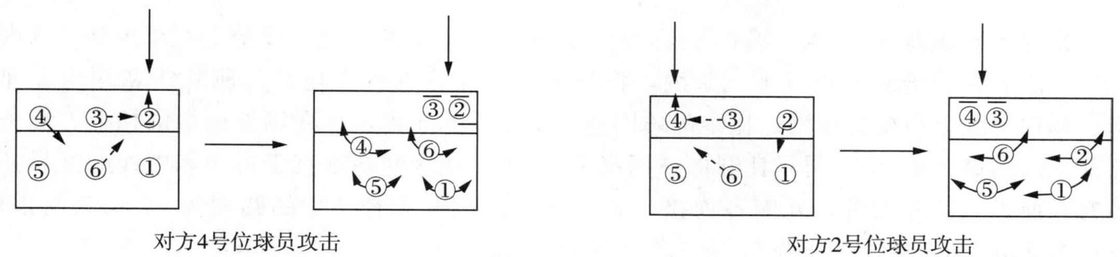

图 6－9　双人拦网“心跟进”的防守阵形

以对方 4 号位进攻为例，在对方进攻之前，本方前排球员就要在网前做好布防准备，随时准备组成防守阵形。当对方 4 号球员位进攻时，由本方 2、3 号位球员拦网，不拦网的 4 号位球员后撤至 4 米左右防守，6 号位球员跟至进攻线附近，1、5 号位球员在后场防守，每个位置负责一定的区域。

(2)“边跟进”的防守阵形。

由 1 号位或 5 号位球员跟进防吊球及前区球，称为“边跟进”防守阵形，也称为“1、5 号位跟进”的防守阵形。

适用范围：一般在对方进攻力量比较强、战术变化较多、吊球较少时采用。

特点：这种防守阵形对防守对方重扣球较为有利，同时也便于组织反攻。

不足之处：球场中间空隙较大，容易形成“空心”（图 6－10）。对方如扣直线球并结合轻扣或吊球时，本方防守就会较为困难。

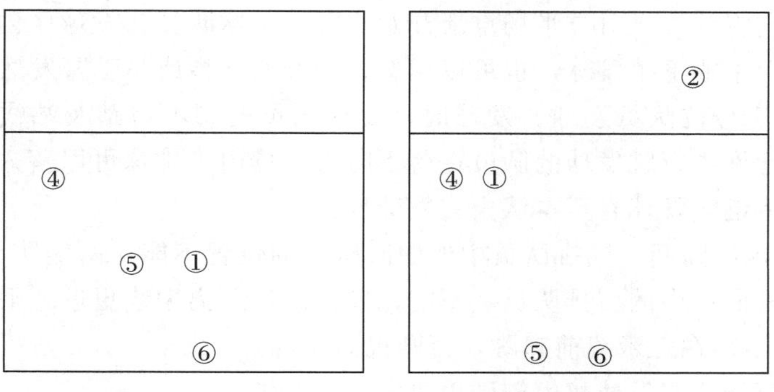

图 6－10　双人拦网“边跟进”的防守阵形

在对方进攻之前，本方前排球员就要在网前做好准备，后排球员站好相应位置，随时准备组成防守阵形。当对方 4 号球员位进攻时，由本方 2 号位和 3 号位球员组成半弧形防守，如对方吊球到前区，则由 1 号位球员跟进防守。

第三节　排球竞赛规则与裁判法

一、场地

排球比赛场地为 18 米×9 米的长方形，四周至少有 3 米空地，场地上空至少高 7 米内不得有障碍物。场地中间横画一条线，将场地分为相等的两个场区。所有线宽均为 5 厘米。场地中线上空架有球网。比赛的球网宽 1 米、长 9.5 米，挂在场外两根圆柱上。女子比赛的球网高 2.24 米，男子比赛的球网高 2.43 米。球网两端垂直于边线和中线的交界处各有 5 厘米宽的标志带，外侧各连接一根长 1.8 米的标志杆。球的圆周为 65～67 厘米，重量为 260～280 克，气压为 0.3～0.325 千克/平方厘米。

二、竞赛规则

排球比赛采用五局三胜制，胜三局的队胜一场。当接发球队胜一球时，该队得一分并获得发球权（采取每球得分制），队员按顺时针方向轮转一个位置。每局比赛（决胜局第五局除外）先得 25 分同时超出对方 2 分的队胜一局。当比分为 24∶24 时，比赛继续进行至某队领先 2 分（如 26∶24，27∶25 等）为止，如果 2∶2 平局时，决胜局（第五局）先得 15 分并同时领先 2 分和队获胜。

（1）上场队员位置的规定：

① 赛前，位置表一经交出，便不得更改。

② 双方队员（发球队员除外）必须在本场区内站成两排，前排三名队员的位置为 4 号位（左边）、3 号位（中间）和 2 号位（右边）；后排队三名队员位置必须比其相应的前排队员离网更远，其位置为 5 号位（左边）、6 号位（中间）和 1 号位（右边）。

③ 各方的六名队员按顺时针方向轮流发球。每次本方获得发球权后，由发球队员在本方半场发球区内将球发入对方半场重新开始比赛。发球队员在发球区内要清楚地将球抛起离手，可以用上手或下手发球，也可以用拳、伸开的五指或是手臂发球。

④ 先由后排 1 号位队员发球。发球时，发球队员的脚不得踏及端线，可以在底线后的任一处发球，允许进行跳发球的队员在落下时进入场内。排球可以落入对方半场的任一处，该发球队员将继续发球直至本队失去发球权。

⑤ 在发球击球的瞬间，同排队员中的中间队员的位置不能比两侧队员距离边线更近，平行也不行；同列队员中的后排队员，不能比前排队员距离中线更近，平行也不行。

⑥ 后排队员不得在三米线前起跳，否则视为违规。

（2）发球：每场比赛发球权由掷硬币决定。

（3）界内球：球的落点在场区内或触及边线、端线均为界内球。

(4) 界外球：球的落点在场区外；球触及场外物体、天花板或非比赛成员；球触及标志杆、网绳、网柱或球网标志杆以外部分；球的整体或部分从过网区以外过网等均为界外球。

触手出界：球触及队员身体任何部位后飞出界外，即被认为球是被该队员击出界的。

(5) 犯规情况：

① 发球次序错误：队员未按位置表上规定的发球次序发球，则构成发球次序错误。

② 发球时球未抛起犯规：发球时球未抛起或持球手未撤离即为犯规。

③ 发球区外发球犯规：发球队员击球瞬间未在发球区内，则构成犯规。

④ 发球延误犯规：裁判员鸣哨发球后 8 秒之内必须将球发出，超过 8 秒则构成发球延误犯规。

⑤ 发球掩护犯规：发球队的一名队员挥臂、跳跃或左右移动，或几名队员密集站立企图利用掩护阻拦对方观察发球队员的动作和球飞行路线，并且球从他们上空飞过，则构成发球掩护犯规。

⑥ 四次击球犯规：每队最多击球三次（拦网除外），第三次必须将球从网上击回对方，若超过三次即为四次击球犯规。由第一裁判员负责判定。

⑦ 持球犯规：身体任何部分都可以触及球，击出的球也可以向任何方向弹出，但若未将球击出，停留 0.8 秒以上者，则构成持球犯规。

⑧ 连击犯规：一名队员连续击球两次或球连续触及其身体不同部位，则构成连击犯规。

⑨ 过中线犯规：队员整个脚、手或身体其他任何部位越过中线并触及对方场区，则构成过中线犯规。

⑩ 触网犯规：队员在进行击球时触及球网，则构成触网犯规。

⑪ 后排队员进攻性击球犯规：后排队员在前场区对高于球网上沿的球完成进攻性击球，则构成后排队员进攻性击球犯规。

⑫ 后排队员拦网犯规：后排队员靠近球网，将手伸向高于球网处阻挡对方来球，并触及了球，则构成后排队员拦网犯规。

(6) 司线员的旗示：

① 向下示旗，界内球。

② 向上示旗，界外球。

③ 一手举旗，另一手放置在旗顶上，触手出界。

④ 一手举旗晃动，另一手指端线或标志杆，球从非过网区通过，发球犯规。

⑤ 两臂胸前交叉，无法判断。

(7) 换人与暂停规定：

① 比赛中，允许换人，换人次数每局规定为 6 人次。换人前，领队（教练）或队长需向裁判提出请求，裁判同意后，比赛死球，允许换人。

② 每局有两次技术暂停，在任一队达到 8 分、16 分时自动执行，时间为 1 分钟。除此以外，每队还有两次请求普通暂停的机会。决胜局无技术暂停，每队可请求两次普通暂停，每次时间为 30 秒。

③ 局间休息时间均为3分钟，然后双方交换场区。决胜局中某队先达到8分时，双方交换场区。

（8）自由球员的规则：

① 球队可以没有自由球员，但最多只登记两人。

② 一队在比赛时只能有一位自由球员在场上。

③ 自由球员必须身着与其他同队球员明显不同颜色的球衣。

④ 自由球员的替补不计入普通球员的替换次数。

⑤ 自由球员的替补必须于一球落地之后至第一裁判员发球哨音响起前完成（教练无须请求自由球员的替补或使用号码牌）；并只限于替换同一人，且同一自由球员的替换至少须以一球的往返为间隔（即一次死球）。

⑥ 记录表须注明自由球员。

⑦ 自由球员不得列于轮转表上，但可于比赛前替换上场。

⑧ 自由球员的轮转只限于后排。不得发球或轮转至前排，并不得拦网或企图拦网。

⑨ 经如球的位置高于网高，自由球员不得于场上任何位置将球处理过网至对方场地。

⑩ 如第二传球为自由球员于前排以高手将球传出，则第三球攻击高度不得超过网高。

⑪ 自由球员不得为球队队长。

第七章　乒乓球

乒乓球运动是站在球台两端的每名或每对选手，在中间隔放一个球网的球台两端用球拍轮流击球的一项球类运动。

乒乓球运动起源于英国。据说，19 世纪末两个英国网球“发烧友”，有一次在室外进行网球较量，难分难解时逢天公不作美，下起大雨，两人只好躲进了室内。后来两人一商量，以餐桌为球台，用网球拍打了起来，开创了乒乓球运动。乒乓球在英语中为“Table Tennis”，译成中文为“桌上网球”，日本称其为“桌球”。由于球拍与球撞击发出“乒”的声音，而落台时又发出“乓”的声音，故而又称“乒乓球”。

乒乓球运动的设备简单、运动量可大可小，是深受人们喜爱的具有广泛的适应性、趣味性和娱乐性的大众体育项目，同时还具有很强的竞争性。它不受年龄、性别和身体条件的限制，是极易开展和普及的运动项目。经常参加乒乓球运动可以有效地提升身体的灵敏性和协调性，提高动作速度和身体活动的能力，改善心血管、脑血管系统的机能，促进新陈代谢，增强体质，并有助于培养机智果断、顽强拼搏、勇于进取的精神。

第一节　乒乓球的基本技术

目前世界上众多的打法和技术风格都源于乒乓球的基本技术。由于运动员个人特点的不同及其使用球拍的性能不同，因而形成了不同的技术打法。因此，学好乒乓球的基本技术是非常重要的。

一、基本握拍法

目前世界上主要的握拍法有两种：直握拍和横握拍。两种握法均有各自的优点和缺点，应根据自身的特点来确定握拍方法。

（一）直握拍

拇指和食指的第一、二指关节弯曲，自然平均地钳住拍柄，拍柄贴住虎口，其他三指自然弯曲重叠，中指第二指关节顶在拍背 1/3 处（图 7－1）。

（一）横握拍

中指、无名指、小指自然弯曲握住拍柄，拇指压在球拍正面，食指自然伸直放于球拍的背面，拍肩贴于虎口（图 7－2）。

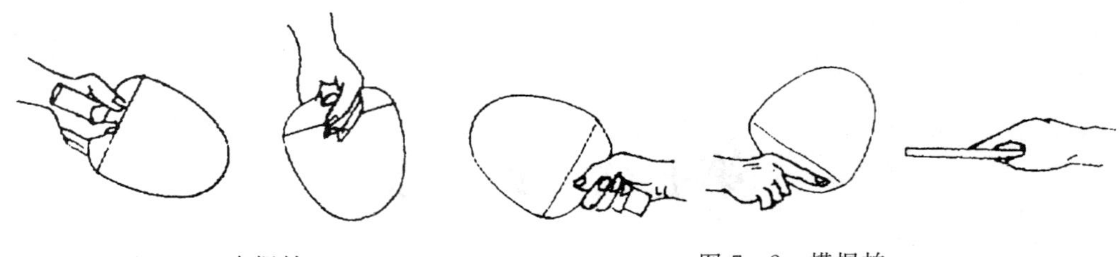

图 7－1　直握拍　　　　图 7－2　横握拍

二、基本姿势（右手为例）

两脚开立，比肩稍宽，左脚稍前，右脚稍后，前脚掌内侧着地，两膝自然弯曲，重心在两前脚掌之间，含胸收腹，身体略前倾。执拍手的手臂自然弯曲，放松置于身体右侧腹前。

三、基本步法

步法是乒乓球技术环节的一个重要组成部分，是及时准确地使用与衔接各项技术动作的枢纽，亦是执行各项战术的有力保证。具有良好的步法，就能够经常保持最佳的击球位置，使击球的速度、力量、旋转得到充分的发挥。乒乓球的基本步法有单步、跨步、跳步、并步、交叉步五种。

（一）单步

一脚为轴，另一脚向前、后、左、右不同方向移动，重心随之跟上。

（二）跨步

一脚蹬地，另一脚向移动方向跨一大步，为防止跨步后失去重心，蹬地脚应随后跟上半步或一小步。

（三）跳步

以远离来球的一脚用力蹬地为主，双脚有瞬间的腾空，用力大的脚先着地，另一只脚跟着着地。

（四）并步

一脚先向另一脚移（并）半步或一小步，另一只脚在并步脚落地后向同方向移动。

（五）交叉步

先以近来球方向的脚作为支撑使远离来球方向的脚向来球方向跨一大步：在体前（侧）瞬间呈交叉状态，身体随之向来球方向转动，支撑脚再跟着向移动方向迈出一步。

学习方法及注意事项：

（1）台前徒手模仿各种步法练习。

（2）结合挥拍动作进行各种步法练习。

（3）结合身体素质练习，增强下肢起动速度和爆发力。

四、推挡

推挡技术的特点是站位近、动作小、速度快、变化多，是我国直拍打法的一项基本技术。比赛中通过落点变化来牵制调动对方，争取主动，为进攻创造有利时机，也能起到积极防御的作用。主要包括快推、加力推、减力挡、推挤、下旋推挡等。

（一）快推

击球前，上臂靠近身体适当后撤引拍，拍形基本与台面垂直，球拍略高于来球或与球同高。击球时，手臂迅速前迎，在来球的上升期触球，前臂手腕用力向前将球推出，触球的中上部，食指用力压拍（图 7－3）。

图 7－3 快推

（二）加力推

动作幅度比快推大，当球弹至上升后期或高点期，利用伸髋和转腰动作加大手臂向前的推击力，并用中指顶住球拍（图 7－4）。

图 7－4 加力推

（三）减力挡

击球前不用撤臂引拍，可稍屈前臂调整球拍位置。当球弹起时，手臂、身体前移迎球，触球瞬间控制好拍形，不要向前用力撞球，甚至还略有后缩动作，借来球的力量将球反弹回去（图 7－5）。

图 7－5 减力挡

学习方法及注意事项：

（1）徒手做推挡模仿动作，体会动作要点。

（2）在台上两人互推斜线或直线，待熟练后逐渐增加力量和速度。

（3）一人攻球，另一人推挡。定点定线，两人轮换。

推挡时应注意以下问题：上臂和肘远离身体右侧，将影响前臂发力；左脚过于靠前或右脚在前，难以运用腰髋之力；手臂不会后撤引拍，击球距离太短，不利于控制球和发力。

五、攻球

攻球具有力量大、速度快等特点，是比赛中争取主动、克敌制胜的重要手段，各类打法都必须掌握攻球技术。攻球技术分为正手攻球和反手攻球，按通常的惯称分为快攻、快点、快拉、快拨、突击、杀高球、中远台攻球等技术。

（一）正手攻球

击球前身体稍向右转，腰带臂横摆（忌大臂后拉牵肘）引拍至身体右侧，重心落于右脚，体臂夹角约 35°～40°，前臂自然弯曲约 120°，球拍略前倾，手腕自然放松；击球时，右脚稍用力蹬地，腰向左转带动手臂向球上方挥动迎球；触球瞬间，前臂用力收缩，触球的中上部，手腕辅以发力，身体重心由右脚移到左脚，球拍因惯性顺势挥至头左侧；球击出后，迅速还原，手臂放松，准备下一板击球（图 7－6、图 7－7）。

图 7－6　正手攻球（一）

图 7－7　正手攻球（二）

（二）直板反手攻球

两脚平行开立或右脚稍前，上体稍左转，前臂后摆，引拍至腹前左侧；击球时前臂向右前上方挥动，肘部内收，食指控制好拍形，击球的中上部，手腕辅助发力（图 7－8）。

图 7－8　直板反手攻球

（三）横拍反手攻球

两脚平行开立，腰、髋略向左转的同时，带动前臂向后引拍，手腕稍后曲，肘部略前出，击球的前臂手腕向球右方发力，触球的中上部，前臂和手掌背部的运行方向决定击球的方向（图 7－9）。

图 7－9　横拍反手攻球

学习方法及注意事项：

（1）原地徒手及持拍模仿动作，注意身体重心的交换和腰、臂协调一致地用力。

（2）结合步法，在移动中进行攻球模仿动作。

（3）一人发平击球，另一人练习攻球，打一板后再重新发球。

（4）多球练习。一人喂球，另一人练习攻球。

（5）两人的一推一攻练习。要求固定落点和线路，先轻打力求板数，随着技术质量的提高再增加力量。

（6）两人斜线或直线对攻，力量由轻到重，多打板数，体会触球时的肌肉感觉。

（7）一点对两点或多点的连续攻，要求陪练方用推挡推至对方两点或多点，主练者攻到对方的一点。

（8）结合各种技术。如左推右攻，推挡侧身及推挡侧身扑正手等（应从有规律开始，待到熟练后再到无规律）。

在攻球时，应注意以下问题：引拍时，大臂直向后拉，出现牵肘，会影响击球力量；手腕过分僵硬或上翘，影响手腕的灵活性；直板反手发力时，肘部支出横拉，攻球侧旋；横拍反手攻时，手腕乱动，拍面角度不固定，影响命中率。

六、搓球

搓球是一项过渡性技术，用它对付下旋来球比较稳健，常为进攻创造条件，也是初学削球时必须掌握的入门技术。根据击球方位的不同，分为正手搓球和反手搓球。根据击球时间、回球落点和旋转，又分为快搓、慢搓、摆短、劈长、转与不转及侧旋搓球。

（一）反手搓球

站位近球台，击球时，拍面后仰，屈臂后引，前臂向前用力为主，配合手腕动作。根据来球旋转的程度调节拍面角度和用力方向，来球下旋强，拍触球的底部，向前用力大些；来球下旋弱，拍触球的中下部，向下用力大些（图 7－10、图 7－11）。

图 7－10　反手搓球（一）

图 7－11　反手搓球（二）

（二）正手搓球

击球前，身体稍向右转，向左上方引拍；击球时，前臂和手腕向左前下方用力，将球击出（图 7－12）。

图 7－12　正手搓球

学习方法及注意事项：

（1）徒手模仿动作，注意前臂、手腕的发力方法。

（2）自抛球在台上弹起后，将球搓过网，反复体会前臂、手腕发力摩擦球的动作。

（3）搓接固定旋转、落点的发球。

（4）斜线或直线对搓，在熟练的基础上结合各种搓球。

（5）搓球和攻球结合练习。

（6）前臂、手腕僵硬，不会摩擦，只是碰击球，易吃旋转；滥用手腕，易造成臂、腕用力脱节。

七、发球

发球是乒乓球比赛中每一分的开始，是乒乓球技术中唯一不受对方制约和限制的技术，在规则允许的范围内，可以最大限度地施展自己的战术意图。发球的种类很多，根据旋转可分为发转与不转球和侧旋发球等。

正手发下旋球与不转球：持球手将球抛起后，持拍手向后上方引拍，拍呈横状并略微前倾。

（1）发下旋球时，手臂向前下方挥摆，用球拍下部靠左的位置摩擦球的底部，触球瞬间手腕有一爆发力。

（2）发不转球时，动作的轮廓与发下旋球时一致，用球拍下部偏右的位置触球的中下部，触球瞬间用拍推球。

学习方法及注意事项：

（1）徒手做抛球接发球的模仿动作。

（2）两人一个发球，一个接球，只进行接发球练习，要求定点线。

（3）结合规则对发球的要求进行练习。

（4）发球结合抢攻，增强发抢意识。

八、接发球

接发球的判断：该判断的正确与否，直接影响接发球的方式和接发球的成败。为了判断发球的旋转性质、旋转强度及来球落点，应利用各种信息进行综合分析。

（1）就对方发球时的站位决定自己接发球的站位。

（2）观察对方发球前的引拍方向。

（3）观察球拍触球瞬间摩擦球的方向，判断球的旋转性质。

（4）观察发球时挥臂的动作幅度和手腕用力大小，判断球的落点长短和旋转强弱。

（5）根据发球的第一落点判断来球的长短。

（6）根据球在空中的飞行弧线判断旋转。

（7）根据手感判断来球的旋转。

（8）记住不同性能球拍的颜色及各自的性能。

学习方法及注意事项：

（1）接上旋转球（奔球）。正反手攻球或推挡回接，拍面适当前倾，击球的中上部，调节好向前的力量。

（2）接下旋长球。用搓球、削球、提拉球回接，搓或削时多向前用力。

(3) 接左侧上（下）旋球。可采用攻球或推挡（搓球或拉球）回接，拍面稍前倾（后仰）并略向左偏斜，击球偏右中上（中下）部位，以抵消来球的左侧上（下）旋力。

(4) 接右侧上（下）旋球。可采用攻球或推挡（搓球或拉球）回击，拍面稍前倾（后仰）并略向右偏斜，击球偏左中上（中下）部位；回接要点和方法与接左侧上（下）旋球相同。

(5) 接近网短球。用快搓、快点或台内突击回接，主要靠手腕和前臂的力量。

(6) 接转与不转接。在判断不准的情况下可轻轻地托一板或撇一板，但要注意弧线和落点。

(7) 接不同性能球拍的发球。长胶、生胶、防弧胶的发球基本属不转球，可用相应的方法回接。

(8) 接高抛发球。如球着台后拐弯大，应向拐弯方向提前引拍。

九、弧圈球

弧圈球是一种上旋力非常强的进攻技术，它与攻球相比，在应对强烈下旋球及低于网的来球时更加稳健，因此被广泛使用。

(一) 正手弧圈

左脚在前，右脚稍后，身体略向右扭转，腹微收，髋稍向右后方压转，左肩略高于右肩。击球时，右脚掌内侧蹬地，以腰髋的扭转带动手臂向左上方挥动，击球瞬间，快速收缩前臂，直拍的中指（横拍的食指）应加速成手腕在触球瞬间的甩动。

(1) 加转弧圈。手臂在腰的带动下向后下方引拍，球拍低于来球，在来球的下降期或高点后期，摩擦球的中部或中上部，以向上发力为主，略带向前（图 7－13、图 7－14)。

图 7－13　加转弧圈（一）

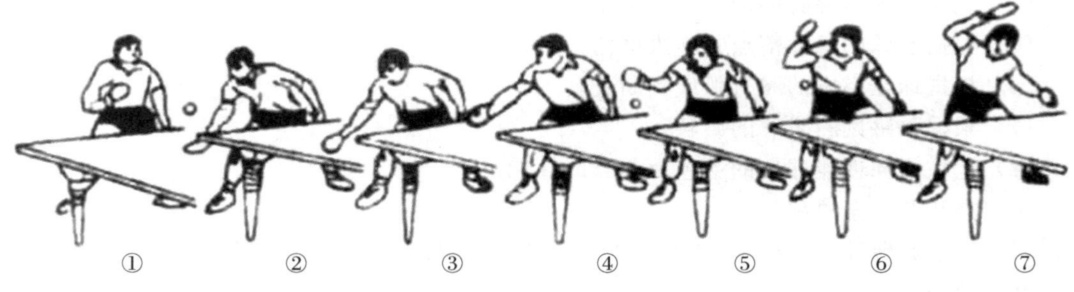

图 7－14　加转弧圈（二）

（2）前冲弧圈。身体重心比拉加转弧圈球时略高，手臂自然向后引拍，球拍与来球同高或稍低于来球，在来球的上升后期或高点期，摩擦球的中上部或中部，以向前发力为主，略带向上（图 7－15、图 7－16）。

图 7－15 前冲弧圈（一）

图 7－16 前冲弧圈（二）

（二）反手弧圈

两脚基本平行开立，腰、髋略向左转，稍收腹，肘关节略向前出。前臂向左后方画一小弧引拍，手腕下垂。击球时，两脚向上蹬伸，展腹，腰、髋略向右转，以肘关节为轴，前臂向上方发力，手腕配合用力，摩擦球的中上部。

学习方法及注意事项：

（1）徒手做模仿动作，认真体会动作要领。

（2）自抛自拉练习。体会腰、臂的协调用力。

（3）一人发平击球或下旋球至某一点，一人练习拉。体会正确的击球点和触球瞬间的摩擦动作（可用多球进行）。

（4）一人推挡，一人拉。定点定线。要求先轻拉，随着技术质量的提高再增加力量和旋转。

（5）两点或三点对一点连续拉。要求拉者在左右移动中进行练习，范围由小到大，落点从有规律到无规律。

（6）对搓斜球，其中一方侧身抢拉或反手拉。

（7）一方一点搓两点，另一方搓中抢拉。

打弧圈球时应注以下问题：不会运用身体重心的力量，只靠手臂发力，会影响击球的力量和旋转；手臂伸得过直，球拍沉得过低，整个动作向上太多，会缺少向前的力量；撞击球力量过大，摩擦力小，易吃旋转；引拍时向后拉手过多，球拍离身体太近，不易发力。

十、削球

削球是一种防御性技术，具有稳健性好、冒险性小的特点。通过旋转和落点的变化，调动对手，伺机反攻削球，使对手被动，甚至失误。

（一）正手削球

右脚稍后，身体略右转，双膝微屈，拍形近似垂直，引拍至肩高附近。在来球的下降期，前臂在上臂的带动下，随着身体重心的移动向下并向前、向左挥动，触球的中下部，手腕控制好拍形并有一摩擦球的动作。

（二）反手削球

左脚稍后，身体略左转，拍形竖立，引拍至肩高。前臂在上臂的带动下，随身体重心的移动向下并向前、向右挥动，在来球下降前期触球的中下部，手腕控制好拍形并有一摩擦球的动作。

学习方法及注意事项：

（1）徒手模仿动作，做好引拍、挥拍等动作。

（2）用正手或反手削对方发来的平击球。

（3）斜线对斜线或直线对直线。用正手或反手削对方拉过来的球。

（4）一点削多点，或多点削一点，从有规律到无规律。

（5）削与攻、挡结合练习。

削球时应注意以下问题：拍形过分后仰，易出高球或出界；引拍不到位，会限制前臂的下切动作，从而难于移搓攻步选位，形成用手够球，难以控制球和加转。

第二节　乒乓球的基本战术

本节旨在帮助学生了解乒乓球的基本打法及运用，从而形成具有自身特点的个人打法体系。

一、发球抢攻战术

发球抢攻是我国直板快攻打法的“撒手锏”，是力争主动、先发制人的主要战术。各种类型打法的运动员都普遍采用发球抢攻来抢占每个回合的上风。发球战术运用的效果主要取决于发球的质量和第三板进攻的能力。发球抢攻战术因打法的类型不同而有所差异，但常用的发球抢攻战术主要有以下几种：

（1）正手发转与不转球。

（2）侧身正手（高抛或低抛）发左侧上（下）旋球。

（3）反手发右侧上（下）旋球。

（4）反手发急球或急下旋球。

（5）下蹲式发球。

二、接发球战术

接发球战术与发球抢攻战术同样重要，在某种意义上讲，接发球水平的高低可以反映运动员的实战能力以及各项基本技术的应用程度。事实上，接发球者只是暂时处于被控制状态，如果破坏了发球者的抢攻意图或者为发球者制造了障碍，降低了对方抢攻的质量，也就意味着自己脱离了被控制状态，变被动为主动了。常用的接发球战术有：

（1）稳健保守法。

（2）接发球抢攻。

（3）盯住对方的弱点处，寻找突破口。

（4）控制接发球的落点。

（5）正手侧身接发球。

三、搓攻战术

搓攻战术是进攻型打法的辅助战术之一，主要利用搓球旋转的变化和落点的变化为抢攻创造机会。这一战术在基层比赛中被普遍采用。搓攻战术也是削球型打法争取主动的主要战术之一。常用的搓攻战术有：

（1）慢搓与快搓结合。

（2）转与不转结合。

（3）搓球变线。

（4）搓球控制落点。

（5）搓中突击。

（6）搓中变推或抢攻。

四、对攻战术

对攻战术是进攻型打法在相持阶段常用的一项重要战术。主要依靠反手推挡（或反手攻球）和正手攻球（或正手拉弧圈球）的技术，充分发挥快速多变的特点来调动对方。常用的对攻战术有以下几种：

（1）紧逼对方反手，伺机抢攻或侧身抢攻、抢拉。

（2）压左突右。

（3）调右压左。

（4）攻两大角。

（5）攻追身球。

（6）变化击球节奏，加力推和减力挡相结合，发力攻、拉与轻打轻拉相结合，造成对手的被动局面。

（7）改变球的旋转性质，如加力推后、推下旋；正手攻球后，退至中远台削一板，对方往往会来不及反应，从而直接得分或创造机会球。

五、拉攻战术

拉攻战术是以攻为主的选手对付削球的主要战术。为了发挥拉攻的战术效果，首先要具备连续拉的能力，并有线路、落点、旋转、轻重等变化；其次要有拉中突击和连续扣杀的能力。常用的拉攻战术主要有：

(1) 拉反手后，侧身突击斜线或中路追身球。

(2) 拉中路杀两角或拉两角杀中路。

(3) 拉一角或杀另一角。

(4) 拉吊结合，伺机突击。

(5) 拉搓结合。

(6) 稳拉为主，伺机突击。

六、削中反攻战术

我国乒坛名将陈新华以及第43届“世乒赛”男团冠军主力、男单季军丁松成功地运用削中反攻战术创造了辉煌，令欧洲选手手足无措，无以应对。这种战术主要依靠稳健的削球，限制对方的进攻能力，为自己的反攻创造有利的条件。它不仅增强了削球技术的生命力，也促进了攻防之间的积极转化。常用的削中反攻战术主要有：

(1) 削转与不转球，伺机反攻。

(2) 削长短球，伺机反攻。

(3) 逼两大角，伺机反攻。

(4) 交叉削两大角，突击对方弱点。

(5) 削、挡、攻结合，伺机强攻。

七、弧圈球战术

由于弧圈球战术可以把速度和旋转有效地结合起来，稳健性好，适应性强，已被许多著名选手用来替代攻球或扣杀。常用的弧圈球战术如下：

(1) 发球抢攻。

(2) 接发球果断上手。

(3) 相持中的战术运用。

第三节　乒乓球竞赛规则与裁判法

本节只对乒乓球竞赛规则作一个简单的介绍。

一、乒乓球竞赛规则

(一) 定义

(1) 球处于比赛状态的一段时间，叫作一个“回合”。

(2) 不予记分的回合叫作“重发球”。

(3) 记分的回合叫作“得分”。

(4) 握着球拍的手叫作“执拍手”。

(5) 用握在手中的球拍或执拍手手腕以下部分触球叫作“击球”。

(6)“阻挡”：对方击球后，处于比赛状态的球尚未触及本方台区也未超过比赛台面或其端线，即触及本方运动员或其穿戴的任何物品。

(二) 合法发球

(1) 发球时，球应放在不执拍的手掌上，手掌张开并伸平。球应是静止的，在发球方的端线之后和比赛台面的水平面之上。

(2) 发球员须用手把球几乎垂直地向上抛起，不得使球旋转，并使球在离开不执拍的手掌之后上升不少于16厘米。

(3) 当球从抛起的最高点下降时，发球员方可击球，使球首先触及本方台区，然后越过或绕过球网装置，再触及接发球员的台区。在双打中，球应先后触及发球员和接发球员的右半区。

(4) 从抛球前球静止的最后一瞬间到击球时，球和球拍应在比赛台面的水平面之上。

(5) 击球时，球应在发球方的端线之后，但不能超过发球员身体（手臂、头或腿除外）离端线最远的部分。

(6) 运动员发球时，有责任让裁判员或副裁判员看清他是否按照合法发球的规定发球。

① 如果裁判员怀疑发球员某个发球动作的正确性，并且他或者副裁判员都不能确信该发球动作是否合法，一场比赛中此现象第一次出现时，裁判员可以警告发球员而不予判分。

② 在同一场比赛中，如果运动员发球动作的正确性再次受到怀疑，不管是否出于同样的原因，不再警告而判失一分。

③ 无论是不是第一次，任何时候只要发球员明显没有按照合法发球的规定发球，他将被判失一分，无须警告。

(7) 运动员因身体伤病而不能严格遵守合法发球的某些规定时，可由裁判员作出决定免予执行，但须在赛前向裁判员说明。

(三) 合法还击

对方发球或击球后，本方必须击球，使球直接越过或绕过球网装置，或触及球网装置后再触及对方台区。

(四) 击球次序

(1) 在单打中，首先由发球员合法发球，再由接发球员合法还击，然后两者交替合法击球。

(2) 在双打中，首先由发球员合法发球，再由接发球员合法还击，然后由发球员的同伴合法还击，再由接发球员的同伴合法还击。此后，运动员按此次序轮流合法击球。

(五) 比赛状态

当球在发球员不执拍的手中被抛起前静止状态的最后一刻即处于比赛状态，直到：

(1) 球触及除比赛台面、球网、网柱、执拍手中的球拍或执拍手手腕以下部位以外的任何东西。

(2) 或者这个回合被判为重发球或判一分。

（六）重发球

（1）出现下列情况应判重发球：

① 发球员发出的球在越过或绕过球网装置时触及球网装置，此后成为合法发球或被接发球员或其同伴阻挡。

② 接发球员或同伴未准备好时，球已发出，而且接发球员或其同伴均没有企图击球。

③ 由于发生了运动员无法控制的干扰，而使运动员未能合法发球、合法还击或遵守规则。

④ 裁判员或副裁判员暂停比赛。

⑤ 在双打时，运动员错发、错接。

（2）在下列情况下可暂停比赛：

① 由于要纠正发球、接发球次序或方位错误。

② 由于要实行轮换发球法。

③ 由于警告或处罚运动员。

④ 由于比赛环境受到干扰，以致该回合结果有可能受到影响。

（七）判一分

除被判重发球的回合，下列情况运动员得一分：

（1）对方运动员未能合法发球。

（2）对方运动员未能合法还击。

（3）运动员在发球或还击后，对方运动员在击球前，球触及除球网装置以外的任何东西。

（4）对方运动员击球后，该球越过本方端线而没有触及本方台区。

（5）对方运动员阻挡。

（6）对方运动员连击。

（7）对方运动员用不符合规定的拍面击球。

（8）对方运动员或其穿戴的任何东西使球台移动。

（9）对方运动员或其穿戴的任何东西触及球网装置。

（10）对方运动员不执拍的手触及比赛台面。

（11）双打时，对方运动员击球次序错误。

（12）执行轮换发球法时，接发球运动员或其双打同伴，进行了13次合法还击。

（八）一局比赛和一场比赛

（1）在一局比赛中，先得11分的一方为胜方，10平后，先多得2分的一方为胜方。

（2）一场比赛由奇数局组成（可采用五局三胜制或七局四胜制）。

（3）一场比赛应连续进行，但在局与局之间，任何一名运动员都有权要求不超过两分钟的休息时间。

（九）轮换发球法

（1）如果一局比赛进行到10分钟仍未结束（双方都已获得至少9分时除外），或者在此之前任何时间应双方运动员要求，实行轮换发球法。

① 当时限到时，球仍处于比赛状态，裁判员应立即暂停比赛。由被暂停回合的发球

员发球，继续比赛。

② 当时限到时，球未处于比赛状态，应由前一回合的接发球员发球，继续比赛。

（2）此后，每个运动员都轮发一分球，直至该局结束。如果接发球方进行了 13 次合法还击，则判发球方失一分。

（3）轮换发球法一经实行，该场比赛的剩余各局必须继续实行轮换发球法。

二、乒乓球竞赛场地、器材

乒乓球竞赛场地的地板应具有弹性。球场的标准为长不少于 14 米、宽 7 米，球场上空 5 米以内不得有障碍物。比赛场地须用 75 厘米高墨绿色或淡蓝色挡板围住，与邻近的场地及观众隔开。标准乒乓球台由两块台桌组成，每块长 1.37 米，总长 2.74 米。台面的宽度为 1.525 米，厚 3.5 厘米，台面与地面相距 0.76 米。乒乓球台面四周各有一条宽为 0.02 米的白线，分别称为边线和端线。台面中间的 0.3 厘米宽的白线为中线，其上架以长 183 厘米、高 15.25 厘米的球网（图 7 - 17）。

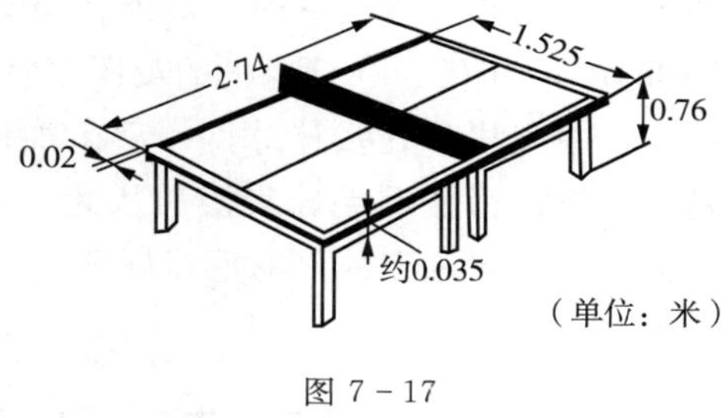

图 7 - 17

第八章 羽毛球

羽毛球运动是一项在室内、室外都可以进行的体育运动。现代羽毛球运动形成于英国。19世纪60年代，一批退役的英国军官把印度孟买的“普那”带回英国。早期的场地呈葫芦状，中间狭窄处张挂球网，后来加以改进，成为现代的羽毛球运动。1873年，在伯明顿庄园里进行了羽毛球表演。从此，这项运动开始普及。1939年由“国际羽联”通过了各会员国共同遵守的《羽毛球规则》。

第一节 羽毛球的基本技术

羽毛球的基本技术一般包括握拍技术、发球技术、击球技术和基本步法。学习羽毛球的基本技术，应明确相应的动作要领，掌握羽毛球的学习方法与步骤。了解学习过程中的注意事项，是提高羽毛球实战能力的基本前提。

一、握拍技术

羽毛球运动中，学会正确的握拍方法是掌握合理、准确、全面的击球技术的前提条件，而不正确的握拍方法会妨碍各种击球技术的掌握和技术的进一步提高。不同角度击球或击出不同路线的球也要相应地使用不同的握拍方法。因此，不但初学者从一开始就应十分重视学会正确的握拍方法，就是已有一定水平的运动员也应在实践中不断改进和完善自己的握拍方法。握拍技术可分为正手握拍法和反手握拍法两种。

（一）正手握拍法

用与握拍手的手掌同一个朝向的拍面击球叫正手击球，正手击球时的握拍方法即正手握拍法。

动作要领：握拍时，先用左手拿住拍颈，使拍面与地面垂直。再张开右手，使手掌下部靠在拍柄底托处，虎口对准拍柄的内侧小棱边，然后小指、无名指和中指并拢握住拍柄，小指与无名指握在拍柄的末端应稍紧，负责不使球拍脱手，食指与中指稍微分开，用食指和拇指轻松地环扣住拍柄（图8-1）。

（二）反手握拍法

用与握拍手的手背同一个朝向的拍面击球叫反手击球，反手击球时的握拍方法即反手握拍法。

动作要领：在正手握拍法的基础上，拍柄稍向外转，食指收回，拇指第 2 指节顶贴在拍柄内侧的宽面上，其余四指并拢握住拍柄，手心与拍柄之间应有一定的空隙（图 8－2）。

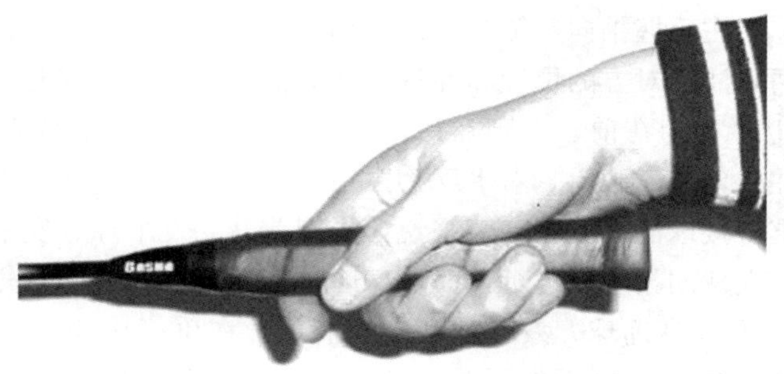

图 8－1　正手握拍法

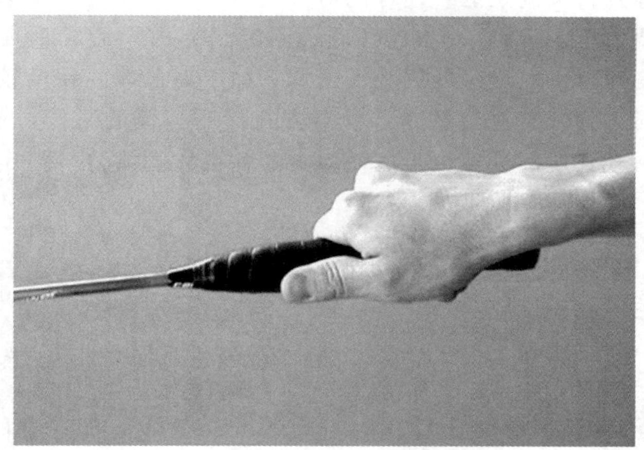

图 8－2　反手握拍法

（三）学习方法

（1）用正手握拍法或反手握拍法握好球拍。

（2）做正手击球或反手击球的挥拍动作。

（3）做正、反手交换击球的练习。

（四）注意事项

（1）握拍要放松。

（2）握拍要灵活。

二、发球技术

羽毛球比赛的规则规定只有发球一方得分才算得分，而接发球者得分只能夺得发球权。因此，发球作为进攻的开始，发球的好与坏，可以直接影响我们争取主动或者使我们处于被动局面。掌握好发球技术，并在比赛中按对手的优缺点选择有利于自己进攻的发球法，可以迫使对手措手不及或处于被动，从而达到争取主动而得分的目的。因此我们说发球是第一拍进攻，决定着发球者能否旗开得胜。

发球大致可分为正手发球和反手发球。正手发球时，单打一般站在发球区内离发球线1米左右的中线附近。双打站位可稍靠前。左脚在前，右脚在后，两脚间距同肩宽，上身自然伸直，重心在右脚上。右手握拍向后侧举起，肘部稍屈。左手用拇指、食指、中指夹持球的中部，举在身前，两眼注视对方的位置和准备接球的情况。反手发球时，站在发球区内较靠近前发球线的位置上。右脚在前，左脚在后，上身自然伸直，重心放在右脚上，左手以拇指、食指和中指捏住球，置于腹前，右手反手握拍，肘部略抬起使拍框下垂于左腰侧，两眼注视对方的位置和准备接球的情况。一般来说，发网前球、发平球、发平高球的技术，均可以用正手发球和反手发球的技术来进行，而发高远球，则普遍采用正手发球法。

基本的发球技术有发高远球、发平球和发网前球。在单打比赛中，这几种发球应用得较为普遍，而在双打比赛中，则常发网前球结合发平球或者平高球。

（一）高远球

高远球就是把球发得又高又远，使球向对方的后场上方飞行，发球后的路线与地面形成的角度（仰角）要大于45°，在对方场区底线附近（界内）形成垂直下落。发高远球可以使对方退到离开发球者场区最远的底线去击球，如果高远球的质量较高，既发得高又发得远，则可以限制对方的一些进攻战术，使对方在接高远球的时候，不易马上组织进攻。在对方体力不足的时候，发高远球也可以使对方消耗更大的体力（图8－3）。

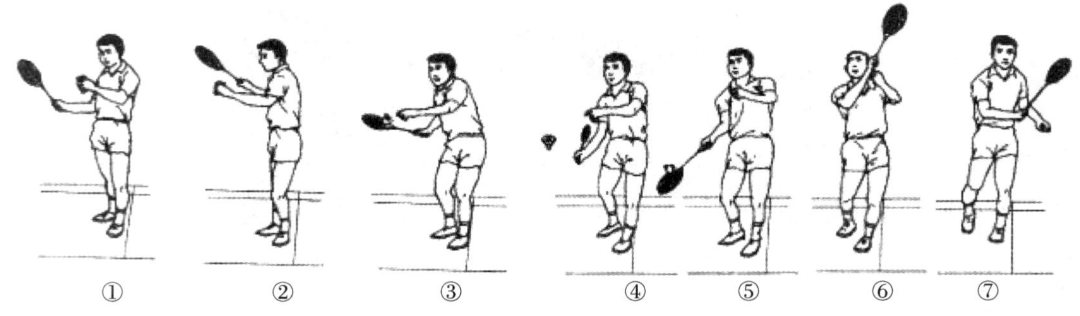

图8－3　发高远球

动作要领：

（1）准备发高远球的时候，站在离前发球线1米左右、发球场区中线附近，面对球网，左脚在前，右脚在后，两脚之间自然分开。

（2）身体重心放在右脚上面，身体自然地微微向后仰，右手向右后侧举起，肘部稍弯曲，左手拿球（可拿球的任何部位）并自然地在胸前弯曲。

（3）发球的时候，左手把球举在身体右前方并放下，使球落下；右手同时由大臂带动小臂，从右后方向前，往左前上方挥动；大臂开始挥动的时候，身体重心由右脚慢慢地移到左脚。

（4）当球落到击球人手臂向下自然伸直能触到球的部位的一刹那，握紧球拍，并利用甩手腕的力量，向前上方鞭打用力击球。当把球击出的同时，手臂向左上方挥动，击球之后，身体重心也由右脚移至左脚，身体微微向前倾。

（二）平高球

平高球是指发出球的弧线高度比高远球低，并使球飞向对方后场底线附近的一种发球方法。它可以迫使对方匆忙向后移动接球，从而限制对方大力扣杀等。

（1）正手平高球。做好准备姿势，发球方法与发高远球基本一致，主要运用前臂带动手腕发力，拍面与地面的仰角在 120°～130°之间。

（2）反手平高球。做好准备姿势，主要以前臂带动手腕从左下方向右上方快速挥拍，用反拍面正击球托，拍面与地面的仰角在 120°～130°之间。

（三）平快球

平快球是指发出的球既平又快，直接飞向对方后场底线附近的一种发球方法。平快球由于发球快速且突然，往往使对方来不及做准备，是抢攻的主要发球技术。

（1）正手平快球。做好准备姿势，发球方法与发高远球相似，区别在于：击球前，前臂快速摆动，手腕和手指突然向前发力击球，拍面与地面的仰角在 110°左右，击球力的方向应更平直一些。

（2）反手平快球。做好准备姿势，发球方法与反手发平高球相似，区别在于：拍面与地面的仰角在 110°左右，击球力的方向应更平直一些。

（四）网前球

网前球是指发出的球贴网而过，落在对方前发球线附近场地内的一种发球方法。它可以限制对方做进攻性的回击，但对技术要求较高。

（1）正手网前球。做好准备姿势，以前臂和手腕带动挥拍，幅度要小，力量稍轻，拍面稍后仰，握拍较放松，利用手腕与手指力量从右向左横切推送，使球贴网而过。

（2）反手网前球。做好准备姿势，前臂带动手腕使球拍从左下方向右前上方做半弧形挥动，用球拍对球做横切推送动作，使球贴网而过。

（五）学习方法

（1）按各种发球的技术要领反复做挥拍模仿练习。

（2）用细绳把球吊在击球点（身体右侧前下方）的高度，反复进行发球练习。

（3）人体左侧对着墙（距离 60 厘米）做发球挥拍练习。

（4）在对方场地上画好圆圈，把球发到圈内。

（六）注意事项

（1）挥拍路线为右后—右前下方—左上方的画弧（正手）。

（2）挥拍时，以肩为轴，由上臂带动前臂、前臂带动手腕发力（正手）。

（3）掌握好击球时球拍的仰角。

严格控制击球力量，掌握好用力的方向（反手）。

三、击球技术

依据击球动作的特点，击球技术可分为高手击球技术、网前击球技术和低手击球技术三大类。这里重点介绍前两类。发球仅是击球的开始，而真正激烈的争夺是在发球后的接发球或发球抢攻以及之后的对拉击球上。因此，合理、协调、有力、有效地击球将是得分的最基本保证。

（一）高手击球技术

高手击球是指击球点高于头部的击球。它分为高远球、平高球、扣杀球和吊球等。一般在后场用来主动进攻或调动、控制对方。

1. 高远球

（1）正手高远球。击球时，首先看准来球的方向和高度，采取移动步法到适当位置，击球点选择在右肩稍前的上空，身体半侧向球网，左脚在前，右脚在后，身体重心落在右脚的前脚掌上，然后将拍子举到肩上，拍面朝网准备挥拍击球；当球下落到接近击球点时，胸部扩张，握拍手的前臂向后移动肘关节向后侧提高，使球拍引至头后，自然伸腕，接着在右腿蹬地和腰腹协调用力下，大臂带动前臂向上，肘关节迅速上升，前臂明显向前甩出；触球时，手臂伸直，闪动手腕把球击出，身体重心由右脚移到左脚上（图 8－4）。

图 8－4　正手高远球

（2）反手高远球。准备击球时，改成反手握拍，步法到位后，右脚前叉跨到左侧底线，背向球网，身体重心在右脚，球拍举在左胸前，拍面向上，双膝微屈，击球时下肢由屈到伸。当球在右侧上空下落时，以大臂带动手腕的闪动，在右侧上方伸直手臂向后击球，并伴随右腿的蹬力，迅速转体面向球网，迈出右脚回中心位置。

（3）头顶击高远球。准备击球时，上体向左稍后仰，右脚在后，球拍绕过头顶后，再从左上方向前挥动，用前臂带动手腕以鞭打状产生爆发力，将球击出。击球点选择在头顶前上方或左前上方，击球托的后下底部。

2. 平高球

击平高球的方法与击高远球的方法是基本一致的，它们的技术特点和要求的区别在于：击平高球时在击球点上的拍面仰角小于击高远球时的拍面仰角，以便控制球的飞行弧线和落点。

3. 扣杀球

扣杀球是指把高球在尽量高的击球点上用大力挥击下压到对方场区内的一种击球方

法。这种球力量大、弧线直、落地快，给对方的威胁很大，是进攻的主要技术。

（1）正手扣杀球。准备击球时，身体左转并后仰，左脚在前，右脚在后，挺胸成弓形，右臂在右后方上摆起，手腕后伸，然后肘部带动前臂全速向前上方挥动；当击球点在肩的前上方时，前臂内旋，腕前屈微收，闪腕发力杀球，球拍正面击球托的后部，使球直线下行。

（2）反手扣杀球。准备击球时，背向球网，反手握拍上举，肘部往右上方摆起，前臂快速往右上方并稍外旋，手腕内收闪动，挥拍切击球托的后下部，使球向前下方直线飞行。如果要扣杀斜线球，则挥拍切击球托的左侧后下部。

（3）头顶扣杀球。方法与头顶击高远球的方法相似，区别在于击球的力量比击高远球大；发力方向是向前下方的；击球点稍前些；拍面角度要小些。

4. 吊球

把对方击来的高远球从后场还击到对方场地并轻轻落于网前区，称为吊球。这是后场进攻的主要技术之一。

（1）正手吊球。准备击球时，身体半侧向球网，左脚在前，右脚在后，拍转到身后，然后手臂向上挥拍，在击球的一刹那，突然减慢速度，用手指控制拍面，利用手腕的快速闪动，拍面切击球托的下部。如果要吊对角网前，拍面向左下方切击球托的左侧后下部；如果要吊直线球，拍面由后上方稍往右前方切击球的后下部。

（2）反手吊球。准备击球时，背对球网，反手握拍上举，肘部往右上方摆起，前臂快速往右上方并稍外旋，手腕内收闪动，球拍切击球托的后下部，使球向前下方直线飞行。

（3）头顶吊球。准备击球时，身体半侧向球网，左脚在前，右脚在后，上臂往右上方挥动，前臂稍向肩后摆，手腕稍后伸，然后稍往右前方切击球托的后下部，球拍与地面的仰角应控制在90°左右，使球向下直线飞行。

（二）网前击球技术

网前击球是一种可以调动对方，使战术多变的击球方法。它包括搓球、推球、钩球、扑球和挑球等。

1. 搓球

准备击球时，右脚在前，左脚在后，成弓箭步，球拍前伸，然后前臂稍外旋，手腕稍后伸，内收闪动，用手腕和手指控制球拍，搓切来球的右下底部。

2. 推球

动作与搓球基本一样，只是在击球的一刹那，拍面几乎与网平行，主要靠腕部的转动及手指的力量向前快速闪动，将球快速推到对方的底线附近。

3. 扑球

准备击球时，蹬步上网，身体右侧扑向网前，迅速举拍向前，拍面前倾，用腕部和手指的力量向前下方闪击，触球后球拍立即回收。

4. 钩球

动作与搓球基本一样，只是在击球的一刹那，拍面斜向对方右（左）网前，用腕部带动手指由伸腕到收腕，肘部也同时回收，触球托的右（左）后部。

5. 挑球

动作与正手网前球基本一致。击球前，前臂充分外旋，手腕尽量后伸。击球时，从右下方向右前方至左上方挥拍击球。在此基础上，若球拍向右前上方挥动，挑出的是直线高球。

（三）学习方法

（1）按动作要领反复做各种击球动作的徒手练习。

（2）用细绳把球吊在各种高度上，反复练习各种击球。

（3）两人用球做原地定点练习，互相观察动作是否正确。

（4）移动步法做各种击球练习。

（5）用各种击球方法将球击入对方场地的圆圈内，进行准确性练习。

（四）注意事项

（1）击球点要高。

（2）保持动作的一致性。

（3）发力正确且能控制力量。

（4）准确控制拍面角度。

四、步法

步法是指运动员在场上为了跑到适当的位置击球而采取的快速、合理、准确的移动方法。羽毛球的移动步法包括起动、移动、到位配合击球和回动四个环节。步法移动一般都是从场地中心位置开始，按移动方向可分为上网步法、后退步法和两侧移动步法。右手持拍者，到位击球时的最后一步一般都是右脚在前，而左脚总是靠近中心位置，像轴心一样。

（一）上网步法

（1）蹬跨步上网步法。左脚后蹬，侧身将右脚向球的方向跨出一大步击球。向右前场上网，用正手击球；向左前场上网，反手击球。

（2）两步蹬跨上网步法。右脚稍前，左脚稍后，上网时，左脚向右前方迈一步，紧接着右脚跨一大步到位。向右前场上网，用正手击球，向左前场上网，反手击球。

（3）前交叉蹬跨上网步法。右脚稍前，左脚稍后，上网时，右脚向右前方迈一小步，左脚接着前交叉再迈一步，紧接着左脚后蹬，侧身将右脚向球的方向跨一大步，用正手击球。或稍向左转身，以右脚向左前场迈一步，左脚再迈一步，紧接着左脚后蹬侧身将右脚向前跨一大步，反手击球。

（二）两侧移动步法

（1）向右侧蹬跨步。右脚稍前，左脚稍后，移动时，左脚用力起蹬，右脚向右侧跨出一大步到位。

（2）向右并步加蹬跨步。右脚稍前，左脚稍后，移动时，左脚先向右脚并一步，紧接着，以左脚掌内侧用力起蹬，右脚向右侧跨出一大步到位。

（3）向左侧蹬跨步。右脚稍前，左脚稍后，移动时，左脚用力起蹬向左，右脚同时左跨一步到位。

（4）向左蹬转跨步。右脚稍前，左脚稍后，移动时，左脚先向左后侧退一步，紧接着右脚经左脚前向左侧跨一大步到位，成背对网姿势。

（三）后退步法

（1）三步并步后退右后场。右脚稍前，左脚稍后，后退时，右脚先后撤一步，左脚跟着后撤一小步，紧接着右脚再向右后撤一步，成侧身对网姿势。

（2）三步交叉步后退右后场。右脚稍前，左脚稍后，后退时，右脚往右后侧蹬转后退一小步，左脚接着经右脚后面交叉退一步，紧接着右脚再后撤一大步到位，成侧身对网姿势。

（3）两步后退左后场。右脚稍前，左脚稍后，后退时，左脚先往左后蹬转撤一小步，紧接右脚经左脚前向左后侧方跨出一大步到位，成背对网姿势。

（4）三步后退左后场。右脚稍前，左脚稍后，后退时，以左脚前掌为轴，右脚向左后方蹬转，使身体转向左后方；同时，右脚经左脚前向左后场区跨一步成背对网姿势；接着，左脚迈一步，右脚再迈一步。

（四）学习方法

（1）徒手按照各种步法的动作要领进行单个步法练习。

（2）进行固定线路的多方向步法练习。

（3）进行随意线路的多方向步法练习。

（4）结合技术进行综合练习。

（五）注意事项

（1）击完球后一定要注意回动。

（2）移动时注意控制好身体的重心。

（3）最后一步时重心在右脚上。

第二节 羽毛球的基本战术

一、羽毛球的基本战术

（一）基本技术与基本战术的关系

羽毛球技术是指符合人体运动科学原理，在竞赛规则允许的范围内，充分发挥身体潜在能力，有效地完成动作的合理方法。它是在羽毛球比赛中，为了达到一定目的的专门动作方法的总称。

羽毛球战术是指运动员在比赛中为表现出高超的竞技水平和战胜对手而采取的计谋和行动。任何战术的目的都是为了更好地发挥自己的技术特长，制约对方特长的发挥，控制和掌握比赛的主动权，从而争取比赛的胜利。战术一般由战术思想、战术意识和战术行动组成。

组成羽毛球战术行动的基本要素是技术、战术方法和战术形式三个方面。技术是战术的基础，是组成战术必不可少的基本要素。先进的技术必然促进战术的发展与变化，而战术的不断发展与变化，同样又反过来促进原有技术的更新与发展。它们之间同样也存在着相互联系、相互影响、共同发展的辩证关系。

（二）羽毛球基本技术在战术中的作用

1. 发球技术的战术作用

发球技术不仅是羽毛球比赛中每一个比赛段落的开始，也是羽毛球技术方法中唯一可以不受对方击球方法的制约而由自己随意运用的一项技术。根据击球后球飞行弧线和落点的不同，发球可分为发高远球、发网前球、发追身球和发平高球等。

（1）发高远球的战术作用。发高远球通常是为了迫使对方退至底线击球，以削弱对方扣杀的威胁，同时增加对方扣杀后迅速抢网进攻的难度。发高远球一般在单打比赛中运用较多，属控制对方后场、后发制人的发球战术。

（2）发网前球的战术作用。根据对方不同的回球，伺机进行下一回合的抢攻；发网前球可以抑制对方后场进攻技术特长，削弱对方强有力的威胁；对方接网前球技能较差，则可通过发网前球抢占主动权。发网前球抢攻战术运用效果的好坏，主要取决于发球的质量和进攻技能的高低。

（3）发平高球的战术作用。发平高球通常与发网前球结合使用。针对队员接发球站位比较靠前，或在准备向前接网前球时，出其不意地突然发出快速越过对方头顶落至其后场的低平球，使对方措手不及而陷入被动；诱其在慌乱中盲目进攻造成失误，以利于自己的进攻。

总之，发球是一项完全可以凭自己的主观愿望发出各种不同的线路、弧度、速度和落点，与自己下一拍击球有机地结合来争取主动，达到控制对方和破坏对方进攻的战术目的的技术。但是，这一战术能否成功，在很大程度上取决于发球质量以及与下一拍击球衔接技能的高低。发球质量的高低通常从准确与变化这两个方面衡量。所谓准确是指发球的弧度、落点和对对方接发球意图的判断等方面的准确性。所谓变化是指发球的节奏、方法、弧度和落点等方面的变化。在发球中，除了要重视发球的方法、弧度和落点等方面的变化外，还必须加强对发球节奏变化能力的培养。发球的节奏变化主要体现在：第一，在规则允许的范围内，从双方运动员都做好发球和接发球的准备，到开始发球所用的时间变化。第二，虽然采用同一种发球方法，但是在每一次发球中，从发球挥拍开始到发球结束，这一动作完成速度的变化。

2. 高球技术的战术作用

（1）高远球的战术作用。由于高远球的飞行弧度较高，到达对方底线所需要的时间较长，而且不易被对方拦截，因而能迫使对方远离“中心位置”退到底线击球，从而拉开对方场上移动距离，并可调整场上比赛的节奏。例如，本方处于被动状态时，就可利用高远球滞空时间长的特点，争取回位的时间，从而摆脱被动局面。

（2）平高球的战术作用。平高球飞行弧度比较低，到达对方底线所需的时间相对较快，如果掌握好的话，击球动作通常多带有突然性。所以在实战中，将平高球和吊球很好地结合使用，常能出其不意地快速调动对方的站位，使其顾此失彼，从而为自己创造更有利的进攻机会。

由于球在空中飞行的弧度和快慢的不同，所以也就具有不同的战术作用。一般而言，高远球通常具有防守的性质，主要在防守与被动状态中运用较多；平高球通常具有进攻的性质，较多地运用于进攻和相持的状态。因此，从战术运用的角度说，运动员在平时的训练和比赛中应明确平高球和高远球在战术运用上的不同之处。为了能在比赛中把这两种技术尤其是平高球的战术作用充分地发挥好，一定要对击球后球飞行的弧度和落点的准确性提出特别高的要求。

3. 吊球技术的战术作用

通常它和高球结合使用，一前一后，起调动对方位置和为本方寻找突击进攻的作用。吊球技术主要有轻吊、劈吊和假动作吊球三大类。

(1) 轻吊球的技术特点与战术作用。轻吊球的击球落点比较贴网，能有效地拉开对方移动的距离。但是，与劈吊球技术相比，轻吊球在空中飞行的速度相对要慢一些。

(2) 劈吊球的技术特点与战术作用。劈吊球的球速相对较快，与杀球动作极为相似，但击球的落点一般要比轻吊球离网远一些。

(3) 假动作吊球的技术特点与战术作用。假动作吊球在击球前期，与杀球动作极为相似，只是到击球瞬间才突然变化为轻吊球，如果运用得当，将对对方产生很大的欺骗性。但在运用时，通常需要有比较充裕的击球时间。因此，一般运用于主动状态，在双打中运用得较多。

4. 杀球技术的战术作用

杀球是一种最具威力的进攻性击球技术。它具有击球力量大、飞行速度快和落地时间短的特点。因此，良好的杀球技术不但会给对方造成接球的困难，并且是有利于自己得分的最有效的技术方法。它在空间和时间上都能起到控制场上进攻态势、限制对方直接进行有效反击的战术作用。杀球技术主要有大力杀球（又称重杀球）、劈杀球、突击杀球、点杀球四大类。在战术上，各类杀球必须灵活运用，既要有方法、力量、线路和落点上的变化。同时，还必须强调将杀球与高球、吊球灵活地结合运用，这样才能得到更好的效果。

5. 搓球技术的战术作用

由于击球后，球在过网的瞬间绕不同轴伴有较强烈的旋转，使对方难以捕捉最佳的击球时机和合适的击球部位进行快速准确的还击，以致对方击球困难甚至还击失误，从而使自己获得主动控制权。比赛中，良好的搓球往往能起到控制前场、迫使对方只能挑后场高球，从而为自己创造进攻得分的机会。

6. 推球技术的战术作用

比赛中，由于推球后球的飞行速度较快，弧度较平，运用得当往往能迫使对手不得不从后场被动低手还击，从而为自己创造进攻得分的机会。推球是一项需要准确把握运用时机的技术，运用不当则极易遭到对方的反击而转入被动或失分。

7. 钩对角球技术的战术作用

根据击球时在场上所处的位置不同，一般又分为网前高手钩对角球、网前低手钩对角球和中场钩对角球三种击球方法。钩对角球技术的战术作用是可突然改变来球飞行的路线，从而迫使对方改变原来的直线运动方式，增大对方移动和还击的难度。比赛中通常可用来对付场上直线运动速度较快但身体转动不够灵活的大个子对手。

8. 挑球技术的战术作用

挑球技术的战术作用主要是防守和过渡。当在实战中处于被动状态或不利于马上进攻时，就可以通过挑高球来争取时间，调整自己的位置和比赛的节奏。目前在女子双打比赛中，良好的挑球技术往往兼有消耗对方体力、后发制人的战术作用。

9. 接杀球技术的战术作用

接杀球技术主要包括放网、钩对角球、挑后场球和抽球。它们的战术作用主要是稳固防守，避免失误；增大对方下一拍还击的难度，破坏对方进攻的连续性；利用抽球等防守反攻性技术伺机反击。这里应该注意的是，必须对对方的下一拍击球意图及时做出准确的判断，有针对性地、灵活地运用接杀球技术，出其不意，攻其不备。

（三）提高战术水平的训练方法

主要是指一些让球员能量力而行地去实践的各种战术行动的训练方法。

1. 固定战术训练方法

把几项基本技术根据战术要求组织起来，按固定线路反复练习。由于球路固定，重复次数多，能使动作连贯从而提高击球质量，形成不同的战术基本球路。现介绍以下几类固定战术训练方法。

（1）高吊战术类。包括直线高球吊对角球路练习、直线高球吊直线球路练习、对角高球吊对角球路练习、对角高球吊直线球路练习。

（2）高杀战术类。包括直线高球杀对角球路练习、直线高球杀直线球路练习、对角高球杀直线球路练习、对角高球杀对角球路练习。

（3）吊杀战术类。包括吊直线杀对角球路练习、吊直线杀直线球路练习、吊对角杀直线球路练习、吊对角杀对角球路练习。

（4）杀上网战术类。包括杀直线上直线网前搓直线球路练习、杀直线上直线网前推对角球路练习、杀直线上直线网前钩对角球路练习。

这里说的是杀直线上直线网前的处理办法。上对角网前的处理办法，还有杀对角上直线与上对角网前的球路，这里不再一一列举。

（5）吊上网战术类，与杀上网战术类相同。

上述球路可根据各人的需要及战术的需要，提出许多简单的战术组合加以训练。

以上均属于进攻类型的固定战术训练方法。有关防守类型的固定战术训练方法，就很难提及。因为防守处于被动状态，能把球防住就不容易了，如再加上固定战术难度就更大了。当然，对于一些尖子球员，也可以提出固定防守球路的要求。特别是对角球路的防守要求，是针对高一级运动员所提出的。

2. 半固定战术训练方法

它是在固定战术训练的基础上发展起来的训练方法。其特点是对训练的基本技术组合有固定要求，但对击球路线和落点不作固定的要求，使球路有变化余地，更接近于实战的要求。

（1）高吊战术类。在进行这类训练时，进攻者只能使用高球或吊球来控制对方，创造半场主动机会或得分。例如，二点打四点的训练法就属于高吊战术类。又如高吊对攻也属于高吊战术类，但更接近于实战要求。

（2）高杀战术类。在进行这类训练时，进攻者只能使用高球或杀球来进攻，而且还得要求不能超过两拍或三拍就得杀球，以强化杀球进攻的意识。例如，高杀进攻训练法，双方练接高杀战术时，一攻一守，轮流交换。又如高杀对攻，双方都可采用高杀战术进攻对方，这是一种培养抢攻意识的训练法。

（3）吊杀战术类。在进行这类训练时，进攻者只能采用吊球或杀球的技术，也称下压战术训练。例如吊杀训练法，一方进攻采用吊杀技术，一方接吊杀练防守技术，轮流交换，不固定其直线或对角，也不规定吊的次数与杀的次数。又如吊杀对攻训练法，双方都可利用吊杀技术来进攻，要求上网要快，这样才能控制主动权，不然很快就会失去主动权而被对方进攻。

（4）杀上网战术类。在固定训练法中，会要求杀球的路线是直线还是对角，上网后也会规定是搓还是推与勾。但在不固定或半固定训练法中，杀球路线就不规定是直线或是对角，上网之后也不规定是搓，还是推与勾。这种训练对于进攻者，能提高其灵活运用杀球及搓、推、勾的技术，也能增加防守者的防守难度。

（5）吊上网战术类。与杀上网训练法一样，不规定吊直线或对角，上网之后也不规定采用搓、推、勾中哪种技术。这种训练法能提高进攻者吊球及搓、推、勾技术的熟练程度，也能增加防守者的防守难度。

（6）高吊杀战术类，也称为攻守训练法，一般属于较高水平运动员的训练法。例如高吊杀训练法，进攻者可采用高球、吊球、杀球来组织全面进攻，而防守者只能防守不能进攻，一方可提高全面进攻能力，另一方可提高全面防守能力。这是目前较普遍采用的训练法。又如高吊杀对攻训练法，或简称为“对攻”，双方都可抢先进攻，接近于战术训练，最接近实战。

以上是进攻战术训练法。防守训练法强调守中反攻的意识，因此，对角球路就很重要。

3. 多球战术训练方法

多球战术训练法是一种行之有效的战术教学与训练方法。它可以根据固定战术球路，连续不断地供球，并可改变速度、力量及落点，也可无规律地根据战术需要供球。这样，不仅可以强化战术意识，而且可以作为加大训练强度和密度、加大运动负荷的训练方法。多球战术训练可根据规定的战术球路供球，有利于提高和强化战术的连续性、意识性。多球训练易于控制供球的速度、落点、弧度，可以对不同训练水平的运动员调整训练难度。多球训练可根据不同训练水平，增多供球数量，增加训练组数，这样有助于提高专项耐力、速度和力量等身体素质，并可培养运动员勇敢顽强的意志品质。对于具有特长的运动员可通过多球训练强化其特长更突出。

多球战术训练的作用，优点不少，但也有局限性。因为它不以近似正式比赛和训练的击球方式供球，供球的速度、力量、弧度与正式比赛、训练还是有所不同，而且多球训练时，供球的位置是相对固定的，因此，运动员的注意范围比较小，对扩大运动员的注意范围作用不大。训练中应将多球战术训练与其他战术训练结合起来。

进行多球战术训练应注意的事项：随着训练水平的不断提高，增加供球的难度，加强供球速度、落点、弧度、力量的变化；要掌握好固定球路、半固定球路、无规律球路训练的合理安排，注意循序渐进的原则，先固定球路，再半固定球路，最后无固定球路，并注意多种练习的穿插安排，逐步加大运动负荷；多球训练不能取代战术训练，因此，应安排一定时间进行正常的战术训练，这样不但可以弥补多球战术训练之不足，还可以防止一些不利因素的影响。

4. 多人战术陪练训练法

多人战术陪练是采用两人以上的陪练，以增加攻防的速度、拍数、难度，以及提高攻防战术训练负荷的一种训练方法。多人战术陪练法有以下几种：

（1）二一式前后站位陪练法。二一式前后站位陪练法是以两人前后站位进行进攻，一人防守的训练方法。进攻的两人在全场区内前后站位，后场的进攻者负责以高、吊、杀等技术进行全面进攻，前场的进攻者负责在前场区以搓、推、勾等技术进行进攻。这种前后站位的两人进攻陪练的训练法，可以加强进攻的速度和难度，是提高一人防守的难度和能力的一种方法。

（2）二一式左右站位陪练法。该法是一种既适合于练进攻，也适合于练防守的较广泛的训练法，是战术训练经常运用的方法。

（3）二一式对攻陪练法。二一式对攻陪练法，即一人对二人的战术训练法，对抗双方在单打场区内采用自己所掌握的各种战术与技术，组织各种球路有意识地在场上进行互相争夺主动权的控制与反控制的训练。这种训练对一人来说难度较大，由于对方是两人，因此就不易获得主动权，如果场上移动速度不快，反应不灵，耐力较差，那就很难完成好这种训练。这种训练对高水平的运动员提高场上控制与反控制能力，提高稳定性、场上反应、起动、回动、前后速度的耐力的水平均有较好的效果。

（4）三二式前后站位陪练法。三二式前后站位陪练法，是一方为三人（一前二后），一方为两人，主要是训练两人这一方的双打防守及转攻的战术意识的一种手段，对提高双打防守及防转攻的能力有较大的作用。

5. 实站练习比赛训练法

实战练习比赛训练法是要求运动员利用掌握的各种战术，以计分的方式进行训练的方法。它是检验运动员战术的有效性和灵活性较为常用的训练手段。运动员通过实战训练，可以根据场上的变化情况，不断改变自己所采用的战术，既可以达到多种战术配合运用的目的，又可以培养战术意识。

（1）半场区的战术训练比赛。这种方法适用于力量较弱的运动员进行。

（2）全场区对半场的战术练习比赛。这种方法适用于水平悬殊较大的运动员之间进行。

（3）采取让分进行的战术练习比赛。这种方法适用于水平有差距的运动员之间进行。

（4）采用不换发球（乒乓球式）得分法进行练习比赛。这种方法有利于提高稳定性。

（5）计时计分练习比赛。这种方法在平时训练中常用，有利于高效利用训练时间，换项目不需要互相等待。

（6）每一阶段有计划地安排循环比赛法。

（7）按照比赛条件（气候、场地、对手、时间）进行战术模拟训练比赛。

6. 参加各种等级的正式比赛

正式比赛有高水平的和低水平的，有单项的也有团体的。参加各种等级的正式比赛是提高战术水平的最直接、最有效的一种方法。

战术意识的内容包括使用技术的目的性、行动的预见性、判断的准确性和敏捷性、出手动作的隐蔽性（一致性）等八项。羽毛球对抗比赛中，双方始终贯彻发挥与反发挥、制约与反制约的剧烈斗智，因此，正确运用战术、减少体力消耗对夺取比赛胜利具有重要意义。

二、羽毛球身体素质训练

（一）全面身体训练

全面身体训练是提高专项身体素质的基础。虽然全面身体训练与专项身体训练在内容、方法、手段以及起的作用等方面有所不同，但其根本目的是一致的，都是为了提高运动员的专项运动水平和运动成绩。因此，全面身体训练与专项身体训练在训练过程中是不可分割、互相影响、互相促进的，相互之间联系紧密。

全面身体训练是指在运动训练中以各种各样的身体练习方法和手段来提高运动员各器官系统的机能，全面地发展运动素质，改进身体形态，目的是为运动员专项运动素质和技术达到最大限度的提高而打下良好的基础。

1. 速度素质训练

速度素质是指肌体（整体或某一部分）快速运动的能力。速度素质一般分为反应速度、动作速度、位移速度（移动速度）三种。反应速度是指肌体对各种信号刺激快速做出应答的能力；动作速度是指肌体快速完成某一动作的能力；位移速度是指肌体在单位时间内快速通过某一距离的能力。

速度素质是羽毛球运动中最为重要的素质之一，这是由羽毛球运动项目的自身特点和发展趋势决定的。羽毛球运动要求运动员必须具有快速的反应速度能力，起动变向速度能力，挥拍击球时前臂、闪腕迅速完成各种技术动作的综合速度能力。

（1）反应速度的训练方法：

① 听口令或看信号的各种起动跑、变速跑，如站立式、半蹲式、背向式的各种跑动练习。

② 10～20 米变速、变向跑，要求运动员变速向前、向后、向左、向右跑动。

③ 10～30 米加速跑，要求运动员由慢到快突然加速跑至终点。

④ 10～20 米往返跑，要求运动员在这段距离内重复跑动（次数由教练员决定）。

⑤ 练习内容交换练习，要求运动员在 10～30 米内交换各种跑动内容并重复练习，如前跑后退、侧身并步跑、后退突转向前跑交换进行。

⑥ 听、看信号后突然迅速地做出相应的动作，要求运动员随着信号复杂程度的变化，做出相应的动作应答。

（2）动作速度的训练方法：

① 按慢—快—最快—快—慢的速度节奏进行原地 5″、3″、3″、5″的小步跑、高抬腿、前跨跳、左右交叉跳练习。

② 高频率跑楼梯、蹬跨、跳楼梯练习。

③ 快速俯卧撑练习。

④ 快速高频率密步绕障碍物跑练习。可根据队员身高、年龄用 15～20 个羽毛球筒（或竹竿等）作障碍物，每个障碍物间隔距离为 1～1.2 米。

⑤ 20″十字跳练习。

⑥ 20″原地向上跳练习。

⑦ 20″弓步前后交叉跳练习。

⑧ 杀球、平抽、推球、挥拍练习。

⑨ 20″转身跳练习。

⑩ 1″单摇、双摇跳绳练习。

(3) 位移速度的训练方法：

① 20 米、30 米、50 米、60 米各种距离快速跑。

② 短距离往返跑，要求队员在 10～15 米距离内快速折回转身跑或进退跑。

③ 越障碍速度跑练习，要求运动员用最快速度在 20 米中绕越若干个障碍物（可用球筒、竹竿等做障碍物）。

④ 后退转身跑，要求运动员在 10～15 米距离内，先后退跑，听到信号后突然转身向前冲刺跑，跑到规定距离后又快速向后退，如此往返 3～4 次。

⑤ 四角跑（边长约 6 米），要求运动员跑动中听到信号后突然转身向相反方向跑。

⑥ 接力跑，要求运动员在相距 10～15 米的两终点处准备，当一运动员跑到另一终点后，下一个运动员再接着向另一个终点跑，也可根据运动员的多少分成若干个组做竞赛跑练习。

⑦ 快速前并步或侧身并步绕障碍物移动练习，要求运动员在移动前降低重心，当听到信号后快速向前移动。

2. 力量素质训练

力量素质是指肌肉在活动（运动）时克服阻力的能力。力量有绝对力量、相对力量、速度力量、力量耐力等几种。力量是运动员训练水平赖以提高的基础之一，力量发展得好坏决定着运动员发展的可能性。

力量素质训练过程中应注意防止单一，一定要采用多形式、多方法的练习手段，从而使运动员在身体机能各方面都得到全面系统的发展和提高。

力量素质的基本训练形式：

(1) 负荷强度小，重复次数多。这种强度的刺激练习，肌肉的张力和紧张性低，增长力量的速度不是很快，但不容易因超强度刺激练习而产生伤病，因此有利于在训练中采用。

(2) 强度中等，重复次数中等。这种强度的刺激练习，可以使运动员肌肉和力量得到快速增长，在有一定力量素质训练基础后可采用。

在力量素质训练中，练习强度和重复次数的安排大体分为两种：第一种为均衡式，如采用强度为 65%～75%、重复次数为 6～8 次的反复练习。第二种为金字塔式，这种训练安排总的原则是随着负荷强度的增加，递减重复次数，其优点在于一是把增大肌肉横断面积的练习与改善肌肉内协调练习紧密结合起来（一般在 40%～85%的强度之间，主要是增大肌肉横断面的面积，超过 85%直至最大负荷强度，主要是改善肌肉协调能力）；二是可使肌体有一个适应过程，尤其是心理上的适应过程；三是可以防止外伤。

力量素质训练的基本内容有哑铃屈臂伸、哑铃头后伸、哑铃曲腕、哑铃摆臂、哑铃绕肩、哑铃上举、哑铃扩胸和哑铃体前平举；杠铃挺举、杠铃负重转腰和压腰、杠铃负重半蹲、杠铃负重跳跃、杠铃负重蹬跨和杠铃负重深蹲；仰卧起坐、左右体侧起；立定跳远、跳台阶、原地纵跳、10 米单脚跳和蛙跳；单、双摇跳绳；俯卧撑、双杠曲臂伸和单杠引体向上。

在力量素质训练中应注意要求运动员精力集中地去完成各种练习动作（特别是上器械类练习时），以防发生伤害事故。此外还应注意加强对练习质量和动作规范的要求，使队员在练习中充分拉长肌肉。训练间歇过程中，一定要注意做各种相关的放松练习，并且注意训练内容与专项要求紧密结合，而这种结合应是多方面的，如动作发力、动作结构、动作的基本形式、动作的发力速度和肌肉收缩方式等。

3. 灵敏素质训练

灵敏素质指人体通过视听器官在各种复杂的条件下，经过大脑思维后及时快速、协调、准确灵活地完成动作的能力。灵敏能力的好坏取决于大脑的思维反应过程及大脑对肢体的支配能力。

（1）灵敏素质训练的基本方法：

① 视觉反应练习，采用各种手势、信号。要求运动员看到手势或发出的信号后及时准确地判断，做出按要求和规定的应答。在做各种手势信号时，突然性要强，变化要多，速度要快，目的是通过练习提高运动员的视觉反应和快速做出相应动作的能力。

② 听觉反应练习，采用口令、哨声或其他声音。要求运动员在最短时间内做出快速的动作应答，目的是通过各种练习提高运动员听力反应和快速做出相应动作的能力。

③ 动作速度练习，采用各种动作交叉变化手段。要求运动员在较短时间内，快速准确地完成动作，目的是提高运动员在短时间内完成各种动作姿势与变化速度的能力。

（2）灵敏素质训练的基本内容：

① 根据手势做各种进退、变向跑动、移动练习。

② 听口令或哨声做各种变向移动练习。

③ 两人相互跟踪跑动练习。

④ 两人或三人追逐练习。

⑤ 老鹰捉小鸡练习。

⑥ 在一定范围内以球击人练习。

⑦ 在一定范围内手接羽毛球练习。

⑧ 报数练习。先明确 2～9 号数中的任一号数作为“不报数”，当报到有此号数的及其倍数时，要求该队员用击掌或踩地动作来表示，如确定 7 为“不报数”，那么，读到 7 和 14、17、21、27、28 等均不能报出来，反之则违例。

4. 柔韧素质训练

柔韧是指各关节活动幅度的大小。柔韧素质的提高不仅取决于各关节软骨、关节囊和韧带弹性以及肌肉伸展能力等，还取决于神经系统对肌肉收缩和放松的调节能力。柔韧素质能力的好坏，直接影响着动作的质量。柔韧素质一般分为静力柔韧和动力柔韧两类。

（1）柔韧素质训练的基本方法：

① 静力柔韧练习，通过压肩、拉肩、压腰、压腿等使各关节韧带具有良好的伸展性

和灵活性。

② 动力柔韧练习，通过扩胸、踢腿、绕肩、绕腰等使各关节韧带具有良好的弹性和收缩性，促进肌肉的爆发能力。

（2）柔韧素质训练的基本内容：

包括两臂向前后绕肩练习、压肩练习、拉肩练习、前后翻肩练习；左右做体侧弯腰练习、前后弯腰练习；直腿压腿练习、迈步压腿练习、踢腿练习、纵横劈叉练习、前后交叉分腿跳练习、木马分腿跳练习；扩胸练习、体转练习、腰大回环练习。

（二）专项身体训练

专项身体训练是指在运动训练中通过专项本身的动作以及与专项运动特点和结构相似的动作练习，以提高运动员专项运动所需要的各器官系统机能，发展专项运动素质，从而最大限度地提高专项水平和专项运动成绩。

羽毛球运动作为一个运动项目，具有其自身的特点，如速度快，移动快，爆发力强，耐力、柔韧、灵敏性好等。在场上具体表现为：转体侧身和弯腰动作速度快，下肢移动是由垫步、并步、跨步、跳步、蹬步来完成，步法专业性极强，上手击球出手快，手腕、前臂及肩爆发力强。因此，专项身体素质训练一定要围绕这几方面的特点进行，如综合跑、综合跳、场上分解步法练习，步法移动练习（手示）以及多球练习等。

专项身体训练的基本方法有用网球拍、小哑铃做挥拍练习，拉橡皮筋练习，掷实心球练习，羽毛球掷远练习；场上直线进退跑练习、场上左右两侧摸边跑练习、场上低重心四角移动跑练习、场上分解步法练习、场上综合全面步法练习、综合跳练习、综合跑练习；场上多球练习等。

专项身体素质训练应结合羽毛球运动项目的特点，明确训练目的，调整好训练内容及手段。在练习过程中，要求运动员不仅在动作结构和动作发力上要与专项运动特点的实际需要紧密结合起来，而且在思想上、心理上和作风上也要有实战的要求，特别是要加强下肢练习。在专项身体素质练习中，一定要使运动员掌握并正确运用羽毛球运动的五大步法，要求运动员在练习时，正确了解每种步法的结构、重心的交换，步法之间连接的基本要求，并正确理解垫、并、跨、蹬、跳之间的相互关系，这样才能在练习中正确地加以运用，否则只是学会了这五大步法，而没有理解步法之间的关系和连接要求，在场上的移动中仍然会发生移动慢、乱跑动、移动不到位等现象，从而影响今后运动技术水平的提高。

总之，全面身体训练和专项身体训练是羽毛球运动训练中较为重要的组成部分，要认真抓好，为运动员今后的专项运动发展和攀登运动技术水平高峰打下坚实的基础。

第三节　羽毛球竞赛规则与裁判法

一、羽毛球比赛规则

（一）比赛分类

羽毛球比赛分为男子单打、女子单打、男子双打、女子双打、男女混合双打五项。

（二）计分方法

除非另有商定，一场比赛均采用三局二胜制，采用每球得分制。率先得到 21 分的一方赢得当局比赛；如果双方比分打成 20∶20，获胜一方需超过对手 2 分才算取胜；如果双方比分打成 29∶29，则率先得到第 30 分的一方取胜。

（三）挑边方法

比赛前，双方应掷挑边器。赢的一方将在接发球和选择场区间做出选择，输方在余下的一项中做出选择。

（四）交换场区

（1）在第一局结束和第三局开始前，双方交换场地。

（2）在第三局中，有一方先得 11 分时，双方仍应交换场区。

（五）比赛的连续性

（1）一场比赛自第一次发球起到比赛结束应连续进行。下列情况除外：每场比赛的第二局与第三局之间，允许有不超过 5 分钟的间歇；遇有运动员不能控制的情况，主裁判员可根据需要暂停比赛，保留原得分数，续赛时由该分数算起。

（2）任何情况下，都不允许运动员为恢复体力或喘息，或接受场外指导而暂停比赛。

（3）除非特殊情况（比如地板湿了、球打坏了），运动员不可再提出中断比赛的要求。但是，每局一方以 11 分领先时，比赛进行 1 分钟的技术暂停，让比赛双方进行擦汗、喝水等。

（4）除上述规定的间歇时间外，运动员未经主裁判员允许，不得在一场比赛结束以前接受场外指导或离开场地。

（5）只有裁判员有权暂停比赛。

（六）发球

（1）发球员和接发球员应站在斜对角的发球区内，脚不触及发球区和接发球区的界线。

（2）从发球开始到球发出之前，发球员和接发球员的两脚必须都有一部分与球场地面接触，不得移动。

（3）发球员的球拍应首先击中球托。

（4）在发球员球拍击中球的瞬间，整个球应低于发球员的腰部。

（5）在击球瞬间，发球员的拍杆应指向下方，使整个拍头明显低于发球员的整个握拍手部。

（七）违例

（1）球从网孔或网下穿过，球不过网，球触及运动员的身体和衣服，球触及球场外其他物体或人。

（2）比赛中，球拍与球的最初接触点不在击球者网的这一边（击球者在击中球后，球拍可以随球过网）。

（3）击球时，球停滞在球拍上，紧接着被拖带抛出。

（4）同一运动员两次挥拍，连续两次击中球。

(5) 比赛时，运动员的球拍、身体或衣服触及球网或球网的支撑物。

(6) 运动员的球拍或身体从网上侵入对方场区。

(7) 运动员的球拍或身体从网下侵入对方场区，导致妨碍对方或分散对方注意力。

(8) 比赛时，运动员故意分散对方注意力的任何举动，如喊叫、故作姿态等。

(9) 同方两名运动员连续击中球。

(10) 球触及运动员球拍后继续向其后场飞行。

(11) 发球时，球挂在网上、停在网顶或过网后挂在网上。

(八) 重发球

(1) 遇不能预见或意外的情况。

(2) 除发球外，球过网后挂在网上或停在网顶。

(3) 发球时，发球员和接发球员同时违例。

(4) 发球员在接发球员未做好准备时发球。

(5) 比赛中，球托与球的其他部分完全分离。

(6) 司线员未看清，裁判员不能做出裁决时。

(7) 重发球时，最后一次发球无效，原发球员重新发球。

(九) 死球

(1) 球撞网并挂在网上，停顿在网顶。

(2) 球撞网或网柱后开始向击球者网的这一方地面落下。

(3) 球触及地面。

(4) 宣报违例或重发球。

(十) 发球区和接发球区

发球员的分数为 0 或双数时，双方运动员均应在各自的右发球区发球或接发球。发球员的分数为单数时，双方运动员均应在各自的左发球区发球或接发球。

(十一) 违例的判罚

(1) 发球方违例，则判换发球权。

(2) 接发球方违例，则判发球方得分。

(十二) 发球错误的判罚

(1) 运动员发球顺序或方位错误，在下一次发球前发现，如此球为发球方获胜，应判胜球无效，由原来应轮发球的发球员在应站的方位上重发球。

(2) 接发球运动员站错方位，在下一次发球前发觉，如此球为接发球方获胜，也应判胜球无效，纠正方位，重发球。

(3) 发生上述两种错误，如发生错误的一方输球，则应判比赛有效，不再重发球，也不再纠正运动员的方位或顺序，直到该局比赛完毕。

(4) 如运动员的上述错误在下一次发球后才发现，应判比赛有效，不再重发球，也不纠正运动员的方位或顺序，直到该局比赛完毕。

二、羽毛球比赛场地

(一) 球场

球场应是一个长方形（图 8－5），根据图中所示尺寸，用宽 40 毫米的线画出场地线的颜色，最好是白色、黄色或其他容易辨别的颜色。所有场地线都是它所确定区域的组成部分。

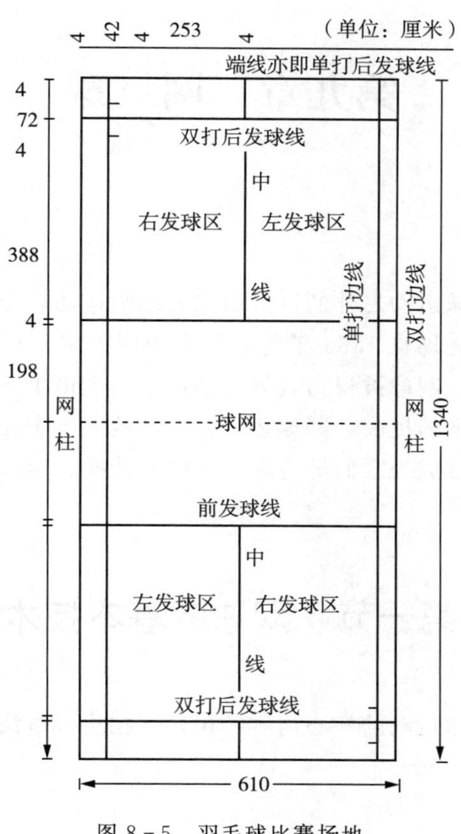

图 8－5　羽毛球比赛场地

（二）网柱

网柱两端离地面的高度为 1.55 米，球网中央离地面的高度为 1.524 米。网柱必须稳固地同地面垂直，并使球网保持紧拉状态。网柱或代表网柱的条状物应放置在边线上。

第九章 网 球

网球运动被誉为除足球运动之外的世界第二大球类运动，亦是首届现代奥林匹克运动会的唯一球类项目。网球运动自1885年前后传入中国以来，在我国的开展已有100多年的历史。在新中国成立前，网球被视为贵族运动，参与者极少。改革开放以后，随着我国国力的增强和人民生活水平的提高，网球运动在党和政府的亲切关怀下，得到了空前快速的发展。现今，网球运动已成为人们健身娱乐、陶冶情操、丰富生活、促进身心协调发展的重要手段。

第一节 网球的基本技术

网球的基本技术是网球运动的核心内容，包括握拍法、步法和各项技术。

一、握拍法

握拍是学习网球最基本的技术环节。学习网球，首先要学会怎样握拍。正确的握拍方法会使初学者感到球拍是手臂的延伸和手掌的扩大，并且保证击球的效果和质量。初学者必须按正确的方法握拍。握拍的基本方法有四种：东方式握拍法、大陆式握拍法、西方式握拍法和双手握拍法。这四种握拍方法都有各自的优缺点，初学者要根据自己的特点和习惯选择不同的方法。

二、步法

网球是一项除发球技术外，各项技术运用都需在移动中完成的运动。网球场上，情况千变万化，球员需根据场上情况，不断变换方向，通过各种步法以满足急停、转身、变向的需求，以便有效地控制身体，调整好人与球的距离。网球运动中有句俗语："手法是基础，步法是关键。"由此可见，步法的好坏将直接影响到球员技术水平能否正常发挥。通常，步法包括跑步、交叉步、并步、侧步、滑步、后退步和小碎步等。

（一）分腿垫步的技术动作

分腿垫步是一种起到衔接、变速的串联步法，它能及时地调整身体状态，使运动员能快速地向任何方向移动。可运用于底线击球、接发球、随击球上网、发球上网等技术中。

动作要领：

（1）从准备姿势起，注意力集中在球上，观察对手动向。

（2）当对手击球瞬间，在吸气的同时，两脚分开，有弹性地踏跳，双脚落地瞬间呼气，使身体处于可向任何方向移动的状态。

（二）击球步法的技术动作

击球步法是打落地球时挥拍击球瞬间的脚步动作，分开放式步法、关闭式步法和半关闭式步法。目前较为流行的步法是开放式步法和半关闭式步法。

（1）开放式步法：击球时双脚平行于底线的姿势。

（2）半关闭式步法：击球时左脚向侧前方跨出的姿势。

典型的击球步法为关闭式，即左脚向侧前方跨出，越过右脚使身体完全侧对球网。但这种击球步法无论是保持平衡还是力量发挥都有不合理之处，已逐渐被淘汰，取而代之的是半关闭式和开放式步法。半关闭式步法的优点在于：击球时的上步使身体重心很好地从后向前转移，从而保证了力量的发挥；同时，侧身对网的姿势可以轻易地打出直线和斜线球。开放式步法的优点在于：能尽早地接到球，无其是准备仓促时，如接发球或回击离身体很远的球等，但它对挥拍的用力、方向和幅度的控制要求较高，初学者不宜采用。因此，初学者最好采用半关闭式步法。

两步制动时以倒数第二步做第一次制动，紧接着跨出最后一步，同时身体后倾，两膝屈曲，重心下降，用脚内侧蹬地，以抵抗移动的惯性，使身体处于有利于做下一个动作的状态。

移动动作要领：判断及时快反应，抬腿弯腰移重心；脚步转换衔接好，身体快移重心稳。

（三）步法的学习方法

（1）学习掌握步法移动中的基本要领和基本步法。例如，滑步、跑步、跨步、垫步、交叉步等。

（2）徒手练习前后、左右移动的脚步动作。

（3）结合挥拍动作练习步法。

（4）利用多球进行步法练习，练习中应注意由慢到快、由易到难。

（5）有时步法练习要和专项身体训练结合起来，以增强下肢起动速度和力量。

（6）在练习某一项步法时，可以规定组数和次数，或要求在规定时间内完成一定的组数和次数。

（四）学练步法应注意的事项

（1）步法起动的快慢与准备姿势有着密切的关系，正确的准备姿势有利于步法的快速起动。

（2）为保持击球动作的稳定性，前后左右移动应尽量保持身体重心在相近的水平面上，不要有太大的高低起伏。

（3）迅速而有力的蹬地动作将会加快起动速度，左右移动时，要侧蹬和侧跨；前后移动时，要后蹬和前跨。这是网球运动步法移动的主要特点。

（4）步法移动时，注意身体离球的距离要适当，这样更便于有效地击球挥拍。

三、正、反手击球

(一) 正手击球

正手击球是网球技术中最基本的击球方法，是初学者最先学习的击球技术，能够确保击球有力、速度快。一场比赛，正手击球的机会较多，有经验的运动员是依靠正手击球来创造机会进而得分制胜。对初学者来说，网球最重要的是先把球打过网并且要落在球场内，而正手击球恰恰容易做到这一点。下面以右手握拍为例介绍正手击球的动作要领。

(二) 正手击球的技术动作

正手击球动作由准备姿势、后摆引拍、挥拍击球和随挥跟进四个技术环节组成。

1. 准备姿势

面对球网，两脚自然开立与肩同宽或略大于肩宽，两膝放松，重心稍前移，落在前脚掌上，左手扶住拍颈，拍面与地面垂直，拍头指向对方，注意对方来球，做好击球准备。

2. 后摆引拍

当判断来球需要用正拍回击时，要快速向后引拍，持拍的手臂放松向后向上拉拍，引拍的路线是直线向后，球拍指向球场后端的挡网，拍底正对着球网，拍头向上稍高于手腕，转动双肩，重心后移，左脚前踏，左肩对网，尽量保持侧身迎击球，左手一定要随着侧身转体而指向前面的来球。

3. 挥拍击球

击球时应转动身体，用力蹬腿，以肩关节为轴，手腕固定，用大臂挥动小臂，提前挥拍，沿着来球的轨迹挥出去，一般在左脚右侧前方与腰齐高的高度击球，当来球较高时，就快速后退；来球较低时应上前，屈膝，让球保持与腰齐高的高度击球。

4. 随挥跟进

球触拍后，使拍面平行于网的时间尽量长些，挥拍沿着球飞行的方向前送，重心前移落在左脚上，身体转向球网，拍头随着惯性挥到左肩的前上方，肘关节向前，用左手扶住拍颈，随挥跟进结束，立即恢复到准备姿势。

(三) 正手击球的特点

(1) 击球全过程眼睛要始终盯住球。

(2) 尽早、尽快地后摆引拍。

(3) 击球点正对着前髋。

(4) 击球时，握紧球拍，绷紧手腕。

(5) 球拍随球送出，充分随挥至左前上方。

(四) 反手击球

反手击球是网球基本技术中最常见的击球方法。初学者一般是先学习正手击球后再学反手。当正手有了一定的基础后，再学反手比较容易。反手击球动作技术有些与正手相似，因此，学反手击球也不是一件很难的事。

(五) 反手击球的技术动作

反手击球动作由准备姿势、后摆引拍、挥拍击球和随挥跟进四个技术环节组成。

1. 准备姿势

反手准备姿势与正手击球相同。面向球网，双脚分开与肩同宽，屈膝，上体稍前倾，重心落在前脚掌上，左手扶住球拍拍颈，拍面与地面垂直，拍头指向对方，注意对方来球，做好击球准备。

2. 后摆引拍

当判断来球需要用反拍回击时，扶住拍颈的左手应迅速帮助右手握拍变换反手握拍法，向左转肩转髋带动球拍向左后方摆动，后摆时肘关节自然弯曲，拍头稍翘起，指向后方，右脚向左前方上步，右肩或者是右背对着球网，重心移向左脚。打反手的后摆动作应比正手的后摆要完成得早，整个动作要连贯、协调，左手始终扶住拍颈，直到开始做前挥动作为止。

3. 挥拍击球

球拍由后向前上方挥出，前挥时手臂仍保持弯曲，直到随挥结束后才伸直，击球点在右脚左侧前方，击球时球拍与右脚应在一条直线上，高度在膝与腰之间（比正手击球稍低），拍触球时手腕绷紧，拍面与地面保持垂直，击在球的中部，要有“以手背击球”的意识，用转体和转肩的力量使重心前移到右脚上。

4. 随挥跟进

击球后，球拍沿着球飞行的方向向前向上送，重心前移落在右脚上，挥拍在右肩上方结束，拍头指向前方，左手稍提起来保持整个身体的平衡，身体转向球网，恢复原先的准备姿势。

（六）反手击球的特点

（1）击球全过程眼睛要始终盯住球。

（2）迅速转体、转肩，球拍及早后摆。

（3）向上挥拍，球拍随球送出。

（4）击球时，握紧球拍，绷紧手腕。

（5）随挥动作在旁侧的高处结束。

（七）双手握拍打反手

双手反拍击球，可以说是五花八门，各不相同。但是，对于一般初学者，提倡双手反拍的握拍方法是，右手用东方式反拍握法，加上左手用东方式正手握拍方法。这种握拍法，易于控制拍面，挥拍自如有力，击球点范围较大。

（八）双手反拍击球的技术动作

双手反拍击球动作由准备姿势、后摆引拍、挥拍击球和随挥跟进四个技术环节组成。

1. 准备姿势

一般采用双脚平行、身体侧向来球。

2. 后摆引拍

向后引拍要简单，幅度要小，手臂要随转体而自然地向后拉拍，并尽可能地保持两只手臂贴近身体，拍头位置稍低于击球点，但不要低于手腕，保持拍柄的底部正对来球。在向后引拍时，要保证肩膀确实转动有力，保持上身的扭转，并可以从右肩膀的后面看到来球。引拍结束时，应保证重心确实踏在后脚上，同时收紧下颌，伸展背肌，保持身体的平稳。

3. 挥拍击球

向前挥拍时，一定要靠重心前移来带动转体前挥球拍。在挥拍过程中，尽量保持拍面持续垂直地面，并沿着由下向前、稍向上的轨迹挥动，击球点的位置一定要固定在体侧，离身体约一个球拍的距离，高度与腰部同高。球拍触球时，右臂伸直，拍面垂直地面，并有向前推击的感觉。同时保持收紧下颌，眼睛盯住球。

4. 随挥跟进

随挥动作要充分向前、向上、向右外上方挥拍，环绕至右肩上方，并保证左臂不要挡住脸部，最好与下颌接触。挥拍结束时，重心要充分落在前脚上，并保持后脚确实与地面接触，后脚鞋底正对后面的挡网。

（九）双手反拍击球的特点

（1）击球全过程眼睛要始终盯住球。

（2）迅速移动到击球位置，并正确地做好后摆。

（3）击球时，握紧球拍，绷紧手腕。

（4）随挥动作在旁侧的高处结束。

（十）正反手击球技术的学习方法

体会挥拍时向后拉拍、转肩、腰部扭转和重心交换等动作要领。

1. 对墙练习

练习者距墙 6 米，将球击向墙面 1.4 米左右的高处，等球反弹落地后再连续击球，先练正手击球，再练反手击球。

2. 多球练习

站在底线后，用多个球练习，分别练习正手击打不落地球过网，然后击打落地球过网。

3. 两人的练习

（1）一人面对挡网 3 米左右站立，另一人背靠挡网正面抛球，让同伴进行正手击球练习。熟练后，再逐渐拉长距离击球，反复练习，然后进行同样的反手击球练习。

（2）一人站在底线中间，另一人站在网前用球拍喂送多球，让同伴依次正手多球练习，然后进行反手多球练习。喂的过程中，逐步加大难度。

（3）用发球区做小场地练习。将球尽量打在发球区内，分别进行连续多回合正手击球和反手击球，然后再进行正反手交替击球练习。

（十一）学练正反手击球技术应注意的事项

（1）在教学过程中，要注意循序渐进的原则，先慢打再快打，先轻再重，先稳再凶，由浅入深，逐步掌握。

（2）要特别注意多在跑动中练习击球。

（3）握拍要正确，提前准备，注意力集中，眼不离球。

（4）触球时手腕要坚固，击球动作简单化，击球时重心要稳，击球后球拍跟进动作要完整而柔和。

四、发球

发球是网球运动中唯一由自己掌握，不受对方水平高低影响的重要技术，也是评价运动员水平高低的主要标志之一。发球有平击发球和旋转发球两类。旋转发球又分为三种：切削发球、侧上旋发球和上旋发球。

切削发球是一般运动员经常使用的，可用于第一发球和第二发球，是每个初学者必须经常练习和掌握的技术。切削发球带有侧旋性，落地后球旋向对手的右外侧，能将对手拉出场外；平击发球几乎没有旋转，球速快、力量大、过网点低，常用于第一发球，这种发球方式往往能直接得分；侧上旋发球的特点是飞行弧度大，落地弹跳高且弹向对手左侧；上旋发球的飞行弧度大，落地弹跳最高，便于发球者上网截击，但掌握其技术难度大。

（一）发球的技术动作

发球的基本技术包括握拍、握球、准备姿势、抛球、挥拍和击球等（图 9－1）。

图 9－1　发球的技术动作

发球一般宜采用大陆式握拍法，但初学者开始学习平击发球时，可采用东方式握拍法。当手腕力量增强，发球动作熟练后，再转换成大陆式握拍法。

一般握一个球时，用手指和手掌配合托住球；握两个球时，用拇指、食指和中指握住上面一球，用无名指和小手指夹住下面一个球。

发球的准备姿势：在端线后自然、放松地站立，两脚分开与肩同宽，两前脚踝与端线约成45°角，重心落在后脚上，肩侧对球网，前脚与端线保持10厘米左右的距离，右手持拍置于腰部高度，左手持球自然靠近拍面。

发好球的关键是抛球，即要把球抛到你可以最有效地击球的那一点上。抛球不是一个抛掷动作，而是一个“释放”球的动作。抛球臂直臂向上抬起的同时，逐渐地抬平手腕，利用手臂向上的惯性使球平缓地离开手指，将球抛向目标处。平击发球的抛球点应在前额偏右侧上方，球落下时，在端线内50～80厘米处。切削发球的抛球点在平击发球抛球点的右侧，球落下时，在端线内30厘米左右处。侧上旋发球的抛球点在平击发球抛球点的左侧，球落下时，在接近端线处。上旋发球的抛球点在头顶后上方。抛球的高度以比能用球拍击到球的高度高出30厘米左右为宜。

（二）发球的特点

（1）使用大陆式或东方式反手握拍法。

（2）用指尖轻轻地拿住球，抛球到位。

（3）球拍正确地置于背后并抬起肘关节。

（4）保持抬头看球。

（5）击球时，在身体前击球做扣腕动作，并使重心跟进。

（6）球拍横挥至身体的另一侧，完成随挥动作。

（三）发球技术的学习方法

（1）在发球线后蹲下，左手抛球，右手持拍由下而上挥动，将球击打到对方发球区内；基本掌握后，由发球线后移动2～3米后，再继续练习蹲下发球；最后移至底线后，练习蹲下发球。这种方法简单易学，便于初学者在击球的过程中体会向上—向前—向下挥拍的感觉。

（2）坐在小凳上，分别在发球线后、中场和底线后，练习坐着发球。体会稳定重心后的手臂、手腕的击球动作。

（3）在发球线后站立，练习向对方发球区发球。主要体会向下挥拍击球的感觉；练习熟练后，向后移动2～3米，继续练习，体会向前—向下挥拍的感觉；最后移至底线处练习发球，体会向上—向前—向下挥拍的感觉。

（4）对墙练习，在网球墙上画一条与网齐高的线，并标出中心拉带线。在中心拉带线两侧间隔2米处的横线上方各画一条竖线；然后距墙6米左右，练习发球，并分别发向两个目标区。

（5）在球网上放置6个小标志物，把左右半场分成A、B、C三个区段。练习发球时，让球分别从每个区段通过，并落在发球区内。左右区轮换发球。

（四）学练发球技术应注意的事项

（1）抛球不稳。

（2）发球下网。

（3）发球出界。

（4）发球无力。

五、接发球

接发球是网球的基本技术之一，也是最难掌握的技术。面对越来越快的发球速度，接球员必须在第一时间对发来的各种不同球速、落点和旋转的球，做出快速的判断和反应，并选择适当的击球技术，只有这样才能接好发球。

（一）接发球的技术动作

接发球动作由握拍、接发球站位、准备姿势、击球和随挥跟进技术环节组成。

准备姿势时的握拍法，宜采用既不是正手也不是反手，而是处于中间状态的握拍法。单手击球选手一手持拍，一手扶拍颈。双手击球选手用双手握住球拍，但不可握得太紧。

接发球一般应站在对方发球最大角度的分角线上，这种站位不论对手发内角球还是外角球，均能应付自如；或根据对手发球的特点加以调整。如对手习惯发切削球，在右半区接发球时站位就应向外移动一些。接对方第一发球时可站在端线外 1 米左右的位置上；接第二发球时则可向前移动，站在端线上或端线内（图 9－2）。

①　　　②

图 9－2　接发球

接发球有两种准备姿势：两脚前后错开的踏进型和两脚开立与端线平行的平衡型。两种方式均采取膝关节弯曲的低姿势进行接发球。采用何种姿势，可根据自身喜好加以选择。

（1）平行站立准备姿势。两脚左右开立，比肩略宽，屈膝，身体前倾，重心落在前脚掌，持拍手置于腹前，抬头注视对手发球情况。

（2）前后脚错开准备姿势。两脚前后错开，屈膝，身体前倾，持拍手置于腹前，抬头注视对手发球情况。

（二）接发球的特点

（1）从球离开发球员手的一刹那，眼睛始终不能离开球。

（2）站位要正确，两脚要提起脚跟。

（3）发球越快，接发球的后摆动作幅度越小。

（4）握紧球拍，绷紧手腕，做好充分的随挥动作。

(5) 要是对方发球不上网，接发球尽量要打得深，如果上网，击球打在他的脚下。

(三) 接发球技术的学习方法

1. 多球式的接发球练习

根据运动员的接发球训练的要求，教练员用多球发球，给运动员进行专门的接发球练习。为了增加送球的力量，可站在发球区域附近位置发球，应注意发球的落点、力量、旋转等与实际发球相似。

2. 与发球员配合的接发球练习

对方有一至两名运动员发球，结合实战，进行接发球练习，可练习接发球破网、接发球抢攻、接发球随球上网。

3. 提高接发球准确性的练习

对方有多人轮流发球，要求接发球把球回击到指定的区域内。

4. 提高接发球实战能力的练习

有目的地安排进行单打或双打战术练习，互相对抗，以提高接发球在实战中的心理素质。

(四) 学练接发球技术应注意的事项

(1) 准备接发球时要放松，只需在击球时使劲，身体紧张会影响腿部的移动。

(2) 向前迎接球，要主动进攻，不要被动应付，注意提起脚后跟，使重心向前，不能脚跟着地。

(3) 注意力高度集中，当对方将球上举抛球时，眼睛应一刻不停地注视着球。

六、截击球

截击球是网球运动中富有冒险性和惊险性的技术，是在网前进行的一种攻击性击球方法，即当球在落地之前将来球击回对方场区，可以在网前截击，也可以在场内任何地方截击空中球。它回球速度快、角度大，一旦得手马上就能得分，在网球比赛中是一种重要的得分手段。主要的截击技术有正、反手基本截击球，正、反手低位截击球，高位截击球和中场截击球。

(一) 截击球的技术动作

截击球的技术动作包括握拍、准备姿势与站位（图 9-3）。

图 9-3　截击球的技术动作

1. 握拍

所有截击球都用大陆式正手握拍法。这是因为在网前短兵相接，根本来不及改变握拍法，大陆式正手握拍法则能自如地进行各种截击球。初学者刚开始时，用一般的东方式正手和反手握拍来进行网前截击，但当水平有一定的提高时，就会发现在网前进行截击时，是没有时间变换正反握拍方法的。因此，建议在网前截击时采用大陆式握拍法。

2. 准备姿势与站位

面对球网两脚自然开立约与肩同宽，双膝微屈，脚跟提起，重心落在前脚掌上，上体前倾，球拍放在身体前面，略高于正反拍底线击球的准备姿势，拍头高于握拍手，左手轻托拍颈，眼睛注视来球。当对手击球的一刹那，就应该从对手的击球位置、挥拍动作判断出来球的方向、高度和路线，以便及早起步快速移动。

（二）截击球的特点

（1）眼睛始终盯球。

（2）握紧球拍，绷紧手腕。

（3）在身体前面击球。

（4）保持拍头向上。

（5）用撞或推击动作来击球。

（三）网前截击球技术的学习方法

1. 镜子练习方法

对着镜子，结合步法分别练习正手截击动作和反手截击动作。注意动作的规范性。

2. 一人对墙练习

（1）对墙距离 2 米左右，用球拍颠球 5 次，然后正手将球推送上墙，再用球拍接住球颠 5 次。连续 10 个回合后，改颠球 4 次，再连续 10 个回合，改颠球 3 次，以此类推，直到直接与墙进行正手截击练习。

（2）方法同上，进行反手截击练习。

（3）随着对墙练习越来越熟练，逐渐与墙拉开距离，进行正反手截击练习。

3. 两人的截击练习

（1）正手截击练习时，一人在网前用左手接住同伴扔向右侧的球。要求是跨步上前抓球；然后再跨步上前用右手抓球，接着右手握住拍颈上前挡球；等稍熟练后，再握住拍柄中部挡球；最后握住拍柄底部进行常规的截击练习。

（2）反手截击练习时，方法同上。

（3）两人相距 2 米左右，一人用球拍颠球 5 次后，将球传送给同伴，同伴接住球也同样颠球 5 次，再送回给对方。练习 10 个回合后，开始改颠 4 次、3 次、2 次、1 次，直至双方直接进行截击练习。这种方法一般先从正手截击练习开始，然后再进行反手截击练习。

（4）两人在网前相距 4 米左右，沿斜线隔网站立，交替进行正反拍连续截击练习，距离可适当拉开。

（5）教练在发球线后多球喂送，让学生分别进行定点的正手截击练习、反手截击练习。

(6) 教练在底线击球，学生在网前截击直线球，教练将球回击到网前，学生再将球截击过网。

4. 三人的截击练习

(1) 三人在网前做二对一的连续截击练习。

(2) 两人在底线后，一人在网前，进行二对一的连续截击练习。三人可轮流交换练习。

5. 四人的截击练习

(1) 二对二网前相互连续交替进行截击练习，可采取碰到直线球的学生以斜线球回击、碰到斜线球的学生以直线球回击的练习方法。然后进行交换练习。

(2) 两人站在底线，两人站在网前，连续交替截击练习。

(四) 学练截击球技术应注意的事项

(1) 在对方击球前或击球的一瞬间，重心就要开始前移，做到人到球到。

(2) 击球时双肘关节应放在前面，眼睛始终盯着球，以身体的力量和短小的撞击动作来截击球。

(3) 随着对方来球的高低，要随时调整击球时的拍面角度，始终保持击球点在身体侧前方。

(4) 中场截击后应立即向网前移动，占据网前有利位置。

(5) 截击低球，最好使球的落点深，以增加对方回球的难度；截击高球，要采取进攻的打法，以求截击直接得分。

七、高压球

高压球是在头上进行大力扣杀的击球方法，是上网战术体系中重要的一环。在网球比赛中，打出一个漂亮的高压球，会使自己精神振奋；相反，如果打失误一个应该得分的高压球，则会影响自己的竞技状态。高压球有落地高压球和凌空高压球两种。

(一) 高压球的技术动作

(1) 高压球的动作与发球动作相似，握拍也与发球握拍相同。当对方挑高球时，应立即侧身转体并用短促的垫步向后退，同时侧身，持拍手上举，在头部位向后引拍，重心在两脚前脚掌上，后腿弯曲，随时准备跳跃扣杀。

(2) 准备击球时，非持拍手上举指向来球的方向和高度，击球法与发球时击球一样，击球点在右眼前上方；如果跳起高压，用腿起跳，转体，挺胸，收腹，击完球后用左脚着地，同时右脚向前跨，准备再上网截击。

(3) 近网高压击球点可偏前，便于下扣动作的完成；远网后场高压的击球点可稍后，击球动作向前下方挥击，以防下网。

(4) 击球后的跟进动作尽量像发球那样完整，起跳高压时要保持身体平衡。

(二) 高压球的特点

(1) 眼睛自始至终盯住球。

(2) 当对方挑高球就马上后退侧身对网。

(3) 调整好步法，跟进重心，在身体前面击球，要用力扣腕。

（4）充分完成好随挥动作。

（三）高压球技术的学习方法

（1）对着镜子进行高压球挥拍练习，注意保持左手充分上指、球拍上举的击球前准备动作。

（2）练习后退高压球的侧后交叉步步法。

（3）自抛高球，待球落地反弹后进行高压球练习，然后再进行不等球落地的高压球练习。

（4）教练在网前高凳上手抛高球，让学生进行连续的高压球练习，并逐渐增加前后左右移动的高压球练习。

（5）学生在网前，教练抛送高球，要求学生等球落地弹起后方可做高压击球练习。

（四）学练高压球技术应注意的事项

（1）准备打高压球时要尽早进入击球位置。

（2）整个击球过程中，要眼不离球。

（3）打高压球时应果断，不能犹豫。

八、挑高球

挑高球是一项使用频率相对较低但又十分重要的技术。它在双打中的使用率要远远高于在单打中的使用率。比赛中，当自己处于被动的时候，使用挑高球可以使自己赢得宝贵的时间，回到有利的位置恢复身体的平衡；也可用挑高球来破坏对方进攻的节奏；当对手上网时，可用挑球过顶的方法，迫使对手回撤，从而取得比赛的主动权。

挑高球包括上旋挑高球、平击挑高球、削击挑高球和截击挑高球四种。

（一）挑高球的技术动作

（1）握拍法与底线抽球时相同。

（2）准备姿势及引拍动作与抽球相同。

（3）重心落在后脚上，眼睛盯球，击球点应靠后。

（4）擦击球的后部，并给拍头加速，拍头摆速越快，越会产生强烈的上旋，使球更快地坠落。

（5）以很陡的弧线做大幅度的随挥动作。

（二）挑高球的特点

（1）眼睛盯住球，边移动，边向后引拍。

（2）击球时，手腕固定，加长击球时间。

（3）跟着球出去的方向，向高处做随挥动作。

（4）击球后，迅速回防。

（三）挑高球技术的学习方法

（1）找一堵较高的墙，设定一个目标，离墙15米左右，对墙打挑高球。要求尽量碰到墙上设定的位置。

（2）站在底线后边，自抛球，用正反手做挑高球练习。要求使球的落点靠近底线附近。

（3）教练在网前喂球，球速由慢到快，位置由中间到两边，学生分别用正反手做挑高球练习。

（四）学练挑高球技术应注意的事项

（1）眼睛看球，动作放松。

（2）由低向高地挥拍。

（3）进攻与防守要结合使用。

九、放小球

放小球是一项较难掌握的技术。小球放好了，往往能获得出其不意的效果：或者直接得分；或者打乱对手击球节奏，迫使对手回球质量不高，继而一击得分。反之，小球放高了或放远了，则易受对手攻击而失分。此外，至关重要的是放小球的时机。一般情况下，当出现浅球时，而对手又处在底线后的位置时，可采用放小球技术以突然袭击；或在对手被拉开，一边出现明显空当时采用。

放小球可分为正、反手落地放小球和凌空放小球两种。

（一）放小球的技术动作

（1）准备姿势及引拍动作同正、反手击球动作技术基本一样。

（2）击球时，侧身对网，眼睛要盯住球，拍面稍开放，轻轻削击球的下部，尽量使拍触球的时间长一些，拍头沿着前下方移动，形成下旋球，球落地后跳得低。

（3）击球后，球拍一定要朝着球出去的方向做随挥动作。

（4）结束时，应面对球网，迅速跑到有利位置上准备下一次击球。

（二）放小球的特点

（1）眼睛要始终盯住球。

（2）准备动作要尽量隐蔽好。

（3）球拍抚摸球，使球速减低。

（4）随挥动作较小。

（三）放小球技术的学习方法

（1）对墙距离 3 米左右，分别用正反拍削送球上墙，等球落地一次后再轻削送球上墙。反复练习。

（2）离墙大约 6 米，分别用正反拍削送球上墙，等球落地两次后再轻削送球上墙。反复练习。

（3）两人在发球区的小场地上轻打练习。

（4）教练在底线多球喂送，学生在网前进行放小球练习。

（5）教练在底线多球喂送，学生在底线进行放小球练习。

（四）学练放小球技术应注意的事项

（1）了解并明确放小球的时机。

（2）做好引拍动作，隐蔽放小球的意图。

（3）击球动作要柔和，尽量将来球力量“卸”掉。

（4）触球后拍子往前上带送动作的幅度，应根据来球不同速度和离网的距离加以调整。

十、反弹球

反弹球是一项由被动变为主动的过渡性技术，主要是用来回击对着脚下打来的球，或在发球上网和随击球上网地冲上网途中，来不及到位打截击球而被迫还击刚从地面弹起的低球。反弹球不管是正拍还是反拍，都是很难打的，但在正拍一边打相对容易些。不论哪种方法，打反弹球时都需要高度集中注意力。

（一）反弹球的技术动作

（1）握拍法与正、反手抽球时相同。

（2）在第一时间屈膝弯腿下降身体，同时将球拍下撤至接近地面完成后摆。

（3）眼睛向下注视击球点，头部固定保持好与拍子的姿势，手腕紧锁，拍面基本与地面垂直，击球点在前脚前，击球时身体和球拍同时向上，拍面直直地向前上将球提拉过网。

（4）反弹球打近网短球时，手腕不能松动，从低处迅速垂直向上升起，稍稍摩擦击球，使球一过网就立即下降。

（5）反拍反弹球的击球点要比正拍更靠前些。

（二）反弹球的特点

（1）眼睛始终盯住球，后摆引拍幅度小。

（2）降低重心击球，击球时，绷紧手腕，拍面靠近地面并稍向前倾。

（3）随挥动作要适度。

（三）反弹球技术的学习方法

（1）原地面对挡网，自抛反弹球练习。

（2）离墙大约 8 米，将球打向稍高的位置，等球弹回后，对落地第二次的球进行反弹球练习。等球弹回后再挑向高处，进行第二次落地的反弹球练习。反复进行练习。

（3）教练在网前提供多球，学生在底线附近进行反弹球练习。要求击球过网。

（4）教练在网前与中场学生进行截击与反弹球的连续练习，尽量争取多回合练习。

（四）学练反弹球技术应注意的事项

（1）身体重心下降，击球时拍头由低向高提起。

（2）眼睛要始终注视着击球点，防止击不准球。

（3）在击反弹球时，动作尽量连贯，不要有停顿，及时向网前靠近。

（4）根据对方的站位，力争反弹球的落点平而深，这样才能由一时的被动转为主动。

第二节　网球的基本战术

网球战术是指运动员在比赛中，根据网球运动规律及临场比赛情况的发展变化，有意识地运用合理技术所采取的有目的、有针对性的行动。网球战术的制定与运用必须以技术的掌握为基础，在运动员素质和训练条件大致相同的情况下，技术的掌握可以而且较易达到较高的水平，而战术意识的培养与战术运用能力的提高，则需要一个长期的过程。

一、网球比赛的战略

技术是初级竞技的需要，战术则是高级竞技的需要。战术的策划与运用必须以技术的掌握为基础，这属于一个非常广泛的智力范畴。在运动员素质和训练条件大致相同的情况下，技术可以而且较易达到接近的水平，而战术意识的培养与战术运用能力的提高，则有赖于对智力和头脑思维潜能的开发，这是一个长期的需要在实践中细心体会的过程。所以，掌握了基本的击球技术只可以说是学会了用球拍去打球，而更艰巨的任务是要学会用头脑去打球，用正确的战略技术去赢取胜利。

（一）要了解对手，做好心理准备

在制定比赛战术之前，首先要通过自己观察比赛和别人的介绍来了解将遇到的对手的一些情况，然后再来制定比赛战术，做到心中有数。在比赛的全过程中，要始终保持清醒的意识，坚持攻对方弱点的战术。

对方发球差时，一定要加强发球抢攻。采用靠前的站位，使对方感觉到我方抢攻的决心，造成心理压力导致双发失误；判断好对方发球的落点，在球的上升期时击球，让对方猝不及防；在有把握的情况下，沿接球区边线击直线球，以较快的节奏、较深的落点，迫使对方横向跑动接球，如能配合伺机上网则更具威胁性。

对方反拍底线回球差时，一定要尽可能逼迫对方用反拍击球，迫使其连续以不擅长的方式击球直至出现失误。如对方努力侧身用正拍击球时，其正手区域必然暴露出较大空当，这时果断变线，即可调动对方大范围跑动救球，获得以静制动的优势。

对付拥有良好底线技术，正反拍击球极少失误，但回避上网、退守底线的选手，可以打出力量不大但角度很大的小斜线球，迫使对方放弃熟练的底线横向移动，不得不跑出斜上和斜下的不熟悉线路去回击球。也可以放网前小球迫使对方到达网前，从而打出两侧穿越球，或挑球过对方头顶而直接得分。

（二）控制节奏，减少失误

每个人打球都有属于自己的节奏：慢速型、快速型、混合型。比赛时遇到不同类型的对手就一定要以我为主，打出自己熟悉的节奏，迫使对方跟着本方的节奏走，这样才有较大的获胜把握。

擅长慢速打法者应尽量保持在底线与对方周旋，要有极好的耐性去磨，直至拖垮对方。面对上网型对手要多使用挑高球策略，没把握的情况下坚决不要上网。记住：坚持就是胜利。

快节奏打法的特点是速战速决，多打一个回合就多一分风险。面对磨攻颇佳者，千万不可与之纠缠，必须用速度和力量持续冲击对方，使之回球质量下降。同时要看准时机迅速占据网前有利位置截击得分。

混合型技术者要具有扎实的基础，否则，什么都会或什么都不精，则很容易跟着对手的节奏走，导致很快失利。切忌以慢制磨、以快制狠，要明确以快制慢、以稳制狠的战术思想。

（三）技术全面化

要达到业余中高级水平的基本条件是技术的全面化。发球、接发球、正反手底线抽球、网前截击、高压球等基本技术，都要达到能熟练运用的水准。可以暂时不具备出彩的特长，但不可有明显拖后腿的缺点。平时要多加强练习薄弱技术环节，当技术水准达到均衡时再去发展自己的“撒手锏”——特长球。

（四）争取上网截击

截击球技术是网球比赛中有时决定胜负的关键，因此在网球比赛中，一有机会，选手们就会果断快速上网截击。上网截击不仅击球速度快、角度大，可以使对手来回跑动，疲于应付；而且站在网前处于主动，从心理上占了优势。

网前截击可以采用发球上网、接发球上网和等对手打一个浅球时上网等时机。对于一名初学网球者，必须克服被球击中身体的恐惧心理，选择好时机，争取上网截击。

二、单打基本战术

单打战术的运用需要凭借运动员个人的技术、智慧和体力等因素。要头脑冷静，适应能力强，能灵活多变。既能控制球路，不轻易失球，又能积极主动进攻，这样，才能扬长避短，争取主动，以达到取胜的目的。

（一）发球技术

发球要考虑落点、力量和旋转等因素的变化，才能有良好效果。如果准备在第一发球后上网，发球时可站在靠近端线中点标志的地方，发球要深，一般发向对方软弱的一边。第一发球应尽量利用大力发球，以加强攻击性，给对方造成压力。不能总向着一个目标发球，若发出的球有角度，使球反弹出边线，就能迫使对方离开基本位置，则发球效果良好。若对方站位离中线较远，可发球至接发人的中线附近，以牵制对方。第二发球应具有稳定性，以保持较高的命中率，可尽量减少双误。

（二）接发球战术

在接对方角度大而且弹出边线的发球时，若球速慢，可用进攻方法还击；亦可还击大角度球，以牵制对方发球后抢攻。接大角度球时，不要向后跑，而应向前迎球，用抽球还击。接发球时应选择合适位置，其标志是正手和反手各有50%的机会接球。切忌在中场等球，应将中场视为接球时不站人的区域。

当对手发球上网时，最有效的方法是在对手上网跑动过程中把球击向他的脚部，即把球击向发球线附近。如果对手上网速度快，已占据了有利位置，则有三种破网方法：一是把球直线击向对手的发球区边线附近；二是斜线击向右发球区边线附近；三是挑高球，击向对手左底角附近。

（三）底线对抽战术

在网球比赛当中，双方有许多时候都是处于在底线附近对抽阶段，这时要不断变换击球方法，如采用上旋和下旋结合、斜直线结合，用大角度调动对手。即轮流改变球的方向，使对手左右跑动，不要让对手有规律地移动，有些球交替打两个角，有些则要打追深球，要使对手总是在猜测判断，一旦对手打出一个浅球，就要向前打随击球上网。

（四）改变不利打法战术

有些选手习惯在端线上很耐心地打过来，对付这样的选手是改变打法，如处理浅球时，不要总是打随击球，应回打一个浅球或者放一个小球，迫使对手上网。如果对手的截击技术不是很好，就可以使其失误，放小球会使对手大吃一惊，即使命中率很低，也要试一试；放小球后，要像打随击球一样，继续向前上网，准备截击得分。

三、双打基本战术

网球双打比赛和单打比赛一样具有悠久的历史，最早的英国温布尔登网球比赛就有双打比赛，现在的大奖赛、巡回赛、团体赛等都有双打比赛。

双打是业余网球比赛的主要项目，它比单打更具有社交性，体力要求也更低，深受网球爱好者的喜欢，特别是它可以充分利用场地，解决了场地少的矛盾；同时可以切磋球艺、增加情趣。掌握了网球基本技术后，需要了解双打与单打不同的场上战术，其明显的区别是场地扩大了，场上由原来的 2 人增加到 4 人；其次是击球的路线和落点的不同。因此，双打的比赛战术同单打就有了区别。

（一）互相鼓励，协作配合

双打要求两个队员配合得像一个人，如此才能把两个人的长处结合起来，打出比任何一个人单打水平都高的比赛。由于双打战术的机动灵活，变化比单打复杂得多，双打战术取胜的关键是两个运动员能够默契配合。默契配合是建立在双方互相信任的基础上，并通过长期的合作锻炼出来的。两个运动员要紧密合作、互相鼓励，如同伴打好一个球就要祝贺，战术不对时要多商量，切记不要埋怨。因此，双打的根本是两个人如同一个整体，无论如何都要并肩战斗，移动要一致，相互间的距离不能拉开 3.5 米以上。

（二）双打站位

双打比赛，一般是能够控制网前的队容易得分，所以开始比赛时脑子里就要有一个目标。

发球员 A 应站在中点和单打线的中间，发球后直接上网。发球员同伴 B 在发球线和球网之间，稍偏向单打线，应该做到只向两侧各移动一步，就能封住单打和双打的狭道，以及球场中区的斜线球。

接球员 C 在接右区发球时，应该站在端线靠近单打线处（以右手为例）。在接左区发球时，则应稍靠中间站一些。接球员的首要任务是将球打过去，然后考虑上网。接球员同伴 D 应站在发球线前边，偏近中线，目的是警戒对方网前运动员打来的中路球。当接球员击球后向前时，接球员的同伴应移动到自己那半场的中间更靠近球网的位置。

（三）发球好的人先发球

让发球好的人先发球，集中精力把球发好。不要企图以发球直接得分，在双打比赛中，第一发球命中非常重要。要做到这一点，发球时要加上旋转，同时用 3/4 的速度，使球曲线进入发球区内，特别是第二发球，应该让球保持侧旋，尽量减少双误。发球要有目的，水平一般的运动员，反拍都比较差，所以发球应该以其反拍为攻击目标。在右区发球时发向对方的内角，在左区发球时发向对手的外角，但偶尔也要朝其正拍方向发，以干扰对手的预测。

（四）接发球的策略

双打比赛与单打比赛的接发球有所不同。双打接发球常常是以打斜线球为主，但如果站在网前的对手不时地截击接发球时，就可以打一些直线球。虽然直线球要越过网的最高部位，成功率较低，而且击球命中的范围也很小，但较适合在此种情况下使用。如果接发球被拉开得很远，可以进行挑高球，让自己有充裕的时间回位，并迫使对手离开网前的控制位置。

四、根据自然环境制定战术

在室外打网球，应该考虑到风向、阳光和气温等自然环境的影响。

（一）风向

一般来说，顺风打球比较轻松，利用风的速度打球会增加球的威力，球速加快，会使对手回防不及，但也可能对自己不利，因为击出的顺风球极易飞出端线。因此，在击球时不必全力击球，同时在击球时要增加旋转。

顺风打球时，有机会就要积极上网，因为网前截击比在端线对抽受风的影响要少，对手所处逆风打过来球速度上会慢一些。这对网前截击特别有利。

逆风打球时，可以放开全力击球，不必担心球会打出界。当对手上网时，尽可能地挑高球，球要挑得深，一般情况下由于逆风的阻力，球往往会落在场地内。一旦挑了一个很深的高球，对手会跑回去打落地球，这时应随球上网截击。

（二）阳光

大多数的网球场是按南北朝向修建的，在网球比赛中总是有一方的运动员是朝着太阳，正对太阳一方的运动员在发球时，应轻微改变自己的发球站位，或者向上抛球略低于正常高度。如果比赛前，你的对手已选择发球，那么，你就尽可能选择正对太阳一边接发球，使你能在交换场区后背朝太阳发球。

（三）气温

在盛夏季节打比赛，气温很高，体力消耗很大，非常考验人的心理和意志。因此，比赛时，要尽可能地调动对方，让对方前后、左右地奔跑尽快消耗体力，一旦对方先跑不动，那么本方取胜的概率就很高。

在冬天比赛，要充分地做好准备活动，避免发生运动创伤。在挑边时，不妨先选择接发球，接发球一方较有利。因为天冷，开始比赛时，身体各关节较僵硬，发球质量难以保证。

五、身体训练方法

身体训练包括一般身体训练和专项身体训练两部分。一般身体训练是指全面协调地发展运动员的力量、速度、耐力、灵敏和柔韧等身体素质。其中力量、耐力、速度是三项基本素质。专项身体训练是针对性地结合网球基本技术，加强专项素质的训练。一般身体训练和专项身体训练两者有着紧密的联系，在训练过程中要结合起来。全面身体训练是基础，通过一般身体训练，促进专项身体素质的发展。专项身体训练要有鲜明的专项特性，选择练习方法时要充分考虑网球运动的特点。

（一）力量素质练习

力量是网球运动重要的身体素质之一，是发展身体各项技能的基础。运动员有力地抽球，快速地发球，凶猛地高压球，都需要良好的力量素质。力量反映出运动员肌肉收缩的强度。

训练内容：投掷实心球、铅球，练哑铃、火棒、杠铃等，做爆发性的力量性练习。

（1）实心球可两人对掷或一个人对墙掷。做双手头上掷、双手胸前掷、左右手交替掷及双手向背后掷等。

（2）哑铃可根据个人力量来选择重量，做收小臂、头上举、头后举、侧平举、前平举、卷手腕等。也可利用拉力器来练习。

（3）杠铃根据个人力量增减重量，做卧推、推举、挺举、负重下蹲等，以提高力量。

（二）速度素质练习

网球运动要通过快速跑动完成网球击球动作，跑动速度快慢直接影响击球的效果，因此，速度练习非常重要。

训练内容：短距离冲刺（30～50 米），短距离加速跑、变速跑，各种反应跑，15 米左右距离的折回跑，以及其他有关专门动作的练习。

（三）耐力素质练习

耐力是指人能长时间进行肌肉活动的能力。耐力好，能提高运动员的身体活动能力，使疲劳状态出现较晚。出现疲劳后必然会使肌体工作能力下降或限制肌体的工作时间。

在网球比赛中，运动员要保持最佳的竞技状态，必须要有良好的体力和耐力。

进行耐力训练可以使神经系统在长时间、高强度工作情况下而不疲劳，能提高人体内脏器官的工作能力，加速新陈代谢。运动员的生理机能增强了，就能保证紧张的肌肉活动得以实现，保证肌体在长时间内连续工作。

网球比赛中运动员的跑步、移动节奏是极不规律、不定向的，时而迅速，时而缓慢，有跑有跳有走，因此，以跑步作为耐力训练时，要求多种多样，不断变化。

训练内容：采用各种周期性项目的中、长距离跑的练习。练习时间持续在 30 分钟以上。如中、长距离跑，自行车，滑冰，划船及中、长距离游泳等，以提高心肺功能。

（四）灵敏素质练习

发展灵敏素质，必须熟练地掌握各种击球技术，同时要不断提高大脑皮层神经活动的灵活性。

发展灵敏素质时，可结合信号、手势、球和各种游戏等提高灵敏度和神经兴奋性。

训练内容：通过篮球、排球、足球运动等提高灵敏度和协调性。同时还要练习各种跳跃，如三级跳、蛙跳、单足交替连续多级跳、原地屈膝收腹跳、侧跳、纵跳等，以提高协调性和弹跳力。

（五）柔韧素质练习

有了很好的柔韧性，才能掌握高超的技术。网球技术动作的完成与肌肉韧带的拉长、关节活动范围的增大（特别是肩关节）有着很大关系。提高柔韧性的有效方法就是多做伸展运动的体操，或借助器械做一些柔韧性练习。

（1）手臂上拉，拉长手臂肌肉，两手交替进行。

（2）面对墙站立，双脚离墙 1 米左右，双手扶墙，双腿直立，脚跟不要离地，身体向前倒，以拉长小腿肌肉。

（3）双膝跪下，后仰，臀部坐在脚跟上，拉长大腿肌肉的韧带。

（4）原地站立，双臂向头后做伸展运动，拉长肩关节韧带。

（5）腹背运动，向前、向后及向两侧屈体；腰绕环，拉长背部及腰两侧肌肉。

第三节 网球竞赛规则与裁判法

一、场地

网球场长度为 23.77 米，双打场地宽度为 10.97 米，单打场地宽度为 8.23 米，用中央高度为 0.914 米的球网将全场横隔为两等区；球网两端悬挂在 1.07 米高的网柱上，网柱中心距边线外 0.914 米；除端线宽度为 10 厘米外，其余各线均为 5 厘米。场地丈量都从线的外沿计算；端线后至少要有 6.4 米的空地，边线外至少有 3.66 米的空地(图9－4)。

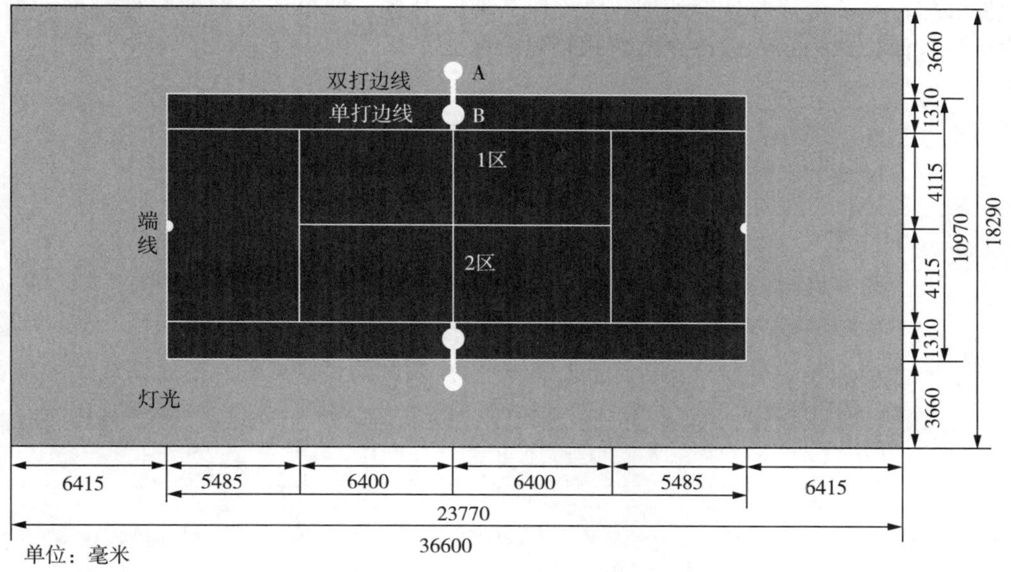

双打网柱中心A距离双打边线外沿为1′ （30.4厘米）
单打网柱或支架中心点B距离单打边线外沿为1′ （30.4厘米）
通常硬地端线宽度为10厘米，其他线宽度均为5厘米

图 9－4 网球场地

二、主要规则

网球运动是两名或两队运动员隔网相对，在单打或双打场地上，用球拍在来球第一次落地后或凌空击球过网，将球打在对方场区界线内或界线上，以造成对方失误而得分。

正式比赛时，男子单打或双打采取五盘三胜制，女子单打、双打和混合双打采取三盘二胜制。运动员每胜一球得 1 分，先得 4 分为胜一局，如遇双方各得 3 分时，某一方须净胜 2 分才算胜一局；一方先胜 6 局为胜一盘，当局数为 6 平时，一般采用平局决胜制，即先得 7 分者为胜该局及该盘；若比分为 6 平时，某方须净胜 2 分才能胜该局及该盘。

目前，为了缩短比赛时间，国际网联推出了一种新记分法——无占先记分法，在世界各国不同等级的比赛中使用。具体运用规则是：当比分为 3∶3 时，再打 1 分就决出该局胜负，由接发球员决定在左区或右区发球。

比赛时挑选到发球权的一方先发球，一局结束后，由对方发球（双打时第三局为先发球方的另一名运动员发球），以此类推，直至终场决胜局时，由轮到的发球员在右区发第一分球，然后由对方在左区和右区发第二分及第三分球，此后轮流交替发球（双打时仍按原先的发球次序进行），直至决出胜负。

交换场地时，双方应在每盘的第一、三、五等单数局结束后，以及每盘结束对方局数之和为单数时进行。决胜局时，运动员应在每六分及决胜局结束时交换场地。

比赛过程中，发生下列情况，均判失分：

发球员连续两次发球失误；在球第二次着地前未能还击过网；还击的球触及对方场区界线外地面、固定物；还击空中球失败；过网击球；除手中的球拍外，运动员身体或穿戴的物件触球；抛拍击球并且击到球；“活球”期间身体、球拍或穿戴的物件触网和网柱；接球员的身体、球拍在发球员发出的球着地前触球。

第十章 游 泳

游泳是一项老幼皆宜的体育运动项目。经常进行游泳锻炼，能够有效地提高身体各个系统、器官的机能，促进身心健康，塑造健美的体形。随着人们生活水平的逐渐提高和游泳场馆的增加，游泳正成为越来越多的人喜爱的体育项目。游泳比赛的项目众多，各种泳姿风格各异，其独特的魅力使得游泳成为最受欢迎的竞赛项目之一。本章主要介绍蛙泳和自由泳的基本技术及其练习训练方法。

第一节 游泳的基本技术

一、蛙泳

蛙泳是一种模仿青蛙游泳动作的游泳姿势，也是最古老的一种泳姿。

（一）蛙泳的技术动作

蛙泳的技术环节分为蛙泳身体姿势、蛙泳腿部技术、蛙泳手臂技术、蛙泳配合技术。

1. 蛙泳身体姿势

蛙泳在游进之中，身体不是固定在一个位置上，而是随着手、腿的动作在不断地变化。当一个动作周期结束后，身体应展胸，稍收腹，微塌腰，两腿并拢，两臂尽量伸直，颈部稍紧张，头置于两臂之间，眼睛注视前下方。整个身体应以身体的横轴为轴做上下起伏的动作。

2. 蛙泳腿部技术

蛙泳的腿部动作是推动身体前进的主要动力之一。它的主要动作环节可分为收腿、翻脚、蹬夹水和滑行四个阶段，这四个阶段是紧密相连的完整动作。收腿是为翻脚、蹬夹水创造有利的位置，同时既要减少阻力，又要考虑到手腿配合因素的需要。开始收腿时，两腿随着吸气的动作，自然放下，同时两膝自然逐渐分开，小腿向前回收，回收时两脚放松、脚跟向臀部靠拢，边收边分。收腿时力量要小，两脚和小腿回收时要收在大腿的投影截面内，以减少回收时的阻力（图 10－1）。

图 10－1　收腿时动作

收腿结束后，大腿与躯干呈 120°～140°角，两膝内侧大约与髋关节同宽。大腿与小腿之间的角度呈 40°～45°角，并使小腿尽量成垂直姿势，这样能为翻脚、蹬夹水做好有利的准备（图 10－2）。

图 10－2　收腿结束后动作

翻脚：在蛙泳的腿部技术中，翻脚动作很重要，它直接影响到蹬水的效果。收腿即将结束时，脚仍向臀部靠近，这时膝关节向内扣，同时两脚向外侧翻开，使脚和小腿内侧对好蹬水方向，并为大腿发挥更大力量做好积极准备。收腿与翻脚、蹬夹水是一个连续的完整动作过程。正确的翻脚动作，是在收腿未结束前就已开始，在蹬夹水开始时完成。如果翻脚后，腿稍有停滞，则会破坏动作的连贯性并增大阻力（图 10－3）。

图 10－3　翻脚动作

蹬夹水：蛙泳腿部动作效果的好坏，完全取决于蹬夹水技术的正确与否。蹬水应由大腿发力，先伸髋关节，这样使小腿保持尽量垂直对水的有利部位，向后做蹬夹水的动作，其次是伸膝关节和踝关节（图 10－4）。

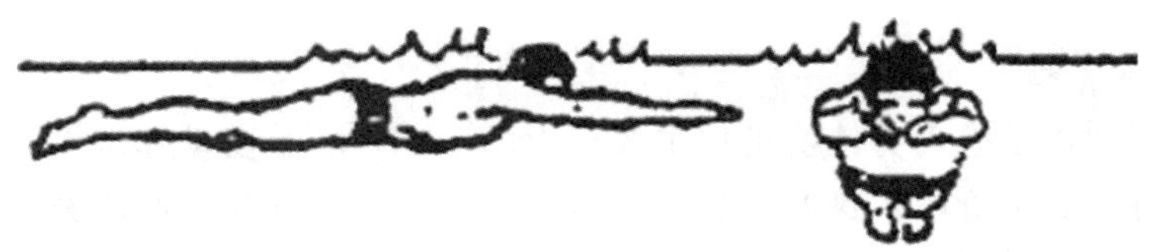

图 10－4　蹬夹水

3. 蛙泳手臂技术

蛙泳手臂划水动作可以产生很大的推动力，掌握合理的手臂划水技术，并且使之与呼吸动作协调配合，能有效地提高游泳速度。它的主要动作可分为开始姿势、划水、收手和伸臂四个阶段。这四个阶段也是紧密相连的完整动作。

（1）开始姿势。蹬水结束时，两臂并拢伸直，掌心向下，使两臂和身体成一直线，保持流线型姿势，向前滑行划水（图 10－5）。

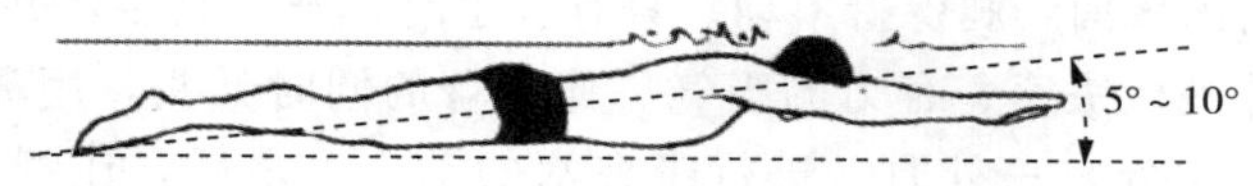

图 10－5 开始姿势

（2）划水。要求在划水动作的开始阶段，两臂内旋，掌心转向外斜下方，并稍勾手腕。紧接着两臂分开，并开始屈肘，使两手掌和前臂对准后下方。当手掌和前臂产生压力感时，逐渐加速向后划水（图 10－6）。

图 10－6 划水

蛙泳臂划水方向是依次向侧、下、后、内方，划水路线呈桃心形（图 10－7）。划水结束时，肘不超过两臂肩的垂直面。

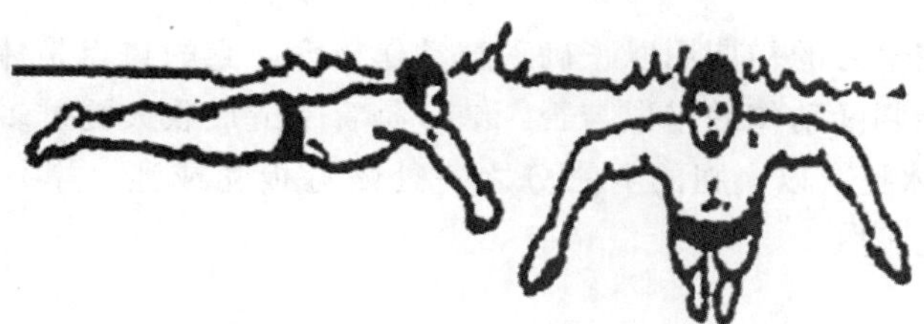

图 10－7 划水方向

（3）收手。收手是由向后划水转到向前伸臂的过渡动作，也是划水的继续。当划水阶段结束时，两手靠近，上臂稍外旋，两臂由下向前上方收至下须前，掌心转向内斜下方（图 10－8）。

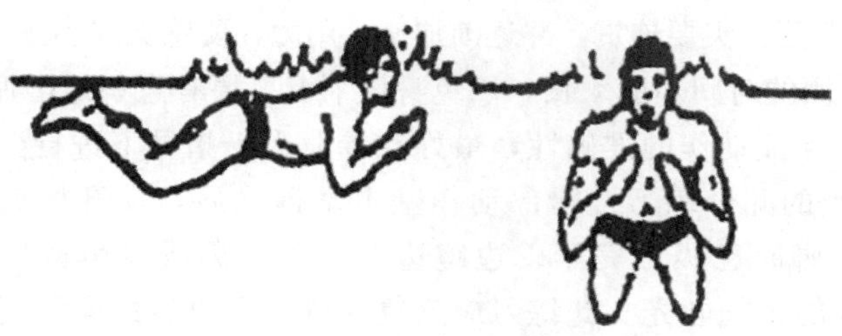

图 10－8 收手

（4）伸臂。伸臂是紧接收手动作，由伸肩关节和肘关节来完成的。由于先伸肩关节，继而伸肘关节，所以两手不是完全沿直线向前移动，而是向上，再向前伸。

4. 蛙泳配合技术

手臂滑下（抓水）的同时，开始逐渐抬头，这时腿保持自然放松、伸直的姿势。手臂划水时，头抬至眼睛出水面，腿保持不动。只有收手时才开始收腿，并稍向前挺髋，这时头抬至口出水面，并进行快速、有力的吸气。伸手臂的同时低头，用鼻或口鼻进行呼气，并且在手臂伸至将近二分之一处时，进行蹬夹水的动作，之后，让身体伸展滑行一段距离，等速度降低时进行第二个周期的动作。

（二）蛙泳的学习方法

1. 学习腿部动作

（1）陆上模仿：

① 坐撑模仿蛙泳腿：坐在板凳或池（岸）边上，上体稍后仰，两手支撑于体后侧，两腿伸直并拢，髋关节展开，身体成一条直线，做蛙泳腿的收（腿）、翻（脚）、蹬夹（水）、停（一会儿）的动作练习。

收——大腿带小腿，边收边分。大腿与躯干的角度不能小于90°。

翻——向外翻脚，勾脚尖，膝关节稍内扣，以小腿内侧斜对蹬的方向。

蹬夹——移脚心对准侧后方向逐渐用力，逐渐加速，边蹬边夹。

停——两腿并拢伸直放松，做明显的停顿动作。

初学者在练习时，可以先进行分解练习，即每做一个动作稍停，想清楚之后，再做下一个动作，这样逐渐过渡到连贯的动作。刚开始时，可以用眼睛看着自己腿的动作是否正确。

这种练习只是在学习的初期用以正确理解动作概念，它的重点是体会翻脚时的肌肉感觉，其优点是自己能判断动作的错误与否，缺点是容易造成收大腿过多的错误动作。

② 俯卧模仿蛙泳腿：以大腿的上三分之一处贴近板凳或池（岸）边成俯卧，这样既省力，又可控制大腿少收。

（2）水上练习：

① 固定支撑做蛙泳腿的练习：手扶池（岸）边或同伴的手。

水中练习要注意以下几点：

躯干：双肩浸入水中，腹部肌肉稍紧张。

收：放松慢收，稍挺髋，脚跟尽量贴近臀部，大腿与躯干的角度不得小于90°。

翻：向外翻脚要充分，脚和小腿内侧对准水，脚心向侧后斜上方。

蹬夹：向侧后做弧形蹬夹要连贯，并逐渐加速、用力，要感觉到小腿内侧及脚心有阻力。

停：并拢伸直，漂的时间不能太长，以免身体下沉，要有意识地增加向上抬腿的力量。

以上练习，为了保证动作的准确性，最好在专业人士指导下进行。

② 蛙泳腿和呼吸的配合练习：腿部动作基本掌握之后，就开始做腿和呼吸的配合练习。边收边抬头，翻脚时已吸气完毕；边蹬边低头，用鼻或口鼻慢慢呼气，在抬头吸气前，迅速用嘴将体内的余气吐光。此练习应反复多练，在以后的学习过程中也可穿插进行附带性的练习。

③ 滑行做蛙泳腿的练习：蹬池（岸）边或者蹬池底滑行后做蛙泳腿的练习。身体自然放松，两腿蹬水后漂浮的时间稍长，注意体会蹬腿的效果及动作的节奏。

④ 扶板做蛙泳腿的练习：两臂伸直肩放松，两掌心相对，抓住扶板的边缘，小臂置于板上，肘关节正好处在扶板的末端。肩与水平面差不多齐平，眼睛向前看，身体保持平稳的姿势。

进行水上练习时，初学者最好在腰上系上浮漂，以帮助身体上浮，使脚的蹬夹水方向正确。

2. 学习手臂动作以及和呼吸的配合技术

（1）陆上模仿。站立，上体前倾，两臂前伸，掌心向下做蛙泳臂的动作，基本掌握之后，配合呼吸练习，伸手低头呼气。

（2）水上练习：

① 站立水中做划臂练习。

② 在水中边走边做划臂和呼吸的练习。

③ 俯卧滑行做划臂练习。

④ 俯卧滑行做划臂和呼吸的练习。

3. 学习完整配合技术

（1）陆上模仿。两脚分开站立，两臂上举并拢伸直紧贴耳际，两臂和单腿配合呼吸做练习。

这种练习的重点是体会臂、腿与头部呼吸之间的配合，一般在学习的初期练习，以后没有练习的价值。

（2）水上练习：

① 单臂、腿和呼吸的配合练习：一手扶板或扶池（岸）边或抓同伴的手进行练习。注意身体要平，不能“立着”做。

② 水中滑行做臂和腿的分解配合：先划一次手，再蹬一次腿，体会手臂在先腿在后的动作概念。

③ 臂、腿连贯配合练习：可以低头憋气或抬头进行，重点体会臂腿的配合时机。

④ 臂、腿、呼吸的完整配合练习：在做此练习时，开始可以做多次臂腿配合、一次呼吸的练习；也可做多次蹬腿、一次手臂和一次呼吸的动作练习；还可以做抬头不做呼吸的臂腿配合练习。

（三）注意事项

（1）蛙泳腿部动作关键是翻脚、蹬夹水的路线和慢收快蹬的节奏。注意蹬夹水后一定要并腿滑行漂浮片刻。

（2）两臂划水动作宜小不宜大，主要是配合好呼吸动作。

（3）抬头吸气应向前伸下颚，不要抬头过高，注意呼吸的节奏。

（4）能配合游 15～20 米后，要多加强长距离游，在反复游的过程中体会和改进动作。

二、爬泳

爬泳，俗称自由泳。爬泳时，人在水中成俯卧姿势，两腿交替上下打水，两臂轮流划水，动作很像爬行，所以人们称之为“爬泳”。爬泳是四种竞技游泳技术中速度最快的一种姿势，在游泳比赛的自由泳项目中（不规定泳姿的比赛），运动员都采用这种姿势，所以通常人们也称之为“自由泳”。

（一）自由泳的技术动作

1. 自由泳身体姿势

自由泳时，身体要尽量保持俯卧的水平姿势。但是为了取得更好的动作效果，头部应自然稍抬，两眼注视前下方，头的三分之一露出水面，水平面接近发际，双腿处于最低点，身体纵轴与水平面呈 3°～5°的仰角（图 10－9）。

爬泳游进中，身体可以围绕身体纵轴做有节奏的转动，转动的角度一般在 35°～45°之间（图 10－10）。如果速度加快，角度就会相对减少。

图 10－9　身体姿势（一）

图 10－10　身体姿势（二）

这种转动是由于划臂、转头和吸气而形成的自然转动，并不是有意识地做转动。转动所带来的好处有以下几点：

（1）便于手臂的出水和空中移臂，并缩短移臂的转动半径。

（2）有助于手臂在水中抱水和划水，使手臂划水的最有力部分更接近于身体中心的垂直投影面。

（3）由于臀部随身体轻度地转动，腿打水时，产生部分侧向打水动作，可以抵消移臂时造成身体侧向偏离的影响，维持身体平衡。

（4）便于呼吸。

2. 自由泳腿部动作

在自由泳技术中，大腿动作除了产生推动力外，主要起着维持身体平衡的作用，它能使下肢抬高，以及协调配合双臂有力地划水。

自由泳腿的打水动作，几乎与水平面成垂直方向进行，从垂直面看，两腿分开的距离为 30～40 厘米，膝关节弯曲的角度约为 160°（图 10－11）。

图 10－11　腿部动作

游进中，腿向上打水时，脚应接近水平；向下打水时，不应超过身体在水中的最低部位。正确的打水动作是脚稍向内旋，踝关节自然放松，向上和向下的打水动作应该从髋关节开始，大腿用力，通过整个腿部，最后到脚，形成一个“鞭状”打水动作。向下打水的效果最大，因此应用较大的力和较快的速度进行；而向上则要求放松、自然，尽量少用力，并且速度相对要慢。

从腿向上动作开始，当大腿带动小腿，从下直腿向上移至踝关节、膝关节、髋关节与水平面平行时，大腿稍向上而终止移动，并开始向下打水。当大腿开始向下打水时，由于惯性的作用，此时小腿和脚仍继续向上移动，而使膝关节弯曲约呈160°的角。这使小腿和脚达到了最高点，由于大腿继续向下移动，而带动小腿和脚完成向下打水动作。

当大腿向下打水到最低点并向上抬起时，小腿和脚与大腿仍保持一个角度，并继续向下移动打水，直至完全伸直为止，小腿才随大腿向上移动，开始第二个循环动作。

3. 自由泳臂部动作

自由泳的臂部动作是推动身体前进的主要动力。它分为入水、抱水、划推水、出水和空中移臂等五个阶段，这五个阶段在划水动作中是紧密相连的一个完整动作。

（1）入水。手臂入水时，肘关节略屈，并高于手臂，手指自然伸直并拢，向前斜下方且插入水。注意手掌向外，动作自然放松。手入水的位置应在肩的延长线上，或在身体的中线和肩的延长线之间（图10－12）。入水的顺序为：手一小臂一大臂。

手切入水后，手和小臂继续向前下方伸展，手由向前—向下—稍有向内的运动，变为向前—向下—稍向外的运动。

图10－12　臂部动作（入水）

（2）抱水。手臂入水后，应积极插向前下方，此时小臂和大臂应积极外旋，并屈腕、屈肘。在形成抱水的动作中，开始手臂是直的，当手臂划下至与水平面呈15°～20°角时，应逐渐屈肘，使肘关节高于手。在划水开始前，也就是手臂约与水面呈40°角时，肘关节屈至150°左右（图10－13）。

图10－13　臂部动作（抱水）

抱水动作主要是为划水做准备，因此是相对放松和缓慢的。抱水就好像用臂去抱一个大圆球一样。抱水时，手的运动由向后一向下一向外的三个分运动组成。

（3）划推水。手臂在前方与水平面成40°角起，至后方与水平面呈15°～20°角止的运动过程都是滑水动作。划推水分为两个阶段：从抱水结束到划至与水面垂直之前称为“拉水”，过垂直面后称为“推水气”。

拉水时，应保持高肘姿势，手向内一向上一向后运动。当拉水结束时，手在体下接近中线，这时，肘关节弯曲的角度为90°～120°，小臂由外旋转为内旋，掌心由向内后方方向变为向外后方（图10-14）。

图10-14　臂部动作（划推水）

向后推水是通过屈臂到伸臂来完成的。在推水过程中，手向外一向上一向后运动。肘关节要向上、向体侧靠近，并且手掌始终要与水平面保持垂直。

（4）出水。在划水结束后，臂由于惯性的作用而很快靠近水面，这时，由大臂带动肘关节做向外上方的“提拉”动作，将小臂和手提出水面。小臂出水动作要比大臂稍慢一些，掌心向后上方。

手臂出水动作应迅速而不停顿，但同时应该柔和，小臂和手掌应尽量放松。

（二）自由泳的学习方法

1. 学习腿部动作

（1）陆上模仿：

① 俯卧在池台（或其他地方），两腿伸直，脚尖稍内旋，做直腿上下打的练习。

② 俯卧在池边，腿放在水中做以上练习。

③ 膝关节和小腿放松，大腿用力带小腿，做屈腿下打、直腿上抬的“鞭状”打水动作。

（2）水上练习：

① 手扶池（岸）边或浅水底，身体成水平姿势，两腿上下交替打水。注意两腿上下的幅度不宜过大。

② 同上练习，配合低头和转头吸气的动作。

③ 滑行打水：由蹬边或蹬水底开始，重复憋一口气的距离进行练习。

④ 扶板打水：两手扶住扶板的近端进行打水练习，并逐渐配合低头呼气、转头吸气的技术。

2. 学习臂部动作以及臂与呼吸的配合技术

（1）陆上模仿：

① 单臂模仿：上体前倾，两腿前后成弓步，同侧臂扶住膝关节，另一臂做直臂的划

水练习。重点注意空中移臂的技术。

② 同上练习，要求注意划水路线。

③ 同上练习，配合转头呼吸的动作。

④ 双臂模仿：两脚开立，上体前倾，先做分解动作，即一臂前伸，一臂做划水动作。逐渐缩短两臂之间的停留时间进行练习。

⑤ 双臂与呼吸的配合：同侧臂开始划水时呼气，移臂的前半部转头吸气。

(2) 水上练习：

① 站在浅水中，做陆上模仿①～⑤的练习。

② 在水中一边走动，一边做陆上模仿①～⑤的练习。

3. 学习完整的配合技术

(1) 由滑行打腿开始，等身体平稳后做一臂划水的动作，另一臂前伸。无须注意屈臂和曲线划水，以推水为重点，不配合转头吸气。做一次或两次以上的划水动作，中间滑行打腿的时间较长。

(2) 重复以上练习，注意屈臂和曲线划水，缩短中间滑行打腿的时间，增加划臂的次数。

(3) 重复以上练习，双臂配合用“前交叉”的技术进行分解练习。

(4) 重复以上练习，配合呼吸进行练习，可采用一次划臂一次呼吸的练习，如果不习惯两边转头，也可采用两次划臂一次呼吸的技术。注意为了能顺利地完成呼吸动作，在转头吸气时，身体可适当地加大转动的幅度。

(5) 重复以上练习，由“前交叉”技术逐渐过渡到“中前交叉”的技术，反复练习，直至动作熟练。

(三) 注意事项

要加强踝关节灵活性的练习和肩关节灵活性的练习，加强手臂力量的练习。

(1) 注意高肘、屈臂划水时，要求高肘、大拇指先入水；以移臂的惯性入水后，臂向前下方伸展，入水时大臂贴近耳缘；划水时屈臂向脚的方向做“S”形划水；抱水、划推水时，要注意力量从轻到重，速度从慢到快。

(2) 吸气时，由移动臂带动肩、躯干和头部进行滚动，强调在抬头吸气前，一定要把肺内的多余气体用嘴和鼻用力吐尽。

第二节　游泳训练与竞赛

一、游泳陆上训练

游泳陆上训练方法变化多，运用灵活，发展各项身体素质比较全面，效果比水中训练更大，可以练到水中不容易练到的素质。通过陆上多种练习，运动员可以建立更多的条件反射，掌握多种技巧，提高身体的协调能力，有利于掌握正确的技术和改正错误的动作。游泳陆上训练分为柔韧性训练和力量性训练。

（一）柔韧性训练

身体的柔韧性强度是保障力量发挥的基础。陆上柔韧性训练贯穿于整个游泳训练始终。在练习游泳技术的同时，也要进行柔韧性的强化练习。坚持柔韧性训练，有益于游泳技术的提高，柔韧性提高后，能更细化游泳技术动作，在不增加力量的情况下，提高速度。陆上柔韧性的练习，简单来说就是“压腿”“压臂”。

1. 压腿动作

盘腿坐在地上，脚掌对脚掌，双手扶住脚腕，弯腰用力用头碰触脚掌，保持至少 2 分钟，挺胸再次下压。

2. 压臂动作

双臂一前一后绕在背后，双手拉紧，保持至少 2 分钟，换臂再进行。

（二）力量性训练

在游泳中，要想划水更加有力有效，必须进行上肢力量训练；要想在水中更好地控制身体位置，必须加强运动员陆上腰腹肌力量训练；要想在出发及转身中能快速有力地蹬离出发台和池壁，必须加强运动员腿部力量练习。此外，为了避免运动损伤，应进行综合的力量练习，提高全身的柔韧性和协调性。

（1）杠铃训练：

① 卧推，分为最大重量和轻重量的训练方法。

② 负重半蹲、全蹲，同样也分为最大重量和轻重量的训练方法。

③ 颈后肘屈伸。

④ 双臂体前屈伸。

⑤ 体后提拉。

⑥ 曲腕。

（2）哑铃训练：

① 体前臂屈伸。

② 体侧直臂提拉。

③ 肩上举。

（3）壶铃训练：

① 体前提拉。

② 体侧提拉。

③ 体后提拉。

（4）腰腹肌力量训练：

① 负重仰卧起坐。

② 两头起。

③ 负重俯卧抱头起。

（5）实心球练习：

① 向前上方投掷。

② 后抛。

（6）引体向上和肋木悬垂举腿。

（7）跳台阶和立定跳远。

（8）有氧跑。

二、水上训练

运动员的技术训练和专项训练水平的提高，主要是通过水上训练来实现。合理地采用水上的各种训练方法，是提高运动成绩的关键。水上训练方法是多种多样的，应结合运动员具体情况合理采用。一般采用的方法有如下几种：

（1）各种姿势逐渐增加距离的游泳；

（2）各种姿势的混合式游泳；

（3）各种姿势的手臂和腿分解练习；

（4）戴划水掌或负重游；

（5）长划臂蛙泳、潜泳和水球等。

三、游泳竞赛

游泳比赛必须在泳池内进行。国际标准游泳池长 50 米，宽至少 21 米，深 1.80 米以上，设 8 条泳道，每条泳道宽 2.50 米，分道线由直径 5～10 厘米的单个浮标连接而成。运动员比赛必须站在出发台上出发（仰泳除外），出发台高出水面 50～75 厘米，台面积为 50 厘×50 厘米。男子和女子各有 16 个游泳比赛项目，除了男子 1500 米自由泳、女子 800 米自由泳以外，其他项目男女一样。奥运会目前正式比赛项目有四种泳姿：自由泳、仰泳、蛙泳和蝶泳。其中仰泳、蛙泳和蝶泳的比赛距离都在 100 米到 200 米之间，自由泳则分 50 米、100 米、200 米和 400 米，以及女子 800 米和男子 1500 米。个人混合泳也是奥运会的比赛项目，长度有 200 米和 400 米两种，运动员必须在比赛过程中分别使用不同的泳姿，顺序则是蝶泳、仰泳、蛙泳和自由泳。其他的接力项目还有 4×100 米和 4×200 米自由泳接力。

第三节　游泳竞赛规则与裁判法

一、各种泳姿的规则要求

（一）自由泳

（1）自由泳比赛中可采用任何泳式。

（2）转身和到达终点时，可用身体任何部分触池壁。

（3）在整个泳程中，运动员身体的一部分必须露出水面，在转身过程中允许运动员完全潜入水中，但在出发和每次转身后潜泳距离不得超过 15 米，在 15 米前运动员的头必须露出水面。

（二）仰泳

（1）运动员面对出发端，两端抓住握手器，两脚（包括脚趾）应处于水面下，禁止蹬在水槽内、水槽上或用脚趾钩住水槽边。

（2）出发和转身后，运动员应蹬离池壁，并在整个游进过程中呈仰卧姿势。除在做转身动作外，运动员必须始终仰卧。仰卧姿势允许身体做转动动作，但必须保持与水平面小于 90°的仰卧姿势。头部位置不受此限。

（3）在整个游进过程中，运动员身体的某一部分必须露出水面。在转身过程中，允许运动员完全潜入水中。但在出发和每次转身后，运动员潜泳距离不得超过 15 米，在 15 米前运动员的头必须露出水面。

（4）在转身过程中，当运动员肩的转动超过垂直面后，可进行一次连续单臂划水或双臂同时划水动作，并在该动作结束前开始滚翻。一旦改变仰卧姿势，就不允许做与连续转身动作无关的打水或划水动作。运动员必须呈仰卧姿势蹬离池壁。转身时运动员身体的某一部分必须触壁。

（5）运动员在到达终点时，必须以仰卧姿势触壁。

注意："除在做转身动作外"应理解为"只有在完成连贯的转身动作过程中才可以改变仰卧姿势"。

（三）蛙泳

（1）出发和每次转身后，从第一次手臂动作开始，身体应保持俯卧姿势，两肩应与水面平行。

（2）两臂和两腿的所有动作都应同时在同一水面上进行，不得有交替动作。

（3）两手应同时在水面、水下或水上由胸前伸出，并在水面或水下向后划水。除最后一个动作外，在手臂的完整动作中，两肘不得露出水面。除出发和每次转身后的第一次划水动作外，两手向后划水不得超过臂线。

（4）在蹬腿过程中，两脚必须做外翻动作，不允许做剪夹、上下交替打水或向下的海豚式打水动作。只要不做向下的海豚式打腿动作，允许两脚露出水面。

（5）在每次转身和到达终点时，两手应在水面、水上或水下同时触壁，触壁前两肩应与水面平行。在触壁前的最后一次向后划水动作结束后，头可以潜入水中，但在触壁前的一个完整或不完整的配合动作中，头应部分地露出水面。

（6）在每个以一次划臂和一次蹬腿顺序完成的完整动作周期内，运动员头的某一部分应露出水面。只有在出发和每次转身后，运动员可在全身没入水中时，做一次手臂充分的向后划至腿部的动作和一次蹬腿动作。但在第二次划臂至最宽点并在两手向内划水前，头必须露出水面。

（7）出发或转身后，当身体完全投入水中时，允许做一次海豚式打水动作，接蛙泳蹬水动作。

二、游泳比赛中的出发

（1）自由泳、蛙泳、蝶泳的各项比赛必须从出发台起跳出发，仰泳项目在水中出发。当听到总裁判发出长哨声信号后，运动员应站到出发台上，两脚距出发台前缘相同距离；仰泳运动员下水后，在总裁判发出第二声长哨时，应迅速游回池端做好出发准备。当所有运动员都处于静止状态时，发令员应发出"出发信号"（鸣枪、鸣哨、电笛或口令）。运动员在听到“出发信号”后才能做出发动作。

(2) 运动员如在“出发信号”发出之前出发，应判出发抢码犯规。第一次出发抢码犯规，发令员应召回运动员并组织重新出发。第一次出发抢码犯规以后，无论哪个运动员再抢码犯规（不论该运动员是第几次犯规），均应取消其比赛资格或录取资格。如果在“出发信号”发出之后发现运动员抢码犯规，应继续比赛，在该组比赛结束后取消犯规运动员的录取资格。如果在“出发信号”发出前发现运动员抢码犯规，则不再发“出发信号”，取消抢码犯规运动员的比赛资格后，再次组织出发。

(3) 发令员发现运动员抢码犯规或总裁判判定运动员抢码犯规鸣哨后，应连续不断地发出召回信号直至将运动员召回。如因裁判员的失误或器材失灵而导致运动员抢码犯规，发令员应将运动员召回重新出发，不作为一次抢码犯规。

三、游泳比赛和犯规

(1) 运动员必须在自己的泳道内比赛完毕，否则即算犯规。

(2) 游出自己的泳道，或用其他方式干扰、阻碍其他运动员者应取消其录取资格。

(3) 由于某运动员犯规而影响了被干扰、阻碍的运动员获得优良成绩时，则应准许受干扰阻碍的运动员补测成绩，或直接参加决赛。如在决赛中发生上述情况，应令该组重新决赛（犯规运动员除外）。

(4) 比赛中运动员转身时必须使身体某一部分触及池壁。转身必须从池壁完成，否则即算犯规。

(5) 在比赛中除自由泳可在池底站立外，其他泳式（包括自由泳）均不得跨越或行走，否则即算犯规。

(6) 在比赛中，运动员不得使用或穿戴任何有利于其速度、浮力的器具（如手、脚蹼等，但可戴护目镜），否则即算犯规。

(7) 每一个接力队应有四名队员，接力比赛中任何一名队员犯规即算该队犯规。任何接力队员在一次接力比赛中只能参加一棒比赛。

(8) 接力比赛时，如本队的前一名运动员尚未触及池壁，而后一名运动员即离台出发，应算犯规。如该运动员重新返回并以身体任何部分触及池壁再行游出时，不作犯规论。

(9) 接力比赛前三棒运动员游完后，在不影响其他运动员比赛的情况下尽快离池，并不得触停其他泳道自动计时装置，否则即判犯规。运动员全部到达终点要尽快离池，否则即判犯规。

(10) 在一项比赛进行过程中，当所有比赛的运动员还未游完全程前，未参加比赛的运动员如果下水，应取消其原定的下一次的比赛资格。在接力比赛中，当各队的所有运动员还未游完之前，除了应游该棒的运动员外，任何其他接力队员如果进入水中，该接力队员将被取消录取资格。

(11) 游泳的出发口令：“各就位”“鸣枪”。运动员在鸣枪前出发，应判抢码犯规，发令员将用哨声召回，重新组织运动员出发，第二次无论谁抢码犯规均将取消比赛资格。

(12) 预赛结束后，有两名以上运动员成绩相等而超过了原定的参加决赛人数时，确定参加决赛人选的办法如下：

① 如采用自动计时装置，预赛后，同组或不同组的运动员成绩相同者，都必须重赛，按重赛后的名次确定参加决赛的人选。

② 如采用的是人工计时，预赛后，同组的运动员成绩相同者，不重赛，按预赛的名次确定参加决赛人选。

③ 重赛应在所有有关运动员游完预赛至少一小时后（或经有关方协商确定时间）进行。

第十一章 跆拳道

第一节 跆拳道概述

跆拳道是一项起源于朝鲜半岛的古老而又新颖的竞技体育运动，是朝鲜民族在生产和生活基础上发展起来的一项运用手脚技术和身体能力进行自身修炼、搏击格斗的传统体育项目。

跆拳道的“跆”意思是脚踢，“拳”意思是用拳头击打，“道”是指方法、技艺和道理，同时也是一种文化。跆拳道运动要求习练者不仅学习跆拳道的技术，更注重对跆拳道礼仪、礼节的学习，严格遵从“以礼始，以礼终”的礼仪规范。

跆拳道习练者身穿白色跆拳道道服，腰系代表不同段位的腰带进行训练和比赛。它的段位一般分为初级的十级到一级，高级的一段到九段。跆拳道的比赛分为男、女两个组别按体重分级进行。跆拳道运动以腿法为主、拳法为辅，在比赛中经常可以看到刚劲、潇洒、灵活多变的腿法，具有较高的观赏价值。

第二节 跆拳道的礼仪礼节

跆拳道中的“礼仪”是跆拳道基本精神的具体体现。跆拳道习练者不管是平时的练习和对抗，还是正式的比赛，都是以格斗的形式进行，且都是以相互提高为目的，双方都有向对方表示敬意和学习的心理。因此，在练习、对抗或比赛前后都要向对方敬礼，即跆拳道运动始终倡导的“以礼始，以礼终”的尚武精神。

礼节是跆拳道练习过程中必备的行为规范。习练者在练习时衣着端正，头发整洁，对教练、同伴时刻都要表现出恭敬服从、谦虚、互助互学的心态。最常用的礼节表示方式是鞠躬敬礼：面向对方直立站立，腰向前屈 15°，头部向前屈 45°，两手紧贴两腿，两脚并拢。

第三节　跆拳道的基本技术

一、跆拳道的实战姿势

（一）标准实战姿势

两脚开立，与肩同宽，前脚尖45°斜向右前方，后脚跟离地，膝关节微屈，重心在两腿之间，上身自然直立，斜向左前方，双手自然握拳于胸前，拳心相对，后手高、前手低。头部直立向前，目视正前方（图11－1）。

动作要领：头正身直，身体放松，膝关节微曲，两腿富有弹性。

图11－1　标准实战姿势

（二）站位

跆拳道的实战姿势站位有两种：左势和右势。

左脚在后称为左势。右脚在后称为右势。

二、跆拳道的基本步法

跆拳道是一种以腿为主的运动，因此其步法在实战中具有极其重要的意义。

（一）上步

左势实战姿势开始，后脚蹬地，同时以前脚掌为轴向正前方上一步，由左势变为右势（图11－2）。

（二）撤步

左势实战姿势开始，前脚蹬地，同时以后脚掌为轴向正后方退一步（图11－3）。

图11－2　上步

图11－3　撤步

（三）滑步

滑步分为前滑步和后滑步。

前滑步：左势实战姿势开始，后脚蹬地，前脚掌往前滑一步，后脚顺势跟进，前脚进多少，后脚跟多少，重心保持不变（图 11－4）。

后滑步：左势实战姿势开始，前脚蹬地，后脚前脚掌向后滑行一步，前脚顺势跟进，后脚滑多少，前脚跟多少，重心保持不变（图 11－5）。

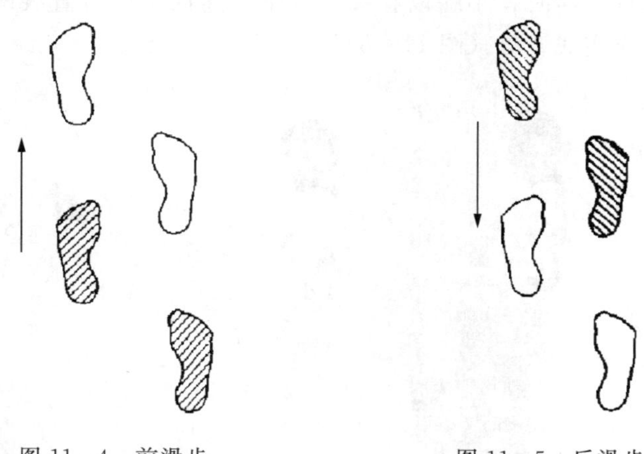

图 11－4　前滑步　　图 11－5　后滑步

（四）垫步（图 11－6）

垫步分为前垫步和后垫步。

前垫步：实战姿势开始，重心前移，右脚向前垫出一步向左脚靠拢，同时左脚向前垫出一步，保持实战姿势。

后垫步：实战姿势开始，左脚向后垫出一步向右脚靠拢，随即右脚向后垫出一步，保持实战姿势。

（五）原地换步

实战姿势开始，两脚同时蹬地，以核心力量带动两脚位置互换，落地后变为反方向实战姿势（图 11－7）。

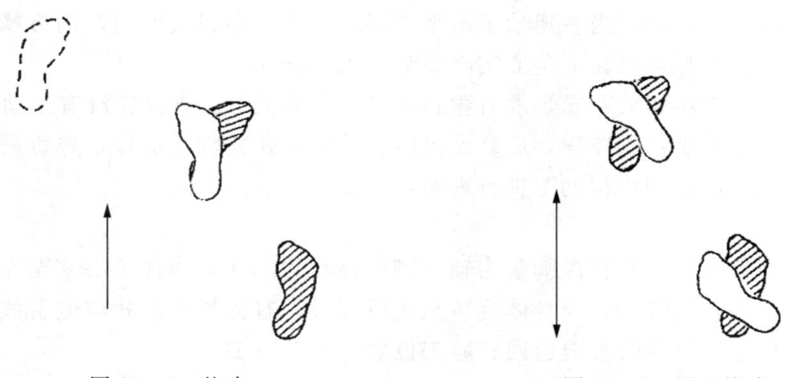

图 11－6　垫步　　图 11－7　原地换步

三、跆拳道的基本腿法

跆拳道以其灵活多变的腿法著称，被誉为踢的艺术，这是跆举道区别于其他格斗术的一个重要特点。在跆拳道实战中，以腿法为主，拳法为辅。

（一）前踢

实战姿势开始，后脚蹬地，直线提膝，同时支撑脚以前脚掌为轴，脚跟内旋约 90°，当膝关节提起对准击打目标时，小腿以膝关节为轴快速向正前方直线踢出，力达前脚掌，击打目标后顺势落下成实战姿势（图 11－8）。

①　②　③　④

图 11－8　前踢

动作要点：提膝时大小腿要夹紧，髋关节前送并带动腿部，发力要完整。

易犯错误：①核心不稳，上体后仰过大；②直腿撩腿。

纠正方法：初学者可扶支撑物，反复体会提膝与弹腿，也可面对镜子纠正错误。

（二）横踢

右势实战姿势开始，右脚蹬地提膝，左脚以脚掌为轴，脚跟内旋约 180°，身体向左旋转，同时右腿膝关节内扣，当右腿抬至水平位置时，右腿小腿快速向左前方横向弹出，力达脚背，击打目标后顺势收腿下落成实战姿势（图 11－9）。

易犯错误：①大小腿夹不紧，没有鞭打效果；②髋关节、支撑腿没有主动旋转发力。

纠正方法：①可手扶支撑物，反复做提膝、转体，弹腿收腿动作，熟练后再脱离支撑物；②可面对镜子或在同伴帮助下进行观摩纠正。

（三）后踢

右势实战姿势开始，左脚以脚掌为轴，脚跟外旋约 180°，身体重心移至左脚，身体右转，同时，勾小腿、勾脚尖，当身体旋转至正后方时，右腿紧贴左腿内侧直线蹬出，力达脚后跟，击打目标后屈膝收右腿返回到原来位置（图 11－10）。

图 11－9　横踢

图 11－10　后踢

易犯错误：①出腿线路不直，左右偏斜；②击打时肩和上体转动幅度过大；③转身、勾小腿、蹬腿动作不连贯，击打力度不够。

纠正方法：两人一组，双手扶同伴的双肩，由慢到快地反复做转身、勾小腿、蹬腿动作。

（四）下劈腿

右势实战姿势，右脚蹬地，身体重心前移至左腿，右脚快速上举至头部上方，然后迅速向前向下送髋伸腿，用前脚掌或脚后跟击打目标，击打后顺势落下成实战姿势(图11－11)。

易犯错误：①重心较低，举腿不高，路线偏离人体中线。②下劈时髋关节没有主动发力，伸腿动作不明显；③腿下落时没有控制重心，重心前移严重。

纠正方法：面对镜子或在同伴的帮助下，反复练习，纠正错误动作。

图 11－11　下劈腿

（五）双飞踢

右势实战姿势，重心移至左脚，提起右腿使用横踢，当右腿踢出后，立即提起左腿使用横踢，也就是连续使用两个横踢动作，击打后，顺势落下成实战姿势（图 11－12）。

图 11－12　双飞踢

易犯错误：①身体过于后仰、核心松弛；②两腿交换时严重脱节，髋关节转动不及时；③第二腿髋关节转动的幅度不够。

纠正方法：①原地体会髋关节转动的感觉，动作幅度由小到大进行练习；②降低踢靶的高度，由低到高进行；③降低第一腿转动的幅度。

（六）后旋踢

右势实战姿势，左脚以脚掌为轴，脚跟向外旋转 90°，右脚蹬地使身体重心移至左脚，上体随右腿蹬地向右旋转，顺势起腿向左后方伸出并用力屈膝鞭打，右腿击打目标后顺势落回原地。后旋踢的运动轨迹呈弧形，是以左腿为轴身体原地旋转 360°（图 11－13）。

图 11－13　后旋踢

易犯错误：①转体时上体过于前倾或后仰，造成身体失去平衡；②起腿过晚，造成腿部发力最佳点不在正前方；③动作不连贯，出现停顿。

纠正方法：①初学时可手扶支撑物，进行分解练习；②重点练习转体、摆腿；③可面向镜子纠正练习。

（七）推踢

右势实战姿势，右脚蹬地提膝，身体重心前移至左脚，左脚以脚掌为轴外旋约 90°，同时右腿迅速向前方直线蹬出，力达前脚掌，击打目标后迅速收腿，顺势落下成实战姿势（图 11－14）。

图 11－14　推踢

易犯错误：①提膝时没有到位，使得发力不足，力量过小；②重心不稳，收腿不明显。

纠正方法：扶支撑物多做提膝收腿和蹬腿收腿练习。

（八）侧踢

右势实战姿势，右脚蹬地提膝收腿，左脚以脚掌为轴外旋 180°，身体向左旋转，膝关节向胸口贴靠、内扣，同时右脚脚尖紧勾并快速向正前方直线蹬出，力达脚外侧沿线或脚底板，击打目标后迅速收腿，顺势落下成实战姿势（图 11－15）。

图 11－15　侧踢

易犯错误：①出腿时髋关节没有展开，造成肩、髋、踝不在一条直线；②提膝时大小腿收得不紧，上体侧倾过大；③动作不连贯。

纠正方法：手扶支撑物进行练习，多练习转体、收腿、提膝、出腿与收回动作，动作速度由慢到快。

第四节　跆拳道的竞赛规则与裁判法

一、参赛运动员

（1）参赛资格。参赛运动员必须是属于某个在中国“跆协”注册的团体会员，并在当年度登记注册；必须持有中国“跆协”颁发的段位证书，或根据比赛要求持有相应的段位及级位证书。

（2）比赛服装。参赛运动员必须穿戴中国“跆协”认可的道服和保护用具。

（3）参赛运动员的药物控制。所有参赛运动员禁止使用国际奥委会禁用的任何药物。

二、体重级别

（1）体重分类（表 11－1、表 11－2）

表 11－1　国内比赛级别

男子	女子
54kg 以下	47kg 以下
54kg～58kg	47kg～51kg

（续表）

男子	女子
58kg～62kg	51kg～55kg
62kg～67kg	55kg～59kg
67kg～72kg	59kg～63kg
72kg～78kg	63kg～67kg
78kg～84kg	67kg～72kg
84kg 以上	72kg 以上

表 11－2　奥运会比赛级别

男子	女子
58kg 以下	49kg 以下
58kg～68kg	49kg～57kg
68kg～80kg	57kg～67kg
80kg 以上	67kg 以上

（2）体重称量。跆拳道比赛时，参加当日比赛的运动员在首场比赛开始前一小时必须完成称重。第一次称重不合格时，在规定的称重时间里，可以再给一次机会。

三、比赛方法和时间

（1）比赛方法。跆拳道比赛采用单败淘汰赛和循环赛两种形式。奥运会的跆拳道比赛采用个人赛制，没有团体赛。中国跆协主办的全国性竞赛至少有四个队参加，每个级别至少有 4 名运动员参加比赛，不足 4 名运动员的级别不计比赛成绩。

（2）比赛时间。跆拳道每场比赛为 3 局，每局比赛的时间为 2 分钟，局间休息 1 分钟。比赛时间和比赛局数也可根据实际情况做相应调整，由比赛技术代表决定。

四、比赛程序

（1）点名。每场比赛开始前 3 分钟开始点名，共点 3 次。比赛开始后 1 分钟仍未到场者，按自动弃权论处。

（2）检查。点名后的运动员必须接受身体、服装和护具检查，不得携带任何可能给对方造成伤害的物品，检查员由组委会指定专人担任，运动员不得有任何不服从的表示。

（3）入场。检查合格后，运动员和一名教练员进入比赛场地指定位置，准备进行比赛。

（4）比赛开始和结束。每局比赛由主裁判发出口令，宣布比赛开始和结束。

（5）跆拳道比赛中允许攻击的部位，包括髋骨以上至锁骨以下以及两肋部，可攻击背部。头部两耳向前头颈的前部，只允许用脚的技术攻击。

五、跆拳道比赛结果的判定

（1）击倒胜。即用正确的技术将对手击倒，使对手在10秒内不能继续比赛。

（2）主裁判终止比赛胜。主裁判根据比赛中的具体情况，当一方运动员的实力明显差于对手时，或一方运动员因受伤不能比赛时，主裁判有权终止比赛，宣布一方为胜方。

（3）比分或优势胜。

（4）对方弃权胜。

（5）对方失去资格胜。

（6）主裁判判罚犯规胜。

如果一方运动员因犯规被主裁判直接判为犯规败，则另一方获胜，进入下一轮比赛。

第十二章　散　打

第一节　散打的概念

散打，即武术散打。“远出腿、近出拳、贴身摔”，散打是一项以踢、打、摔于一体的格斗对抗性项目，是武术的重要组成部分。它是两人按照一定的规则运用武术中的踢、打、摔和相应的进攻与防守技法进行徒手对抗的现代竞技体育项目。它以凌厉的腿法、凶狠的拳法和具有民族特色的摔法著称。散打强调灵活、自由，更注重实际对博，是双方智能、体能、技能与心能的综合抗衡。

散打，俗称散手，在现代武术术语中有多种称谓。民国时期开始将武术徒手格斗称为散手，在民间得到广泛使用，并沿用至今，散手是相对武术套路的固定动作而言，表示将武术套路中固定的攻防招数拆散并运用于攻防实战。

第二节　散打的作用

一、强身健体与防身自卫

散打是中华民族传统体育项目，它有着增强体质和强壮体魄的作用。通过技术训练及柔韧、灵敏、速度、力量、耐力等素质训练，外能强筋骨、壮体魄；内能提高心血管系统、呼吸循环系统的机能，中枢神经系统的灵活性，以及内脏器官机能等。同时，散打是使用踢、打、摔方法制胜对手的攻防技术，最直接地体现着中华武术的实战价值。散打训练不仅能提高各方面素质，使练习者功力增强，技击能力上升；而且长期的散打训练还能使人获得打斗的特质，在对敌及罪犯的格斗中，就能克敌制胜，起到防身自卫的作用。

二、磨炼意志与增强毅力

散打是武道的一种训练形式，其修炼的过程是长期、艰苦且乏味的。修炼武道的过程同时也是自身完善的过程。在长期的散打训练中，练习者的意志、毅力得到了很大的磨炼及培养。在散打训练中，只有那些意志坚强、甘于寂寞、耐得住凄凉的练习者才能取得最后的成功。在散打实战训练中，练习者心理上要承受巨大压力，身体上要忍受更大的苦楚，这对意志力是严格的磨炼。耐力训练及抗击能力等训练对意志的磨炼、毅力的增长也是很重要的。总之，散打的全面训练将使练习者的毅力、意志力及内在精神都得到很好的培养及锻炼。

三、竞技交流

散打可以“以武会友”，有助于练习者彼此之间交流心得体会、经验，增进友谊。同时，通过竞赛的形式，来充分展现精湛的散打技艺。

第三节　散打的礼仪礼节

一、抱拳礼

并步站立，左手四指并拢伸直为掌，拇指屈拢；右手成拳，左掌心掩贴右拳面，左指尖与下巴平齐，右拳眼斜对胸窝，置于胸前屈臂成圆，肘尖略下垂，拳掌与胸相距 20～30 厘米;头正身直，目视前方受礼者。抱拳礼用于竞赛、表演、训练活动中。

二、鞠躬礼

并步站立，两手自然下垂于身体两侧，双手掌掌心贴于大腿外侧，上身向前倾斜 15°。在见到师长或领导时，学员手持器械或在公共场合不便行抱拳礼时，多用此礼节。

第四节　散打的基本技术

一、实战姿势与基本步法

（一）实战姿势

预备式，通常也叫实战姿势或格斗姿势，是散打比赛前所采用的临战动作姿势。它具有灵活、机动性能，利于快速移动、攻击以及防御；同时，能有效防护自身的要害部位。预备式分为左势和右势两种。一般来说，左腿在后为“左势”，右腿在后为“右势”（图 12 - 1）。除特别说明外，本书均以右势为例。

1. 身体各部的动作姿势

下肢姿势：两脚前后左右开立，与肩同宽或稍比肩宽，左脚尖内扣约 30°，两脚前脚掌着地，后脚脚后跟踮起，膝关节微微弯曲，两腿保持弹性，身体重心于两腿中间。

头、躯干、两臂姿势：头正身直，下颚微收，目视前方；含胸拔背，两拳拳心相对，放于脸颊两侧，右手置于右侧脸颊，左拳置于左侧脸颊稍向前，两肘自然下垂。

2. 注意事项与要点

（1）两腿要有弹性，以便随时进行攻击或防御。

图 12－1　右实战姿势

（2）自然地含胸收腹，呼吸自然，不要憋气，以免身体僵硬。

（3）肩、臂放松，可以有意识地晃动，用以迷惑对手，且利于充分施展攻击力。

（4）保持高度警觉，双眼要有神，给对手以威慑力。

（二）基本步法

散打中的步法是根据攻防的需要，调整与对手之间的距离，实施进攻与防守的动作。步法是武术散打技术运用的基础，步法的运用要突出快速、灵活、多变的特点，并要与攻防动作紧密配合，拳谚曰“步快则腿快，步快则拳快”就是这个道理。散打的基本步法有：滑步、上步、撤步、跳换步等。

1. 滑步

（1）前滑步。实战姿势站立右脚蹬地，左脚向前滑步，落地时以左脚掌先着地，而后右脚顺势跟步。

动作要点：移动时两脚距离保持不变，两脚离地不要太高，进步要稳，跟步要快。

（2）后滑步。实战姿势站立，以左脚蹬地，右脚向后滑步，落地时右脚掌先着地，随之左脚向后顺势跟进，落地后保持实战姿势不变。

动作要点：滑步距离不宜过大，右脚滑多少，左脚跟多少，要借助蹬地的反作用力加快移动。

（3）左滑步。实战姿势站立，左脚向左侧滑步，随之右脚以前脚为轴，顺势向左滑动，动作完成时保持实战姿势。

动作要点：步法要轻、快、稳。

（4）右滑步。实战姿势站立，后脚向右侧滑步，前脚内侧横蹬，前脚顺势紧跟落成预备势。

动作要点：步法要快、狠、准。

2. 上步

后脚向前上一步，同时左、右拳前后交换成反架姿势。

动作要点：上步时身体不能上下起伏、前后摆动，上步与两个手要同时交换。

3. 撤步

前脚先后撤一步，同时左、右拳前后交换成正架姿势。

动作要点：参考上步。

4. 跳换步

实战姿势站立，两脚同时蹬地使身体向前（后、左、右）起跳。

动作要点：腰胯紧收，上体正直，重心平稳。

5. 环绕步

实战姿势站立，右（左）脚蹬地，左（右）脚向左（右）斜前方滑移，着地后右脚也向左（右）前方滑移，如此连续滑移。

动作要点：连续滑移的步子弧线连线，后脚步幅度稍大于前脚，滑移时，上体与上肢应保持基本姿势，做到以对手为圆心弧线滑移即围点走圈。

6. 跳换步

实战姿势站立，左右脚同时离地，以腰部力量带动双腿跳起，两腿位置互换，落地后成右实战姿势。

动作要点：换步要灵活，弹跳不宜太高。

二、散打的拳法技术

（一）直拳

1. 左直拳

预备势，右脚前脚掌蹬地，前脚前脚掌向前滑步，同时推出左拳旋转直线出击，力达拳峰或者拳面，发力完成后自然收腿收拳，回到预备姿势（图 12－2）。

动作要点：出前手直拳时，上体不可前俯，保持中正，腰胯略向右转；拳面领先，蹬地、转腰、拧髋、顺肩一气呵成；快打快收，迅速回到预备姿势。

易犯错误：

（1）冲拳时前肘先于拳而动，形成撩拳；

（2）只动前臂，冲拳时以肘关节为轴，只是前臂屈伸，不是以肩为轴，大臂催前臂。

纠正方法：

（1）强调以拳领先、勿先动肘，或在同伴帮助下一手拉拳，一手按肘，慢慢体会要领。

（2）同伴两拳前后放，与练习者左拳共成一线上的三点，运行路线要求三点成一线。

2. 右直拳

预备势，右脚前脚掌蹬地旋转，转髋拧腰顺肩的同时，右拳旋转直线发力直线击出，力达拳峰或拳面，击打完成后自然收回（图 12－3）。

动作要点：右直拳的发力顺序是起于蹬地，顺势到髋、肩、肘，最后达于拳面或拳峰，环环相扣，不容脱节。

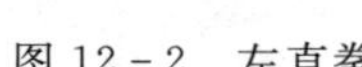

图 12-2 左直拳

图 12-3 右直拳

易犯错误及纠正方法：

（1）上体前倾，冲拳时，上体向前移动过多，髋关节、后脚没有主动旋转或者旋转不够。

纠正：原地练习后手直拳蹬地转脚、转髋的动作。

（2）核心不稳，松弛。

纠正：由教练给练习者髋关节施加阻力。

（二）摆拳

1. *左摆拳*

预备姿势，左脚蹬地，髋关节向右转，送肩的同时左拳向外、向前、抬肘向右侧横摆，肘微屈，拳心朝下，力达拳面或拳峰，右拳护于脸颊，右手肘关节下垂收紧（图 12-4）。

动作要点：力从腰发，腰绕纵轴向右转动；摆拳发力时，臂微屈，肘关节抬至与肩平或略高于肩。

易犯错误及纠正方法：

（1）摆拳幅度过大。

纠正：面对镜子或由同伴帮助，先轻发力，慢速走对动作路线，待技术动作规范后再逐渐加大力量与速度。

（2）击打距离过短。

纠正：找一个距离合适的目标，确保摆拳能够比较舒展地打出去，对着预定目标练习。

2. *右摆拳*

预备姿势，右脚蹬地，髋关节向左转，送肩的同时右拳向外、向前、抬肘向左侧横摆，肘微屈，拳心朝下，力达拳面或拳峰，左拳护于脸颊，左手肘关节下垂收紧（图 12-5）。

动作要点：力从腰发，腰绕纵轴向左转动。摆拳发力时，臂微屈，肘关节抬至与肩平或略高于肩。

图 12－4　左摆拳　　图 12－5　右摆拳

易犯错误及纠正方法：

（1）摆拳幅度过大。

纠正：面对镜子或由同伴帮助，先轻发力，慢速走对动作路线，待技术动作规范后再逐渐加大力量与速度。

（2）击打距离过短。

纠正：找一个距离合适的目标，确保摆拳能够比较舒展地打出去，对着预定目标练习。

（3）重心前倾。

纠正：同伴帮助控制身体前倾，确保重心在两脚之间。

（三）勾拳

1. *左勾拳*

预备姿势，重心略下沉，上体微左转，左拳由下向前上方勾起，大小臂夹角 90°～110°之间，拳心朝里，力达拳峰或拳面（图 12－6）。

动作要点：重心略下沉靠前脚，利用前脚蹬地、转髋、抖肩扭转的力量，动作发力完整、连贯，用力要由下至上，腰向右转动；勾拳时臂应先微内旋再外旋，拳呈螺旋形运行；大小臂间夹角应根据与对手间的距离和角度而确定。

易犯的错误及纠正方法：

（1）左拳向外绕行。

纠正：面对镜子，不过分追求用力，重点体会拳的运行路线。

（2）勾拳发力时上体后仰，挺腹。

纠正：重点体会蹬地、转腰、抖肩的要领。

(3) 身体重心向上提，歪胯。

纠正：请同伴帮助，一手按头，一手挟胯，边练习边提示、逐步改进。

2. *右勾拳*

预备姿势，右脚蹬地，扣膝转髋，向右转髋的同时，右拳由下向前、向上勾起，大小臂夹角在 90°～110°之间，拳心朝里，力达拳峰或拳面，左手护于左侧脸颊（图 12－7）。

动作要点：右勾拳要借右脚踏地、转髋、抖肩的力量，发力由下至上；勾拳时，右臂先微内旋再外旋，螺旋形运行。

图 12－6　左勾拳

图 12－7　右勾拳

易犯错误及纠正方法：

(1) 右拳后拉太多，出现预摆。

纠正：放慢速度、轻力量练习空击，体会技术动作路线和全身的协调配合。

(2) 身体向上立起，没有体会蹬地、转髋、抖肩的用力方法。

纠正：请同伴协助控制重心的起伏，如一手按头一手给靶，体会力从地起腰发的要领。

三、散打的腿法技术

(一) 鞭腿

1. *左鞭腿*

预备姿势，重心移向右腿，提膝、转髋、扣膝向右侧，随即挺膝向右侧踢小腿，力达脚背或小腿前端（图 12－8）。

2. *右鞭腿*

预备姿势，重心移向左腿，提膝、转髋、扣膝，上体左转 180°，随即向左侧弹踢小腿，力达脚背或小腿前端，整个过程成鞭打状发力（图 12－9）。

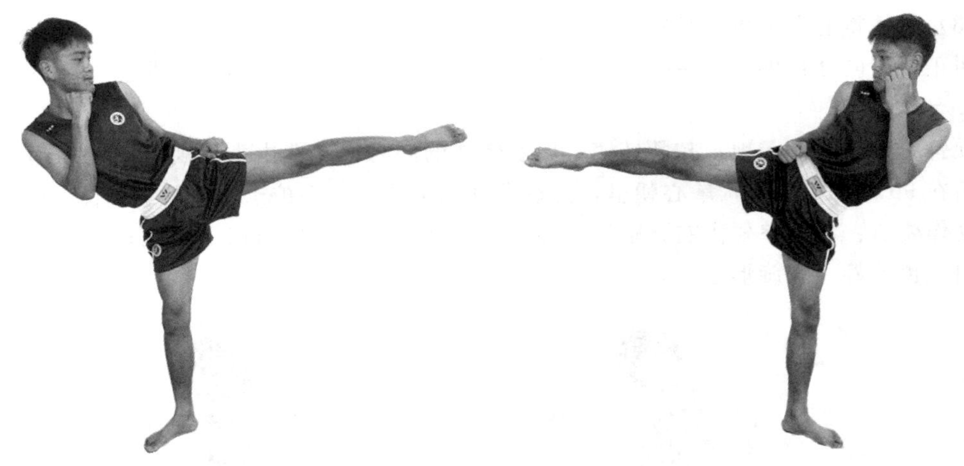

图 12－8　左鞭腿　　图 12－9　右鞭腿

动作要点：脚背保持适度紧张，膝内扣，大腿带动小腿，转髋要快速有力。

易犯错误：脚背放松，膝不内扣，力点不准，发力不完整。

纠正方法：①按动作要领多做慢速度，轻力量空击，做到动作不脱节；②在鞭打沙包、脚靶时，多体会击打时脚背的触点、肌肉感觉和动作的发力过程，注意动作的整体性和协调性。

（二）蹬腿

1. *左蹬腿*

预备姿势，重心移至右腿，左腿提膝抬起，勾脚，髋关节发力，以左脚前脚掌领先向前直线蹬出，力达前脚掌（图 12－10）。

2. *右蹬腿*

预备姿势，身体重心前移至左腿，身体略左转，右腿屈膝前抬，勾脚尖，髋关节发力，以右脚前脚掌领先向前蹬出，力达前脚掌（图 12－11）。

图 12－10　左蹬腿

图 12－11　右蹬腿

动作要点：屈膝抬起，髋关节发力，快速连贯。

易犯错误：提膝未过腰，髋、踝关节松懈，力不顺达。

纠正方法：身体直立，多做提膝靠胸练习和左右转换的蹬腿练习。

（三）踹腿

1. 左踹腿

预备姿势，重心移至右腿，左腿屈膝抬起收平，大小腿夹紧，勾脚尖，脚掌正对攻击目标，送髋，直线向前，力达脚掌（图 12－12）。

2. 右踹腿

预备姿势，重心移至左腿，身体向左转 180°，同时右腿屈膝收平，膝靠前胸，大小腿夹紧，脚尖勾起，脚掌正对攻击目标直线向前，力达脚掌（图 12－13）。

图 12－12　左踹腿　　图 12－13　右踹腿

动作要点：踹腿时，上体、大腿、小腿、脚掌成一条直线踹出时，要以大腿推动小腿，直线向前发力。

易犯错误：腿不能成一条直线，力量小。

纠正方法：手扶其他支撑物，一腿抬起，形成三叠状（胸腹与大腿叠，小腿与大腿叠，腿背与胫骨叠），目视击点，由慢到快直线反复踹腿，做动作应自然放松，不紧张。

四、散打的摔法技术

散打的摔法技术融合中国式摔跤里的诸多技术动作，其使用的主要方法有勾、别、涮、搂、推、拨、挑、背等动作。通常散打摔法分为近身摔和接腿摔两大类。

（一）近身摔技术

1. 抱腿前顶摔

双方运动员预备姿势站立，当一方运动员用拳法击打对方运动员时，对方运动员迅速下潜抱住击打运动员的双腿，肩部靠紧击打运动员腹部，此时，抱腿、上提、前顶，上体可适当侧倾（图 12－14）。

图 12-14 抱腿前顶摔

动作要点：下潜要迅速，重心略下沉，牢牢抱住对方运动员的双腿，肩关节前顶对手腰部，动作要连贯、顺达，发力要短促。

2. 抱腿旋压摔

双方运动员预备姿势站立，当一方运动员用拳法击打对方运动员时，对方运动员迅速下潜抱住击打运动员的单腿，肩部顶住击打运动员腹部，此时，抱腿，旋压 90°，上体可适当侧倾（图 12-15）。

图 12-15 抱腿旋压摔

动作要点：下潜要迅速，重心略下沉，牢牢抱住对方运动员的单腿，动作要连贯、顺达，发力要短促；前顶、旋压要一气呵成。

（二）接腿摔技术

1. 接腿勾踢摔

双方运动员预备姿势站立，当一方运动员用右鞭腿击打对方运动员时，对方运动员迅速单手抱住击打运动员的单腿，同时，用右脚去勾踢击打运动员的支撑脚，并配合上提、手部按压动作，一气呵成（图 12-16）。

动作要点：接腿要迅速，抓牢要紧，动作要连贯、顺达，发力要短促；勾踢、上提、按压要一气呵成，避免脱节。

图 12－16　接腿勾踢摔

2. 接腿打腿摔

双方运动员预备姿势站立，当一方运动员用右鞭腿击打对方运动员时，对方运动员迅速双手抱住击打运动员的单腿，同时，迅速用右腿别住击打运动员的支撑腿，身体右旋压 90°（图 12－17）。

动作要点：接腿要迅速，抓牢要紧，动作要连贯、顺达，发力要短促；别腿、旋压要一气呵成，避免脱节。

图 12－17　接腿打腿摔

第五节　散打竞赛规则

一、进攻方法及得分标准

（一）可用方法

可以使用武术中的各种拳法、腿法与摔法。

（二）禁用方法

(1) 用头、肘、膝和反关节技法进攻对方。

(2) 用迫使对方头部先着地的摔法或有意砸压对方。

(3) 用任何方法攻击倒地一方的头部。

（三）得分部位

头部、躯干、大腿。

（四）禁击部位

后脑、颈部、裆部。

（五）得分标准

以下情况得 2 分：

(1) 一方下台，另一方得 2 分。

(2) 一方倒地，另一方得 2 分。

(3) 用腿法击中对方头部、躯干，得 2 分。

(4) 用主动倒地的动作致使对方倒地，而自己顺势站立者，得 2 分。

(5) 一方被强制读秒一次，另一方得 2 分。

(6) 一方受警告一次，另一方得 2 分。

以下情况得 1 分：

(1) 用拳法击中对方头部、躯干，得 1 分。

(2) 用腿法击中对方大腿，得 1 分。

(3) 运动员被指定进攻后 5 秒钟仍不进攻时，另一方得 1 分。

(4) 一方主动倒地 3 秒钟没有起立者，另一方得 1 分。

(5) 一方受劝告一次，另一方得 1 分。

（六）犯规与判罚

1. 技术犯规

(1) 消极搂抱对方与拖延比赛时间。

(2) 处于不利状况时举手要求暂停。

(3) 比赛过程中不服从裁判或出现对裁判员不礼貌的行为。

(4) 上场不佩戴护具或者有意吐脱护齿、松脱护具。

(5) 不遵守竞赛礼节。

2. 侵人犯规

(1) 在口令“开始”前或喊“停”后进攻对手。

(2) 击中对手禁击部位或以禁用的方法击中对手。

3. 判罚

(1) 每出现一次技术犯规或侵人犯规，警告一次。

(2) 侵人犯规累计 3 次，取消该场比赛资格。

(3) 运动员故意伤人取消比赛资格，所有成绩无效。

(4) 运动员使用违禁药物，或局间休息时输氧，则取消比赛资格，所有成绩无效。

（七）暂停比赛

(1) 运动员倒地（除主动倒地）、下台时、犯规受罚时、受伤时。

（2）运动员互相缠抱无进攻动作或无效进攻超过 2 秒时。

（3）运动员举手要求暂停时。

（4）运动员倒地超过 3 秒时。

（5）裁判长纠正错误、漏判时。

（6）处理场上问题或者发现险情时。

（7）因灯光、场地等客观原因影响比赛时。

（8）被指定进攻超过 8 秒仍不进攻时。

二、场地器材与级别划分

（一）比赛场地与比赛时间

比赛场地：高 60 厘米、长 800 厘米、宽 800 厘米的擂台，台面上铺有软垫，软垫铺有盖单。台中心有直径 120 厘米的中国武术协会会徽，台面边缘有 5 厘米宽的红色边线，台面四边向内 90 厘米处画有 10 厘米宽的黄色警戒线。台下铺有高 30 厘米、宽 200 厘米的保护软垫。

比赛时间：每场比赛采用三局两胜制，每局计时 2 分钟，局间休息 1 分钟。

（二）器材

电子记分系统一套。

（三）比赛的重量级别划分

1. 48kg 以下级
2. 48～52kg 级
3. 52～56kg 级
4. 56～60kg 级
5. 60～65kg 级
6. 65～70kg 级
7. 70～75kg 级
8. 75～80kg 级
9. 80～85kg 级
10. 85～90kg 级
11. 90～95kg 级
12. 95～100kg 级
13. 100kg 以上级

第十三章　健美操

第一节　健美操运动简介

健美操运动是一项在音乐的伴奏下，以身体练习为基本手段，以有氧运动为基础，以达到增强体质、塑造形体和娱乐等目的的体育运动。健美操是一种有氧运动，其运动特点是持续一定时间的、中低强度的有氧运动。

健美操主要发展身体的协调性和柔韧性，锻炼练习者的心肺功能，是有氧耐力训练的有效途径之一，而且是一项以健身美体为特征的运动。其内容丰富、简单、易学、多变，不受年龄、性别、场地和装备限制，通过使全身关节充分活动，全身肌肉均衡发展，从而塑造出良好的体态。根据专家的意见和健美操的特点，我们可以把健美操看作体操、音乐、舞蹈和美的结合，一种新的娱乐、观赏型体育运动项目。我们可以通过徒手、手持轻器械和特殊设备进行健美操练习。

现代健美操是从20世纪60年代初开始萌芽的，最初是美国国家航空航天局医生库帕博士为太空人设计的体能训练项目。1969年，杰姬·索伦森综合了体操和现代舞创编了健美操，并于20世纪70年代在美国迅速兴起，深受人们的喜爱。美国健美操的代表人物简·方达为健美操在世界的推广做出了重要的贡献。

我国健美操兴起于20世纪80年代初。当时，一些体育教师在报刊上介绍健美操，并编排了一些健美操成套动作，使健美操在我国高校和社会中迅速发展起来。现在，健美操已成为人们现代文明生活的重要组成部分，具有健身、竞技、娱乐、观赏的价值，以自身的独特魅力而深爱广大学生的认可与喜爱。

第二节　健美操的分类

健美操有很多种类，各自有不同的分类方法。依据表现特性，可将健美操分成三大类：健身性健美操、竞技性健美操和表演性健美操（图13－1）。

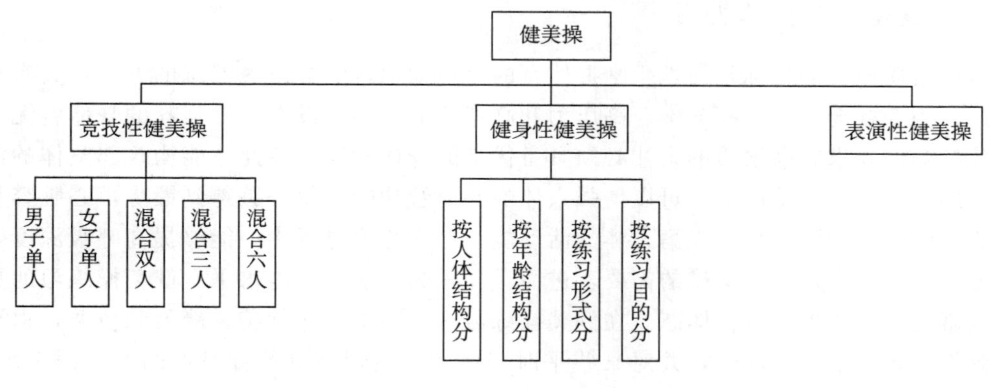

图 13－1　健美操的分类

第三节　健美操在素质教育中的作用

一、健美操与思想道德素质

健美操需要在短短的几分钟内完成一套动作，强度较大，肌肉一直处于紧张收缩状态，会令练习者肌肉酸痛，感到疲劳。对于初学健美操的学生来说，在练习过程中还会遇到不少的困难，如动作不协调、柔韧性差、节奏跟不上等，这都需要练习者克服困难，坚持不懈，从而培养自己坚强的意志、顽强的毅力，奋发向上，以及勇于克服困难的进取精神。健美操运动既有个人练习，又有多人练习和集体练习，练习时要做到动作一致和协调，在音乐的伴奏下一气呵成，这就需要学生们互相团结和帮助、共同协作，互相学习和鼓励，从而培养良好的思想道德素质和集体主义精神。因此，健美操在培养学生的思想道德素质方面有着独特的作用。

二、健美操与心理素质

心理素质教育的目标是使学生具有良好的心理品质，能克服各种困难，适应各种环境。21 世纪是一个竞争激烈、发展迅速的社会，对人才的素质有更高的要求，尤其是对人才的心理素质提出了更高的要求。美国著名健美操专家简・方达认为健美操是一项“改变形体的心理感觉的运动”。健美操是表现美的人体运动，要求动作美观大方，身体各个部位的姿势正确，身体匀称协调，既有外在美又有内在美，给人以健美的体形和良好的气质。通过健美操训练而使体形变得健美，从而让人在心理上产生一种满足感。学生在学习过程中随着优美动听、节奏欢快的音乐进行练习，可以产生愉快的情绪，自然而然地排除了因学习而造成的心理上的压力。因此，健美操训练所带来的形体美、姿态美、气质美，会使学生克服自卑感和心理压力，消除心理障碍，变得活泼开朗、朝气蓬勃、充满自信，在锻炼中得到精神上的享受，同时还对美育的培养起着促进作用。

三、健美操与身体素质

身体素质教育的目标是使学生掌握体育的理论知识，学会自我锻炼的方法，具有良好的体质。当今社会是一个高节奏、高压力和高竞争的社会，没有一个强壮的身体将无法适应现代社会的要求。高素质的人才必须具备优良的身体素质，如此才能构筑起整体的深层素质。经常从事健美操锻炼，可以增强人体的心血管功能，使心脏得到锻炼，心脏容量增大，心血管弹性增强，从而提高人体的活动能力；在练习过程中，能够提高呼吸深度，保证在激烈运动时满足气体交换的需要，进而提高呼吸系统的机能水平。健美操练习的另一个功能就是健美体形、改善体态。在健美操练习时，要求动作优美、舒展和协调，提高肌肉的弹性和各关节的灵活性，并对某些平时养成的不良形态进行针对性的专门纠正练习，从而促进身体素质的全面发展，这也是健美操在素质教育中所起的最主要的作用。

四、健美操与创新能力

健美操运动编排形式多样、内容丰富、灵活多变、可难可易，可以针对不同的年龄、不同的性别、不同的水平来创编不同的健美操动作，加上练习过程中配有旋律优美、节奏鲜明的音乐，对学生具有极大的吸引力。在健美操练习过程中，既可以对单个动作进行创新，又可对组合动作进行创新；既可对个人造型进行创新，又可对队形进行创新；既可对动作方向和路线进行创新，又可对动作节奏和频率以及所配音乐进行创新；还可在室内或室外进行练习，人数可多可少，时间可长可短。因此，学生练习健美操动作的过程，本身就是激发创新欲望的过程，是发展创新思维能力的过程，是培养创编能力的过程，这是其他任何运动项目在素质教育中都无法发挥的独特作用。

第四节　健美操术语

健美操术语即描述健美操动作的专门用语。健美操是一项新兴的体育运动，其发展历史只有短短的几十年时间。目前，尽管健美操发展很快，但健美操术语一直很不规范，容易引起混淆和误解，这给健美操的教学与锻炼造成了一定的困难。因此，从某种程度上来说，术语不统一将会妨碍健美操运动的进一步发展。

由于健美操运动来源于国外，一些约定俗成的英文名称已使用了许多年，形成了比较完善的和统一的系统。因此，本教材在使用健美操术语时，尽可能采取中英文对照的形式。

一、动作方法术语

立：两腿站立的姿势。有并腿立、分腿立、提踵立、点地立、单腿立等。

蹲：两腿屈膝站立的姿势。分半蹲和全蹲，半蹲，屈膝大于90°；全蹲，屈膝小于90°。

弓步：一腿屈膝，另一腿伸直，身体重心在两腿之间的站立姿势。一般常用的有前弓步和侧弓步。

点地：一腿伸直或屈膝站立，另一腿脚尖或脚跟触地的姿势，身体重心在主力腿。有向前点地、侧点地、后点地。

踢腿：一腿站立，另一腿做加速有力的摆动动作。有向前踢腿、侧踢腿、后踢腿。

吸腿：一腿站立，另一腿屈膝向上抬起的动作。有向前吸腿、侧吸腿。

平衡：一腿站立，另一腿抬起并保持一定时间的动作。

举：臂或腿抬起并固定在某一方位上的姿势。有前举、侧举、斜下举等。

屈：使关节角度缩小的动作。

伸：使关节角度扩大的动作。

摆动：臂或腿在某一平面内，自然地由某一部位匀速运动到另一部位的动作。手臂摆动以肩关节为轴；腿部摆动以髋关节为轴。有前后摆动、左右摆动、上下摆动等。

振：臂或上体做大幅度的加速摆动作。

绕：身体某一部位摆至180°以上、360°以内的动作。

绕环：身体某一部位摆至360°或360°以上的动作。

跪：屈膝并以膝着地的姿势。有跪立、单腿跪立、跪坐、跪撑等。

坐：以臀部着地的姿势。有屈腿坐、并腿坐、分腿坐、半劈腿坐、盘腿坐等。

卧：身体躺在地上的姿势。有仰卧、侧卧、俯卧等。

撑：手着地并承担身体重量的姿势。有俯撑、俯卧撑、蹲撑、仰撑等。

二、关系术语

（一）肢体关系术语

同侧：同一侧的上肢和下肢动作的配合。例如：出左腿，出左手。

异侧：不同侧的上肢和下肢动作的配合。例如：出左腿，出右手。

同面：上肢动作和下肢动作的运动面一致。例如：身体向侧移动，手臂侧摆。

异面：上肢动作和下肢动作的运动面不一致。例如：身体向前移动，手臂侧摆。

同时：上肢和下肢同一时间做动作。

依次：上肢或下肢相继做同样的动作。

双侧：两臂同时做同样的动作或下肢依次做相同的动作。

单侧：只有一只手臂做动作或只做了一个方向的动作。如侧交叉步，右臂屈伸两次。

对称：两臂同时做相同的动作或下肢依次做不同方向但相同的动作。

不对称：两臂同时做不同的动作或下肢依次做不同的动作。

（二）方向术语

身体面对的方向（图13-2）。

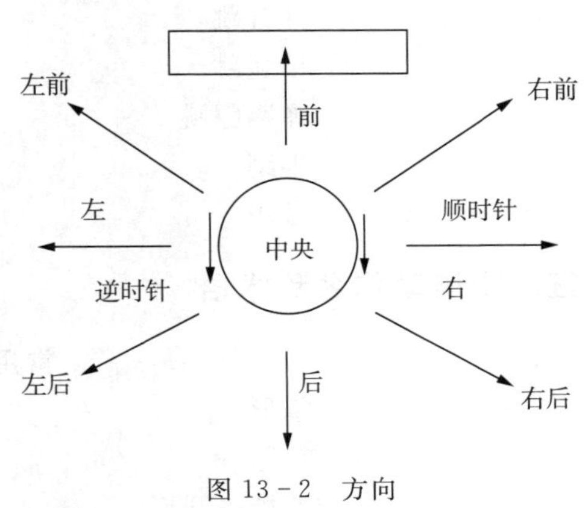

图13-2 方向

三、有氧操概念术语

有氧练习：以人体有氧系统供能的，
任何运用大肌肉群的、持续的和有节奏的练习。如有氧操、游泳、骑自行车等。

冲击力：人体运动时对地面产生一定的作用力，而地面同时也给予人体相应的反作用力，即冲击力。这种冲击力随着每一个动作自下而上通过人体向上传递并逐渐消失。

无冲击力动作：两只脚都接触地面的动作，或不支撑体重的动作。如双腿半蹲、弓步，以及垫上动作、划船机和自行车练习等。

低冲击力动作：总有一只脚接触地面的动作。如踏步、侧交叉步等。

高冲击力动作：两只脚都离开地面，即有腾空的动作。

四、基本步伐名称术语

基本步伐名称术语

踏步	March
走步	Walk
一字步	Easy-walk
V 字步	V-step
漫步	Mambo
并步	Step Touch
侧交叉步	Grapevine
点地（后跟点地）	Tap Touch（Heel）
后屈腿	Leg Curl
吸腿	Knee Lift（up）
摆腿	Leg Lift
踢腿	Kick
跑	Jog
双脚跳	Jump
开合跳	Jumping Jack
单腿跳	Hop
弹踢腿跳	Flick
半蹲	Squat
弓步	Lunge

五、上肢动作名称术语

常用手形

掌形	Blade
拳形	Fist
五指张开形	Jazz

常用上肢动作

屈臂	Bicep Curl	伸臂	Tricep Kickback
侧举	Lateral Raise	前举	Front Raise
低摆	Low Row	上提	Upright Row
胸前推	Chest Press	下拉	Put Down
肩上推	Shoulder Press	冲拳	Punch
绕	Scoop	绕环	Circle
摆动	Swing	交叉	Cross

第五节　健美操基本动作

健美操基本动作是由基本步伐和上肢动作两部分组成的，其中基本步伐是组成动作组合的最小单位。在编排动作时我们可以在基本步伐的基础上进行变化，从而形成一个相对复杂的动作组合。

一、基本动作说明

（一）立

直立：意味着头部和颈部、身体和腿部的纵轴保持一条直线。

点地立：指的是一条腿保持直立状态（重心在站立脚上），另一条腿向各方向伸直，脚尖点地。点地立包括三种类型，分别是前点立、侧点立、后点立。

开立：指左右腿超出肩宽。

提踵立：指抬起两脚跟并用前腿站立（图 13－3）。

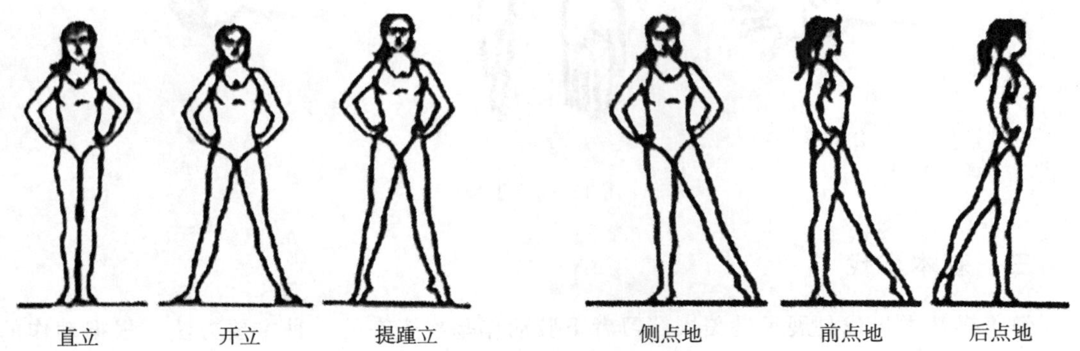

图 13－3　立

（二）弓步

弓步意味着一条腿向某个方向迈出一步，膝关节弯曲约 90°，膝部垂直于脚尖，另一条腿伸直。弓步分别为左、右腿的前弓步、侧弓步、后弓步（图 13－4）。

（三）跪立

跪立指的是一种大腿垂直于小腿的跪姿。跪立分为两种：双腿跪立、单腿跪立（图 13-5）。

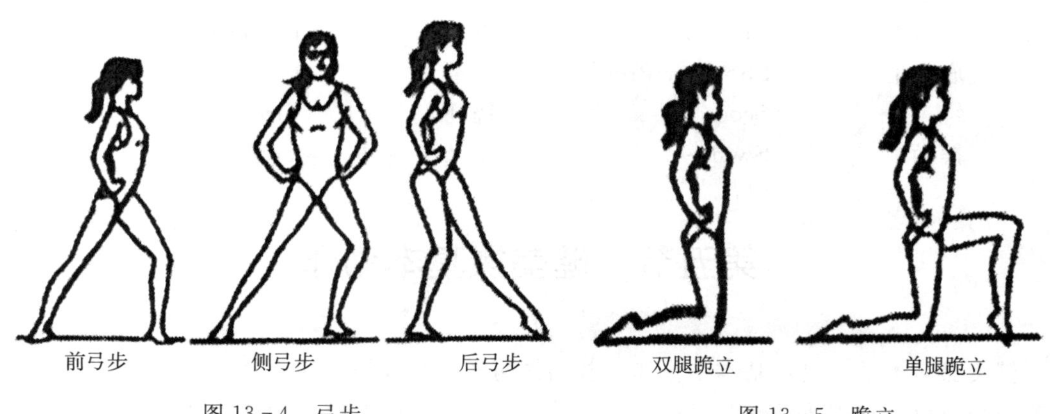

图 13-4　弓步　　图 13-5　跪立

二、手型

健美操有很多种手型，其手型是从现代舞、芭蕾舞、武术、迪斯科中获得和发展的。手型是手臂运动的扩展和表现，使用得当，健美操运动将更加生动，色彩鲜艳，更具吸引力。

掌和拳是健美操两个常用的手型（图 13-6）。

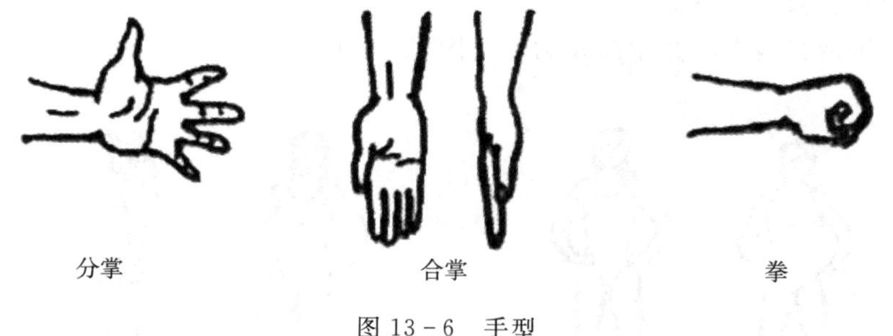

图 13-6　手型

三、基本步伐

健美操基本步伐是展示健美操练习者下肢动作基本姿态的一种主要方法。根据动作的特点及运动强度的差异，可将健美操的基本步伐分为十二类：并步类、弓步类、踏步类、吸腿类、弹踢类、半蹲类、开合跳、后踢腿跑、踢腿类、点跳、摆腿跳、并跳。其中，种类是依据动作的特点划分的，形式是依据做动作时身体位置的变化划分的，方向是依据身体轴面划分的。

种类：包括膝关节、踝关节两种。

形式：包括并腿的弹动、分腿的弹动。

方向：包括向前的弹动，向左、右前45°方向的弹动，左、右绕的弹动。

要求：两膝和踝关节自然屈伸。

（一）并步类

常见的步伐有几种：

（1）点地：

点地包括脚尖点地和脚跟点地两种类型。

形式包括原位点地、移动点地、转体点地。

点地的方向包括脚尖向前、侧、后、斜方向，脚跟向前、侧、斜。

注意：点地时要有弹性，腿要自然伸直。

（2）移重心（半蹲左右）：

移重心包括双腿移重心和单腿移重心两种类型。

形式包括原位移重心、转体移重心、移动移重心以及跳的移重心。

移重心的方向包括向前、后、左、右。

注意：身体重心由一端移至另一端的时候，一定要经两腿之间。

（3）交叉步：

形式包括平移的交叉步、转方向的交叉步以及小幅度跳的交叉步。

交叉步的方向包括向前、向后、向侧。

注意：一只脚迈出，另一只脚在前或者在后交叉，重心随其移动。

（4）并步：

并步包括两腿同时屈的并步和一直一屈的并步两种类型。

包括原位的并步、移动的并步（“之”字步）以及转体的并步。

并步的方向包括向前、后、左、右。

注意：一脚并于另一脚，重心要随其移动，两膝自然屈伸。

（二）踏步类

实际上，踏步类动作运动强度并不大，不过要求在运动过程中至少要有一只脚和地面保持接触。有如下几种常见的步伐：

（1）踏步：

踏步包括脚尖不离地的踏步、脚离地的踏步以及高抬腿的大幅度踏步三种类型。

形式包括原位踏步、移动踏步以及转体踏步。

踏步的方向包括向前、后、左、右。

需要注意的是：在落地时，由前脚掌过渡到脚跟着地；屈膝的时候，胯微收，同时两臂自然前后摆动。

（2）“V”字步：

“V”字步包括正“V”字步和倒“V”字步两种类型。

形式包括平移的、转体的和小幅度跳的正“V”字步和倒“V”字步。

“V”字步的方向有左、右腿的正方向与反方向。

注意：一只脚迈出，另一只脚随之迈出并成一条平线，两脚距离稍微比肩宽一些，同时两膝自然弯曲，再依次收回。

(3) 走步：

走步的方向包括前走、后走、斜向走、弧形走。

(4) 恰恰步（水兵步）：

形式包括平移的和转体的恰恰步。

恰恰步的方向包括向前、向后、向侧。

注意：在2拍节奏中，快速踏步3次。

（三）弓步类

弓步类包括静力性的弓步和动力性的弓步两种类型。

形式包括左右移重心的弓步、移动的弓步、转体的弓步，以及跳的弓步。

弓步类的按方向分类，包括上步弓步，后撤弓步，向侧伸弓步。

注意：一条腿屈膝，脚尖和膝垂直，另一条腿伸直，重心落在两腿之间。因弓步的形式有多种，故在做法上有所区别。

（四）半蹲类

半蹲类包括小分腿半蹲和大分腿半蹲两种类型。

形式包括向侧一次、向侧两次、转体。

半蹲类的方向为向侧（左右）。

注意：半蹲时，要立腰。

（五）弹踢类

形式包括原位的弹踢腿及跳、移动的弹踢腿及跳、转体的弹踢腿及跳。

弹踢类按方向分类，包括向前的、向侧的、向后的弹踢腿及跳。

注意：大腿抬起到一定角度之后，小腿要自然弹直。

（六）吸腿类

形式包括原位的吸腿及跳、移动的吸腿及跳、转体的吸腿及跳。

吸腿类按方向分类，包括向侧、向前的吸腿及跳。

注意：大腿用力上提，小腿则自然下垂。

（七）踢腿类

踢腿类包括弹动踢腿和一般的直踢腿两种类型。

形式包括原位的（弹）踢腿及跳、移动的（弹）踢腿及跳、转体的（弹）踢腿及跳。

踢腿类的方向包括向前、向侧、向斜前。

注意：腿在上踢时，必须加速用力，立腰，上体尽可能保持不动。

（八）开合跳

开合跳包括双起双落的开合跳（两次开开合合、连续开合）、单起双落的开合跳两种类型。

形式包括原位的开合跳、移动的开合跳、转体的开合跳。

注意：在分腿时，两脚自然外开，膝关节沿着脚尖方向弯曲；跳起及落地的时候，要屈膝缓冲。

（九）点跳

形式包括原位的点跳、移动的点跳、转体的点跳。

点跳的方向包括向侧、向前、向后。

注意：点地时身体的重心要在一条腿上。

（十）后踢腿跳

形式包括原位的后踢腿跳、移动的后踢腿跳、转体的后踢腿跳。

注意：髋与膝在一条线上，小腿尽可能叠于大腿。

（十一）摆腿跳

形式包括原位的摆腿跳、移动的摆腿跳、转体的摆腿跳。摆腿跳的方向包括向侧、向前、向后。

注意：摆腿时上体可顺势前倾或者后倒，也可以侧倾。

（十二）并腿跳

形式包括移动的并跳和转体的并跳。

并腿跳的方向包括向前和向后。

注意；一条腿迈出蹬地，另一条腿并上，身体重心随之跟上。

四、健美操徒手基本动作

健美操徒手基本动作由人体结构活动特点而确定。经常可以看到的基本动作有：头颈动作、肩部动作、上肢动作、胸部动作、腰部动作、髋部动作及下肢动作等。

（一）头颈动作

形式包括头颈的屈、转、平移、绕及绕环。

头颈动作按方向分类，包括向前的、向后的、向左的、向右的屈和平移；向左的、向右的转、绕和绕环。

注意：在做各种形式的头颈动作的过程中，必须保持节奏慢，上体正直（图 13－7）。

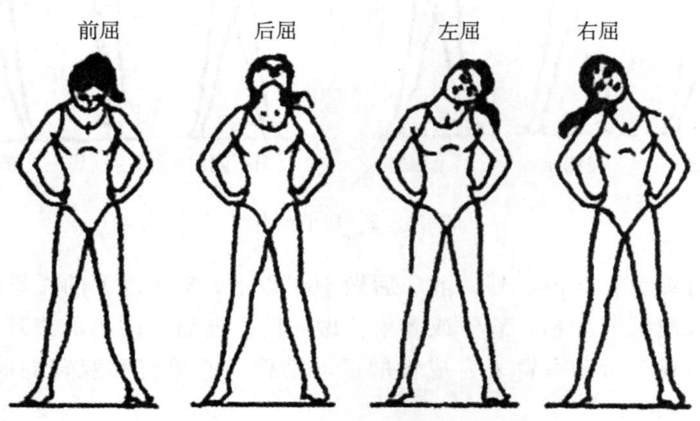

图 13－7　头颈动作

（二）肩部动作

形式包括单肩的、双肩的提肩和沉肩，收肩和展肩，单肩的、双肩的绕和绕环，振肩。

肩部动作按方向分，包括向前的、向后的绕及绕环。

注意：提肩、沉肩时两肩在同一额状面尽可能上下运动；收肩、展肩幅度尽可能大，肩部要平；振肩动作要有速度、力度、弹性。

（三）上肢（手臂）动作

（1）举：以肩为轴，臂的活动范围不超过180°而停止在某一部位的动作。包括单臂与双臂的前、后、侧，不同中间方向的举，如前上举和侧上举等（图13－8）。

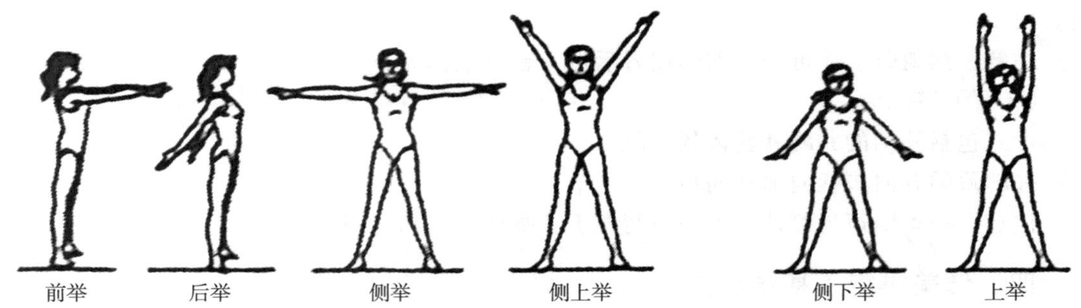

图13－8　举的动作

（2）屈：肘关节产生了一定的弯曲角度。有胸前屈、胸前平屈、肩侧屈、肩上侧屈、肩下侧屈、肩上前屈、腰间屈、头后屈（图13－9）。

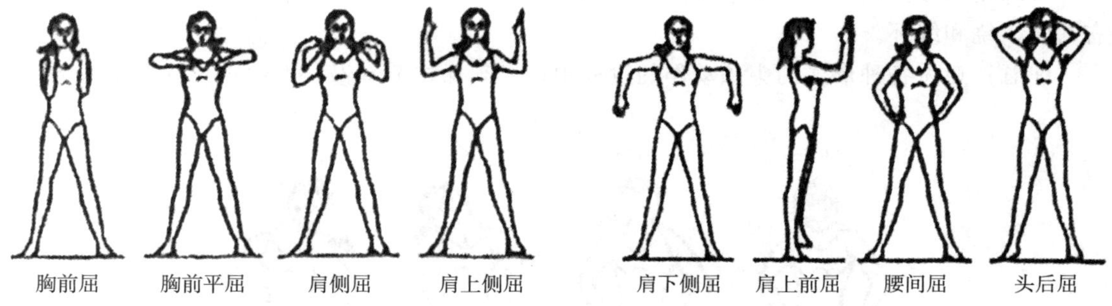

图13－9　屈的动作

（3）绕：双臂或单臂向内、外、前、后做180°以上、360°以下的弧形运动。

（4）绕环：以肩关节为轴，双臂或者单臂做向前、向后、向内的绕环。

（5）摆：以肩关节带动手臂来完成臂的摆动动作，有单臂和双臂同时或者依次向前、后、左、右的摆（图13－10）。

（6）振：以肩为轴，手臂用力摆到最大幅度。有上举后振、下举后振、侧举。

（7）旋：以肩或者肘为轴做臂的旋内或者旋外动作。

注意：做臂的举、屈伸时，肩要下沉；做臂的摆动的时候，起和落要保持弧形；上体保持正直，位置要准确，幅度应当大，达到身体最远端（图13－11）。

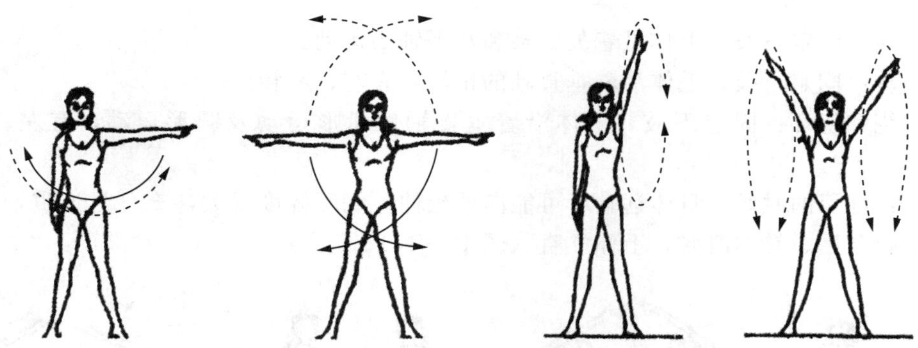

图 13－10　摆的动作

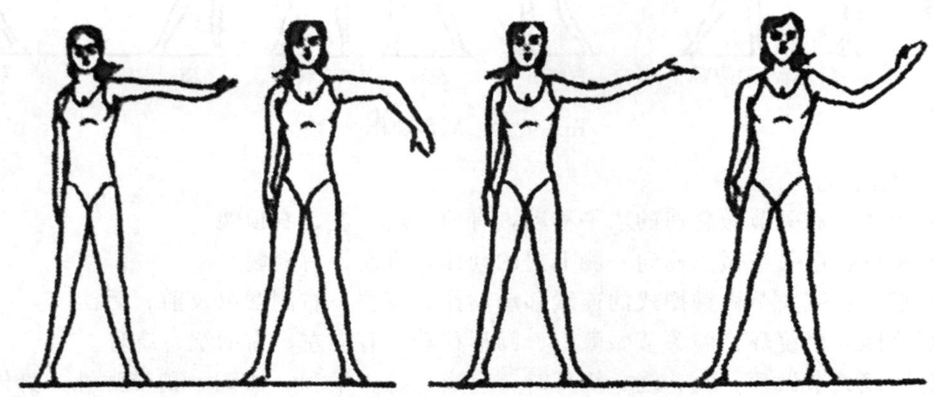

图 13－11　上肢动作

（四）胸部动作

（1）含胸：两肩内合，缩小胸腔。

（2）展胸：两肩外展，扩大胸腔。

（3）移胸：固定髋部，做胸左、右的水平移动。

注意：在练习过程中，要收腹、立腰；含、展、移胸应当达到最大极限（图 13－12）。

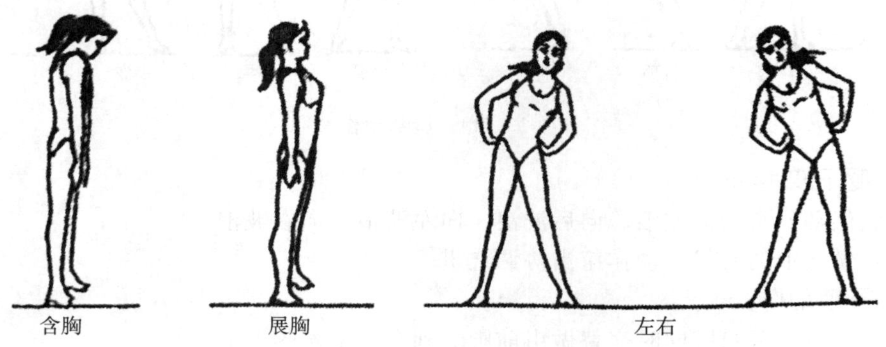

图 13－12　胸部动作

（五）腰部动作

（1）屈：固定下肢，上体沿着矢状轴和水平轴的运动。

（2）转：固定下肢，上体沿着垂直轴的扭转，有左、右转。

（3）绕和绕环：固定下肢，上体沿着垂直轴做弧形运动及圆形运动，有左、右绕、绕环。

注意：练习的时候，身体远端尽可能向外延伸，绕环幅度要大，充分且连贯，速度应当放慢；腰前屈、转的时候，上体立直（图 13－13）。

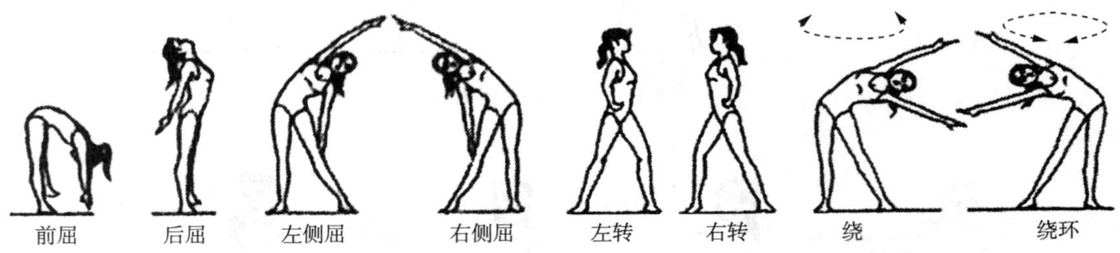

图 13－13 腰部动作

（六）髋部动作

（1）顶髋：髋关节做急速的水平移动，有前、后、左、右顶髋。

（2）提髋：髋关节做急速向一侧上提的动作，有左、右提髋。

（3）摆髋：髋关节做钟摆式的连续移动动作，有左、右侧摆以及前、后摆。

（4）绕髋与髋绕环：髋关节做弧形、圆形移动，有向左、右的绕、绕环。

注意：髋关节做顶、提、绕、绕环时，应当平稳、柔和、协调，稍带弹性，身体一定要放松（图 13－14）。

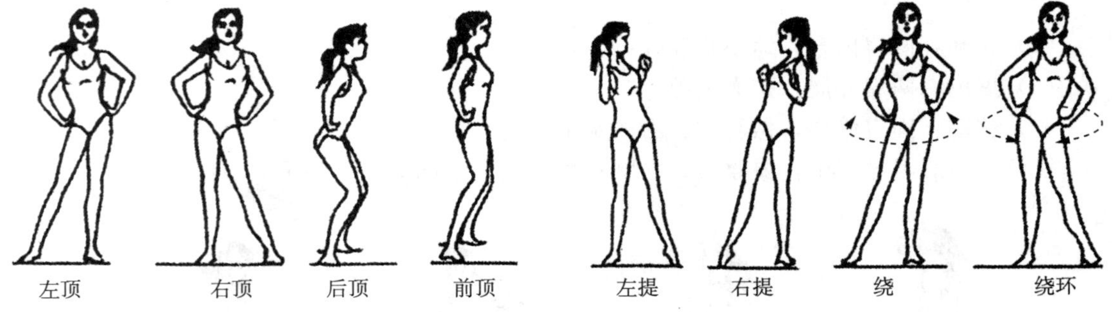

图 13－14 髋部动作

（七）躯干波浪动作

躯干波浪动作有向前波浪、向后波浪、向左波浪、向右波浪。

注意：做波浪的时候，动作应当协调连贯。

（八）下肢动作

（1）滚动步：两只脚同时交替做由前脚尖到全掌依次落地的动作。

（2）交叉步：一只脚向另一只脚前或后交叉行进。

（3）跑跳步：两只脚交替行进，跑后支撑阶段有一次跳的过程。

（4）并腿跳：双腿并拢，直膝或者屈膝跳。

（5）侧摆腿跳：单条腿跳起，另一条腿向侧摆动。

注意：跳跃应当轻松自如，并具有弹性，同时注意呼吸的配合（图 13－15）。

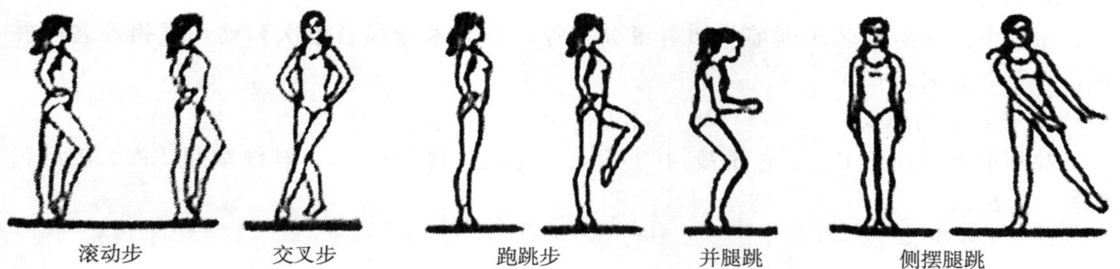

图 13－15　下肢动作

（九）地上基本姿态

（1）坐：包括直角坐、分腿坐、跪坐以及盘腿坐。

（2）卧：包括仰卧、俯卧、倾卧。

（3）撑：包括仰撑、俯撑、跪撑等。

注意：做各种姿势的时候，收腹、立腰、挺胸；撑时，腰背应紧张。

第六节　健身健美操主要竞赛规则与裁判法

一、健身健美操主要竞赛规则

1. 竞赛内容

符合规则及规程需要的自编成套动作。

2. 运动员年龄

青年组：18～35 岁。

3. 成套动作的时间

成套动作的时间为 2 分 30 秒～3 分（计时由动作开始到动作结束）。

4. 音乐的速度

每 10 秒钟 22～26 拍。

5. 比赛场地

比赛场地为 10 米×10 米的地板或地毯，标记带为 5 厘米的红色或白色带，标记带是场地的一部分。

6. 服装

运动员须穿适合运动的健美操服和运动鞋，着装整洁、美观、大方；头发须梳系于脑后，不得遮住脸部，不允许使用悬垂饰物，如皮带、飘带和花边等；允许化淡妆，禁止戴首饰。

7. 比赛程序

比赛分为预赛和决赛。凡参赛队均须参加预赛。预赛前八名者进入决赛，不足八名时，递减一名录取。

8. 计分方法

比赛中得分高者名次列前，如遇得分相等，按艺术分高者名次列前，再相等名次并列，无下一名次。

9. 裁判组的组成

裁判组由裁判长 1 人、艺术裁判 3～5 人、完成裁判 3～5 人、视线裁判 2 人、辅助裁判若干人组成。

10. 评分方法

比赛采取公开示分方法，裁判员评分精确到 0.1 分，运动员得分精确到 0.01 分。

11. 评分因素

成套动作的评分因素包括艺术分 10 分和完成分 10 分，总分为 20 分。

各组裁判员评分去掉最高分与最低分，所剩分数或所剩分数的平均数为运动员的艺术分或完成分，两个分数相加为总分。从总分中扣除裁判长减分为最后得分。

二、健身健美操竞赛裁判法

成套动作的评分包括：艺术分、完成分、裁判长减分。

1. 评分方法

采取公开示分的方法，成套动作满分为 10 分，裁判员的评分采用给分制。去掉最高分和最低分，裁判员评分相加的平均值再减去裁判长减分即为最后得分（保留小数点后两位）。

2. 成套动作评分（10 分制）

（1）评分因素与分值分为五部分：

① 动作的完成 3 分；

② 编排设计 3 分；

③ 舞曲风格及表现力 2 分；

④ 服装服饰妆容 1 分；

⑤ 总体完整性 1 分。

（2）评分因素解释：

① 动作的完成：动作与标准舞码的一致性，动作与音乐节拍的吻合。

② 编排设计：创新性、流畅性，队形变化及对音乐风格的把握。

③ 舞曲风格及表现力：把握风格，面部表情自然、自信，融入音乐的感染力。

④ 服装服饰妆容：风格吻合，色彩及整体视觉效果协调。

⑤ 总体完整性：整齐度、团队精神、视觉效果、全部表演的整体总评价。

3. 裁判长减分

裁判长对以下情况进行减分，每项减 0.2 分：

(1) 参赛人数不符合规定;

(2) 出现超过安全规定的动作;

(3) 出现违规广告标贴;

(4) 暴露隐私部位、腋毛等;

(5) 比赛中服装服饰头饰散落、道具掉落等;

(6) 佩戴眼镜、珠宝、首饰、手表等私用物品。

4. 纪律处罚

对检录三次未到者、拒绝领奖者、不服从裁判者和有意干扰比赛者将视情况给予下列处罚:

(1) 警告;

(2) 取消比赛资格;

(3) 取消成绩与名次。

5. 特殊情况

运动员在遇到以下特殊情况时,应立即停止做动作并向裁判长反映,在问题解决后重做,在成套动作结束后提出的要求将不被接受。

(1) 播放错音乐;

(2) 由于音响设备而出现的音乐问题;

(3) 由于设备问题而出现的干扰——灯光、舞台、会场。

6. 其他

上述情况以外的问题,将由仲裁委员会根据具体情况讨论解决,仲裁委员会的决定为最终决定。

第十四章 体育舞蹈

第一节 体育舞蹈的发展简况

体育舞蹈的前身是舞厅舞，也称社交舞、交谊舞。19世纪初期，舞厅舞在英国得到了进一步的发展，除了不胜枚举的各种舞会与各类舞蹈比赛促进了舞厅舞的进一步发展，最为关键的是有一群非常具有创造力和学术研究能力的教师致力于把舞厅舞推向标准化、规范化；其次，就是国际化组织与机构的成立成为舞厅舞传播于世界的畅通渠道，这也是国际标准舞走向国际社会的一个开端。当时，整理一些约定俗成的技术和时下流行的舞步，成为当时国际标准舞教材问世的主要方法。1924年，英国皇家舞蹈教师协会成立了舞厅舞分会，并于1925年正式颁布了华尔兹、探戈、狐步、快步4种舞的步伐，总称标准舞。

国际标准舞的诞生，改变了舞厅舞的自娱性质，引起了社会各阶层的极大兴趣，它的典雅风格和优美舞姿征服了世界舞坛，掀起了近一个世纪的世界国标舞热潮。随着国际标准舞蹈赛事首先在西欧推广，继而又推广到世界各地，受到了人们的欢迎和喜爱。而拉丁舞传入欧洲的年代稍晚一些，据确切的推算，桑巴舞在1913年引进，被叫作麦克斯舞，在1923年又改称桑巴舞；西班牙斗牛舞于1916年引进；伦巴舞则于1931年进入，称为方块伦巴舞；1948年又改称古巴伦巴舞；牛仔舞于1943年传入；恰恰舞是在1954年进入欧洲。从第二次世界大战后，英国皇家舞蹈教师协会又开始整理了拉丁舞，并将它纳入国际标准舞范畴。国际标准舞的比赛起始于英国，1929年成立的“舞会舞蹈委员会”制定了比赛规则，每年举行全英锦标赛和国际锦标赛等比赛。1947年，在柏林举行了首届世界交际舞锦标赛。

20世纪70年代起，世界思潮回转趋向稳定和平衡，文明典雅和严格规范的国际标准舞获得了广泛的发展。它不仅成为人们建立友谊、陶冶情操、锻炼身体的极好形式；同时，它的娱乐性和竞技性，使得许多国家从奥运战略角度出发，将其纳入竞技范畴，并成立相应的竞技性舞蹈组织。

目前，国际上唯一被国际奥委会正式认可的体育舞蹈组织为世界体育舞蹈联合会（World Dance Sport Federation，WDSF）。其前身是世界国际业余舞蹈总会（ICAD），于1935年成立于布拉格，至1990年正式更名为国际体育舞蹈联合会（International Dance

Sport Federation)，注册地为瑞士洛桑；1997 年获得国际奥林匹克委员会的正式承认，体育舞蹈也被认可为体育运动项目。2010 年在该组织内成立职业体育舞蹈分会，至此改变了该组织只负责业余体育舞蹈竞赛的性质，从而使其拥有了自己的职业运动员以及职业比赛。2011 年该组织更名为世界体育舞蹈联会（World Dance Sport Federation，WDSF），截至 2015 年，该组织拥有 95 个会员团体。目前，WDSF 每年举办的各大赛事主要有体育舞蹈世界大奖赛（标准舞、拉丁舞）、世界锦标赛（标准舞、拉丁舞）、世界公开赛以及各洲际体育舞蹈赛事等。20 世纪 30 年代，国外交谊舞传入了我国，先后在上海、天津、广州等大城市流行。竞技性体育舞蹈则是在 20 世纪 80 年代开始在我国推行。1987 年 4 月举办了首届中国杯国标舞比赛。随后经过了全国二十几期的培训班，体育舞蹈开始在我国得到了普及与发展。

经过多年的发展，从竞技水平、社会普及程度、组织建设等方面来看，我国的体育舞蹈已迈入了发展的新阶段，成为国际上不可忽视的一支新军。随着国际组织的逐渐壮大，中国体育舞蹈的官方组织中国体育舞蹈运动协会（Chinese Dance Sport Association，CDSA）于 1991 年 5 月在北京成立。2002 年，中国业余舞蹈竞技协会和中国体育舞蹈运动协会联合成立了中国体育舞蹈联合会（Chinese Dance Sport Federation，CDSF），并重新在民政部进行了登记注册。这是我国最早成立的体育舞蹈的国家一级社团组织。中国体育舞蹈联合会组织和团结全国体育舞蹈运动工作者和爱好者，调动一切积极因素，在遵守宪法、法律、法规和国家政策，遵守社会道德风尚的基础上，为实施全民健身计划，普及中国的体育舞蹈运动，提高运动技术水平，促进社会主义物质文明和精神文明建设，扩大国际体育交流，增进世界人民友谊服务。

第二节　体育舞蹈的定义与特点

体育舞蹈是一种由男女双人配合，在界定的音乐和节奏范围内，正确展示和运用身体技术与技巧，包括身体姿势的控制能力、动作力量的表现能力、地板空间的应用能力等，能突显舞蹈质感的动作，并结合艺术表现力来完成的具有规范性和程序性的运动项目。在体育舞蹈的发展史上，体育舞蹈一直保持其观赏性、娱乐性和竞技特性共同发展，才得以使体育舞蹈像常青树一样保持活力。

体育舞蹈是由属于文艺范畴的舞蹈演变而来的体育项目，它兼有艺术和体育的双重特点，是以竞赛为目的，具有自娱性和表演观赏性的竞技舞蹈。它具有以下四个特点：

一、严格的规范性

体育舞蹈正是由于其规范、完整的技术体系，才得以在全球推广，正如古典舞和西方芭蕾舞一样，它是经过数百年历史的锤炼，由几代人加工而成的。体育舞蹈的规范性首先表现在技术的规范性要求上。技术层面的规范统一，既为体育舞蹈的特性进行了科学化的严谨描述，同时也为体育舞蹈作为一项竞技体育项目提供了可进行评判的先决条件。其次，体育舞蹈对音乐有规范性要求，从音乐的风格特点、音乐的速率、音乐的节奏类型、音乐的时长等都作了严格的规定。

二、高雅的艺术性

体育舞蹈是一项融技术与艺术于一体的表现美的运动项目。究其起源，体育舞蹈运动来源于宫廷和舞厅，要求参与者具有良好的修养、得体的礼仪、优美的动作等，举手投足之间无不显示其是社交场合极具吸引力的表现。体育舞蹈的独特审美特性是所有运动参与者所着迷的最重要因素，也是体育舞蹈观众需求体验的视觉吸引力所在。随着体育舞蹈运动的发展，追求艺术性、竞技性、技巧性不仅仅是运动员获取运动成绩的必要途径，也是保持体育舞蹈起源的最本质的风格和艺术要求，这恰恰是任何体育项目持久发展所必备的真理。正是基于体育舞蹈的艺术性，才使得体育舞蹈作为一项竞技体育项目如此夺人眼球。

三、体育竞技和健身性

体育竞技性体现在体育舞蹈竞赛中，运动员必须在一轮又一轮的比赛中角逐，每次舞蹈展示时间持续 90～120 秒。例如：一个进入决赛的选手，要通过 5 次、每次 5 支舞蹈的竞赛，而对于 10 项舞者来说，要通过至少 4 次、每次 10 支舞蹈的竞赛。获取优异成绩、争夺冠军成为体育舞蹈运动员们的最高目标与荣誉。一对优秀的选手在力量、平衡、柔韧、协调等身体能力的展示方面都达到极致，以追求身体素质在舞蹈状态中的极限展示。

另一方面，体育舞蹈的健身性表现在其锻炼价值上，自 20 世纪 60 年代至今，许多科研人员对体育舞蹈的生理和心理作用做过研究，通过对人体能量代谢、能量消耗和心率变化的测定，显示出：华尔兹舞和探戈舞的能量代谢高于网球，与羽毛球相近。可见，体育舞蹈引起人的生理变化是明显的。

四、交往的娱乐性

体育舞蹈起源于社交场所，其本质就是以交往为目的的娱乐载体。体育舞蹈强调的是娱乐性和健身性，强调身心的和谐发展。体育舞蹈是人们交流思想，抒发情感，消除隔阂，相互沟通的最好形式之一。最典型的特点：体育舞蹈是基于性别平等的男女双方合作项目，以“对”为单位，遵循同样的技术原理，讲究双人之间的协同配合，表达一致的舞蹈情绪。作为相互配合的单个成员，都基于其自身舞蹈技术和动作的独立基础上，寻求对方的配合，以展示各自的风格以及艺术魅力。

第三节　体育舞蹈分类与各舞种的风格

随着体育舞蹈标准化进程与竞技发展的同步推进，体育舞蹈的分类约定俗成分为两大舞系：标准舞和拉丁舞。

一、标准舞

从英文的命名“Standard Ballroom Dance”来看，标准舞是指用一定的标准来规范的舞厅舞。从20世纪20年代以来，被逐渐纳入到标准舞这个系列的舞蹈一共有5支：华尔兹、探戈、快步、狐步、维也纳华尔兹。与拉丁舞系最大的区别：其着装正式、华丽，握持单一、严谨，舞步起伏（跳跃）、流动。

（一）华尔兹（Waltz）

华尔兹舞是标准舞中历史较为悠久的舞种，也是生命力最强的舞蹈。3/4拍子的圆舞早在12世纪的德国巴伐利亚和奥地利维也纳地区的农民中流行，17世纪进入维也纳宫廷，18世纪被誉为“欧洲宫廷舞之王”，19世纪初传入美国波士顿，20世纪重返欧洲，并以新的“慢华尔兹”的形式席卷欧洲大陆。

风格特点：音乐袅娜、舞态雍容、步伐婉转、曼妙大方。

（二）探戈（Tango）

探戈舞起源于非洲中西部的民间舞蹈探戈诺舞。16世纪末至17世纪初，随者贩卖黑奴进入美洲，融合了拉美民间舞蹈风格，形成了舞姿优雅洒脱的墨西哥探戈和身姿挺拔、舞步豪放健美的阿根廷探戈。随后传入欧洲，融汇了欧洲民间舞蹈，尤其是受西班牙民间舞蹈的影响，在原有豪放洒脱的基础上，渗入了幽雅含蓄的情趣，形成了西班牙探戈、意大利探戈和英国皇家式探戈。探戈舞是最早被英国皇家舞蹈教师协会肯定，并加以规范的4个标准舞之一。它综合了世界各种探戈舞的精华，以其刚劲挺拔、潇洒豪放的风格和独有的魅力征服了舞坛。探戈舞舞步顿挫有力、潇洒豪放；身体无起伏、无升降；表情严肃，有左顾右盼的头部闪动动作。

风格特点：音乐华丽、舞态刚劲、步伐顿挫磊落。

（三）狐步舞（Slow Foxtrot）

狐步舞起源于美国黑人舞蹈。狐步舞的风格特点除具有华尔兹的典雅大方、舒展流畅和轻盈飘逸之外，更具有狐步舞独有的平稳大方、悠闲自在、从容恬适的韵味。狐步舞的舞步轻柔、圆滑、流畅，方位多变且不并步。在动作衔接中呈现出降中有升、升中有降的线行流动状。

风格特点：音乐恬愉、舞态潇洒、步伐行云流水。

（四）快步舞（Quick Step）

早期快步舞吸收了快狐步动作，后又引入芭蕾的小动作，使动作更显轻快灵巧。现在大家跳的是英国式的快步舞。

风格特点：轻快活泼、富于激情、舞步洒脱自由、饱含动力感和表现力。

（五）维也纳华尔兹（Viennese Waltz）

维也纳华尔兹起源于奥地利北部山区农民舞，是历史最悠久的舞蹈。音乐使维也纳华尔兹更为完美，莫扎特、肖邦、柴可夫斯基、施特劳斯等音乐大师都创作了不朽的华尔兹舞曲，尤其是施特劳斯，他使华尔兹成为“舞蹈之王”。

风格特点：动作舒展大方、连绵起伏、节奏清晰、旋律活泼、动作优美、舞步轻快流畅、旋转性强。

二、拉丁舞

拉丁舞包括 5 个风格迥异的舞蹈：桑巴、恰恰、伦巴、牛仔、斗牛。拉丁舞着装性感优雅、双人配合形式多变、多运用身体髋部多维度绕动动作。

（一）桑巴（Samba）

桑巴舞是从巴西农村的摇摆桑巴舞传入城市演变而来的，后在里约热内卢狂欢节上公开表演后，以它微妙的节奏和强烈的感情倾倒了巴西人，逐步形成为巴西的民族舞，是巴西音乐和舞蹈的灵魂。20 世纪二三十年代，桑巴舞传入欧美。由于它在移动时沿舞程线绕场进行，因此它是拉丁舞中行进性的舞蹈。

风格特点：动作粗犷，起伏强烈，舞步奔放、敏捷，富有强烈的感染力。

（二）恰恰（Cha－Cha－Cha）

恰恰在古巴获得很大发展，它是模仿企鹅姿态创编的舞蹈，是拉丁舞中最流行的舞蹈。在动作编排上一反男子领先的习惯，男女动作不求统一整齐，且多半是男子随后。由 4 拍跳 5 步的舞步构成，其中，第 4 拍跳 2 步，即为“恰恰”。

风格特点：舞蹈中有诙谐、花哨的风格。

（三）伦巴（Rumba）

现代伦巴舞是由古巴舞蹈吸收 16 世纪非洲黑人舞蹈和西班牙“波莱罗”舞蹈逐渐完善。舞蹈动作曾受雄鸡走路启发，20 世纪 20 至 50 年代又受美国爵士乐和舞蹈的影响。20 世纪 30 年代初，皮埃尔夫妇在英国表演和推广了古巴的伦巴舞，受到极大欢迎并风行欧洲。它是表现爱情的舞蹈，被誉为“拉丁舞之魂”。

风格特点：音乐缠绵、浪漫，舞蹈风格柔媚、抒情。

（四）斗牛舞（Paso Doble）

斗牛舞起源于法国，是模仿西班牙斗牛士动作，是由西班牙风格进行曲伴舞的一种拉丁舞。斗牛舞音乐 2/4 拍，音乐结构固定不变，共分三段，每段音乐之间有明显的停顿。竞技舞蹈中，常使用的是前两段音乐，但于 2015 年开始在重要组别的比赛中使用三段音乐。

风格特点：音乐雄壮，舞态威猛，步伐悍厉奋张。

（五）牛仔舞（Jive）

牛仔舞源于美国西部，20 世纪二三十年代盛行的牛仔舞蹈，舞步带有踢踏动作。牛仔舞音乐 4/4 拍，舞曲欢快、有跃动感，舞步丰富多变，

风格特点：节奏快速兴奋，动作粗犷，带有举持舞伴和甩动。

第四节　体育舞蹈基本理论

体育舞蹈基本理论是用来规范和指导体育舞蹈运动的具有最基础作用的原理或者常识。它主要形成于体育舞蹈运动规范进程中，并且能被实践应用；随着体育舞蹈运动的竞

技性发展，又逐步增加了一些新的关于技术和竞赛的基础理论。

一、体育舞蹈基础常识

（一）场地常识

体育舞蹈是一个在规范和标准的场地上进行的竞赛运动，通常为 23×15 米的木地板上（相当于标准的篮球场大小）进行竞赛。为了每个技术动作运行路线和度数能按标准执行，使舞者能按照规律在场地内流畅运动，特制定了一些基本规则。

1. 舞程向

在一个舞池中，为避免互相碰撞而严格规定舞者必须按逆时针方向行进，这个行进方向叫舞程向。

2. 舞程线和方向术语

舞者必须沿逆时针方向，围绕舞池中央行进的路线叫舞程线。通常由两条长线和两条短线构成。沿舞程线产生的 8 个常用方位如图 14－1 所示。

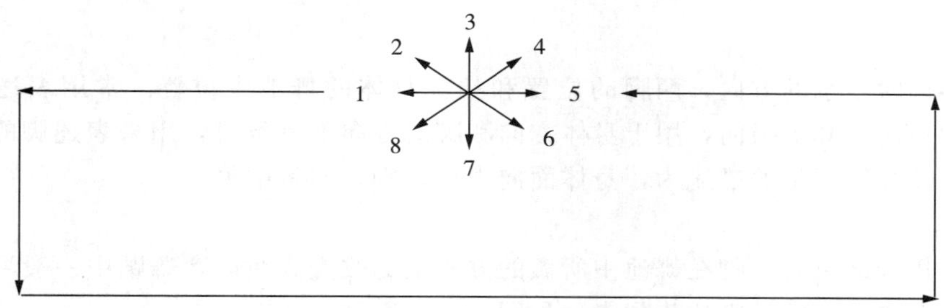

图 14－1　舞程线及方位图

1—面对舞程线；2—面对斜墙壁；3—面对墙壁；4—背对斜中央；
5—背对舞程线；6—逆对斜墙壁；7—面对中央；8—逆对斜中央

只要是沿着逆时针方向行进，任何一点都有这 8 个方位。

3. 舞池中线

与舞池的两条长线相平行并穿过舞池的正中央即为舞池的中线，一般不允许选手在竞技时直接从长线上穿越中线。

4. 新舞程线

当沿着现有舞程线方向行进时，在接近场地的角落无法继续前行，现有舞程线需要被改变，但仍保持逆时针行进的大方向，则被视为进入到新舞程线。新舞程线上的 8 个不同方向同样存在。

5. 越过舞程线

在舞蹈过程中，假想由起始位置，两脚平行状态延伸一条与舞程线平行的线，下一步出步需要向侧（或侧前或侧后）穿越该假设的线，则被视为越过舞程线。

（二）舞步转动与方向常识

1. 转动度数表

旋转时以每转 360°为一周；旋转 45°角为 1/8 周；旋转 90°角为 1/4 周；旋转 135°角为

3/8 周；旋转 180°角为 1/2 周；旋转 225°角为 5/8 周；旋转 270°角为 3/4 周；旋转 315°角为 7/8 周。在记录旋转动作时，应先标明旋转的方向，即左转或右转，再标明角度。例如：左转 1/8（图 14－2）。

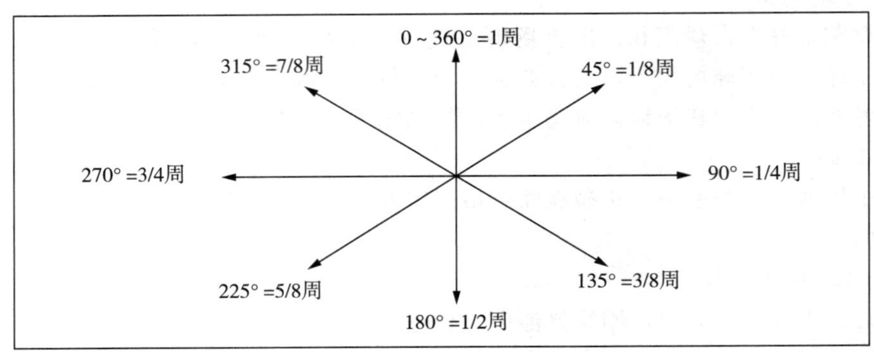

图 14－2　旋转角度换算

2. 方位

步子移动时指示的方向，两脚的位置和相关身体的舞池中位置。常用表达术语为面向、背向和指向，其中指向，用于身体方向和脚的方向不一致时，用来表述脚的方向。如华尔兹的右转步第五步的描述为，身体面向中央，脚指向斜中央。

3. 步位

在一个舞步结束时，脚在舞池中所做的方向上的改变。在体育舞蹈中一般习惯性地表述为脚的运动方向，常见脚的步位表述如图 14－3 所示。

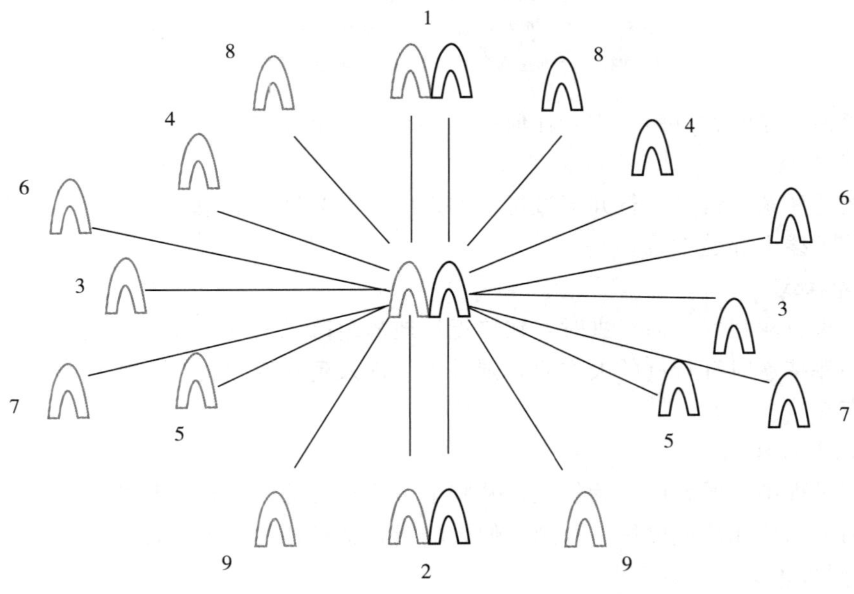

图 14－3　脚的步位示意图

(1) 向前：做动作时胸部所对的方向。
(2) 后退：做动作时背部所对的方向。
(3) 向侧：做动作时肩侧所对的方向。
(4) 斜前：前与侧两个基本方向之间的45°的方向。
(5) 斜后：后与侧两个基本方向之间的45°的方向。
(6) 向侧稍前：在斜前与侧向两个方向之间。
(7) 向侧稍后：在斜后与侧向两个方向之间。
(8) 向前稍侧：在斜前与前两个方向之间。
(9) 向后稍侧：在斜后与后两个方向之间。

4. 转动方向表述

(1) 左转：身体转动过程中与时针方向相反。
(2) 右转：身体转动过程中与时针方向相同。

二、体育舞蹈音乐常识

(一) 节拍

节拍指每一小节中有多少拍，节拍分重音和轻音，如华尔兹音乐为3/4拍，第一拍为重拍（表14-1、表14-2）。

表14-1 标准舞节拍规定

节拍	标准舞
2/4	探戈（两拍均为重拍）
3/4	华尔兹（第一拍为重拍） 维也纳华尔兹（第一拍为重拍）
4/4	狐步舞（第一拍和第三拍为重拍） 快步舞（第一拍和第三拍为重拍）

表14-2 拉丁舞节拍规定

节拍	拉丁舞
2/4	桑巴舞（第二拍为重拍）
3/4	斗牛舞（第一拍为重拍） 伦巴舞（第四拍为重拍）
4/4	恰恰舞（第一拍为重拍） 牛仔舞（第二拍和第四拍为重拍）

(二) 节奏

节奏指强弱拍按照一定的规律反复出现，并且拍值均等，能赋予音乐以特点的节拍。

(三) 音乐速率

音乐速率（表14-3、表14-4）即每1分钟内所演奏的标准舞音乐速率节拍总数。

表 14－3　标准舞音乐速率

速率（每分钟小节数）	
华尔兹舞	28～30
探戈舞	31～33
维也纳华尔兹舞	58～60
狐步舞	28～30
快步舞	50～52

表 14－4　拉丁舞音乐速率

速率（每分钟小节数）	
桑巴舞	50～52
恰恰舞	30～32
伦巴舞	25～27
斗牛舞	60～62
牛仔舞	42～44

（四）拍值

拍值指赋予每拍上所用的时长。

（五）旋律

旋律是指一首曲子的曲调，由一系列有节奏的单个音符（音高或音调）组织构成。

（六）乐句

乐句通常由 8 小节组成，并且呈现节奏强弱相间的特点。

（七）乐段

乐段通常由 4 乐句组成，共 32 小节。

（八）动作时值

动作时值是指赋予每一舞步上所占的音乐拍数。

（九）编舞时值

编舞时值是指为了便于按照乐段来进行舞蹈段落的编排与训练，而引进的数拍节数的方法。一般有 1～8 组成一句，4 个 8 拍组成一个乐段。

（十）切分节奏

切分节奏是指在音乐旋律进行中，由于音乐需要，改变常规的节奏规律，音符的强拍和弱拍发生了变化和强调，而出现的节奏变化，如恰恰舞中的第四拍。

（十一）拖拽时值

相比起固定拍值的音乐类型，古典乐和爵士乐常常使用拖拽节奏原理。即在实际应用音乐拍值时，可以应用通过增加每拍的时值，如延长至双倍于拍值的方法来重新演绎，然后再通过缩短拍值的办法，在一定范围内赶回音乐的整体节奏。引入这种拖拽节奏的原理，令选手增加表演的艺术感。

（十二）音乐结构

一首音乐作品通常有 4 个小节的前序，紧接着是一组由 4 段乐句组成的乐段。乐段的前两句旋律通常都相似（A 和 A″），到第三句（B）发生变化，之后在结束句时又还原到开头（A）的样式。

三、比赛常识

（一）淘汰法

一般用于体育舞蹈任何组别比赛决赛之前的前几轮比赛。裁判长根据参赛选手的对数，决定进入下一轮次的选手对手，裁判要在评判表上勾出相应对数的选手，以进入到下一轮次比赛。可以是 2/3 或者 1/2 选手能进入到下一轮赛次。在新的 WDSF 执裁体系中，略有调整，在半决赛前的前几轮次的比赛用该办法，进入轮次的选手数量可以倒推。

（二）顺位计分法

只用于体育舞蹈的决赛场次。裁判按照选手的表现予以名次排名，然后进行名次总积分核算。

（三）客观分值评分法

新的 WDSF 评分规则中所采用的按照 4 个评分要素，以 10 分为满分，按照选手所完成的每个评判要素的程度给予评分的办法。该评分法主要用于职业组和 A 组的 1/4 决赛以后的轮次比赛。

（四）复活赛

为了确保任何正式参赛选手至少有 2 次比赛的机会，裁判长根据参赛选手的对数决定进入下一轮次比赛的总对数时，留下 13 对次名额给所有未能在第一轮次正式比赛进入到第二轮比赛的选手，来进行加赛。

（五）半决赛

一般根据选手上一轮次的 Mark 总数，由多至少，12 对进入本轮次比赛。在 WDSF 新的客观分值评分系统中，是依据上一轮次的评分成绩，由高至低来决定 12 对选手进入到本轮次比赛。

（六）决赛

一般根据选手上一轮次的 Mark 总数，由多至少，6 对进入本轮次比赛，在该轮次中采取顺位计分法。在 WDSF 新的客观分值评分系统中，是依据上一轮次的评分成绩，由高至低来决定 6 对选手进入到本轮次比赛，采用分值评分法。

（七）分组

为了避免参赛选手在场地拥堵的情况下，难以发挥正常水平，通常限定每次上场人数不超过 16 对，依据该原则进行选手分流比赛，在进入到 1/4 决赛时，通常不超过 8 对为一组。在进入到半决赛时，通常不超过 6 对为一组。如执行严格，所有分组在每个舞蹈竞赛时都是按照数量随机产生。

（八）轮次

根据参赛选手对数，裁判长按照一定的比例来淘汰一些选手，直到选择 6 对最佳选手进入到最终的决赛，由此产生的每一场次的比赛即为轮次。一般在高水平层次的比赛中，参赛选手需先进行预选赛或资格赛，淘汰一定比例的选手，才进入到比赛的第一轮次。

四、身体位置

（一）标准舞身体位置

1. 闭式位置（图 14－4、图 14－5）

这是一个基础位置，通常被用在舞蹈的开始。在闭式位置中，女士中段的右侧接触男士中段的右侧，男士和女士的左侧不接触，肩和胯保持平行。

图 14－4　闭式位置（一）

图 14－5　闭式位置（二）

2. 外侧舞伴位置（图 14－6）

这个位置与闭式位置非常相似，在向前运动的舞伴需要用右脚走向外侧时会被用到。如果舞步在高位，它与闭式位置的区别就非常小，都是做一个略微的向右旋转，以便在肩部和胯部之间形成接近 1/8 的转动，使得前进舞伴的脚和膝可以运动到舞伴外侧。如果舞步在低位，胯部会同时略微向侧移动直到前进舞伴的右腿进入到后退舞伴的右腿旁侧。此时，只有右侧肋部保持接触。

3. 侧行位置（图 14－7）

这个位置的接触点是男士的右侧和女士的左侧，形成一个 V 形。当双方都需要朝同一方向向前运动（向着 V 形的开口）时会用到这个位置。为了更详细地说明这个位置，可以考虑以下的例子：从闭式位置开始，略微转动双方的身体（男士向左，女士向右），即可形成侧行位置。两人的身体做“类似铰链”动作的转动，而不是靠滑行动作来呈现。

图 14-6 外侧舞伴位置

图 14-7 侧行位置

4. 并退位置（图 14-8）

这个位置的接触点是男士的右侧和女士的左侧，形成一个 V 形。当双方都需要朝同一方向向后运动（向着 V 形的关闭处）时会用到这个位置。需要注意的是，并退位置跟侧行位置非常相似。

5. 反向侧行位置（图 14-9）

这个位置的接触点是男士的左侧和女士的右侧，形成一个 V 形。当双方都需要朝同一方向向前运动（向着 V 形的开口）时会用到这个位置。

图 14-8 并退位置

图 14-9 反向侧行位置

6. 反向并退位置（图 14-10）

这个位置的接触点是男士的左侧和女士的右侧，形成一个 V 形。当双方都需要朝同一方向向后运动（向着 V 形的关闭处）时会用到这个位置。

7. 翼步位置（图 14-11）

在翼步位置中，女士中段的左侧接触男士中段的左侧。跟闭式位置完全相反，两人相对侧的身体接触，而且肩部和胯部平行。这个位置用于前进舞伴需要用左脚行进到舞伴外侧时。这个步伐可以用在任意高度的位置，但是当在低位时，前进舞伴的胯位会同时略微向侧移动，直到其左腿进入后退舞伴右腿外侧。

图 14－10　反向并退位置

图 14－11　翼步位置

8. *右斜角位置*（图 14－12）

在这个位置中，女士的左胯接触男士右腹股沟，胯部的开度约向右转开 1/8 到 1/4 的角度。像在翼步位置中一样，右角度位置要求女士在滑动时身体与男士身体保持接触。如同在侧行位置和并退位置中一样，肩部转动少于胯部，保持尽可能的平行，胯部向右转开的幅度是 1/16 到 1/4 之间。

9. *左斜角位置*（图 14－13）

与右斜角位置正好相反，女士右胯内缘接触男士左侧腹股沟。这个位置是通过女士身体相对于男士身体做“类似铰链”运动而形成，而不是通过滑动运动。如同在侧行位置和并退位置中一样，肩部转动少于胯部，保持尽可能的平行，胯部向左转开幅度是 1/16 到 1/4 之间。

图 14－12　右斜角位置

图 14－13　左斜角位置

（二）拉丁舞身体位置

1. 闭式位置（图 14－14）

伦巴舞、桑巴舞和恰恰舞中闭握式男女约相距 15 厘米，且女士略靠男士的右侧。身体重心可以落在任一脚，女士重心着落的脚通常与男士相反。男士的右手要放在女士背后，如握茶杯的方式托着女士左肩胛下半部。男士的右手臂轻柔而微屈地拥住女士，其手肘的高度约与女士的胸部相齐。女士的左臂则顺此曲线轻轻地靠在男士右臂的上方，左手也轻轻置于男士右肩之上。男士左臂与右臂高度相互对齐，左前臂上举，左手腕平直，手心约在鼻子的高度；并以左手微握女士右手，其相握的位置，约在两人身体相距的中心点。西班牙的闭握式，除了双方的身体从大腿到髋部紧贴之外，其余与上述十分相似。不过由于身体的贴近，也使得男士的左手与女士的右手，抬高了大约 15 厘米，双方的手肘也是如此。牛仔舞中的闭握式跟伦巴舞、桑巴舞、恰恰舞所使用的相同，只是手臂握的位置稍低一点。

2. 分式位置（图 14－15）

男女分开约一个手臂的距离，互相对视。重心可落在任一脚，女士重心着落的脚与男士相反。双脚正确的位置因进行不同的舞步而有所不同。握手的方式会因接下来要跳的舞步而异，有下列 3 种握手方式：男左女右、男右女左、男右女右且男左女左（双手互换）或男女不相握。当男女相握时，相握的手臂趋前互握，但略微回收弯曲，双手位置略低于胸骨；另一双不握的手向外侧伸并略微下收弯曲，与肩膀呈一柔和的曲线。若双手均分开不握时，双手向前，手臂下垂，双肘靠住身体的两侧。

图 14－14　闭式位置

图 14－15　分式位置

3. 扇形位置（图 14－16）

扇形位置用在伦巴舞和恰恰舞中，女士在男士的左侧相隔一个手臂的距离，女士的身体与男士的身体呈直角形排列，而女士的左脚向后踏出一整步，重心落在左脚上，右脚向前投射的一条假想的虚线约在男士身体前方的 15 厘米处。男士右脚向侧并稍微向前跨出，以支撑全身的体重。处于扇形位置时，男士左手掌心向上，女士右掌心向下。男士的左手在女士之下，并以大拇指扣住女士的手背。女士向前伸的右手稍微下收弯曲到比肩膀略低一些的高度。至于女士的左手和男士的右手则向外伸出并略微下收弯曲，与肩膀成一柔和曲线。双方的头部以自然的前视方式摆置。

4. 侧行位置（图 14－17）

侧行位置运用在桑巴舞、牛仔舞和斗牛舞中。先摆成闭握式位置，若要变成侧行位置，男女双方各向外转 1/8 圈（男向左、女向右）后，内侧脚向后跨一步，重心则可落在任意一脚上。男士左手、女士右手向下压到略低于肩膀的位置，男士最多只能向左转 1/4 圈（女士向右 1/4 圈），男女各转到 1/4 圈的极限的情形是在某些舞步需要扭动臂部，如：侧行桑巴走步在向外做大转动时，肩膀的转幅会稍为小一点。男士的右臂部和女士的左臂部也许会相靠在一起，也许会相隔到 15 厘米的距离，这根据在跳哪一个舞步而定。若双方的肩部相靠或离得很近，如在侧行桑巴走步，此时男士的右手和女士的左手会有所改变，男士的右手会滑到女士的右肩胛的下方，而女士的左手臂会轻放在男士的背脊约在其肩胛的高度。

图 14－16　扇形位置

图 14－17　侧行位置

5. 并退位置（图 14－18）

运用在牛仔舞和斗牛舞中，并退位置和侧行位置相类似，只是男士的左脚和女士的右脚向后各退一步。男女身体所形成的角度一般以不超过 1/4 圈为原则（男士向左 1/8 圈，女士向右 1/8 圈）。

6. 分式并退位置（图 14－19）

运用在伦巴舞和恰恰舞中，分式位置是先以男士左手握女士右手，若是分式并退位置，则变成男士左手握女士的右手；男士向右、女士向左各转 1/4 圈后，男士右脚、女士左脚向后各退一步；男士的左手、女士的右手向前推出且略向下收，此二手的位置稍低于其胸骨；至于男士的右手和女士的左手则向外侧伸出，与肩同高。由于臂部的动作而使身体微倾，让男士的右手臂（女士的左手臂），看起来比另一只手臂高。要从男士右手握女士左手的分式位置变成男士右手握女士的左手的分式并退位置，必须男士向左、女士向右各转 1/4 圈后，男士左脚、女士右脚向后各退一步。而男女的手臂位置与男士左手握女士右手的分式并退位置相反。

图 14－18　并退位置

图 14－19　分式并退位置

7. 反侧行位置（图 14－20）

它运用在桑巴舞和斗牛舞中，男女的身体相隔约 25 厘米。男士的左手与女士的右手将举到比头还高的程度，双方的手臂略微回收弯曲。男士最多可根据（闭握式）的位置向右转 1/8 圈（女士最多可向左转 1/8 圈）。男士的右手臂要推出并下收到肩膀之下。其手掌心则自女士的左肩胛滑到女士左臂膀的上方。而女士的左手臂便顺着男士右手臂的曲线靠于其上。

图 14－20　反侧行位置

8. 分式侧行位置（图 14－21）

它运用在伦巴舞、桑巴舞和恰恰舞中，与男士右手握女士左手的分式位置相类似，男士的重心落在右脚（女士重心落在左脚），但有下列不同点；

（1）男士的右手和女士的左手相握，向前推出并稍微下收弯曲；

（2）男士最多可向左转 1/4 圈（女士最多可向右转 1/4 圈）。

（3）当双方的身体呈 1/4 圈的角度时，我们称男女双方处于“向侧面的分式侧行位置”，若男、女之间的身体角度呈 1/2 圈时，则称男女双方处于“向前的分式侧行位置”。身体转动是从男士左手握女士右手的分式位置变化而来，男士向左转 1/8 圈，女士向右转 1/8 圈。

9. 分式反侧位置（图 14－22）

它运用在伦巴舞、桑巴舞和恰恰舞中，与男士左手握女士右手的分式位置类似，男士的重心落在左脚（女士的重心落在右脚）。不过有下列不同点：

（1）男士的左手和女士的右手相握并向前推，手臂略微下收弯曲。

（2）男士最多可向右转 114°，女士最多可向左转 1/4 圈。

（3）当双方的身体呈 114°的角度时，我们称男女双方处于“向侧面的分式反侧位置”。

图 14－21　分式侧行位置

图 14－22　分式反侧位置

五、体育舞蹈规定动作

（一）标准舞（表 14－5 至表 14－9）

表 14－5　华尔兹舞蹈动作术语

序号	英文名称	中文译名和意译
1	RF Closed Change	右脚并换步
2	LF Closed Change	左脚并换步
3	Natural Turn	右转步
4	Reverse Turn	左转步
5	Progressive Chasse to Right	向右直行追步
6	Whisk	拂步
7	Back Whisk	后退拂步
8	Outside Change	外侧换步

（续表）

序号	英文名称	中文译名和意译
9	Basic Weave	基本迂回步
10	Backward Lock	后退锁步
11	Open Natural Turn	分式右转步

表 14－6　探戈舞蹈动作术语

序号	英文名称	中文译名和意译
1	Progressive Side Step	直行侧步
2	Brush Tap	刷踏步
3	Progressive Link	直行连接步
4	Closed Promenade	并式侧行步
5	Open Promenade	分式侧行步
6	Back Corte	后退截步
7	Basic Reverse Turn	基本左转步
8	Open Reverse Turn	分式左转步
9	Rock on Left Foot	左脚摇摆步

表 14－7　狐步舞舞蹈动作术语

序号	英文名称	中文译名和意译
1	Feather Step	羽步（羽毛步）
2	Three Step	三步（三直步）
3	Feather Finish	羽步完成
4	Feather Ending	羽步结束
5	Hover Feather	盘旋羽步
6	Natural Turn	右转步
7	Reverse Turn	左转步
8	Basic Weave	基本迂回步
9	Natural Weave	右转迂回步
10	Change of Direction	换向步
11	Heel Pull Finish	跟拖完成
12	Whisk	拂步
13	Back Whisk	后退拂步
14	Open Natural Turn	分式右旋转

表 14－8 快步舞舞蹈动作术语

序号	英文名称	中文译名和意译
1	Quarter Turn And Progressive Chasse	四分之一转和直行追步
2	Natural Turn	右转
3	Reverse Turn	左转
4	Cross Chasse	交叉追步
5	Quarter Turn to Right	向右四分之一转
6	Quarter Turn to Left	向左四分之一转
7	Outside Change	外侧换步
8	Natural Pivot Turn	右轴转步
9	Running Finish	跑步完成
10	Backward Lock Step	后退锁步
11	Forward Lock Step	前进锁步

表 14－9 维也纳华尔兹舞蹈动作术语

序号	英文名称	中文译名和意译
1	Natural Turn	右转
2	Reverse Turn	左转
3	RF Forward Change Step Natural to Reverse	右脚前进换步右至左
4	LF Forward Change Step Reverse to Natural	左脚前脚换步左至右
5	LF Backward Change Step Natural to Reverse	左脚后退换步右至左
6	RF Backward Change Step Reverse to Natural	右脚后退换步左至右
7	Chasse Change Step	追步换步

（二）拉丁舞（表 14－10 至表 14－14）

表 14－10 桑巴舞蹈动作术语

序号	英文名称	中文译名和意译
1	Natural Basic Movement	右转基本步
2	Reverse Basic Movement	左转基本步
3	Progressive Basic Movement	直行基本步
4	Side Basic Movement to Left	向左侧行基本步
5	Side Basic Movement to Right	向右侧行基本步
6	Outside Basic	外侧基本步

（续表）

序号	英文名称	中文译名和意译
7	Samba Whisk to Left	向左桑巴拂步
8	Samba Whisk to Right	向右桑巴拂步
9	Stationary Samba Walks	原地桑巴走步
10	Promenade Samba Walks	侧行桑巴走步
11	Side Samba Walks	侧向桑巴走步
12	Reverse Turn	左转步
13	Promenade to Counter Promenade Botafogos	侧行与相对侧行博达弗戈斯
14	Side Samba Chasse	侧向桑巴追步
15	Travelling Botafogos Forward	向前游走博达弗戈斯
16	Criss Cross Botafogos	十字交叉博达弗戈斯

表 14－11 恰恰舞蹈动作术语

序号	英文名称	中文译名和意译
1	Time Step	节奏步
2	Close Basic	闭式基本步
3	Open Basic	分式基本步
4	New York to Right	向右纽约步
5	New York to Left	向左纽约步
6	Hand to Hand to Right	向右手对手
7	Hand to Hand to Left	向左手对手
8	Spot Turn to Right	原地右转步
9	Spot Turn to Left	原地左转步
10	Underarm Turn Turning Right	臂下右转
11	Underarm Turn Turning Left	臂下左转
12	Cha Cha Cha Chasse to Right	右恰恰恰追步
13	Cha Cha Cha Chasse to Left	左恰恰恰追步
14	Shoulder to Shoulder	肩对肩

表 14－12 伦巴舞蹈动作术语

序号	英文名称	中文译名和意译
1	Basic Movement	基本步
2	Hockey Stick	曲棍形转步

序号	英文名称	中文译名和意译
3	New York to Right	向右纽约步
4	New York to Left	向左纽约步
5	Hand to Hand to Right	向右手对手
6	Hand to Hand to Left	向左手对手
7	Spot Turn to Right	原地右转步
8	Spot Turn to Left	原地左转步
9	Underarm Turn Turning Right	臂下右转
10	Underarm Turn Turning Left	臂下左转
11	Side Walks and Cucarachas	侧向库克拉恰走步
12	Fan	扇形步

表 14－13　斗牛舞蹈动作术语

序号	英文名称	中文译名和意译
1	Sur Place	原地踏步
2	Chasse to Right	右追步
3	Chasse to Left	左追步
4	Appel	踱步
5	Attack	攻击步
6	Huit	八步
7	Separation	分离步
8	Twist Turn	扭转步
9	Promenade	侧行步
10	Promenade to Promenade	侧行至相对侧行位置
11	Promenade Link	侧行连接步
12	Sixteen	十六步

表 14－14　牛仔舞蹈动作术语

序号	英文名称	中文译名和意译
1	Basic in Place	原地基本步
2	Basic in Fallaway	并退基本步
3	Change of Places Right to Left	右至左换位步
4	Change of Places Left to Right	左至右换位步

（续表）

序号	英文名称	中文译名和意译
5	American Spin	美式旋转步
6	Change of Hands Behind Back	背后换手步
7	Link	连接步
8	Whip	绕转步
9	Promenade Walks（Slow）	侧行走步（慢）
10	Promenade Walks（Quick）	侧行走步（快）

第十五章　高尔夫球

第一节　高尔夫球用具及衣饰

一、高尔夫着装

打高尔夫球时穿着如何，规则中并没有明文规定。通常的高尔夫服装分为上衣和裤子。上衣较多的是以长袖或短袖的马球衫为主要款式的运动衫；裤子（不论长裤或短裤）是纯棉或纯毛的西裤。

但在如今的高尔夫球场内规则，则对它有明文规定，下场时上衣一定要穿着有领有袖的T恤，裤子则是纯棉或其他质地的长裤，禁止牛仔衣裤在高尔夫球场内出现。

二、高尔夫球用具

选择合适的高尔夫球具，直接影响到成绩的提高，因此球员必须先了解高尔夫球用具的各种性能。常用的高尔夫球用具主要包括：球杆、球包、鞋、帽子、手套、球座等。

球杆：高尔夫球杆有木杆、铁杆及推杆三种形式，木杆主要用于击远距离球；铁杆方向性较好，主要用于攻击目标；推杆用于果岭推球入洞。规则规定，比赛中球员携带的球杆数量不可超过14支，一般是3支木杆，9支铁杆和1支推杆。

球包：球包是用来装球杆用的，全套14支球杆一般使用8寸直径口的球包即可。球员在选择球包时，首先要看球杆装入球包后，能否平衡地站立在平地上，以及缝合部分、配件袋部分是否牢固；然后看球包外表色彩是否称心如意。

高尔夫球：高尔夫规定，球的重量为45.93克以内，其直径为42.67毫米以上，形状呈圆形，球员根据自己挥杆的力量，挑选硬、软度的球。球自身硬度称为Compression，一般球是Compression70、80、90、100等，数字越大，球越硬。年纪大或力气小的女士，如果使用Compression100的话，在杆面击中球时，球形态不会受到影响，也发挥不出球的弹性；相反，力气大的青年，如果用力击Compression70的话，球就会被打扁。一般球员，选用Compression80、90的球为适。球的硬软度与距离成正比，使用硬球距离较远；使用软球，方向性好。

高尔夫球鞋：高尔夫球鞋作用是保护草皮，稳定挥杆。在选择高尔夫球鞋时，注意颜色与所穿裤子及上衣的搭配，鞋子大小是否合脚，穿好鞋子走走看，穿起来既感到坚固又感到舒适方可，高尔夫球鞋底部的钉子要经常注意保养，磨损后可用工具换掉，以保证球鞋的作用发挥。传统的高尔夫球鞋是铁钉的，但近几年兴起的软胶钉高尔夫球鞋渐渐被许多球场限定为专用鞋，以利更好地保护果岭和草皮。

手套：手套主要用于手掌握杆时可填满手与球杆之间的空隙，使手与球杆轻松而牢固地联成一体。手套一般由各种皮料制成，天气好时适用皮质手套，下雨可带布料制成的手套。

球座：规则规定在发球台可用球座将球架高，球座一般由塑料、木材两种材料制成，球员在选购球座时，较多选用木制的，因为在发球台发球，多使用木杆，用木杆杆头击球时，杆头与球座发生碰撞，木材制球座对木杆杆面可起到保护作用。

第二节　高尔夫球运动技术

一、瞄球

两脚连线与目标线平行，杆面与目标线保持垂直状态。

二、握杆

常见的握杆方法有三种：重叠握杆法、交叉式握杆法、互靠式握杆法。

（一）重叠握杆法

将左手置于球杆握手的位置，球杆斜放在食指中节，杆柄对角式横放于左手掌至掌边（或小指末节），将手指合拢，拇指舒服地放在杆柄上。左手虎口的 V 字形应指向偏右侧（下巴与右肩之间），力度主要放在后三根手指上。右手中间的两根手指中节环绕杆柄，小拇指搭在左手食指与中指间的位置，食指如同扣扳机一样握住杆柄，拇指从左侧夹住杆柄。右手虎口的 V 字形与左手方向相同，力量主要放于中间三根手指。如此双手便可协调一致。

（二）交叉式握杆法

双手位置与重叠式握杆法相同，区别在于右手小拇指与左手食指扣在一起。

（三）互靠式握杆法

又名双手握杆法或十指握杆法，同上述握法，唯一区别在于右手小拇指与左手食指不重叠。

注意：初学者往往会将杆柄握得太紧，下方手以手掌握杆，导致握压太大，动作不自然，不利于能量的释放，是常见的错误动作。应将握压减轻，下方手以手指握杆，上方手的拇指卡在下方手的生命线上。

三、站姿

良好的站姿是打出好球的基本前提。唯有站姿正确，身体才得以有效地转动和释放，将球以最快的速度击出去，并且飞得又直又远。

首先，两脚分开，与肩同宽（根据不同杆身长度作相应调整），重量均匀分布于两脚。握杆后双臂前伸，杆柄与地面平行，从臀部开始微微翘起，双膝稍作弯曲，背部始终保持平直。弯曲腰部，直至杆头触及地面。此时可感受到身体重心位于前脚掌，双臂处于自然下垂状态，右肩明显低于左肩，双手与双腿保持大约一只手的距离，手肘舒适内压。

注意：多数初学者的站姿看起来像坐着，背部弯曲严重，肩部紧张，两臂前伸拘球，这将导致打厚或打薄。此时应将重心放在前脚掌，臀部向后翘，背部挺直，肩部放松，腰部弯曲绷紧，靠腰部支撑起上半身，两臂自然下垂。错误的站姿动作一定要了解并尽量避免。

四、木杆的挥杆

良好的挥杆动作是打好高尔夫球的关键，要想打出漂亮的一击，就必须懂得控制球杆，熟练地掌握挥杆动作，整个身体协调配合。挥杆的动作必须连贯、流畅而富有节奏感。下半身控制力度，上半身带动出挥动的效果。

（一）上杆

上杆又称向后（右）挥杆，此过程中头部始终保持不动。力量依次从手部到肩部、腰部，再到胯部和腿部。

（1）站好后，双腕基本不动，靠双臂形成的三角形向后（右）启动。

（2）头部保持不动。杆头抬高而建立一个弧形的轨迹，双腕已经屈曲，重心转移至右脚。左手臂与杆身成 L 形后（左臂挺直），腕部几乎不再动，靠腰部的转动带动胯部向后旋转（过程中注意保持一个挥杆平面）。

（3）头部依然保持不动。至上杆顶点时，右膝的曲度与位置基本不变，左膝因腰部及胯部的旋转而被动地向内转动，左肩旋转 90°左右。这时上身与下身像转动了的发条一样，存在一股潜在的能量。需要注意的是，此时身体重心在右脚内侧，不可超出右脚。

（二）下杆

下杆又称向前挥杆，此过程中头部始终保持不动。力量依次从腿部到胯部、腰部，再到肩部和手部。

（1）下杆至顶点后，胯部先行回转，肩部被带动回来，此时左臂与杆身的 L 形基本保持不变，重心从右脚转移至左脚。

（2）储于手腕及右脚的能量随身体的回转而自动释放，手腕放松，顺势将杆头推往目标方向。

注意：在触球的一刻，头应该留在球后（右），胸膛中央对球，左臂上部紧贴左侧，重心在前脚（左脚），身体保持平衡和稳定。

五、收杆

收杆是击球挥杆的最后阶段，收杆时右脚脚掌对准正后方，腰部直立。

（1）身体保持平衡，收杆后身体保持三秒钟。

（2）挥杆要有节奏，收杆可以停下来，站得稳。

（3）身体是向前（左）运动的，重心在左脚，腰部不可弯曲，否则会出现腰肌劳损。

六、铁杆的挥杆

铁杆的挥杆与木杆动作基本一致，区别在于挥杆角度比木杆更陡，以下仅举出铁杆在挥杆过程中几个值得注意的要点：

（1）头部始终保持不动。

（2）上杆至顶点时做稍微停顿。

（3）上、下杆均保持流畅。

（4）收杆完整稳定。

七、推杆的挥杆

推杆的挥杆动作主要由握杆、推击组成。

（一）握杆

握杆与一般全挥杆的握杆法有不同之处，现今较受欢迎的是标准的反重叠式握杆法，即左手的食指搭在右手的中指、无名指和小指上。

（二）推击

上身前倾，两膝弯曲至一个舒适的位置，手臂放松地悬挂，上身犹如钟摆的感觉。左眼（主眼）对准球，位于球的正上方。推杆时肩膀产生动力，产生钟摆似的推杆感觉，杆在上扬的过程中击中球。在推击球后应有送杆动作，像钟摆一样的运作，手腕不动，除非长距离击球时需利用手腕动力来增加力度。

第三节　高尔夫球比赛规则

高尔夫是一项需要集中精神和技术控制能力的户外运动，选手以 14 支高尔夫球棍击球入洞，18 洞为一轮，杆数最少者为胜，选手的得分要点主要是在于完成所有的进程所需的击球次数。

高尔夫与其他项目不同的是，高尔夫是挥杆次数越少，成绩越好；它很少固定比赛的场地，它的轨道变化很多。每个球洞的级别取决于它的距离。比赛的标准杆数往往是 72，这也是我们所说的一轮比赛。通过 4 天 4 轮的比赛来决出胜者。

总　则

（1）高尔夫球比赛是依照规则从发球区开始经一次击球或连续击球将球打入洞内。

（2）对球施加影响除按规则行动以外，球员或球童不得有影响球的位置或运动的任何行为。

（3）球员不得商议排除任何规则的应用或免除已被判决的处罚。

一、高尔夫球基本规则

（1）虽然高尔夫有许多规则，然而最基本的规则包括两点：

① 参赛者务必在公平的条件下进行比赛。

② 比赛过程中必须能客观地处理对自己有利的状况。

(2) 至于其他各项规则，都是基于以上两点基本原则所制定的。

遵守规则由自己做起，高尔夫规则虽是由高尔夫协会所制定的，但绝大多数仍是委由选手本身执行实际上的管理。当比赛进行时，每位选手皆负有使比赛公平公正之责任；并且基于公平竞争的精神。

(3) 以击球方式将球打进洞：

① 所谓打高尔夫球最基本原则就是将一颗球自球台连续打击至其进洞为止。简而言之，即是由第一杆开始，接着第二、第三杆，重复地击球，将球打进洞。若是拿着球移动，或是利用投掷、滚地等方法，都是违反规则的。

② 当球被击出后，不论是在何种状态下行进，都应该等到球处于静止状态后才可继续进行比赛，此乃高尔夫不变的法则，绝对不可触摸或挪动球的位置，亦不能为求便于挥杆而改变周遭的环境。

二、比杆赛与比洞赛

按照形式上的差异，高尔夫的比赛形式分为比杆赛和比洞赛两种。无论是职业赛或业余赛均以比杆赛的形式较为常见。

(1) 所谓比杆赛，就是将每一洞的杆数累计起来，待打完一场（十八洞）后，把全部杆数加起来，以总杆数来评定胜负。

(2) 比洞赛亦是以杆数为基础，其不同之处在于比洞赛是以每洞的杆数决定该洞的胜负，每场再以累积的胜负洞数来裁定成绩。

(3) 比杆赛规定必须待球被击入球洞后，才可移往下一洞的开球台去开球。而比洞赛是在每一洞就决定胜负，因此只要对方同意就不必坚持球皆须进洞的原则。

(4) 在比杆赛和比洞赛中，选手违反规则所受处罚也有所不同。一般而言，比杆赛的罚则是罚两杆，而比洞赛的罚则为处罚其该洞输球。

三、正确的判断和处理

(一) 界外（OB）

“界外”系禁止打球之地区，常以界桩或围篱标示。界外之界限应以界桩（不含支架）或围篱内侧最靠近地面点决定。如在地上以标线标示界外时，界外线系垂直向上向下延伸，且线之本身即作界外论。

(二) 遗失球

下列情况可认定为“遗失球”：

(1) 球员或其同队助手在开始找球后五分钟，仍找不到球；或是虽经找到，但球员无法辨认是否为其所用球；

(2) 球员按规则已用另一球当作比赛球，而未寻找其原球；

(3) 球员在初始球可能遗失的位置或比这个位置更靠近球洞的地方对暂定球进行了击球。原球可能在水障碍以外遗失、出界，用以代替的球，称为“代替球”。

（三）水障碍（包括侧面水障碍）

水障碍系指海、湖、池塘、河川、沟渠、地面排水沟或其他露天水渠（不论其中有无积水），以及其他类似者。

（1）凡在水障碍界限内的陆地或水，都属于水障碍。水障碍的界限垂直向上延伸，用以标明界限所用的界桩、界标皆算在障碍内。

（2）水障碍（除侧面水障碍外）应以黄色桩或标线标明界限；侧面水障碍则是以红色桩或标线予以界定。

（3）向水障碍方向打出的球，在障碍以内或障碍以外遗失，乃是一项涉及事实的问题。如认为系障碍内遗失者，必须有证据证明球确实落入障碍内；如无确定证据，则应视为遗失球，按规则处理。

（4）如球落入、触及或遗失在水障碍中（不管球是否位于水中），球员要受 1 杆的处罚，并依下列方法处理：

① 尽可能在接近上次击球的位置打另一个球，即“一杆加距离”。

② 在该水障碍后方，球洞与球最后穿越该水障碍区界线的点的连线上抛球继续比赛。

③ 球落入、触及或遗失在侧面水障碍中时，可以采取下列特别措施：

在障碍外距原球最后通过水障碍边缘，或距离球洞相等距离的另一边水障碍边缘，于两支球杆范围以内抛球。球抛下并不得停留在较原球最后通过水障碍边缘地点更接近球洞处，按规则，捡起的球不可擦拭。

四、比赛注意事项

严禁迟到。参加高尔夫比赛的最大禁忌就迟到。

（1）若是与朋友间的比赛迟到，定会被列为最不受欢迎的球友；若是正式比赛场合中迟到，轻则受罚，重则丧失比赛资格。

（2）迟到的罚则可依比赛形式分为两种：比杆赛中对迟到者处罚两杆；比洞赛则判第一洞输球。

由此可知，应该极力避免比赛迟到。

五、事先了解参赛条件

每位参赛者必须于赛前了解球场及比赛条件：

（1）比赛的正确时间；

（2）各组成员的编排；

（3）自己被认可的差点；

（4）第一洞是一号或十号；

（5）比赛当天当地的规则。

六、关于球的位置的有关规定

球的位置是所有比赛规则的一个基本出发点，所以为了保证自己对比赛规则有充分的了解，避免因犯规而失利，一定要记住以下有关规定：

(1) 当整个球处在界外时，球为出界；判断标准是界线柱最内侧的点在地面上的连线，或有些情况下为边界线。

(2) 当球的任何部分接触到水障区标记线时，球就是处于水障区了。要记住标志柱本身也是水障区的一部分。

(3) 当球的任何部分接触到果岭时，球就是位于球洞区了，如果球在果岭边缘，有一部分突出于果岭之外，则不能算是在球洞区。

(4) 如果球的任何部分位于发球区内，则应视为在发球区内架球。发球区是一个长方形的区域，宽度为两个球杆的长度，前面和侧面由发球区标记的外界限来决定。

第十六章　定向越野

定向越野既是一种户外休闲、娱乐运动，又是一种竞技运动。参加定向越野除需要指北针和地图外，不需要特殊的设备，是一种较为经济的运动项目。定向越野通常在森林中举行，也可以在公园、校园，甚至城市街头举行。定向越野可以设计出满足不同年龄、性别、体能和定向技能水平参赛者需要的比赛路线。参与定向越野很少受到条件限制。定向越野不但考验人们的体能、智能和定向技能，还考验人们在环境压力下迅速做出正确判断和果断决策的能力及应变能力，这一点更具挑战性。

第一节　定向越野的基本技术

一、确定位置与方向

定向越野旨在用最短的时间到达指定的目标点。要想在愈短的时间内到达规定的目标点，这就需要定向越野者熟悉掌握各种定向基本技能。首先要会辨明方向、判定坐标，即知道自己实时所在的位置，并能够在地图上找到自己的位置，在此基础上确定目标点的方向和位置，并迅速找到。

（一）判定方位

判定方位是指在实地辨明方向，了解实地的方位是使用地图的前提。在野外，可帮助定向越野者明确方向的工具很多，白天可利用太阳和手表来辨别方向，晚上可利用星体来辨别方向，还可以利用地物特征、建筑物、风向等来判别方位。

1. 利用指北针判定方位

方法：将指北针放平，当指北针的磁针静止后，其N端所指向的方向即为北方，蓝色一端即为S端，代表南面。如果测定方位的人面向北，则他的左为西，右为东，背后为南。

2. 利用指北针辨别方向

如果想测某一点的方位，可将指北针上的零刻度对准目标，待指北针水平静止后，N端所指的刻度便是测量点至目标的方位。如磁针N端指45°，则表示目标在测定位置的东偏北45°。使用指北针时应注意以下几点：

(1) 尽量保持指北针水平。

(2) 不要距离铁、磁性物质太近。

(3) 不要错将磁针的S端当作北方，造成180°的方向误判。

3. 利用地物判定方位

在有地物和植物生长的野外，可以根据日常生活习惯和自然客观规律进行方位判定，如在北半球，可利用日常地物做如下判断：

(1) 树木：树木通常朝南的一侧枝叶繁茂，色泽鲜艳，树皮光滑，向北一侧则相反。同时，朝北一侧的树枝上可能生有青苔。

(2) 庙宇：庙宇通常南向设门，尤其是庙宇群中的主要殿堂。

(3) 凸出地物：如墙、地埋、石块等，其向北一侧的基部潮湿，并可能生长苔类植物。长在石头上的青苔喜阴湿，以北面为多旺。

(4) 凹入地物：如河流、水塘、坑等，其向北一侧的边缘（岸、边）的情况与凸出地物北侧相容。

(5) 积雪：多半是朝南的一面先融化。

4. 利用手表判定方位

在晴朗的天气从事定向越野时，可利用手表来进行简单的方位判定，上午9时至下午4时之间，用时针对准太阳，此时手表上的时针与12时刻度夹角平分线所指的方向为南方，相反为北方。如在上午9时36分时，此时手表上的时钟指针和12时刻度的夹角平分线所指为南方，相反则为北。但一定要注意，一是将手表平置，二是在南北纬20°～30°之间的地区中午前后不宜使用，三是要把标准时间换算为当地时间。

5. 利用星体判定方位

北极星位于正北天空，观察时，其距离地平面的高度约相当于当地的维度。寻找时，通常要根据北斗七星（即大熊星座）或W星（即仙后星座）确定。北斗七星是7个比较亮的星，形状像一把勺子，将勺头α、β两星连一直线向勺口方向延长，约为α、β两星间隔的5倍处，有一颗略暗的星，即北极星（图16-1）。

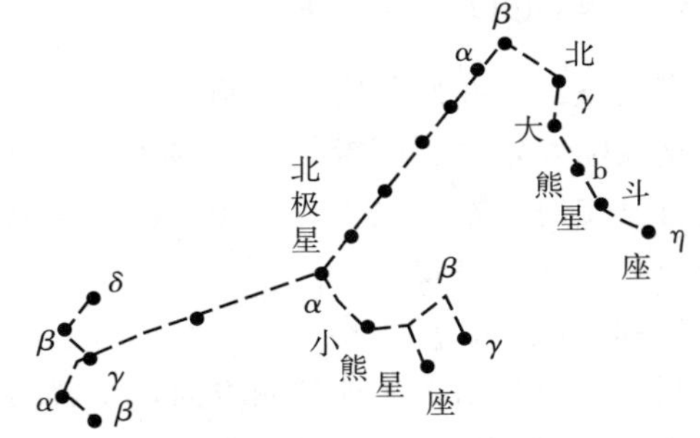

图16-1 利用北极星辨别方向

当地球自转，看不到北斗七星时，则可利用W星寻找。W星是由5颗较亮的星组成，形状像个字母，向W字缺口方向延伸约为缺口宽度的2倍处，就是北极星。

（二）标定地图

标定地图是指给地图定向，使地图的方位与实施的方位一致。通过标定地图，就可以将地图上的地物地貌符号与实施的地物地貌一一对应，这不仅可以帮助定向越野者迅速查看地图，了解实地地物的分布和地貌的起伏以及它们之间的关系，还可以帮助定向越野者根据地图上的路线选择具体的实施运动路线。标定地图在整个定向越野中都适用，常用的标定地图的方法主要有以下几种：

1. 概略标定地图

标准的地图中，地图上的方位是上北、下南、左西、右东。因此，当定向越野者在实地正确地辨别了方向之后，只要将越野跑图的上方对向实地的北方，地图即可标定。这种方法简单、易学，是定向越野中最常用的标定地图的方法之一。

2. 利用指北针标定地图

定向地图上标有磁北线，用红色粗线条标出，箭头指向地图的上方。利用指北针标定地图时，通过转动地图，使指北针上的红色指针与磁北线的方向吻合或平行，即可使实际中的地标和地图上的地标保持一致（图 16-2）。

利用指北针标定地图时，由于指北针上的指针和地图上的磁北线都是红色的，所以也称此方法为“红对红”或“北对北”。

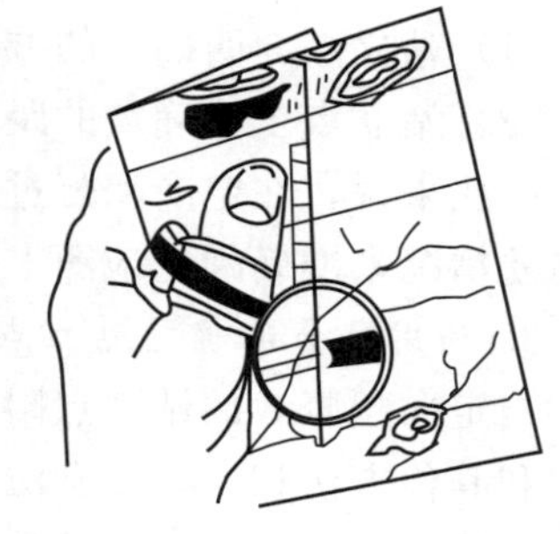

图 16-2 利用指北针标定地图

3. 利用地标标定地图

（1）利用直长地物标定地图。直长地物指较长的线状地物，如铁路、公路、土熿、沟渠、高压线等。标定地图方法具体如下：

① 在图上找到这段直长地物。

② 转动地图，使图上的直长地物与实地的直长地物方向一致。

③ 对照两侧地形，使图与实地各地形点的关系位置相符。

（2）利用明显地形点标定地图。利用明显地形点标定地图具体是指在实地找出一个与地图上地物符号对应的明显地物，如小桥、亭子、独立的建筑物等，然后转动地图使图上的站立点至目标的连线与实地的站立点至目标的连线相重合。该方法的具体操作如下：

首先，选择一个图上与实地都有的明显的地物。

其次，转动地图，使地图上的站立点至目标的连线与实地的站立点至目标的连线相重合。

（三）确定地图中的站立点

在地图上确定站立点是十分重要的一项工作，是利用地图的重要环节之一，是从事定向越野的一项基本技能。其主要方法是通过标定地图，将地图与实地的地物、地貌进行逐一对照，来确定自己的方位。

1. 直接确定站立点

当定向越野者所处位置在明显地形点上时，只要从地图上找出该地形点，站立点即可确定。这是最常用的确定方位的方法。通过明显地形直接确定站立点是定向越野中最简单的一个方法。在定向地图中，有以下明显地形：

（1）单个的地物。

（2）面状地物的重点或者有特征的边缘。

（3）山地、鞍部、洼地。

（4）特殊的地貌形态：陡崖、冲沟等。

（5）谷地的拐弯、交叉和交汇处。

（6）山脊、山背线上的转折点、坡度变换点。

(7) 线状地物的拐弯点、交叉点、交汇点和端点。定向越野者可以利用道路的交会点确定自己所在的位置。

2. 利用位置关系确定站立点

当定向越野者的站立点位于明显地形点附近时，可以利用相对位置关系来确定。利用位置关系确定站立点主要依据以下两个基本要素：

(1) 站立点至明确点的方向。

(2) 站立点至明确点的距离。

一般来说，在定向越野过程中，如果遇到地形起伏明显的地方，还可以结合地形的具体高差情况来准确判定地图上自己的站立点。

3. 利用交会法确定站立点

当定向越野者的站立点附近无明显地形点时，可以利用交会法确定站立点位置。

和其他方法相比，交会法确定站立点的优点在于，定向越野者不需要判断或测量距离，也能确定出较为准确的站立点位置。这对于初学者学习、巩固使用越野图是很有意义的。按不同情况，它又具体分为90°法、截线法、连线法、后方交会法和磁方位角交会法等。

二、快速行进

(一) 依地图行进

1. 沿地形地貌行进

沿地形地貌行进是定向越野初学者必须掌握的一项基本技术。在定向越野中，常见的地形地貌，如河流、栅栏、小路、围墙、房屋、独立树、石碑及等高线都是很好的参照物，可以提供安全、快捷的路线。

为了安全、快速地行进，定向越野者应按所跑路线的顺序，分段、连续或一次性地记住前进方向上经过的地形点、两侧的特征物等内容。使实地的情景不断地与记忆内容“叠印”，真正做到“人上地上跑，心在图上移”。

2. 拇指辅助行进

“人上地上跑，心在图上移”，这是参与定向越野的基本行进法则，具体来说，是指参与定向越野时，运动者在行进过程中应不断转动地图，使地图与实地方向一致，并且，拇指压在站立点上。

(1) 明确站立点、比赛路线、目标点。

(2) 转动地图，使地图与实地方向一致，并将左手拇指压于站立点一侧上，先上大路。

(3) 到大路后转动地图，移动拇指，沿大路跑，看到路旁小屋后向右转。

(4) 再转动地图，移动拇指，沿大路跑，经右侧路口后在下一路口左转弯，可直达目标点。

3. 借线（点）法行进

(1) 利用道路、围栏、高压线等线状地物，将它们作为行进的“导引”。由于沿着线状地物行走犹如扶着楼梯的扶手行走，因此，有人称此方法为“扶手法”(图 16-3)。

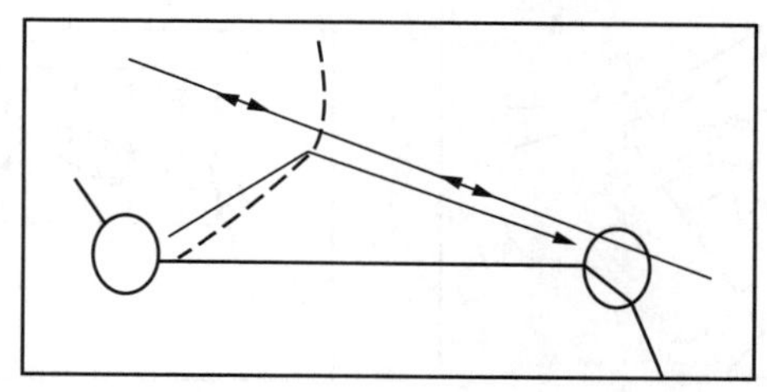

图 16-3 借线法行进

（2）当检查点附近有高大、明显的参照物时，可采用借点法行进。具体来说，就是利用明显的地物地貌控制方向向前行进（图 16-4）。

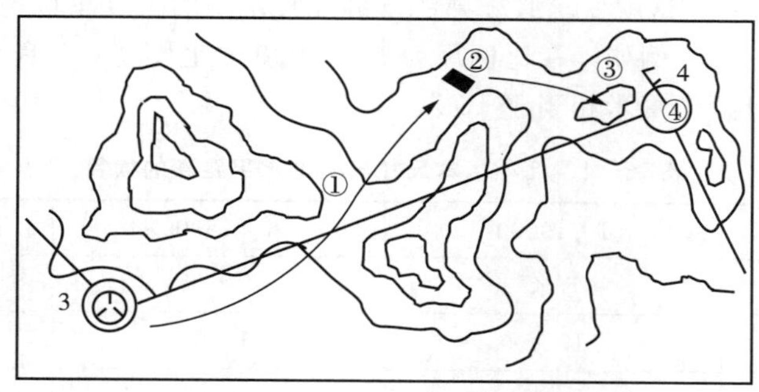

图 16-4 借点法行进

（3）3 号点与 4 号点之间没有路，地形复杂，通行困难。选择路线：①鞍部；②建筑物；③丘；④在丘与陡崖之间找点。

（二）沿磁方位角方向行进

磁方位角是指从某点的磁北方向线起，依顺时针方向到目标方向线间的水平夹角。利用指北针确定磁方位角，并沿磁方位角方向行进，便是确定目标点方向、快速到达目标点的捷径。在定向越野中，沿磁方位角行进的技术关键在于对自己跑过的距离的正确判断和行进方向的确立与保持，即：目标＝方向＋距离。

1. 确定行进方向

在定向越野中，最简单、最快速地确定行进方向的方法，就是利用指北针。这种方法对于初学者较为实用，尤其是在特征物较少、植被密度低、地形起伏不大的树林中更加适用。

如图 16-5 所示，利用指北针确定行进方向的具体方法如下：

（1）将指北针直尺边切于目标方向线，指北针上的方向箭头指向你所要到达的位置。

（2）把指北针和地图作为一个整体，水平放置于面前，然后转动身体，指北针上红色指针的指向与地图所示的磁北线方向一致。

（3）指北针上方向尖头所指的方向即为行进的方向。

2. 正确估算距离

确立了行进的方向，还必须结合地图上对目标点的距离进行判断和对已跑过的实际距

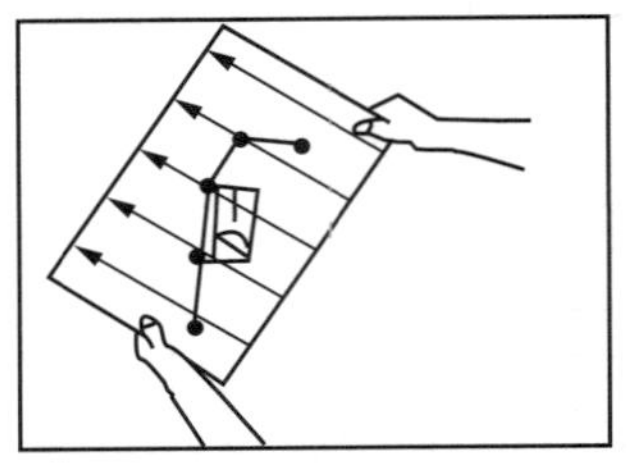
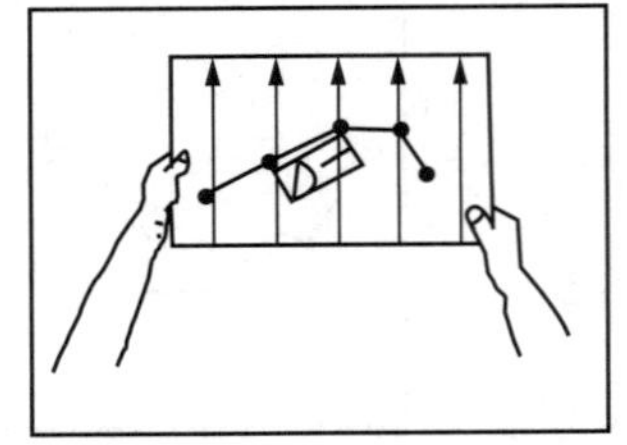

图 16 - 5　利用指北针确定行进方向

离进行估算，才能快速而准确地到达目的地。

（1）利用比例尺估算实际距离。在实际运动或者比赛过程中，临场进行距离的换算是非常耽误时间的，因此，这就要求必须熟练掌握几种常用的长度单位与相应实地水平距离的对应关系（表 16 - 1）。例如，在比例尺为 1∶10000 的地图上，1 毫米相当于 10 米，而在 1∶15000 的地图上，1 毫米相当于 15 米。

表 16 - 1　几种基本尺寸与实地水平距离的换算

X 比例尺图上距离	1∶10000	1∶15000	1∶20000
0.5 毫米	5 米	7.5 米	10 米
1 毫米	10 米	15 米	20 米
2 毫米	20 米	30 米	40 米
5 毫米	50 米	75 米	100 米
10 毫米	100 米	150 米	200 米

应该注意的是，地图上量得的距离，不管是直线的还是曲线的，都是两点间的水平距离。但是，在实地中，地形并不都是平坦的，在地形起伏较大的情况下，不仅要按照上述方法进行距离的测量，还要根据地形起伏情况加上修正数，具体水平距离修正参数详见表 16 - 2、表 16 - 3。

表 16 - 2　水平距离修正参数（一）

坡度	加改正数/%
0°～5°	3
5°～10°	10
10°～15°	20
15°～20°	30
20°～25°	40
25°～30°	50
30°～35°	65
35°～40°	80

表 16-3 水平距离修正参数（二）

地形类别	加改正数/%
平坦地（有微起伏）	10～15
丘陵地（比高 100 米以下）	15～20
一般山地（比高 100～200 米）	20～30

计算公式：实际距离＝水平距离＋水平距离×修正参数。

（2）利用步测法估算实际距离。步测法是根据自己步伐的大小计算距离。它是实地估算距离的有效方法，但这一技能需要经过反复训练才能掌握。

采用步测法测量距离的关键是要了解自己的单步步长。不同的人，身高、腿长不同，其步长大小不同；跑步速度的快慢、柔韧性的好坏不同，表现出的步长大小也不同。即使同一个人，在不同的地形上跑，其步长也不尽相同。因此，最好通过平时的练习、预算，确定自己步长的大小。

通常情况下，测量步长的正确方法是：选择一片地势起伏不大的树林，从地图上算出两点间的距离后，到实地进行练习，将一个单位长度（如 50 米或 100 米）所跑的步数计算出来。然后，在此基础上再到其他地形上进行练习，将相应单位长度上的步数计算出来。

（3）利用目估法测算实际距离。目估法是指用眼睛估计、预算出距离。用眼睛虽然不能测量出精确的距离数值，但是只要经过勤学苦练，还是可以测得比较准确的。在高速奔跑中，这一技术很实用。

定向越野者可以运用“物体的距离近，视觉清楚；物体的距离远，视觉模糊”的规律对距离进行目测。在练习阶段，需要特别留意观察、体会各种物体在不同距离上的清晰程度，观察得多了，印象就深了，就可以根据所观察到的物体形态（清晰或模糊程度），大体上目测出它们的距离来。

在定向越野中，如果认为以目标的清晰程度为依据来对距离进行判定的误差太大，那么就可以利用平时自己较熟悉的某些事物的距离，如靶距、球场距离等对距离进行判断。除此之外，50 米、100 米、200 米、500 米等也可以作为目测标准的方法。如果要测的距离较长，可以分段进行比较，然后将全长推算出来。

值得注意的是，眼睛的分辨率常会受到天气、光线照射角度、物体自身颜色、观察的位置角度等条件的影响，目测的距离会产生误差，定向越野者应尽量降低误差。

三、判读地貌

目前，等高线是世界上公认的、最好的地貌表示法，定向地图中也常用等高线来表示地貌，因此，定向越野者通过地图上的等高线以及相关的注记，可以了解很多地貌的信息。

（一）地形的判读

地形千姿百态、千差万别，但不管地形多么复杂，均可将其分解成基本形态加以认识，常见的地形主要有以下几种：

1. 山地与凹地

(1) 山地。山地是指比周围地面突高隆起的地形，山的最高部位叫山顶。在定向地图中，常用等高线呈小的闭合环圈表示山。山顶依其形状可分为尖顶、圆顶和平顶 3 种。

(2) 凹地。凹地是指比周围地面凹陷，且经常无水的低处。大面积的凹地称为盆地。在地图中，表示凹地的等高线是一个或数个小闭合环圈。为了区别凹地与山顶，表示凹地的环圈都要加绘示坡线。示坡线是指示斜坡降落方向的棕色短线。

2. 山脊与山谷

(1) 山脊。山脊是从山顶到山脚的凸起部分，很像动物的脊背。下雨时，雨水落在山脊上向两边分流，所以最高突起的棱线又叫分水线。在定向地图中，表示山脊的等高线以山顶为准，等高线向外凸出，各等高线凸出部分定点的连线就是分水线。

(2) 山谷。山谷是相邻山脊或山脊之间的低凹部分。由于山谷是聚水的地方，所以地势最低的凹入部分的底线叫合水线。表示山谷的等高线以山顶或鞍部为准，等高线与山脊相反，向里凹入（或向高处凸出），各等高线凹入部分定点的连线，就是合水线。

3. 山坡与鞍部

(1) 山坡。山坡是指山体的倾斜部分，其与一个鞋面相似，以外形为依据，可以将山坡分为 4 种，即等齐坡、凸形坡、凹形坡和阶状坡。

(2) 鞍部。鞍部是指相连两山顶间的凹下部分，其形如马鞍。鞍部由一对表示山脊和一对表示山谷的等高线显示（图 16－6）。

(四) 丘陵

丘陵相对高度一般不超过 200 米，起伏不大，坡度较缓，地面崎岖不平，一般没有明显的脉络，顶部浑圆，是山地久经侵蚀形成的。

在地图上，小丘是体积较小的，只能以一条等高线表示的小山包（图 16－7）。

图 16－6　鞍部的表示

图 16－7　山丘的表示

四、捕捉检查点

对于定性运动者而言，捕捉检查点是取胜的关键技能。定向比赛中，每一条比赛路线的设计，都会体现出不同的交替出现的难题。它们有时考验体能，有时考验技能。当接近检查点时，应对检查点的实地准确位置做出分析和判断，并考虑采用何种方法捕捉它。一般来说，常用的方法有定点攻击法、提前偏差法、距离定点法和地貌分析法等。

(一) 定点攻击法

定点攻击法适用于当检查点设在明显、较大的地物、地貌点上或附近时的情况，使用该方法时，定向越野者应先将这些明显的地物、地貌设为攻击点，然后再根据这一攻击点与检查点的相对方位、距离关系寻找检查点。

如图 16 - 8 中①所示，3 号点到 4 号点，沿着小路行进，目标是建筑物，找到建筑物后，在建筑物的背面就能找到检查点。

如图 16 - 9 中②所示，沿一座明显的小山坡行进，横穿公路后到湖边，继续朝池坑跑去，在坑的左边就能找到检查点。

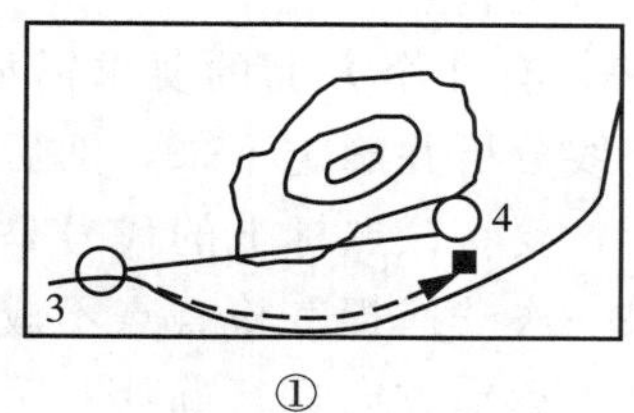

①

图 16 - 8　定点攻击法示例（一）

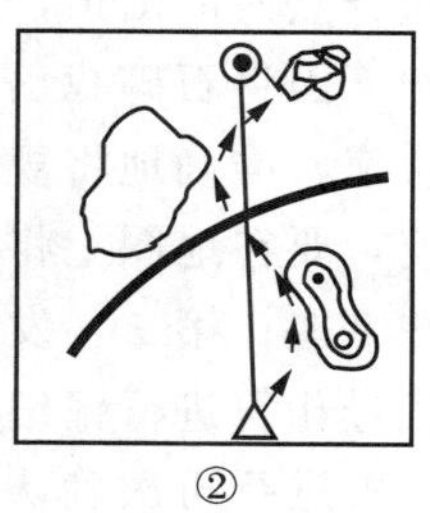

②

图 16 - 9　定点攻击法示例（二）

(二) 提前偏差法

提前偏差法适用于检查点设在线状物如大路、沟渠、河流的一侧时的情况。使用该方法时，定向越野者应先根据地形条件，选择线状物为目标点，提前偏离检查点，跑到线状物上，再根据线状物与检查点的位置关系找到检查点。

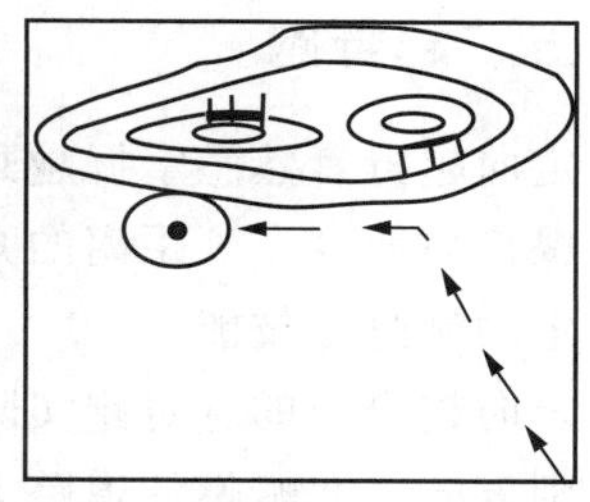

图 16 - 10　提前偏差法

如图 16 - 10 所示，检查点为山脚下的小屋。你可以用指北针直接定位该点，但很有可能跑偏而错过目的地。相反，用指北针定位在小屋偏右、两山鞍部的方向，当跑到山脚下，地势开始明显升高时，再沿等高线向左边水平位移，就可找到检查点。

(三) 距离定点法

距离定点法适用于当检查点处于地势较平坦、道路、植被较多等以细碎为特征的地貌中时的情况。使用该方法时，定向越野者应先以周围的地物、地貌特征为攻击点，利用指北针瞄准目标点方向，然后结合步测、目测等方法测算距离，一步步地接近检查点。

检查点位于细碎的地貌特征之中，情况复杂，要想成功到达检查点，可做以下尝试：

(1) 选择小路交会处作为攻击点。

(2) 沿小路到达攻击点，图上量出至检查点的距离（换算成复步）。

(3) 用指北针仔细地测定检查点的方向，沿此方向步行前往。

(4) 必要时，途中还需要仔细地查看地图。

（四）地貌分析法

地貌分析法适用于地貌有一定起伏的地域内，检查点设在低小地物附近时的情况。使用该方法时，定向越野者应先根据地图上检查点与地貌的关系位置，分析出实地相对应的关系位置，再依据这种关系位置来寻找到检查点。

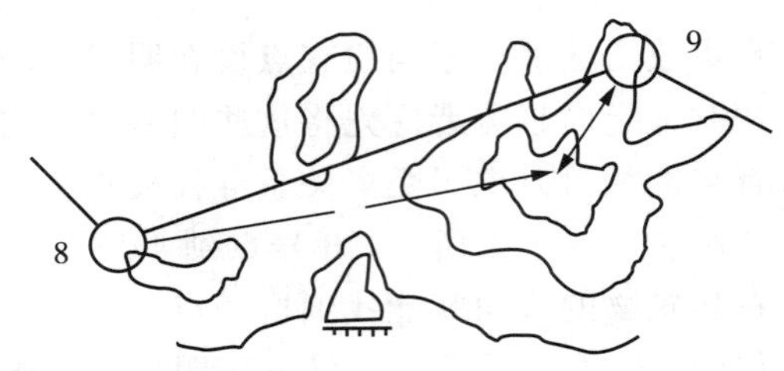

图 16－11　地貌分析法

如图 16－11 所示，要寻找第 9 号检查点，需要进行如下分析与操作：

（1）跑到检查点西南山顶，在山顶位置通过地图与实地对照，判定出检查点在山脊。

（2）沿山脊下山将石碑找出来，即可发现第 9 号检查点。

为了更加快速、准确地将规定的检查点找出来，有几个方面的要求需要注意：第一，接近检查点之前，要在地图上将下一段最佳运动路线分析并确定下来，然后对路线两侧的主要地形熟悉并掌握；第二，发现一个检查点之后，要将该点标上的代号是否与检查点说明卡上注明的代号相符进行仔细核对；第三，如果一次“捕捉”检查点不成功，那么就应该对站立点的位置进行再次确认，对自己是否偏离了运动方向进行确认；第四，一定要控制好运动速度，一般来说，接近检查点之前速度要慢，注意在慢跑中校对检查点的实地位置，争取一次成功。

五、越野跑

定向越野者熟悉掌握越野跑的技术是其成功完成定向越野任务的基础，要想在比赛中既能保持高速度、长距离的奔跑，又能避免一切可能发生的危险并取得好成绩，还需要掌握一定的越野跑技能。

定向越野中的越野跑实际上是一种长距离的间歇跑。由于在途中常常需要停下来看图和辨别方向，在崎岖的道路上不可能始终保持均匀的跑速，越野跑总是体现出走、跑、停相交替的间歇跑的特点。

越野跑的特点决定了越野运动对运动者的身心素质具有较高的要求，并能进一步促进运动者的综合能力的提高。具体来说，在野外环境中，越野跑能使运动者的身体肌肉的紧张与放松、身体的负荷与精神的专注不断交替进行，使参赛者的身体各个部分特别是呼吸系统与心血管系统机能得到提升。

（一）越野跑的基本要求

1. 跑步姿势

上体保持正直或稍微向前倾，使身体各部分（包括头、颈、躯干、臂、臀、腿、足等）的动作协调配合。

此外，运动者还要善于利用跑步中产生的支撑反作用力和惯性，这一点在山地和丘陵地带尤其重要。时刻注意调整上体的姿势，使身体保持平稳，从而提高奔跑的速度。

2. 呼吸技巧

在越野跑中，最好的呼吸方法是利用鼻子与半张开的嘴共同呼吸。在野外，风大、尘土多，要学会用舌尖顶住上颚呼吸。呼吸要保持自然、平稳、有节奏。当出现生理“极点”现象时，应及时调整呼吸的频率与深度。

3. 体力分配

在整个定向越野运动过程中，运动者可以按选择路段、比赛阶段、自身体能状况的不同确定体力分配。通过运动阶段（运动肌肉紧张）和休息阶段（运动肌肉放松）适时交替的方法，达到既快又节省体力的目的。

4. 行进节奏

在越野跑中保持良好的行进节奏是非常重要的，良好的行进节奏的要求是平稳、适宜。如果节奏过快，对周围环境的感知力会有所降低，过慢则会对运动成绩产生一定影响。有节奏的动作则能使体能的消耗有所减少。

5. 距离感

距离感能帮助定向越野者减少判断误差，因此，在越野跑中保持一定的距离感是必要的。它不仅可以帮助提高找点的速度，也有利于体力的计划与分配。可以通过测量自己的步长，或参考有关数据进行距离感的训练。

6. 间歇

通常情况下，在间歇时采用放松性的慢跑比走好，走比停下来好，没有特殊情况不要坐。迷路、迷向的情况除外。

（二）不同地形的越野跑技术

越野跑时，由于跑的地点和环境在不断变化，因此跑的技术也要随之变化。下面介绍几种常见地形上的越野跑技术。

1. 平地越野跑

(1) 沿道路跑时，采用与中、长距离跑基本相同的技术，并尽量注意路面平坦程度，平坦的地方可采用加速奔跑。

(2) 过草地时，用全脚掌着地，看清地面，以免陷入坑洼或碰在石头上。

2. 坡体越野跑

(1) 上坡时，上体应前倾，大腿应高抬，并用前脚掌着地，小步跑上去。遇到较陡的斜坡时，可改用走步的方法或用“之”字形跑（走）法，必要时还可以用单手或双手辅助攀登。

(2) 下坡时，上体应稍向后倾，并以全脚掌或脚跟着地的方式行进。遇到较陡的下坡或地面很滑的斜坡时，可改用侧脚掌着地，甚至采用蹲伏并用手在体后牵拉草、树和撑地等方法行进。到达下坡的末端时，可顺坡势疾跑至平地。

(3) 从稍高的地方（1.5 米以下）往下跳时，可用跨步跳的方法，具体来说，先踏在高处的腿（支撑腿）必须弯曲并用力蹬腿，另一条腿则向前下方伸出，跳下；两脚着地，并屈膝来缓和冲击的力量。在落地时，两脚应稍微前后分开，以便继续前跑。

(4) 如果是从很高的地方往下跳，就应该设法使下跳的高差有所降低，根据情况和需要有针对性地选择和采用屈膝深蹲或坐地双手撑跳下或侧身单手撑跳下的方法。

(5) 注意落地时要两腿用力，屈膝深蹲。

3. 穿越障碍的越野跑

(1) 穿越树林时，要注意避免被树枝、树叶、藤蔓等刮伤，特别要防止眼睛被树枝戳伤。此时一般应随时用手护住脸部。

(2) 过障碍遇到小的沟渠、土坑、矮的灌木丛或倒伏树木时，要增加奔跑速度，大步跨跳而过；落地的同时上体稍微前倾，以保护腰部，便于继续前跑。在通过较宽的沟渠时，可加速跑，采用大跨步和跳远的方法越过。落地时，要防止后倒。遇到大的倒伏树木或其他低矮障碍物，可以用踏过它们的方法越过。遇到较高的障碍物如围栏、土墙等，可采用正面助跑蹬跳和单手或双手支撑的方法翻越。

(3) 通过独木桥等狭窄悬空的障碍物，应该采取使脚掌外转成“八”字形的方法。如果这类障碍物很长，尽量不要跑，而应平稳地走过。

第二节　定向越野训练与竞赛

一、定向越野的训练方法

(一) 定向技能训练

1. 方向感训练

方向感在定向越野中是非常重要的，在现实中主要可分为 8 个方向，即东、南、西、北、东北、东南、西南、西北等方向。而在实际的定向越野运动中，为了方便记忆，可简要分为前、后、左、右 4 个方向。在定向越野的初级训练中，教练员在对训练员进行方向感训练时，可选择训练线路上一个具有代表性的地形作为方向感训练内容。在进行定向单点训练时，要让训练员明白在比赛起点出发时该往哪里走、怎么走。首先，教练员要告诉训练员在使用地图时先把地图归北，与实际定性相对应。其次，教练员要面对找点方向，让训练员进行找点方向训练，让训练员看清找点方向是实物地形与地图相对应，并让训练员大胆地说出自己将要行走的路线。第三，在训练员选好路线时，要让训练员在脑子中有个概念，即让训练员清楚从起点到终点的路线中要经过什么样的参照物，这些路线上的参照物与路线有什么样的关系，同样要让训练员进行现场口述。这个过程必须经过多次反复的训练，才能培养训练员的良好习惯。

2. 参照物的选择

在进行定向越野时，参照物的选择主要遵循“大优先，明显优先，易记优先”的原则。其中，参照物的选择主要有近距离参照物和途中参照物两种类型。在进行近距离参照物的选择时，可从各个检查点的说明找出；途中参照物的选择，主要依靠训练员的判断来进行，如一棵树、一个独立房都可作为途中非常好的参照物，这些参照物的选择主要还靠运动的观察力及实际的运用。在实际的定向越野训练中，教练可选择一些具有代表性的参照物，使训练员体验不同参照物带来的感受，继而能在实际越野中出色地选择路线上的参照物。

3. 距离感的培养

距离感需要训练员在不断的实践中去积累体会，不是一朝一夕的事，在实际的训练中，教练员要有意识地让训练员明白自己在一分钟里能跑多远、用多少时间能跑完同样的平地距离，在途中上坡需要多少时间、下坡需要用多少时间，并学会对路选中距离的目测，即地图上的距离和实际路线中的距离。训练员距离感需在不同地形、不同距离的反复练习中才能形成，这一点教练员要有清醒的认识，并使训练员能清楚明白。

4. 空间想象力训练

沙盘是按照实物的一定比例进行缩小而制作的，现实中的植被、地标等都可以在此比较清楚地展示。训练员运用沙盘可以非常直观清晰地对等高线、地形地貌进行分析和描述。然后结合与沙盘地形相同的地图，在沙盘或地图中进行虚拟的模拟训练，找到平面图与沙盘的共同点与地图取舍。训练员经过沙盘或地图的模拟训练，可以提高其对地图的立体分析能力及用图、识图的能力等。

（二）体能训练

1. 培养持续跑的能力

由于定向越野路线较长且复杂多变，常常需要多个小时才能完成，这就需要训练员具有较强的耐力素质。另外，在野外，如果训练员失误识图错了方向，本来需要 10 分钟完成一个定点，那么在此就会用两个 10 分钟的时间完成一个定点，甚至多倍的时间才能完成一个定点。所以，教练员在训练时，必须提高训练员长时间的奔跑能力，以适应越野需要。其主要训练方法有耐力素质练习法、持续练习法、重复练习法、间歇练习法、变换练习法、比赛游戏练习法等。

2. 培养变速跑的能力

由于定向越野地点的特殊性，训练员在过程中不得不多次运用变速跑来捕捉点标，摆脱、跨越各种地形。因此，在训练中要特别注意变速跑能力的提高。变速跑训练的关键是“变”，快跑与慢跑的比例必须适合自己的水平、能力，才能不断地进步。

3. 利用组合训练

组合训练法主要是针对在定向越野中所出现的情况，设计对应的内容，综合起来进行训练。为提高训练员对定向越野的应变能力，教练员必须对训练员进行针对性的训练，并最大限度地避免受伤，全面提高训练员的素质。例如，组合训练中可穿插篮球、足球练习，提高训练员变向跑能力；进行简单的体操、徒手操练习，提高训练员的协调性；用组合训练法，提高训练员的综合能力。

（三）心理技能训练

1. 集中注意力训练

训练员集中注意力的能力对其观察地图及对地形、各种标志的识记是非常重要的。如果训练员集中注意力能力一般，就很容易受到其他因素的干扰，并最终导致失误不断，影响整个比赛的顺利完成。因此，注意力集中训练是使训练员学会全神贯注于一个确定目标而不受外界任何事物的影响及内心杂念的干扰，始终把注意力指向和集中于当前活动任务上，并最终完成整个越野活动。其主要训练方法有视觉守点法、视觉追踪法、意守法等。

2. 记忆训练

也称念动训练法。该种训练法就是让训练员进行想象某种动作运动的路线。教练员可以让训练员在训练后集体讨论选择一种最佳的越野路线，并让训练员在脑海中对此路线进行多次想象。在这种状态下训练员往往更能加深对地图的记忆，选择更合理的行进方法和路线。

3. 记图训练法

记图训练法是在每个点上放置一张地图，训练员到达 A 点后观看地图并记住 A 点到 B 点的地形地貌特征及行进方位，然后放下地图凭记忆选择道路找到点，依此类推完成整场训练。

（四）意志训练

由于定向越野运动强度很大、难度很高，很容易使训练员在思想上产生动摇，因此教练员要始终在整个训练中安排意志能力的训练。其主要做法如下：要利用一切事物激发训练员参与的强烈愿望，使训练员树立战胜困难的坚强信心；训练要由易到难、由弱到强，引导训练员刻苦训练；要严格要求训练员，加强训练管理；在训练中，要加强训练员意志持久力的训练，使其意志坚强；加强对训练员的道德情感教育，完善其人格；采用对抗性训练和必要的奖励措施。针对不同个性特点的训练员，应注意区别对待，采取不同措施。

（五）赛前心理训练

1. 模拟训练

教练员对比赛中可能出现的情况和问题进行总结，并对这些问题进行反复实战练习，为训练员参加比赛做好适应性准备。

2. 放松训练

教练员运用一定语言或音乐对训练员进行引导放松，使训练员身心放松，进入自然的最佳状态。

3. 心理诱导训练

一种是赛前安定训练，保证充分睡眠，转移注意力，使训练员的心理得到放松；另一种是安定比赛情绪的训练，设法不因比赛的环境条件导致训练员产生异常的心理变化，让训练员思想上准备好比赛中可能出现的情况，使训练员的情绪得到放松。

定向越野的越野跑实际上是一种长距离的间歇式赛跑，在途中常常需要停下来看图或定向。这种在户外环境中的奔跑，可以使肌肉的紧张与放松、身体的负荷与精神的专注不断地交替进行。越野跑的益处类似于跑步机的效果，而与跑步机上乏味的长跑相比，越野跑可以锻炼更多的肌肉，而且野外景色秀丽，心情自然更好。在野外长跑时，由于我们需要蜿蜒前行，避开崎岖路段，大腿内、外侧肌肉及臀屈肌可以得到更好的锻炼。此外，还可以更多地锻炼腰腹部以及呼吸与心血管系统。

同时，越野跑也是锻炼毅力、耐心、恒心的良好渠道。通过在跑步过程中不断攻克心理和生理的难关，从而达到超越自我的目的，也可以造就良好的意志精神力。

二、定向越野竞赛的基本规则与裁判

（一）定向越野竞赛的基本规则

1. 竞赛形式

（1）日间定向越野竞赛。首批运动员应在日出后 1 小时出发，最后一批运动员最迟应在日落前预计完成全赛程时间 1.5 倍时刻出发。

(2) 夜间定向越野竞赛。首批运动员应在日落后 1 小时出发，最后一批运动员最迟应在日出前预计完成全赛程时间的 2 倍时刻出发。

2. 竞赛项目

(1) 个人赛：运动员单个人竞赛，成绩取决于个人技能。

(2) 团体赛：运动员单个人竞赛。运动队成绩为全队运动员个人成绩（时间、名次或得分）的总和，也可以同时计个人成绩。

(3) 多人竞赛：在多人竞赛中，运动员的个人成绩是每日竞赛成绩（时间、名次或得分）的总和。

(4) 接力赛：接力队须有 3 名或 3 名以上运动员，每名运动员像个人赛一样跑完一个赛程。

(5) 小组赛：每组有 2 名或 2 名以上运动员，运动员一同或部分分散完成竞赛。

3. 竞赛分组

(1) 根据性别和年龄划分组别，女子组代号为 W，男子组代号为 M。

(2) 组别按年龄段划分。

(3) 运动员在同一场竞赛中，只能参加一个组别的比赛。

(4) 同一年龄组因参赛人员过多，可以划分为相同标准的几个小组。

(5) 不同年龄组可以合并。

4. 竞赛的参加者

(1) 运动员。凡符合竞赛规程要求的选手均可参加竞赛。运动员的义务和权利如下：

① 熟悉并遵守定向越野竞赛规则、规程及有关规定。

② 尊重裁判员、服从裁判、积极支持和协助大会工作。

③ 在竞赛中有权向裁判员询问亟待解决的问题。

④ 有权通过领队或教练员对竞赛、裁判工作提出建议和意见。

竞赛期间，运动员的安全问题由本人负责。运动员不得使用任何违禁药物，裁判委员会有权在赛前及赛后进行检查。

运动员自备指北针、手表。禁止携带无线电台、步程计等其他辅助器材。

运动员应佩戴组委会分发的号码布，胸前、背后各戴一个，号码布尺寸为 20～24 厘米，号码数字高度为 12 厘米。

(2) 领队。领队是代表队的领导人，参加竞赛的单位应派领队一人（可由教练员或运动员兼任)，职责如下；

① 熟悉并要求代表队全体人员遵守竞赛规则、规程和各种规定。

② 负责运动员与主办者及组委会之间的联系，及时向本队传达组委会及裁判委员会等部门的通知和协议。

③ 对竞赛和裁判工作的意见应以口头或书面形式提出。凡提出与成绩有关的意见，不得超过成绩公布后一小时。

(3) 教练员。参加竞赛的单位应派教练员（可由领队或运动员兼任）在技术上指导运动员，并协助领队工作。

（二）定向越野比赛裁判法及相关工作

根据定向越野的特点，定向越野裁判机构的组成通常为：总裁判长 1 人，副总裁判长

1～2 人。起点裁判组：裁判长 1 人，副裁判长 1～2 人，裁判员 6～8 人。场地裁判组：裁判长 1 人，副裁判长 2～4 人，布点员 2～4 人（通常由副裁判长兼任），看点员 30～60 人,场地巡查员 3～4 人。终点裁判组：裁判长 1 人，副裁判长 1 人，裁判员 2～3 人。成绩统计裁判组：裁判长 1 人，副裁判长 1 人，裁判员 2～3 人。裁判员的人数可根据具体情况适当增减。

1. 总裁判长

总裁判长是全体裁判员的最高领导者，组织和领导裁判组公正、准确地执行竞赛规程与竞赛规则，直接对竞赛委员会主任负责。总裁判长的主要任务有以下内容：

（1）制订赛事裁判工作计划。

（2）组织全体裁判员学习竞赛规则和竞赛规程，统一对规则条文的理解。

（3）监督出发顺序抽签。

（4）主持领队、教练员和裁判长联席会议。

（5）协调和监督检查各裁判组工作，控制比赛进程。

（6）处理比赛中的各种疑难问题。

（7）批准比赛成绩和宣布比赛成绩。

2. 副总裁判长

副总裁判长的主要任务是协助总裁判长开展各项竞赛工作，领导起点、场地、终点及成统裁判组和相关赛事裁判人员，保证比赛的正常进行。

副总裁判长通常设 2 人，其分工如下：

副总裁判长 A：分管起点、终点和成统裁判组工作。

副总裁判长 B：分管场地裁判组（包括看点员和安全巡视员）工作。

（1）起点裁判工作。起点裁判的主要任务是在起点裁判长的领导下完成起点区域的各项竞赛工作。引导运动员进入起点区域，召集运动员在检录区进行检录，按照规则对运动员进行各项检查工作，准备好各组别的比赛用图，严格按出发批次的时间，准时有序地组织运动员出发。

① 人员配备与分工：

- 裁判长 1 人：全面负责起点裁判的各项工作。
- 副裁判长 1～2 人：协助裁判长开展各项工作。
- 检录员 3～4 人：负责运动员的检录工作。
- 序道员 1～2 人：引导运动员在就位区就位和待发区待发。
- 分图员 2～3 人：负责出发时地图的分发。
- 志愿者 5 人：协助起点裁判员的各项工作。

② 主要职责：

- 按路线设计员的方案布置起点区和交接区。
- 组织运动员和运动队官员签到进入控制区，禁止带物品进入控制区。
- 根据出发程序和出发顺序组织运动员检录、进入就位区就位和待发区待发。
- 组织运动员出发。
- 保证控制区内运动员得到良好的休息和进行不受干扰的准备活动。

· 提前一天根据参赛运动员的组别和数量准备比赛地图。

(2) 场地裁判工作。场地裁判的主要任务是在副总裁判长B和场地裁判长的领导下，按路线设计员的要求准确无误地布置各检查点，在比赛中负责比赛场地内的巡查和对运动员违规情况的记录和判罚工作，指导看点员的工作，保证比赛顺利进行。

① 人员配备与分工：

· 裁判长1人：全面负责场地裁判的各项工作。

· 副裁判长1～2人：布点及协助裁判长开展各项工作。

· 场地裁判员3～4人：负责布点和赛中运动违规判罚。

· 场地巡查员3～5人：负责对比赛场地进行巡查、预防与处理突发事件。

· 看点员30～60人：保证检查点器材的安全性及协助场地裁判员工作。

· 志愿者5人：负责场地内水站管理。

② 场地裁判组主要完成以下基本工作：

· 与路线设计员密切配合，在赛前准确完成检查点和检查点器材的布置。

· 保证检查点和检查点器材的安全性。

· 检查、阻止或处理赛场中的违规行为。

· 安置中途退出比赛的运动员。

· 组织搜寻迷失的运动员。

· 及时处理赛场中出现的安全问题。

(3) 终点裁判工作。终点裁判的主要工作任务是在副总裁判长A和终点裁判长的领导下，完成终点区域的各项竞赛工作。当运动员通过终点时，检查运动员的号码布和检查卡并回收比赛用图，引导已完成比赛的运动员到成绩统计处读取成绩，归还运动员的暂存物品，做好终点区域的控制工作，保证比赛的顺利和圆满进行。

① 人员配备与分工：

· 裁判长1人：全面负责终点裁判的各项工作。

· 副裁判长1人：协助裁判长开展各项工作。

· 裁判员2～3人：负责运动员的地图回收和其他工作。

· 志愿者5人：协助终点裁判员的各项工作。

② 主要职责：

· 按路线设计员的方案布置终点区。

· 保证沿着必经路线跑向终点的运动员顺利冲过终点线。

· 回收地图并检查检查卡和号码布。

· 判定并记录集体出发的运动员到达终点的顺序和名次。

· 在接力赛中预报即将完成比赛到达终点的运动员号码或代表队。

· 控制终点区的秩序，保证观众和媒体的利益。

(4) 成统裁判工作。成统裁判的主要工作任务是在成统裁判长的领导下，完成赛事管理系统数据库的建立、维护工作，在总裁判长的监督下完成出发顺序的编排确认工作，分发检查卡和号码布等竞赛用品，确保运动员通过终点后能即时将成绩输入电脑，及时打印出运动员的成绩单，在比赛现场定时公布比赛成绩和排名。赛后在规定的时间内及时准确地公布当日比赛结果，做好电子打卡系统的维护，保证比赛能正常运行。

① 人员配备与分工：

· 裁判长 1 人：全面负责成统裁判的各项工作。

· 副裁判长 1 人：协助裁判长开展各项工作。

· 裁判员 1 人：负责赛事数据库管理和维护。

· 设备保障人员 2 人：负责电子打卡系统的维护。

② 主要职责：

· 录入与变更运动员信息。

· 分发号码布和检查卡。

· 编排出发顺序。

· 准备签到表、检录表。

· 处理接力赛、团队赛运动员临场变更。

· 录入运动员成绩、打印成绩条。

· 统计运动员达到终点的数据。

· 公布即时成绩。

· 确定最终成绩、名次并报总裁判长批准。

· 准备成绩表、统计团体成绩。

（5）竞赛秘书组工作。竞赛秘书组的主要工作任务是快速、准确地收集、统计、传递和发布所有比赛信息，接受、审查报名表，整理各参赛队报名信息，汇编秩序册，公布各竞赛日的成绩，完成奖牌统计，编制总成绩册，负责裁判组的后勤保障工作。

① 人员配备与分工：

· 主任 1 人：全面负责秘书组的各项工作。

· 助理 2 人：协调主任开展各项工作。

· 志愿者 5 人：协助秘书组开展各项工作。

② 主要职责：

· 负责竞赛中心的管理工作。

· 统计汇总运动员签到、检录、出发情况及完成比赛、放弃比赛的情况。

· 收集整理现场裁决记录交总裁判长，同时将一份副本交成统裁判长。

· 收集整理即时成绩、最终成绩和名次并交给宣告员及时宣告。

· 收集整理竞赛最终成绩、名次和成绩表，交获得授权的单位或机构，并在赛事中心、运动员住宿地和官方网站公告。

· 协助赛事相关办事机构组织体育道德风尚奖、优秀裁判员、教练员和运动员的评选。

· 起草和发布比赛相关通知和通告。

· 协助组织现场颁奖。

· 为裁判员提供后勤保障。

（6）宣告组工作。宣告组的主要工作任务是在比赛现场及时、准确地宣告各类比赛信息，对比赛情况进行现场解说，介绍宣传定向越野基本知识，为营造良好赛场气氛和为激励运动员创造佳绩服务。

① 人员设置与分工：

- 宣告员 1 人：全面负责宣告组的各项工作。
- 助理人员 1～2 人：协助宣告员开展各项工作。

② 主要职责：

- 负责现场赛事信息和即时成绩的宣告工作。
- 对现场精彩场面进行解说。
- 介绍宣传定向越野基本知识。

第十七章　传统体育养生

本章主要介绍传统体育养生功法锻炼的基本原则，即松静自然、动静相兼、练养结合、循序渐进和持之以恒原则等，并简要介绍养生功法练习中要求的身体端正、呼吸深长匀细、心神宁静等基本要领。

第一节　传统体育养生功法锻炼的基本原则

传统体育养生功法锻炼的基本原则，是习练传统体育养生功法的人们在长期锻炼过程中不断摸索、长期实践、多年积累的经验概括和总结，它是指导人们进行传统体育养生功法锻炼的法则。

一、松静自然

“松”，是指“身”而言；“静”，是指“心”而言；“自然”，是针对练功的各个环提出来的，姿势、呼吸、意守、心情和精神状态都要舒展、自然。“松静自然”不仅是确保练功取得功效的重要法则，而且也是防止练功出现偏差的重要保障。

（一）关于“松”“静”

1. 身心放松的重要意义

身心放松是习练传统体育养生功法取得成效的必要条件之一，也是现代心理医学中用于防治因情绪紧张而产生一系列心身疾病的有效方法。

所谓放松，就是在保持稳定姿势的情况下，或在缓慢地动作过程中，习练者运用自我调节的方法，使全身上下、左右、表里的皮肤、肌肉、关节，以至脏腑和大脑等部位都处于松弛状态。身心放松，一方面有利于机体内气血的自然循环，减少机体的负担和能量消耗，降低基础代谢率；另一方面，可以降低机体的兴奋程度，减少内、外环境对大脑皮质的干扰，有利于诱导大脑入静，能加速进入自我调整的传统体育养生功法状态。

放松不仅有助于身体的调节，而且对心理状态的调整也有良好的作用。一个人的面部表情经常处于慈善、和蔼和面带微笑的喜悦状态，他的内心世界必然也是善良、豁达、平静的。心理的平和，必然引起生理功能向健康方向转化。相反，表情紧张的状态，将导致身体状态的恶化。传统体育养生功法修炼中的放松就是建立在身心相互影响的基础上。

2. 放松训练的方法

（1）放掉心中牵挂的事情。在练功前，首先要做好心理准备。要求练功者既要把长期积累的不放心的事情放下，又要把当前牵挂的事情放下。也就是说，心要平和，要松弛。不过要做到这一点并不容易，只有经过长期的锻炼才能做到。传统体育养生功法要求习练者既要有健康的心理状态，又要注意道德的修养，培养高尚的情操。

（2）学会由“身”入“心”的放松。根据身心相互影响的道理，一般放松应由身体开始再转入“心”的放松。也就是说，形体的放松为心态的平和创造了条件。身体放松是指皮肉骨骼都要放松，不能僵直，不能绷紧。只有这样，才能为“心”的放松创造条件。

（3）只有心的放松才能达到入静的目的。古人生活的模式是日出而作，日落而息，且由于交通不便，人际关系简单，物欲较少，调和“一心”较容易。现代人则不同，每天除了处理许多繁杂的事务外，还要接受很多新观念、新思想、新信息。生活上的物欲刺激也随处都可发生，人们会自觉不自觉地受到诱惑。激烈的竞争、快速的工作节奏，使人们经常处于紧张、浮躁、疲惫不堪的状态之中。在这种情况下，要入静就非常困难了。为此，要依照“调心之法，首重自然”的原则，在日常生活中训练自己经常保持愉悦、祥和、知足的心态。在练功实践中逐步剔除外部因素的干扰，使自己的心态逐渐回归到无私、无欲、豁达、开朗的境界。

（4）借助形体训练使意念获得放松。如果一时难以实现“心”的放松，可以借助形体在紧张和放松的反复训练中体验“松”的感觉，学会放松。这个放松的感觉需经过一定的训练才能找到。如果你找到了令人惬意的“松感”，就可以用意念使全身放松下来。也可以用心理暗示的办法使自己的身体由上到下松弛下来，还可以反复默念一些有益于放松的词语，如“吸气”“静”“呼气”“松”等。这种方法运用熟练后，会有效地帮助练功者快速入静。

（5）在日常生活中注意身心放松。在日常生活中保持祥和的心境，保持正确的姿势，所谓“行如风，立如松，坐如钟，卧如弓”，是符合生物力学原理的，可使人体在紧张中求得放松。常言道：“形正则气顺体松。”

（二）关于自然

1. “自然”的内涵

“自然”是贯彻在传统体育养生功法习练全过程中的一条重要原则，也是影响传统体育养生功法习练的重要因素。所以，自古以来的思想家，都对自然法则作过深刻的阐述。老子认为：“人法地，地法天，天法道，道法自然。”意思是说道生万物，以及天、地、人的活动过程都应以“自然无为”为法，要顺应自然。庄子继承老子的天道自然思想，主张无条件地与自然融为一体。

由此可见，“自然”不仅蕴涵着深层次的道理，而且还道出了顺其自然的修炼法则。

2. “自然”体现出一招一式的匀、细、绵、长

在习练传统体育养生功法过程中，无论行走、坐卧或站立，都要做到自然舒适不拿劲。如放松时要面带微笑，做动作时要求动作圆匀、缓慢，这是一种松静自然的状态。又如运用意念时，要似有似无，绵绵若存，呼吸也要自然平顺，做到匀、细、绵、长。所以“自然”是获得较好的练功成效的重要方法之一。

3. 顺应自然规律达到人与自然的和谐

传统体育养生功法讲求人与自然界二者的和谐统一，充分利用一切自然条件主动锻炼，而不损害心态平衡和生态平衡。我们知道，世间万物生长都顺应四时阴阳。《黄帝内经》详尽地阐述了顺应自然以养生的观点，揭示了“春夏养阳，秋冬养阴”的道理。这是因为，春夏阳气渐盛至大盛，是为秋冬的收藏做准备；秋冬阴气渐盛至大盛，是为春夏的生长做准备。故习练传统体育养生功法，身心要顺应四季的自然规律和变化。

二、动静相兼

动静相兼是指“动”与“静”的有机结合，这里的“动”是指“动功”，“静”指的是“静功”。“动功”和“静功”是各有特点且又有密切联系的两类传统体育养生功法。

三、练养结合

练养结合，是指练功和自我调养结合起来。练功对增强体质，促进身心健康的作用是非常明显的。然而，只顾练功，不注意调养，就违背了练养结合的原则，也就达不到预期的健身效果。两者必须密切结合，才能相得益彰。

顺应自然以养生，有两个含义：一是指顺乎自然界的阴阳变化以护养调摄的意思，即所谓“和于阴阳，调于四时”“因时之序”“顺四时适寒温”。这是正常的四季气候变化，人们必须自觉顺应。二是指顺乎自然之理，顺应自然的状态以养生。这就告诉练功者，练功时，应注意四时环境的变化。

关于顺应自然要有正确的认识，即有被动适应和主动适应两种。为说明问题，以人体适应外部环境温度变化为例：被动适应是指练功者的情态被动地适应自然界冷暖的变化而增减衣服；主动适应是通过自身御寒机能的提高来抗寒，天冷了，就主动调动机体去适应寒冷的天气，而不是靠增加衣服。被动适应和主动适应是完全不同的两种方法，给人体带来不同的两种生命状态。我们倡导主动地适应自然界的变化，它能较快地将人体引导到生命运动素质优化的良性状态。被动适应和主动适应都是为了保养生机，只是方法和效果不同而已。

四、循序渐进

传统体育养生功法操练，动作虽然简单，但要纯熟掌握，需通过一段时间才能逐步达到。习练传统体育养生功法，不能急于求成，不要设想几天之内就能运用自如，必须由简到繁，循序渐进，逐步掌握全套功法。我们倡导打好基础，习练功法一步一个脚印，勤于动脑，善于总结，不骄不躁，这是确保功效早日显现的重要保证。

五、持之以恒

同是传统体育养生功法的习练者，但取得的功效差别很大，是什么原因？原因可以举出很多，如修炼不当、杂念太多、外部干扰等等，然而，不能持久是诸多因素中最容易出现而又难以克服的毛病。因为在老师的指导下，可以使习练不当者及时调整习练方法，可以针对习练者的实际情况教其排除杂念，可以因地因时消除或躲避外部干扰的影响。对于不能持之以恒的练功者，老师的作用就显得微不足道了。因为，持之以恒是发自习练者内心的行为表现，一旦习练者自己偏离习练的法则，或操之过急，或时练时停，或巧取捷径，习练将半途而废。总之，坚持练功要靠自己的决心和毅力，要在端正自己练功目的的前提下，调整心理状态。只有这样，才能收到点点滴滴功效的累积效应。

第二节　传统体育养生功法锻炼的基本要领

传统体育养生的锻炼方法虽然繁多，但基本要领是相同的，主要有身体端正（调身）、呼吸深长匀细（调息）和心神宁静（调心），有人称其为练功要旨，也有人称为三大要素。三者之间有相互依存和相互制约的关系，调身是基础，调息是中介，调心主导调身和调息。

一、身体端正——调身

身体端正要领在于调身。所谓调身，就是有目的地把自己的形体控制在受意识支配的一定姿势和一定的动作范围之内，通过练习以达到“外练筋骨皮，内练一口气”，使机体处在动态的平衡之中。

人的姿势千变万化，但不外乎行、卧、坐、立四种基本形态，古人称“四威仪”，并要求“行如风、站如松、坐如钟、卧如弓”，这些也是养生所要求的。调身主要是注重身形和身体运动，同时强调呼吸和意识的配合，这种功法利于改变身体形态，使身体强壮。调身主要有两种方法：一是练形中调身到最不舒服，如在导引动功及站桩时降低功架，一般适宜青少年及体质好无残疾者，可以提高功力；二是练形调身到最舒服，如自然站、卧功等，一般适宜老年人及体质弱者，以达到养身延年的目的。

传统体育养生功法的锻炼与其他体育运动一样，需要量的积累，因此，在身体能承受的情况下，可加大运动量，由舒服练到不舒服再到舒服，功夫自然就提高了，身体也会越来越健康、强壮。

二、呼吸深长匀细——调息

呼吸深长匀细指的是调息，它主要是指对呼吸的控制要缓慢。通过特定的身形或动作及意念的配合，练人的元气，从而达到内气鼓荡、精气流畅，正如中医所讲的“通者不痛、痛者不通，气血通畅，百病皆无，进而周天运行，气达全身”。练功时调息多数要在有经验的老师指点下进行练习。

调息可以在一定程度上使人除了大脑以外的其他部位、器官产生特殊的变化。调息也可支持调身，这是因为练形调身过程中需要氧气和其他物质，这些都离不开呼吸的作用。调息中的腹式呼吸有利于呼吸肌肉的锻炼。

所谓练呼吸调息，即练功者通过调控呼吸修炼，以达到培育人身正气、清心安神和息烦调节情绪的目的。调控呼吸的方法有很多种，大体可以归纳为以下八种类型：

(1) 自然呼吸法：包括自然胸式、腹式呼吸及混合呼吸。
(2) 腹式呼吸法：包括顺腹式、逆腹式潜呼吸和脐呼吸。
(3) 提肛呼吸法。
(4) 鼻吸、鼻呼口吸和鼻吸口呼法。
(5) 炼呼与炼吸法。
(6) 吐字呼吸法：有发声与不发声之分。
(7) 数息和随息法。
(8) 意呼吸法。

三、心神宁静——调心

调心，主要是通过意识调节来练心，使心静，进而练精神、练思维，在良性意识的指导下，达到思维敏捷、反应灵活、气血通畅，从而达到健身目的。

意识、意念的调整叫调心，这里的心，不单纯指心脏，而是指古代养生理论认为的由“心”支配的体内意识和体外意识。调心的目的就是训练大脑思维对外界的反应，并且这个反应是无意识的，如练习养生功的入静，就是为了提高对外界刺激的抵抗能力。

第三节 传统体育养生功法的教学

一、传统体育养生功法的教学特点

传统体育养生功法的教学，是在教师和学生的共同参与下，运用适当的方法，进行理论与技术的传授，使学生掌握传统体育养生功法的基本理论和方法，达到健身养生和培养良好思想品德的一种有组织的教育过程。教学中应根据学生的个体差异，循序渐进，合理地组织教学。传统体育养生功法的教学与其他体育教学相比，有以下特点：

(一) 注重调身、调息、调心的紧密结合

传统体育养生功法注重内外兼修，形、气、意合一。调身是以形导心，在动作规范的前提下，通过动作练习调节，使身心处于松静自然的状态。调息是为了帮助调心顺利进行，使学生更容易进入功法的练习状态，教学中注重动作与呼吸的配合，要求动息结合，强调动作与细、匀、深、长的呼吸方法紧密配合。调心练意是通过调整控制心理活动，增强对生命运动的调节控制和运用的能力，达到排除杂念和入静养神的目的。因此，教学中要求注意动作规范化，并做到意形结合、动息结合。只有正确地运用意识和呼吸，将身心调整到自然、宁静、有序的和谐状态，才能提高练功的效果，达到形、气、意合一。

(二) 合理运用教学方法

讲解在养生功法教学中占有重要的地位。教学中应合理地运用语言艺术和恰到好处的语言诱导、暗示等方法，从学生的实际情况出发，根据不同的学习对象，耐心地进行讲解，强调以静养神、排除杂念，调整学生的情绪，畅通脏腑气机，协调阴阳，从而达到健身的目的。同时，要正确运用直观教学等方法，引导学生按照要求进行练习，帮助学生进行形象思维，加速对动作要领的理解和动作概念的建立，激发学生的学习兴趣，提高练习效果。

（三）循序渐进，量力而行

教学要符合传统养生特点，在教学中要适度运动，量力而行。教学中不仅要根据学生的学习程度、心理状况、对运动负荷的承受能力等情况，而且还要根据各类功法的特点和功效，科学合理地安排教学，运动量应由小到大，逐渐增加，在功法内容的选择上，应由浅入深，由易到难，逐渐提高。对初学者来说，可以安排简单易学、安全可靠的传统养生功法进行教学。由于不同的功法有不同的效果，因此，不宜多种功法同时并练，应尽量避免学生在还未达到一定水平时不断更新功法、掺杂练功，否则易出现偏差。科学地选择教学内容，循序渐进地掌握知识、技术和技能，才能达到增强体质、调节神经系统和提高身体功能的目的。

（四）掌握科学的养生理论

传统养生功法是建立在中国传统文化的基础上，强调整体联系和阴阳对立统一的辩证思想。传统养生功法锻炼能对人体内外产生广泛的影响，其强身健体和延年益寿的机制是极其复杂而深奥的。养生功法的理论是在传统文化的人体生命整体观、天人整体观和中医理论的基础上形成的，其原理涉及阴阳学说、五行学说及中医学中的经络、气血等内容。在教学中要结合传统文化和现代科学理论来指导练功，要系统地讲授功法知识、功法特点和健身机理等内容，使学生深入理解和掌握功法的内容、方法、特点和要求，懂得经络间的络属与辩证关系，提高练功效果。此外，教师还应紧扣教学的目的与任务，以辩证的思维方法引导学生，使学生深刻理解养生功法的理论和本质。

二、传统体育养生功法的教学方法

教学方法是指教师在教学过程中向学生传授知识、技术、技能而采取的手段和措施。在教学中，要根据不同的教学任务、运动特点，以及学生的具体情况，正确地选择教学方法。合理地运用各种教学手段，对顺利完成教学任务、提高教学质量具有重要的意义。

（一）讲解法

讲解是使学生建立正确动作概念的主要手段，是教师通过简明扼要的语言向学生阐明养生功法的任务、内容、要求、动作过程和形、意、气配合的要领等，使学生理解和掌握正确动作的方法。

讲解的基本要求：

1. 目的明确，有针对性

讲解要有针对性。在教学的不同阶段，根据课的任务、要求，简明扼要、突出重点进行讲解。在基础教学阶段，动作容易紧张、生硬不连贯，缺乏控制力，讲解时不宜太多，主要讲清动作的正确姿势、运行方向、路线及起止点；复习巩固动作阶段，应对动作细节、呼吸方式、动作与动作之间的衔接以及上下肢和手眼的配合技巧等进行全面讲解；完善动作技术及形、意、气合一阶段，应进一步巩固和提高动作技术，抓住体松心静和意、气、形三者合一的关键，如呼吸的深度、动作的力度等。

教学时，可先进行概括性的重点讲解，对技术要领可分层次讲解，随后可进行补充性或提示性讲解；对新教材和有共性的内容进行集中讲解，对个性问题则针对重点、难点进行讲解。在复习巩固阶段，可对学生的关键技术进行分析或纠正，并对学生完成动作的质量程度及时地进行口头评价，当学生动作完成得较好时，应作肯定的评价。总之，教师要做到精讲多练、简洁明了、目的明确、针对性强，这样才能取得良好的效果。

2. 语言准确，有启发性

教师在教学中应注意语言的准确性和启发性，要力求深入浅出，尽量使用术语进行讲解。在讲解动作时，应正确表述动作要领，并注意所讲内容的逻辑性，要引导学生在已知的基础上，提高学习效率和动作难度，启发学生积极主动的思维。在讲解过程中可提示动作难点、关键点和易犯错误等，并结合必要的提问，使学生随教师的讲解进行积极的思考及回答问题，巩固和提高所学的功法理论或技术动作，提高学生学习的兴趣，使学生积极主动参与到课的实践中，达到教学互长的目的。

3. 语言形象，有生动性

在功法教学中，大量的教学活动是通过语言来完成的，所以教师语言运用得是否形象、生动、合理，会直接影响教学的效果。教师的语言应符合功法的特点、要求和节奏，语言的强弱和缓急要适度。讲解要生动形象，比喻要适当，以便引导学生按照功法要求进行正确练习。在运用示范讲解时，教师不仅要以准确的动作为范例，使学生通过直观的感性认识来了解正确的动作概貌，而且还要通过简明、扼要、肯定、生动、形象的讲解，激发学生学习的兴趣和积极性，提高教学效果。

（二）提示与暗示法

1. 提示

它是指当学生练习时，教师采用简短的语言强化正确部分、提示动作要领、纠正错误等的方法，常运用在学生对组合动作不够熟练和纠正错误技术动作时。在传统养生功法的教学中，当提示动作连接时，为了帮助学生记忆动作，应在前一个动作即将结束时，及时提示下面的动作及连接方法。提示的内容包括呼吸的调整、手法与手型、步法与步型以及眼睛注视的方向等。

2. 暗示与诱导

它是指教师在指导学生练功过程中通过简单而良性的语言，对学生进行引导，暗示学生放松入静的一种形式，使学生进入自然愉悦的境界。暗示性的语言内容是很丰富的，初练功而不易入静者，由教师用语言暗示来练功可收到事半功倍之效，如“放松”“入静”“气沉丹田”“心情愉快”等。在练习中，良性的语言诱导也非常重要，它能使学生排除干扰，进入放松的练功状态，并在词语的引导下与曾经有过的体验相结合，机体产生相应的调节作用，使肌肉松软、血管放松，缓解紧张情绪，使练功者感到轻松舒畅。

（三）示范法

动作示范是教学中最常用的方法之一，是教师通过准确、优美的动作，使学生直观了解动作的结构、要领和方法，给学生建立正确的动作概念。正确优美的动作示范不仅有利于学生观察、模仿动作，建立正确的概念和动作表象，而且对激发学生学习的积极性具有重要的作用。

1. 示范的目的

示范要有明确的目的。教学中，应明确示范的动作所要解决的问题及观察的内容，要有利于学生观察。示范动作必须正确、熟练，要与讲解、启发学生思维相结合，使学生随着教师的示范，进一步掌握动作细节和技术关键，了解所学动作的结构、技术要领和完成方法，建立正确的动作表象。

2. 示范的时机

示范要掌握好时机。根据教学需要，重点示范动作的某一技术环节，以加强学生对动作技术的关键或难点部分的注意和理解。在新授养生功法时，教师在介绍动作名称后，应立即进行示范；但在复习教材时可在讲解和提出关键问题后，再进行示范，让学生的注意力集中在部分动作或技术上，并引导学生注意观察改进该部分动作的技术错误和不足。此外，还要根据教学内容的难易程度把握好示范的时机，复杂的、难度大的内容要多示范几次，简单的内容则可以少示范几次；对初学者及学习比较复杂或较困难的动作，可采用教师示范与学生练习同步进行的方法，教师边示范、讲解要求，边让学生模仿练习。

3. 示范的方向

教学中，示范动作的方向应根据动作结构、教材的意图来决定采用哪种示范面。一般地讲，以左右移动、侧伸、侧屈为主的动作，采用镜面示范或背面示范；以前后移动、前后屈伸为主的动作，采用侧面示范；若带领学生进行练习，运用只示范不讲解的教学方法时，采用背面示范，使学生能看清动作的路线、方向，便于学生模仿。例如：要让学生看清楚马步的两脚位置与宽度，或看清两掌侧举是否与地面平行，都可采用镜面示范或正面示范；为使学生看清楚上体是否中正，应采用侧面示范；为使学生看清背部动作或转体后的身前动作，应采用背面示范。总之，选择动作示范的方向，应根据动作结构，使学生能完整地观看动作的主要技术。

4. 示范的质量

示范动作应根据教学要求力求技术正确、姿势优美、富有表现力，使学生感知动作各个部分的主要技术，加深对动作的理解。教学中，如教师的示范舒展大方，有感染力，做到前后连贯、协调一致、连绵不断，如行云流水、浑然一体，静止性的动作做到气定神敛、上虚下实、周身放松，表现出养生功法特有的精、气、神，就能很好地调动学生的学习热情，提高学习积极性。

5. 示范的位置

示范位置的选择应以所有学生都能看清楚为原则。一般情况下，示范位置可以选择在队伍的正、侧或斜对面，也可以选择在队伍的中间。为使各个位置的学生都有机会看清楚动作，教师示范位置要根据学生所站队形来确定。如队伍为横排，示范位置应在与横排两侧成等腰三角形的顶端处；队伍为圆形，可站在圆心或沿内圆进行，但这种队形，由于所涉及的方向较复杂，易使学生看不清教师的示范动作，故较少采用；学生人多，队列有四五排时，教师可穿插在队列中间示范，使前后左右的学生都能观察到。另外，教师选择的示范位置，要尽可能防止学生迎风和面对阳光练习，避免不良环境影响学生学习，以保证学习质量。

（四）完整与分解教学法

1. 完整教学法

完整教学法是指教师对学生所学动作进行完整的教学，即从动作开始到动作结束进行完整讲解、完整示范、完整练习，进而掌握动作的一种方法。对教学中的新功法及较简单的动作，教师应做完整示范，使学生在学习动作初期建立完整的动作技术概念，在练习过程中不影响动作结构和技术连接，对动作有初步的整体印象。

2. 分解教学法

分解教学法是把较复杂的动作，按照其结构合理地分成若干部分，然后依次进行分解讲解、分解示范、分解练习的教学方法。教师的示范应根据需要采用相应的方式进行，对那些具有一定难度和结构比较复杂的动作，可以分解教学，使学生集中精力掌握动作的某些技术细节。由于养生功套路是以分段或分节形式出现的，所以在教学中可以采用分段分解、分节分解和分动分解的方法，可将一个完整的动作分解成几个小动作或采取上下肢动作分解的方法。对于初学者来说，适当地采用分解教学法，有利于掌握动作的细节，缩短学习时间，使动作做得更准确一些。

3. 完整教学法与分解教学法的结合

完整教学法与分解教学法是教学中最常用、最主要的方法，二者并不是截然分开的，而是紧密配合，交叉使用。分解只是手段，是为完整地掌握动作服务的，一旦分解动作基本熟练后，就应立即过渡到完整动作。在传统养生功法形、意、气配合的教学过程中，也可采用分解与完整相结合的方法，一般是先教动作，当学生动作熟练后，再逐渐将重点转移到呼吸上来，要求动作与呼吸相配合，强调动息结合，着重于息，最后向学生提出意念的要求，体现出意、气、形三者的紧密结合。在教学实践中，要针对具体情况灵活地运用完整与分解教学法，两种方法互补运用，使学生更好地掌握养生功理和功法。

4. 练习法

练习法是教学中最基本、最重要的一个方法，教师应根据教学任务，有目的地反复练习单个动作、组合动作或整套动作，使学生通过练习不断地完善动作技术，形成正确的条件反射。

（五）常用的练习方法

1. 集中注意力练习法

集中注意力练习法是通过练习把注意指向和集中到教学活动中来的方法。集中注意力练习可吸引学生的注意力，提高其中枢神经系统的兴奋性。在课的开始部分向学生讲明教学内容、任务和要求后，均可做集中注意力练习。可采用暗示、记忆、音乐伴奏的方法集中学生的注意力。集中注意力练习不仅能较好地把学生的注意力集中到教学中来，使之处于良好的兴奋状态，而且还能提高学习的主动性、积极性，发展想象力、思维力，是教学中必不可少的练习手段。

2. 念动练习法

念动练习法是传统养生功法练习中常用的方法之一，是学生在练习的过程中有意识地在脑海里重复再现动作，熟练和加深动作表象的一种练习方法。练习时，通过对动作的思维和想象活动，加深对动作的记忆，加快动作的熟练程度，改善动作的协调性和准确性，提高思维能力，建立和巩固正确的动力定型。

3. 重复练习法

重复练习法是根据教学的需要，不改变动作结构和运动负荷，按动作要领反复练习的一种方法。学生通过对动作姿势、意念、呼吸活动的反复练习，掌握练功要领。重复练习法的运用要有明确的针对性。在基础教学阶段，主要目的是使学生反复体会动作的正确要领和建立正确的动作概念；在深入学习和完善动作技术阶段，主要目的是进一步改进动作质量，要抓住重点，注意细节，纠正错误，使学生集中精力练习动作，提高动作质量。合理地运用重复练习法，对掌握和巩固动作技术，保持和提高机体工作能力有着重要的作用。

4. 变换练习法

变换练习法是指在改变条件的情况下反复进行练习的方法，如改变练习内容、场地、时间等。运用变换练习法可使课的内容和组织以及练习手段灵活多样、生动活泼，有利于提高学生的视觉、触觉和本体感觉之间的联系，有助于调节心理过程，激发学生的练习兴趣和积极性，提高运动技术的准确性和稳定性。在改变练习环境等条件时，为使学生在变化的环境中更好地掌握和巩固提高动作，应选择幽静、宜人的练习场所，稳定学生的情绪，集中注意力，提高教学效果。

（六）预防和纠正错误以及纠偏法

预防和纠正错误以及纠偏法是教师针对学生在练习中出现动作错误及产生偏差时，选择有效的手段及时预防和纠正错误动作的方法。

1. 预防和纠正错误

预防和纠正错误时，应做到如下几点：

(1) 教师在课前应认真备课，抓住重点、难点。在教学中发现学生出现错误时，找出其产生错误的原因，及时采取纠正措施。

(2) 应注意掌握共性错误进行集体纠正，对一些个性错误，教师应该先抓住主要问题，个别加以纠正。

(3) 在纠正错误时，要充分运用正误对比示范讲解。教学中，及时指出学生练习动作的优、缺点，既能鼓励学生刻苦练习，又能使学生纠正错误，提高动作质量。

(4) 对较难完成的动作所产生的错误，可以采用加强腰部、下肢柔韧性及关节灵活性的辅助练习来纠正；对动作与呼吸配合不好者，可以先取仰卧位或坐姿专门练习呼吸。

2. 纠偏法

(1) 偏差的症状常表现在身体和精神两大方面。身体偏差症状包括头痛、头昏、头涨、心悸、胸闷气促、腹部胀痛、消化不良、昏沉欲睡、腰痛、肢体麻木、忽寒忽热、出汗等。精神偏差症状包括焦虑、恐惧、烦躁不安、失眠多梦、呆滞迟钝、心神不宁、情绪不稳、神情恍惚、消极悲观、敏感多疑、迷惑不清等。

(2) 练功偏差的原因：

① 功法不当。是由某一种功法不科学和不完善所致，个别传统功法和新编自创功法存在一些偏差。

② 教法不当。未细致讲明功法要领和注意事项，未按学生的身体情况进行教学安排，出现动作错误未得到及时调整和纠正等，导致练功中出现一些偏差症状。

③ 自练不当。未在教师正确指导下自己看书盲目修炼，使动作要领失真、意念出错而导致出偏，或在出现不良反应时，无法及时自我调整。

④ 环境因素。突然受到意外的刺激或惊吓导致练功受惊扰，造成身体长期不适，出现异常身心反应。

⑤ 心理因素。练习养生功时，未及时排除所出现的杂念，出现较大的心理刺激，造成气滞不能解脱。

（3）具体的纠偏方法：

① 要学会自己纠偏。练功时出现的良性意念守得住则守，守不住则不守；恶性意念要下意识排除，有些恶性意念在练功时反复出现，排除不了时要暂停练功。

② 在习练养生功时，要求场地空旷、环境祥和、空气清新，避免意外刺激。

③ 同时习练多种功法却不得要领，见功就想学，易引起出偏。由于各种功法不同，要求、特点和内气运行不同，习练不得法就容易出偏差。初学者应选择一种功法入门，不要经常更换。

④ 练功要循序渐进，不能急于求成。许多良性反应在短期是不容易感觉出来的，而有些不良反应的出现常常是在清理体内病灶的过程。保持身心放松地练功就不容易出偏。

（七）讨论法

讨论法是学生在教师的指导下，对教学内容中的有关理论问题、疑难问题以及练习中的感觉和体会，进行讨论、交流的方法。讨论法的基本特点就是将教师的指导、学生独立钻研、集体讨论交流三者结合起来。

功法教学中很多内容主要表现为意念活动，学生学习和掌握的意念活动达到什么程度和存在什么问题，教师无法直接观察，只能通过讨论的方法来进行。通过讨论，有利于调动学生学习的积极性，使他们在学习中处于主动、积极的状态；有利于促进学生对功法知识的理解与应用，培养学生对功法深入探究的精神，使学生的自学、思维和表达能力得到锻炼。此外，在讨论中相互交流感受和体会，能相互促进，共同提高；通过讨论教师还能了解学生对功法的理解和掌握情况，及时发现存在的问题，采取措施，正确引导，提高教学效果与质量。

（八）多媒体、录像教学

利用现代化的科学技术进行教学，对于提高教学质量有着十分重要的促进作用。近年来，多媒体、录像教学广泛应用于体育教学中，它有助于学生建立正确的动作概念，能充分显示动作的结构、过程、关键、要领与细节，特别是对结构复杂、难度较大的动作，能提供生动、形象的直观方式。同时，还可以加深学生对教材的理解、领会，便于分析动作要领。通过多媒体、录像教学，能反复观看技术动作，边看、边听教师的分析讲解；还可以将关键的动作、动作组合或某一段落反复观看，也可放慢动作，甚至定格来分析某一瞬间的姿势，这样分析得更细致、更直观，使学生完整地、准确地了解和掌握动作的全过程与难点、关键点。适当地运用多媒体、录像教学，可丰富教学内容，对于增加学习兴趣、提高教学效率有着重要的意义。

以上教学法既相互区别，又相互联系，教师要善于融会贯通、合理搭配，坚持区别对待、循序渐进的原则，既要充分发挥教师的主导作用，又要善于启发学生的积极思维，并将讲解与练习、直观与思维、纠正与提高等方法有机地结合起来。

参考文献

[1] 潘绍伟．大学体育与健康［M］．北京：人民教育出版社，2002.
[2] 周登嵩．学校体育学［M］．北京：人民体育出版社，2004.
[3] 毛振明，等．学校课外体育改革新视野［M］．北京：北京体育大学出版社，2005.
[4] 季浏．体育与健康课程标准解读［M］．武汉：湖北教育出版社，2002.
[5] 唐宏贵．体育健身原理与方法［M］．武汉：湖北人民出版社，1999.
[6] 刘忠武．大学体育教程［M］．上海：复旦大学出版社，2004.
[7] 沈建华，陈融．学校体育学［M］．北京：高等教育出版社，2010.
[8] 季浏．体育心理学［M］．北京：高等教育出版社，2005.
[9] 朱柏宁，李伟民．高校体育与健康教程［M］．上海：同济大学出版社，2004.
[10] 吴纪饶，等．大学体育理论与实践［M］．北京：高等教育出版社，2013.
[11] 邓卫权，等．大学体育［M］．南昌：江西高校出版社，2004.
[12] 杨文轩．大学体育［M］．北京：高等教育出版社，2008.
[13] 庄静，等．大学体育教程［M］．北京：清华大学出版社，2018.
[14] 温常宏．体育与健康［M］．成都：西南交通大学出版社，2017.
[15] 宋雷．大学体育与健康［M］．北京：清华大学出版社，2022.
[16] 冯连世．运动处方［M］．北京：高等教育出版社，2020.
[17] 董翠香．学校体育学［M］．北京：高等教育出版社，2021.
[18] 罗红，夏青，王玮．大学体育教程［M］．北京：高等教育出版社，2021.